家づくり解剖図鑑

イラストだからわかる
快適な暮らしの仕組み

大島健二
Kenji Oshima

X-Knowledge

はじめに

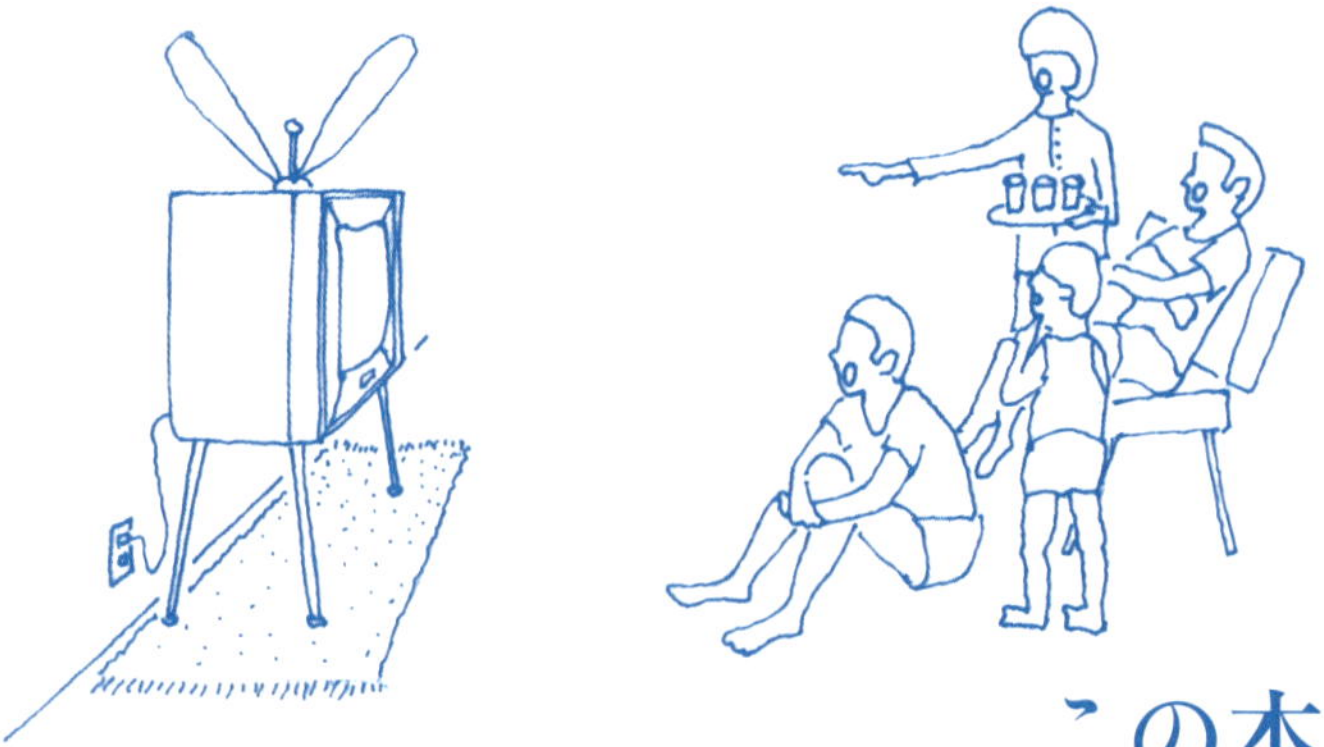

この本はどんな本?

家づくりに関するレシピが
ぎっしりとつまっています
イラストが満載で
図鑑のようにどこからでも読めます
すべてが実例でリアリティーがあります

誰がどのように読む本?

これから家づくりをする人が
サラッと目を通して、
自分なりのアイデアをわかせる本

これから住宅設計をはじめる若い人が
じっくり読み込む本

すっかり住宅設計に熟練した人が
隣の芝生をジーッとのぞく本

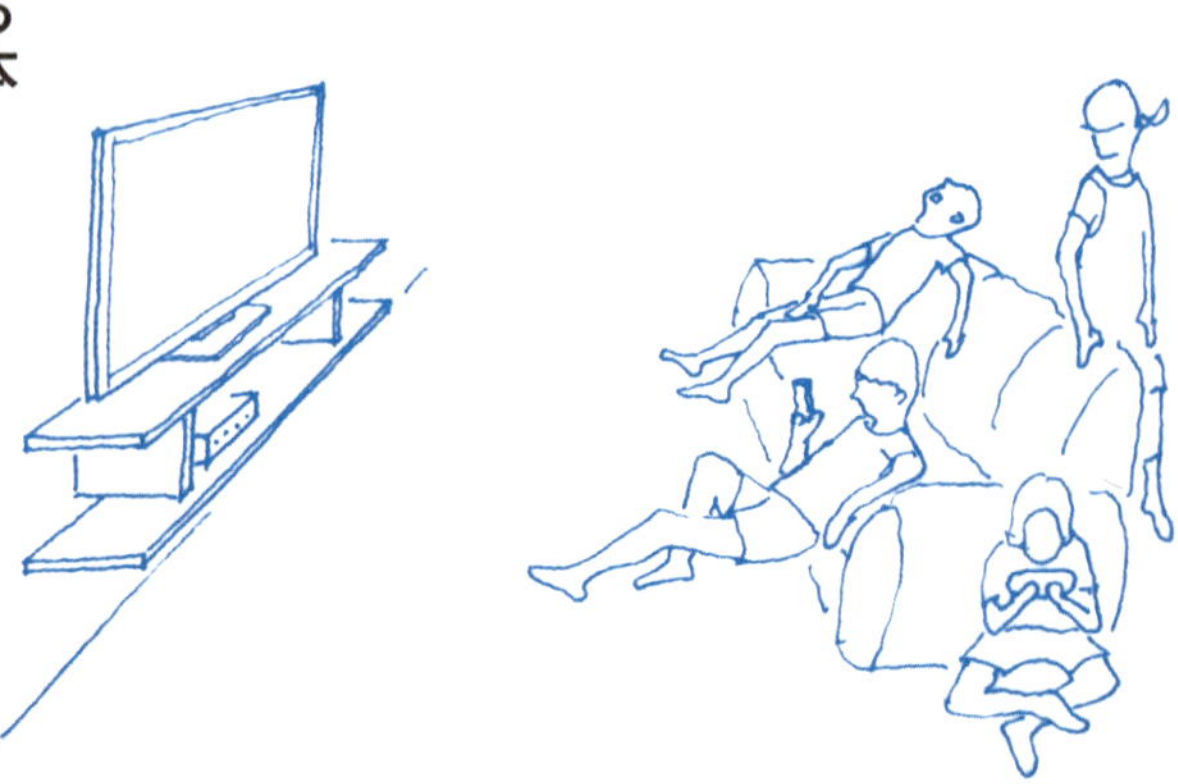

どんな人の家づくり？

家の中であばれて
オカーさんに毎日怒られているボク

妄想にふけりたい年頃のワタシ

子育てや家事、子供のお受験に
日々追われているオカーさん

家に帰っても
自分の居場所がないオトーさん

子育てが一段落し、自分の時間を
楽しむことのできる夫婦

これから親と同居する人
子と同居する人

〝ツイノスミカ〟をさがし
もとめているあなた……

他の本と
どこが違うの？

昔のことも
ちょっと思い出します

生活のシーンや
暮らしの情景を
浮かび上がらせます

20、30年先のことも考えます

目次

1章

快適な暮らしの仕組み

010 ＬＤＫはゆるやかにつなげたい
012 テレビの居住まいを考える
015 住まいの一部であるキッチン
018 半島型キッチンは万能選手
021 キッチンを自分仕様にアレンジ
024 ＬＤＫを通る子供部屋
026 屋根裏で想像力育む子供部屋
028 住まいを丸ごと遊園地に
030 ＥＶ用吹抜け　今だけは競技の場
032 隠れがに浮遊感をつくる
034 和室？　いや畳の間と呼ぼう
036 畳の上で死ねる幸せ
038 茶室には写しという発想あり
040 通るだけの廊下はいらない
042 階段は家具　より身近な存在になる
044 分担して支える階段
046 土間がつくる生活の彩り
048 中庭とつながる玄関土間

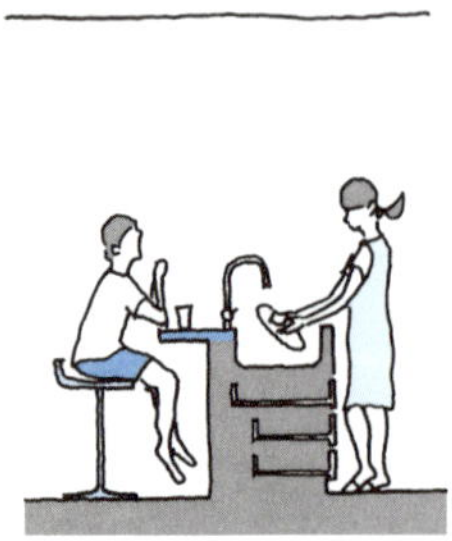

050 玄関の奥はまた外？　迎える玄関
052 気分も切り替わる長い土間
054 2つはいらない狭いトイレ
056 トイレは完結した小宇宙だ
058 濡れた洗濯物は重い
060 浴室で楽しむなら在来が正解
062 限りなく露天を目指すべき

2章 家全体で考える

066 敷地と方位のズレを楽しむ
069 2階ＬＤＫ　お陽さまにカンパイ
072 1階ＬＤＫ　地面に住まう贅沢
076 玄関で分ける2つの庭
078 快適＋お得　地下の部屋
080 階段は間取りを左右する
083 窓は何のためにあるのか
086 もっと光を　家の奥まで明るく
088 心もつなぐ吹抜けがほしい
090 共有か分離か　二世帯住宅
092 家の広さは断面でつくり出す

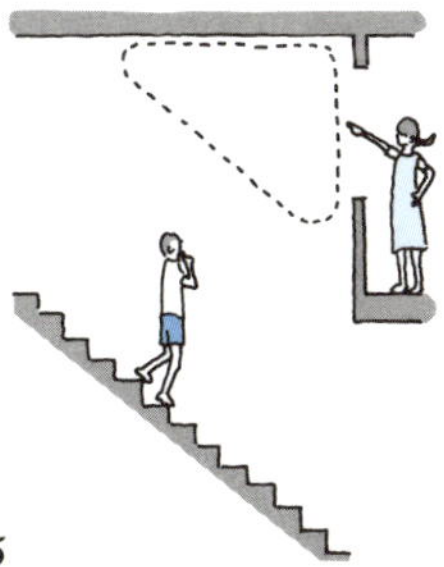

3章

家の顔のつくり方

096 ヴォリュームでつくるモダンな家
098 屋根でつくる和風な家
100 格子でつくる和風モダン
102 外装材の特性を生かす
104 少し引いて奥ゆかしい和の玄関
106 バルコニー　考慮したいメンテナンス
108 ガレージも通風採光が欲しい

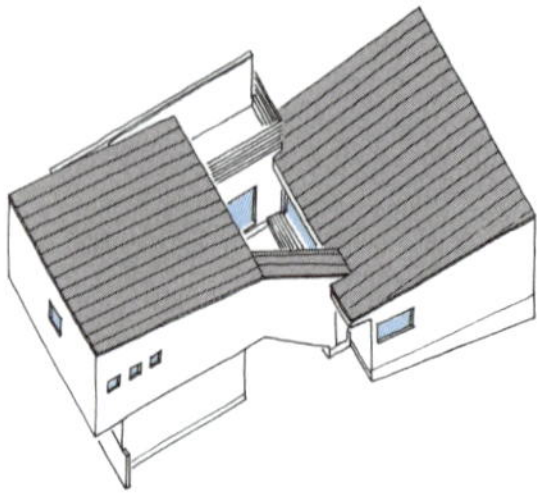

4章

片付く家のヒミツ

112 下駄箱とは呼ばないで　玄関収納
114 重要なのは食品庫のみえる化だ
116 クローゼットにも通風採光を
118 壁面収納　大容量をスマートに
120 サニタリー収納は1枚の引戸
122 小上がりについてくる引出し収納
124 本棚は阿弥陀くじのごとく

5章

細部のこだわり方

128 上がり框がつくる住まいの顔
130 引戸は開いた時に真価を発揮
132 大きな窓は障子が似合う
134 奥行きある格調高い床の間
136 身近な浅くて広い床の間
138 あえて仕上げない天井の魅力
140 新築でも古材が醸す経年の美
142 ベンチはだらだらと過ごす装置
144 人も住居も輝かせる鏡の魅力
146 半歩進んだ賢く楽しい手摺
148 実は簡単　世界で1つの創作金物
150 モルタルは固まる前に遊べ
152 やわらかい円、丸、孔のある住まい
154 ともしびが感じられる照明計画
156 隠れて仕事をするエアコン
158 我が家の司令塔はどこだ?
160 良い家は生活の音もデザイン
162 その加湿器本当に必要ですか
164 防犯と避難　同時に考える

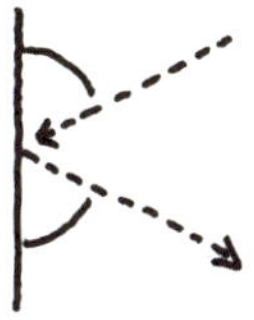

1章

快適な暮らしの仕組み

それとなく空気を共有できる現代のLDK

それぞれがバラバラに違ったことをしていても、穏やかに寄り添う。そんな関係は、居心地が良い

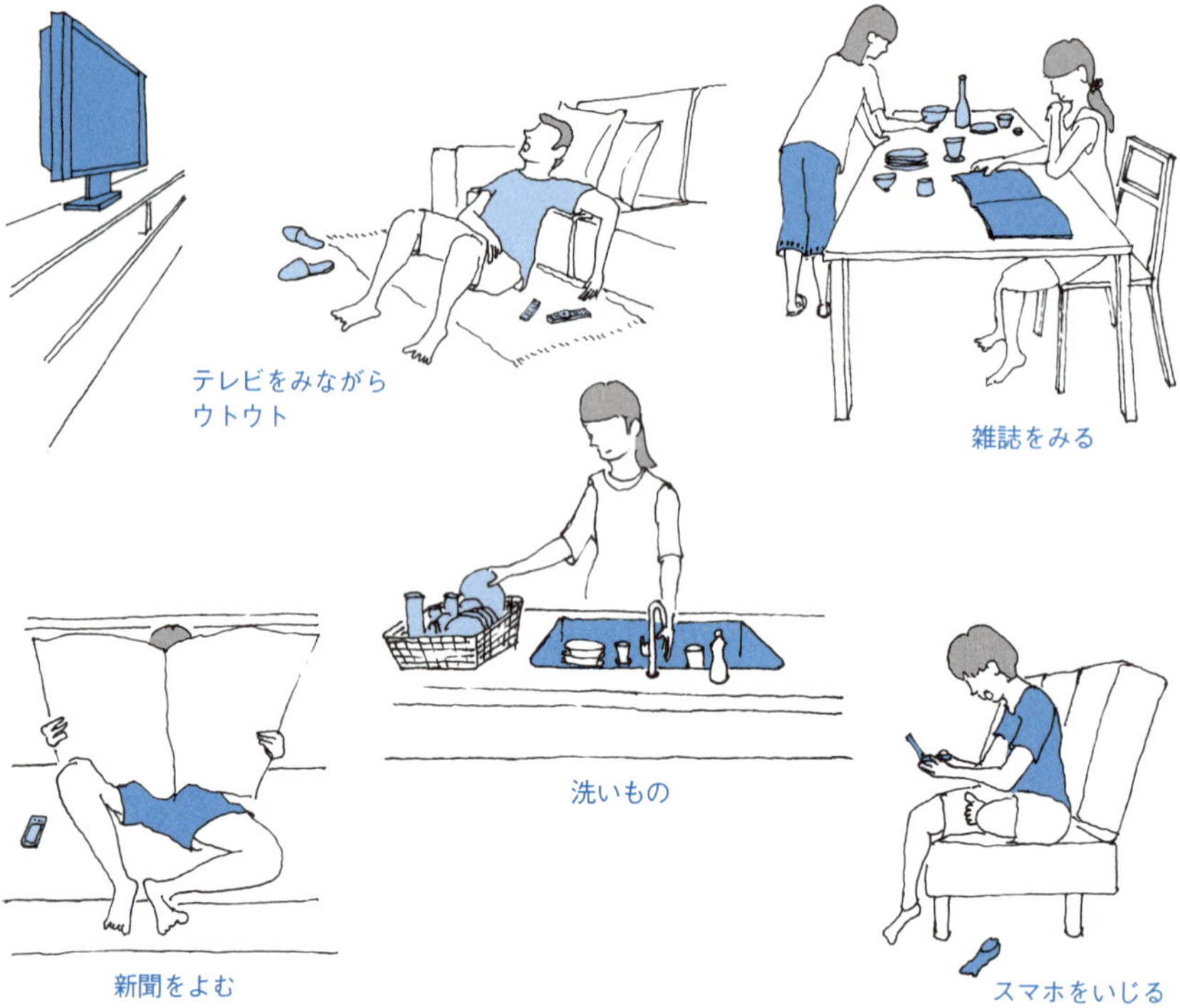
食器の後片付け
テレビをみながら
ウトウト
雑誌をみる
洗いもの
新聞をよむ
スマホをいじる

LDKはゆるやかにつなげたい

家族が集まる居間という概念は大正時代に入ってからできたと考えられています。

平成時代の今、家族が集まるということも、居間の存在もぼんやりとしたものになってきました。しかしそれでいいのです。

何をするでもなく、みんなが何となくそこに居て同じ空気を吸い、台所のお母さんも何となく気配を感じている。そんな漠然としたつながりそのものがLDKであると言えるでしょう。

キッチンからみえるテレビ

お母さんを孤立させずに、キッチンからテレビがちらっとでもみえるかどうかがポイント

キッチンの正面にテレビ

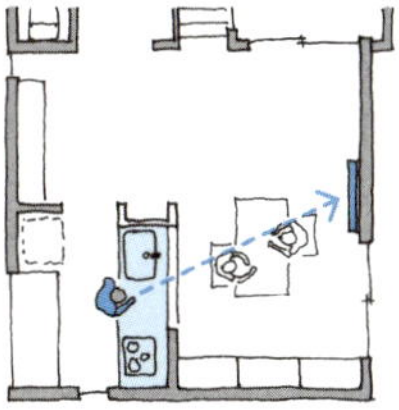

（国分寺の家）

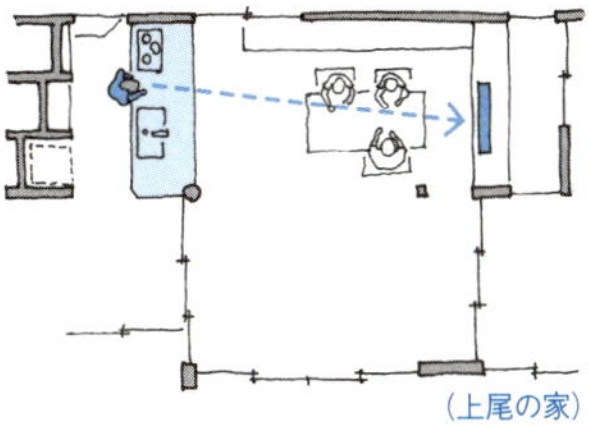

（上尾の家）

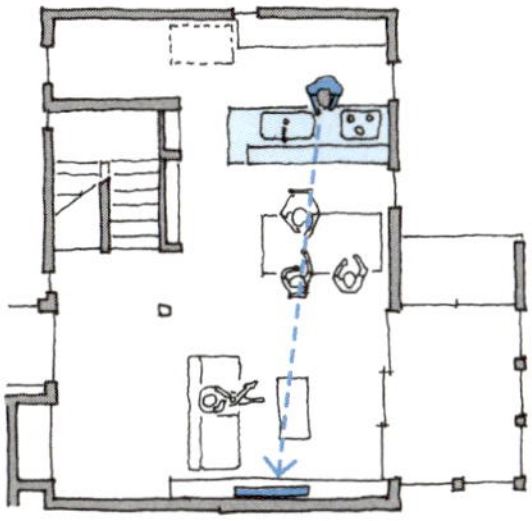

（鶴ヶ島の家）

キッチンの斜め方向にテレビ

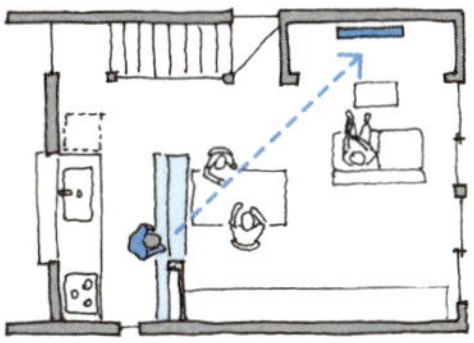

（幡ヶ谷の家）

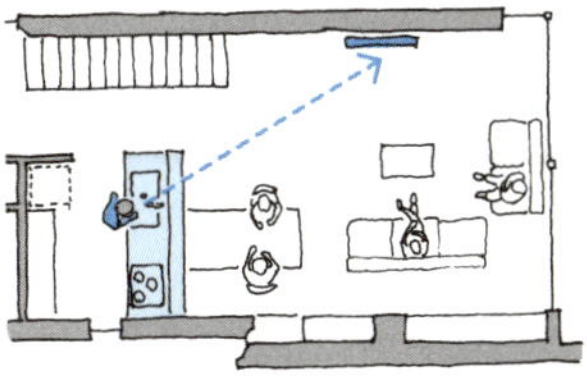

（浅草の家）

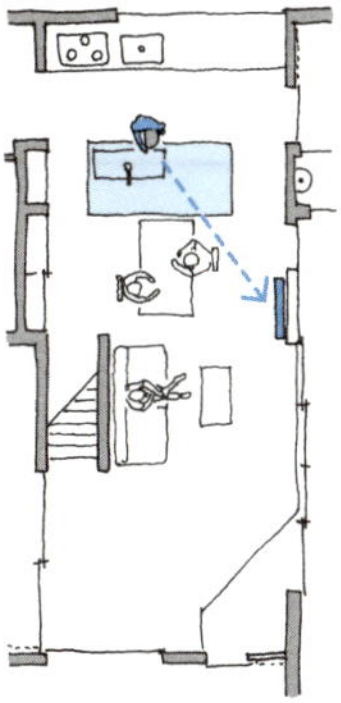

（大井松田の家）

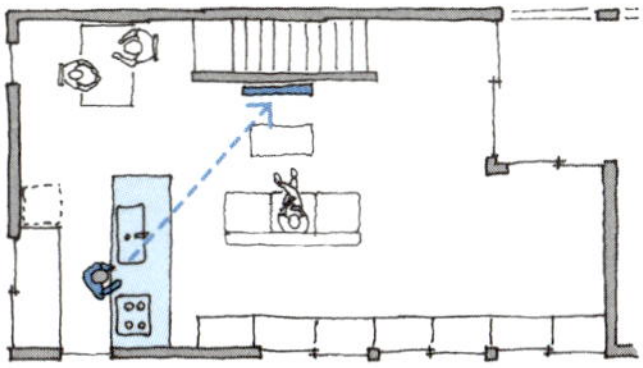

（鵠沼海岸の家）

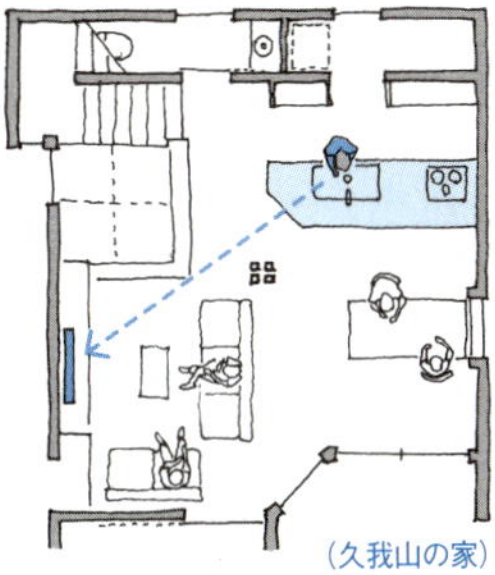

（久我山の家）

居間の変遷

家父長制度から一家団欒へ

大正期の居間

"居間"という概念の発生。
家父長たる父親はえらかった

昭和期の居間

床の間より、父親より
TVがえらくなった

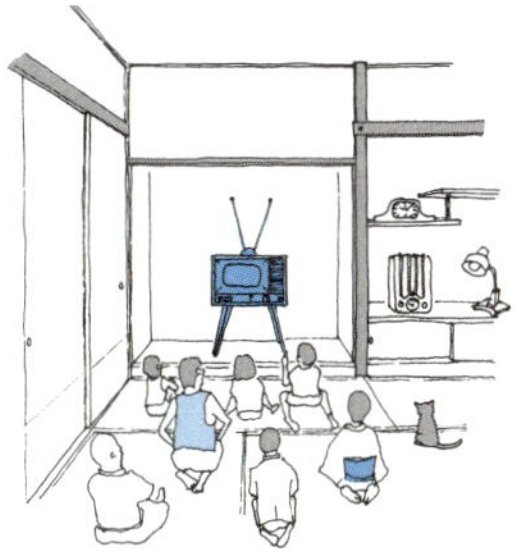

テレビの居住まいを考える

テレビが薄型になりずいぶんと住まいのプランニングは楽になりました。パソコンやスマートフォンを眺めている時間も増え、以前ほど家族全員がテレビにかぶりつくような時代でもなくなりました。むしろテレビは窓の風景のように、違和感なく住まいの中にとけ込ませていくことを心がけるべきでしょう。薄型でどこにでも置けるからこそ、テレビにとって安住の居住まいが必要になります。

居間の一番いい場所に、デンッと居座る昭和のテレビ

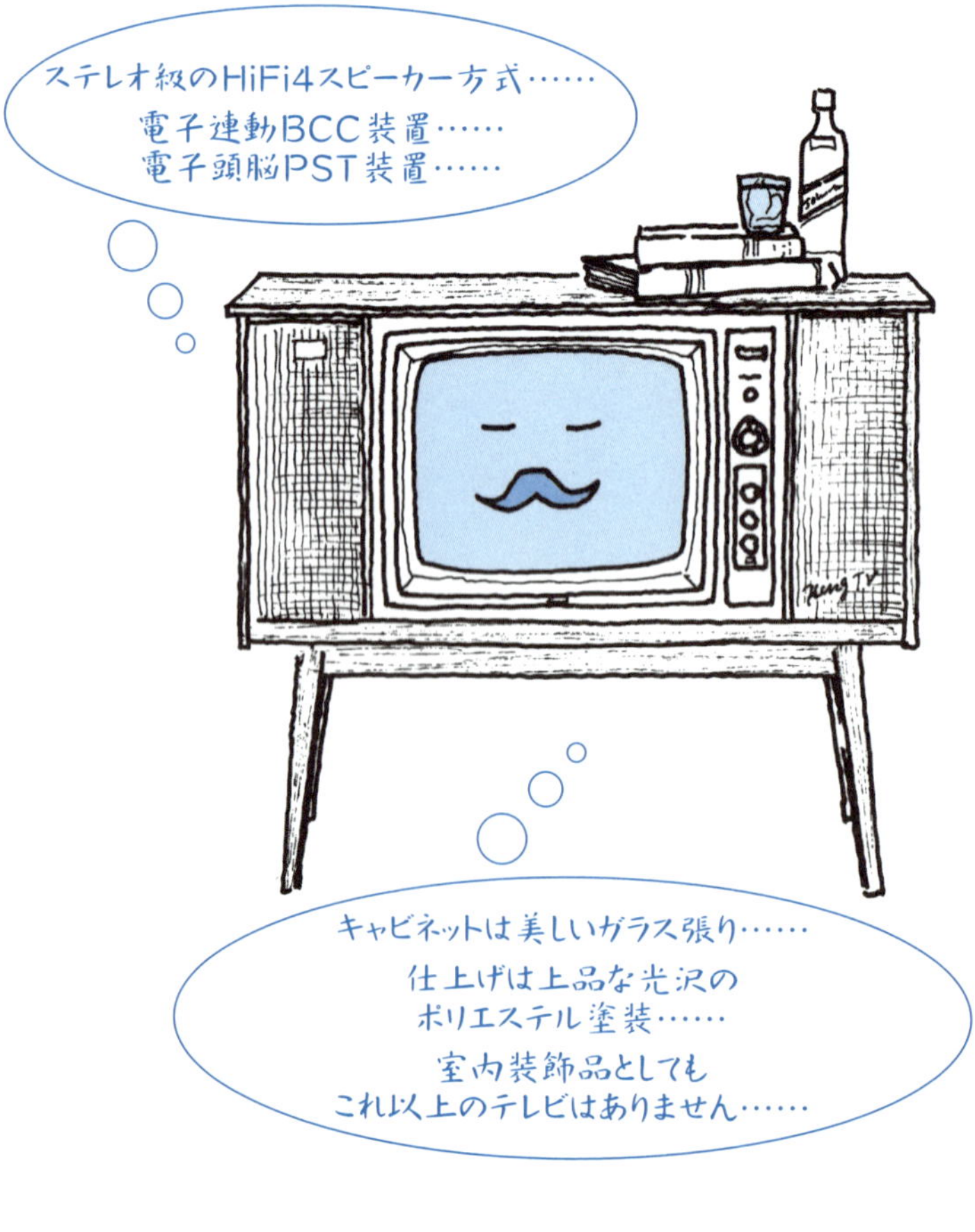
ステレオ級のHiFi4スピーカー方式……
電子連動BCC装置……
電子頭脳PST装置……
キャビネットは美しいガラス張り……
仕上げは上品な光沢の
ポリエステル塗装……
室内装飾品としても
これ以上のテレビはありません……

造り付けのテレビ棚

（単位：mm）

シャープに

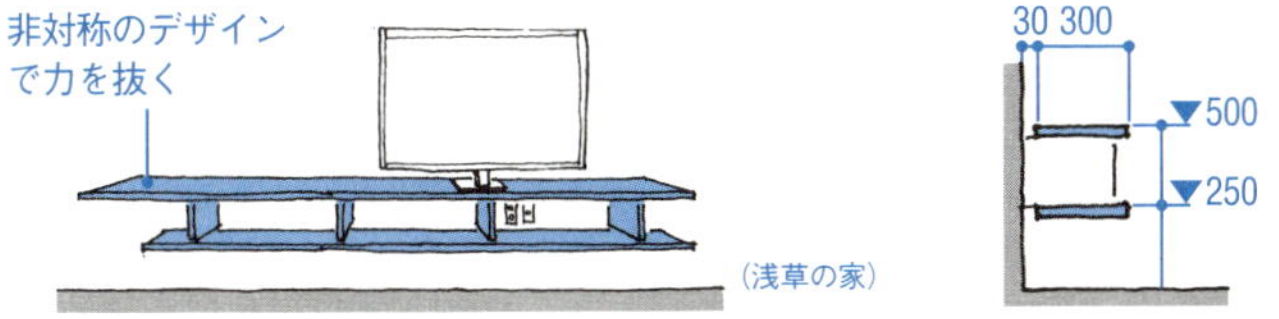
非対称のデザイン
で力を抜く
（浅草の家）
30 300
▼500
▼250

収納たっぷり

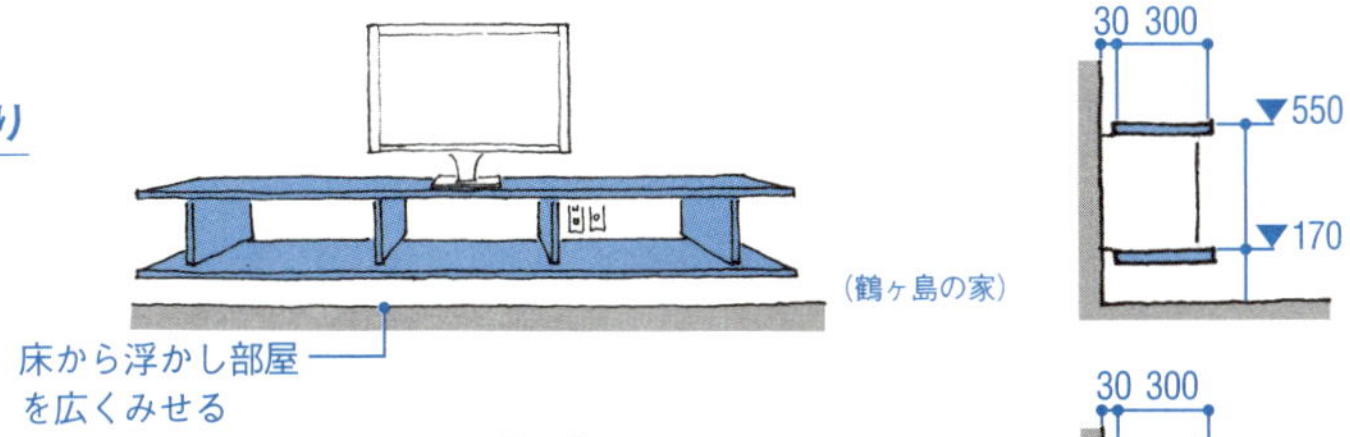
（鶴ヶ島の家）
床から浮かし部屋
を広くみせる
30 300
▼550
▼170

コンパクトに

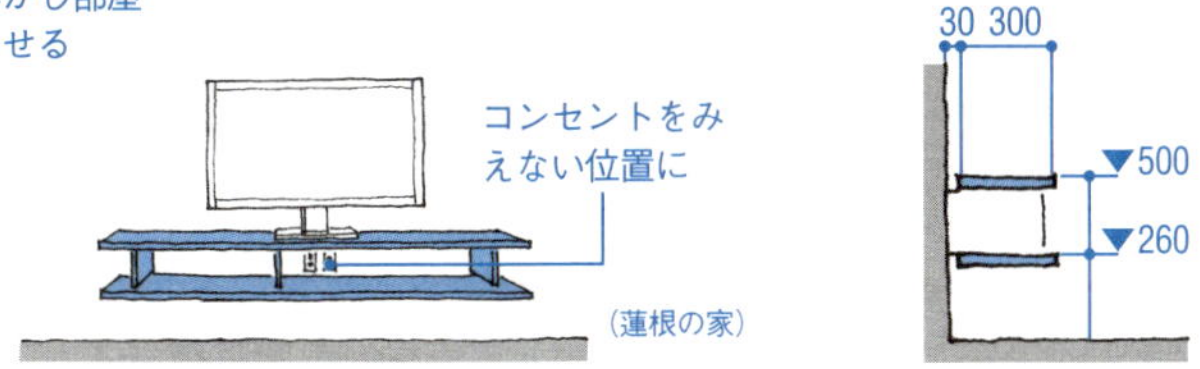
コンセントをみ
えない位置に
（蓮根の家）
30 300
▼500
▼260

天板は壁からはなす

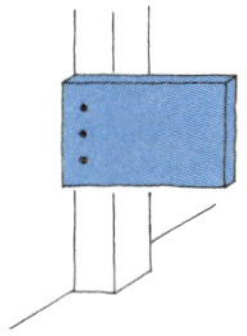
壁の中の構造体から
ブラケットを出す

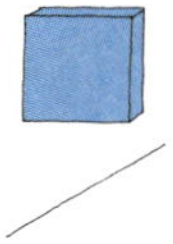
壁を仕上げる

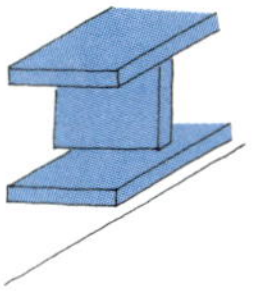
壁から30mmはなして
天板を取り付ける

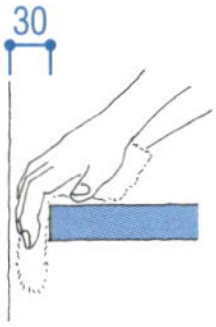
30
そうじもしやすい

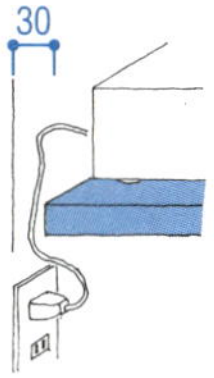
30
配線もしやすい

壁にテレビを埋め込む

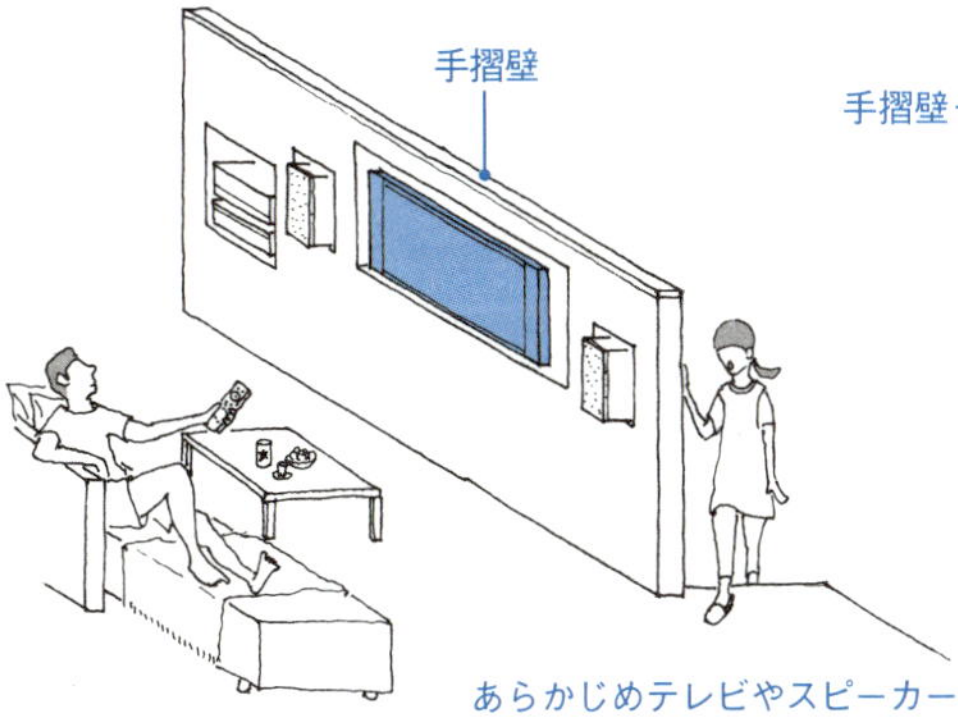
手摺壁
あらかじめテレビやスピーカー、
チューナーの居場所を決めておく

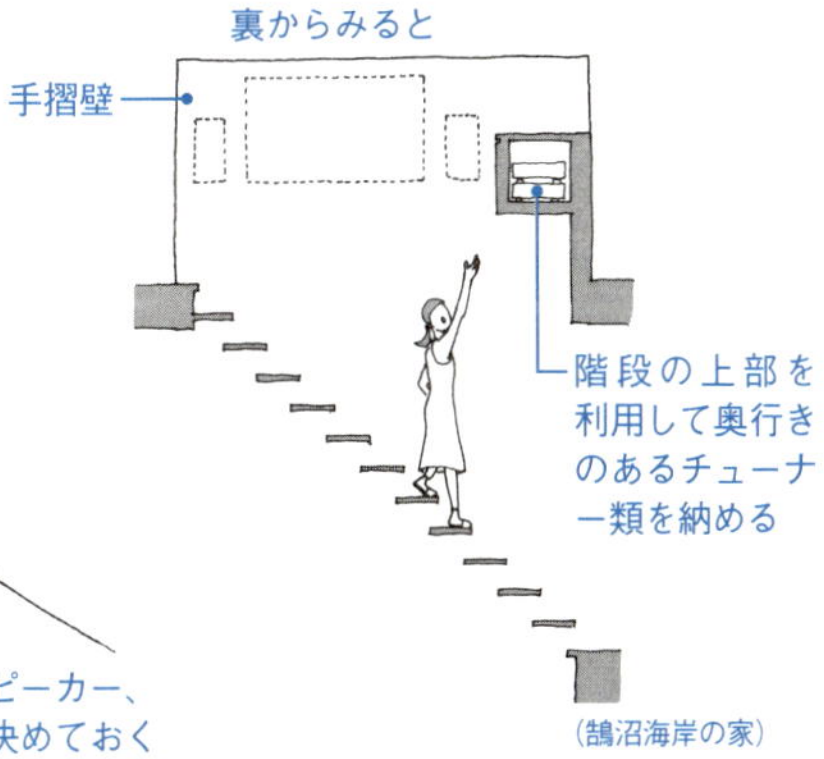
裏からみると
手摺壁
階段の上部を
利用して奥行き
のあるチューナ
ー類を納める
（鵠沼海岸の家）

うらおもてのあるテレビ棚

おもて

リビング側は配線などをみせずに、すっきりと。お父さんの気配も感じる

うら

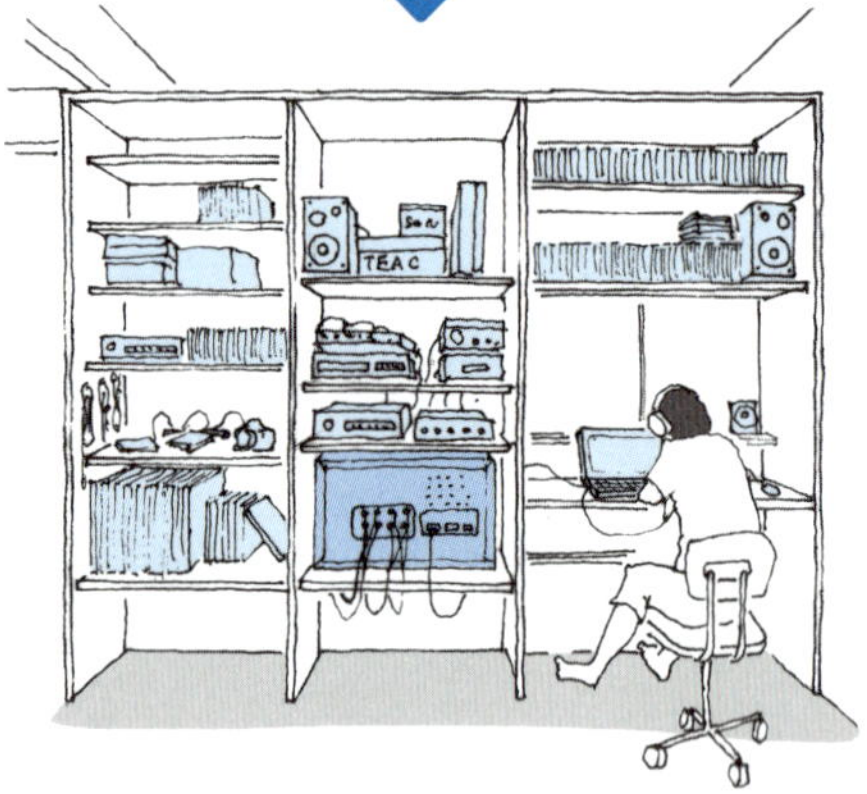

テレビの裏はオーディオマニアのお父さんの秘密基地

（上尾の家）

テレビの存在を消す

あけると

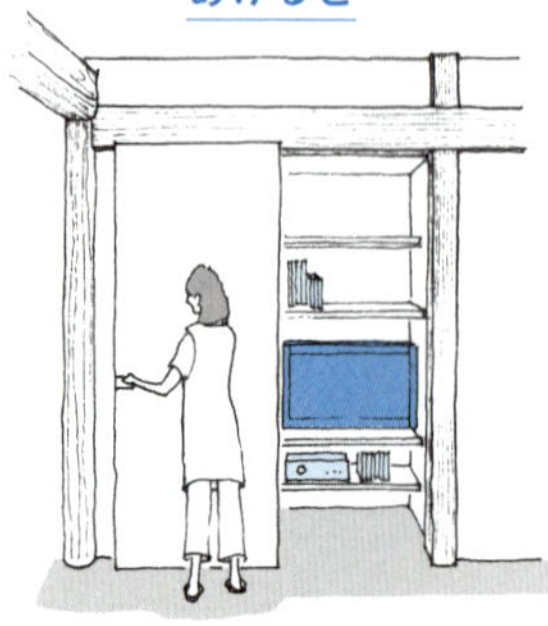

しめると

（聖蹟桜ヶ丘の家）

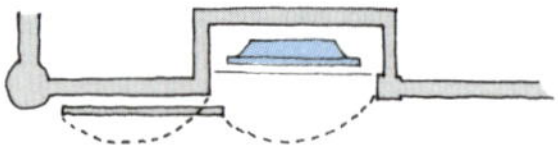

フラットドアで壁面と面一に納まり、完全にテレビの存在は消える

冷蔵庫・流し・コンロの三角関係やいかに

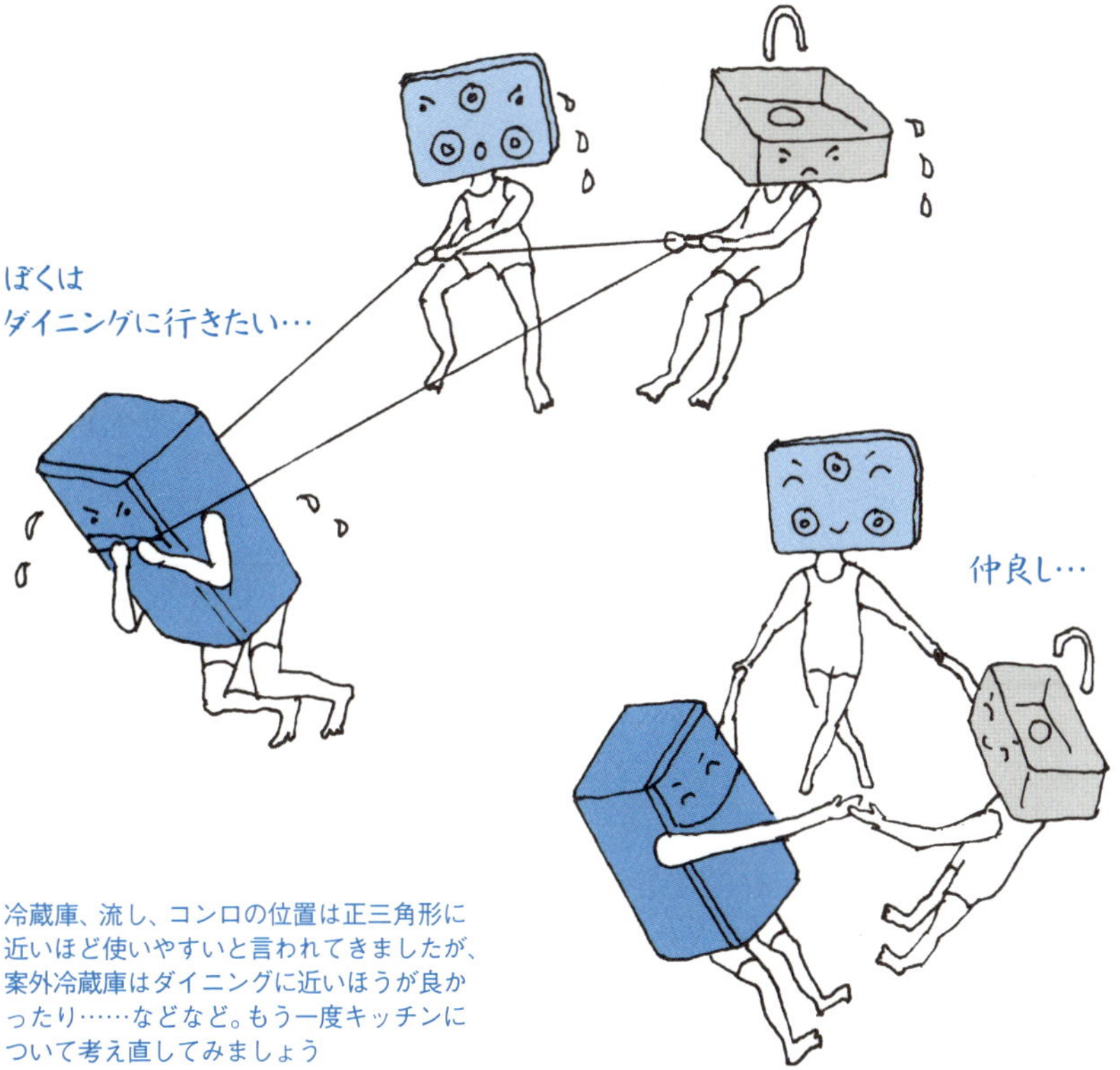
ぼくは
ダイニングに行きたい…
仲良し…

冷蔵庫、流し、コンロの位置は正三角形に近いほど使いやすいと言われてきましたが、案外冷蔵庫はダイニングに近いほうが良かったり……などなど。もう一度キッチンについて考え直してみましょう

住まいの一部であるキッチン

ショールームにはピカピカのキッチンが並び、中には高級外車並みの値段で展示されているものもあります。

しかし、キッチンはあくまでも〝住まいの一部〟であり、働きものの〝道具〟であります。

アイランド型、半島型などいろいろありますが、まずはキッチンを一人歩きさせずに、それぞれの家族、家事のあるべき風景をしっかりと想像してみることからはじめましょう。

キッチンづくり、その前に

最初に考える6つのポイント

①作業人数は？

子供にお手伝いさせたい

②必要な収納量は？

③収納場所は？

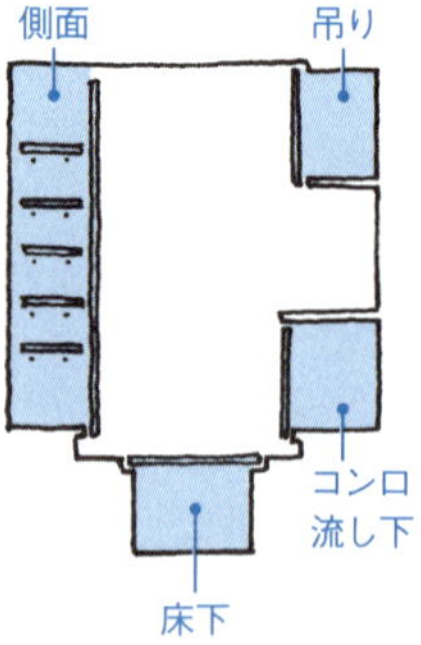

④家に合った大きさは？

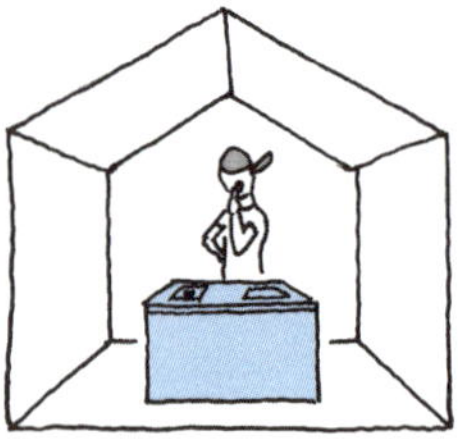

憧れのアイランドキッチンを
置いてみたが……

⑤臭い、煙、油はねをどうする？

⑥みせるか？　みせないか？

いつも片付いていて
ピカピカに磨き上げたい

隠す収納

VS

使うものはみえるところにあったほうがいい

みせる収納

ダイニングとのつながり方

完全に独立させる

キッチンは個室として考えて炊事に集中するタイプ。匂いや音もシャットアウト

小窓でつながる

配膳用の小窓を開け、少々のコミュニケーションができる

視界が全部つながる

煙や蒸気をさえぎる垂れ壁は残し、雑多な状態の手元は隠す

天井がつながる

手元もみえてダイニングとキッチンが一体の空間になり、流し上部の天吊り収納などはなくなる

両脇がつながる

キッチンに回遊性が生まれLDKが一体化する

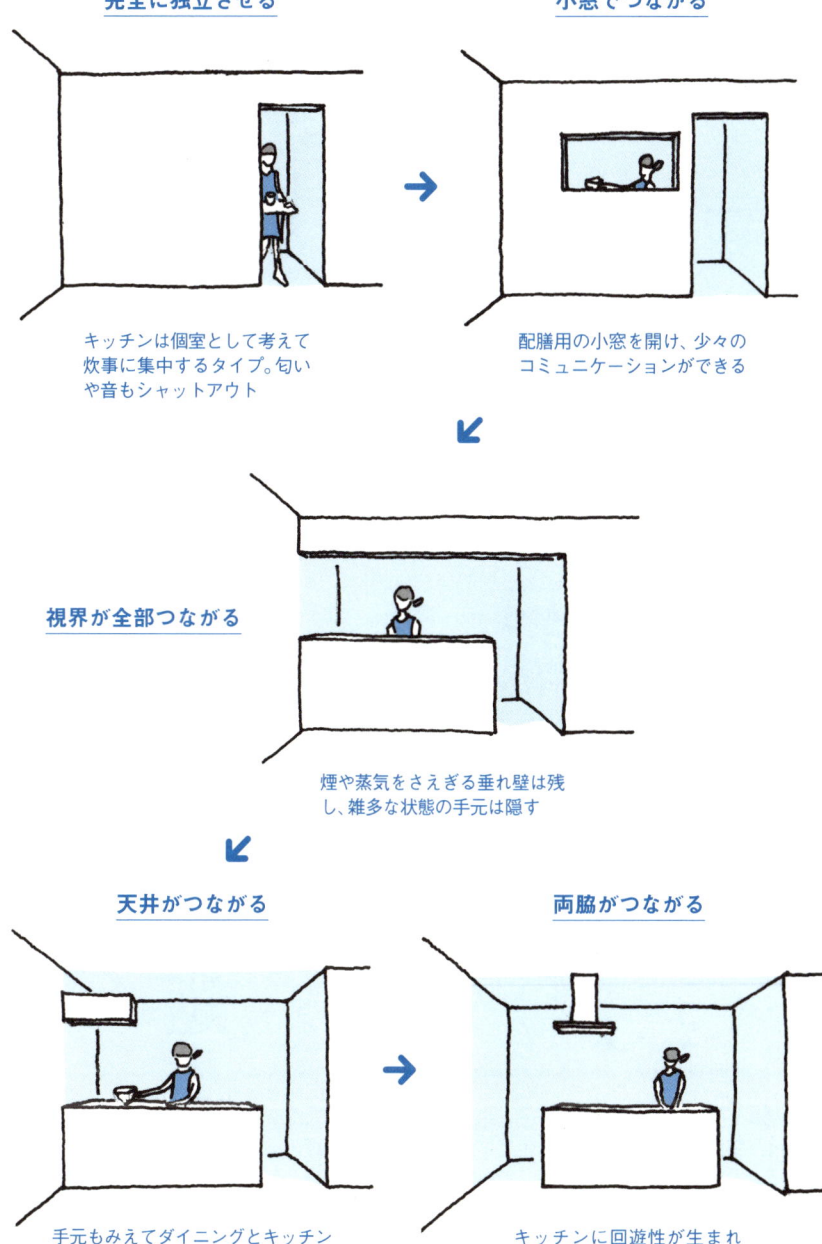

日本の住まいに適した、半島型キッチン

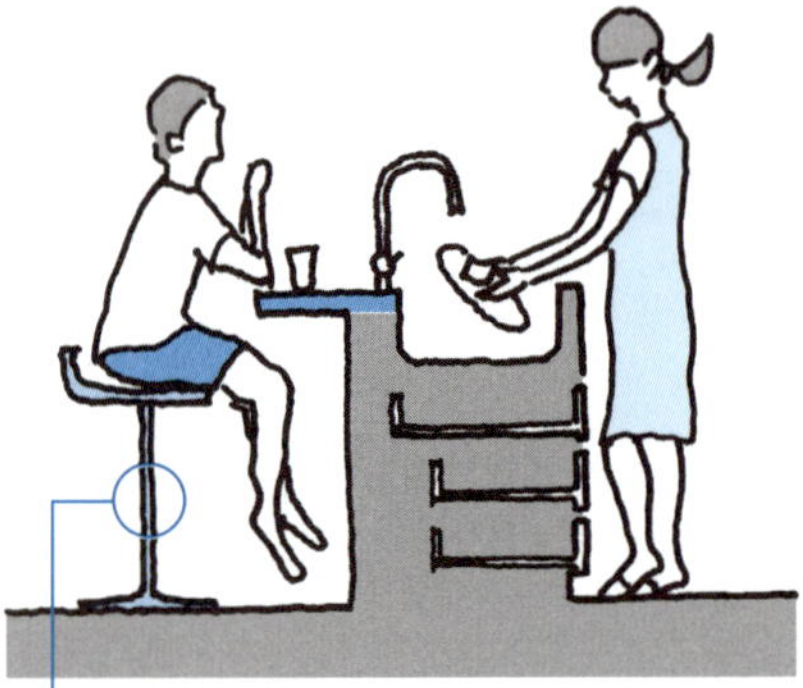

フラットカウンタータイプ

キッチンの天板の奥行きを伸ばせばそのままカウンターになり、家族によって時間差のある朝ご飯等はそこですませることができる。片付けも楽

カウンターチェア

普通の椅子は座面の高さ40～45cm。キッチンをカウンターとして使うには、座面の高さ60cm程度のカウンターチェアを使う

手元隠しカウンタータイプ

水廻りやコンロ廻りをみせたくない、水はねや油はねが気になる場合に適している

半島型キッチンは万能選手

かつてのキッチンは一般的に壁付きのI型と呼ばれるもので、子供はお母さんの後ろ姿をみて育ちました。

現在ではダイニングやリビングにいる家族とのつながりを大事にする対面型キッチンが主流になり、その対面型キッチンを一番つくりやすいのが半島型[※]です。コンパクトな住まいにも十分に適応でき、窓や勝手口をうまく設ければ〝行き止まり感〟もなくすことができます。

[※] 部屋の壁から突き出た形が半島にみえるので、半島型キッチンと呼ばれます。またペニンシュラ型とも呼ばれます。比較的、自由に設計できます

二人暮らしのコンパクトキッチン(フラットカウンタータイプ)

効率良く作業ができ、朝食もここですませる

●キッチンのサイズ
W=2560mm
D=900mm
H=840mm

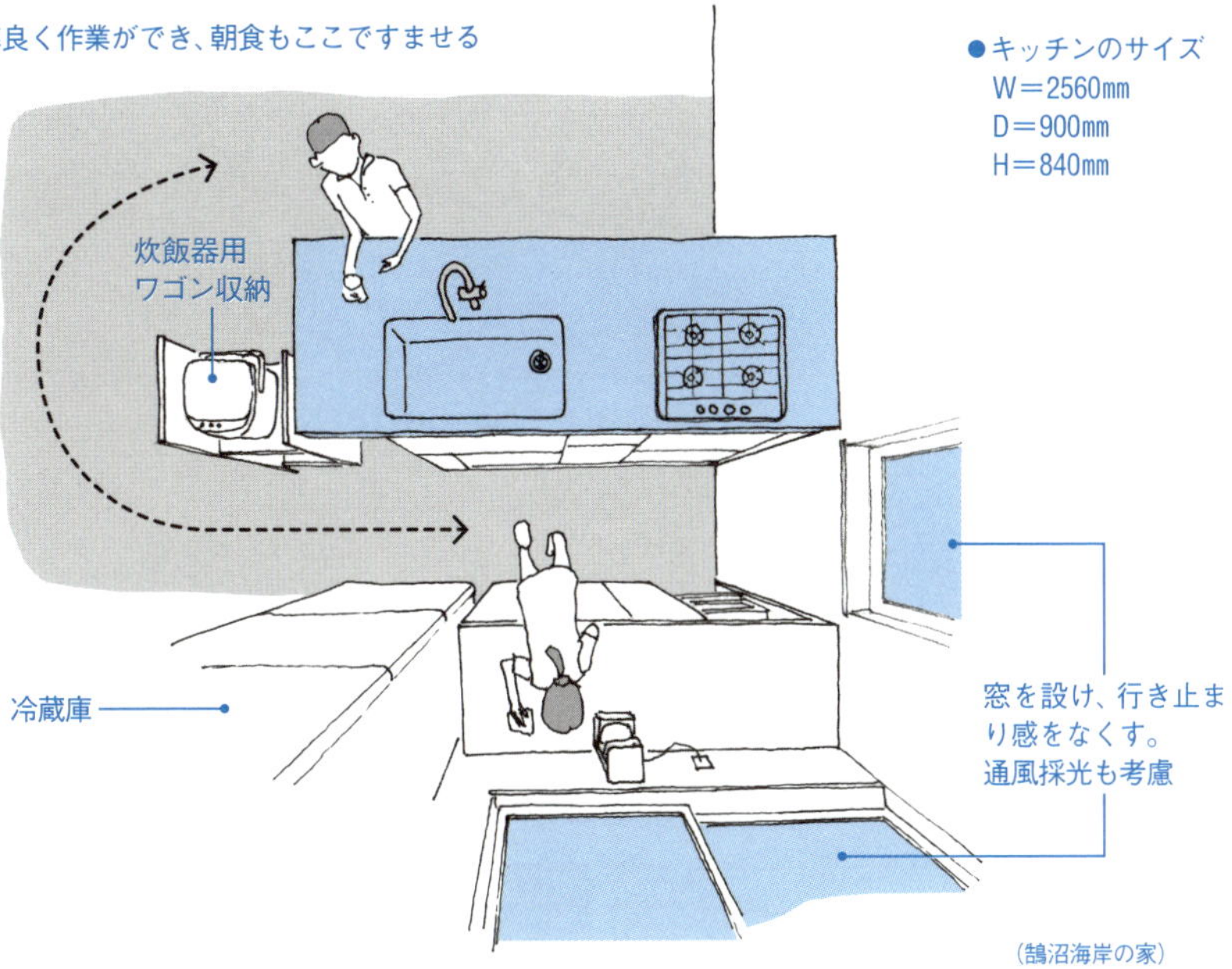

(鵠沼海岸の家)

たっぷり作業スペースのキッチン(フラットカウンタータイプ)

幅が3mを超えるため、余裕を持って
作業を行える

●キッチンのサイズ
W=3100mm
D=900mm
H=850mm

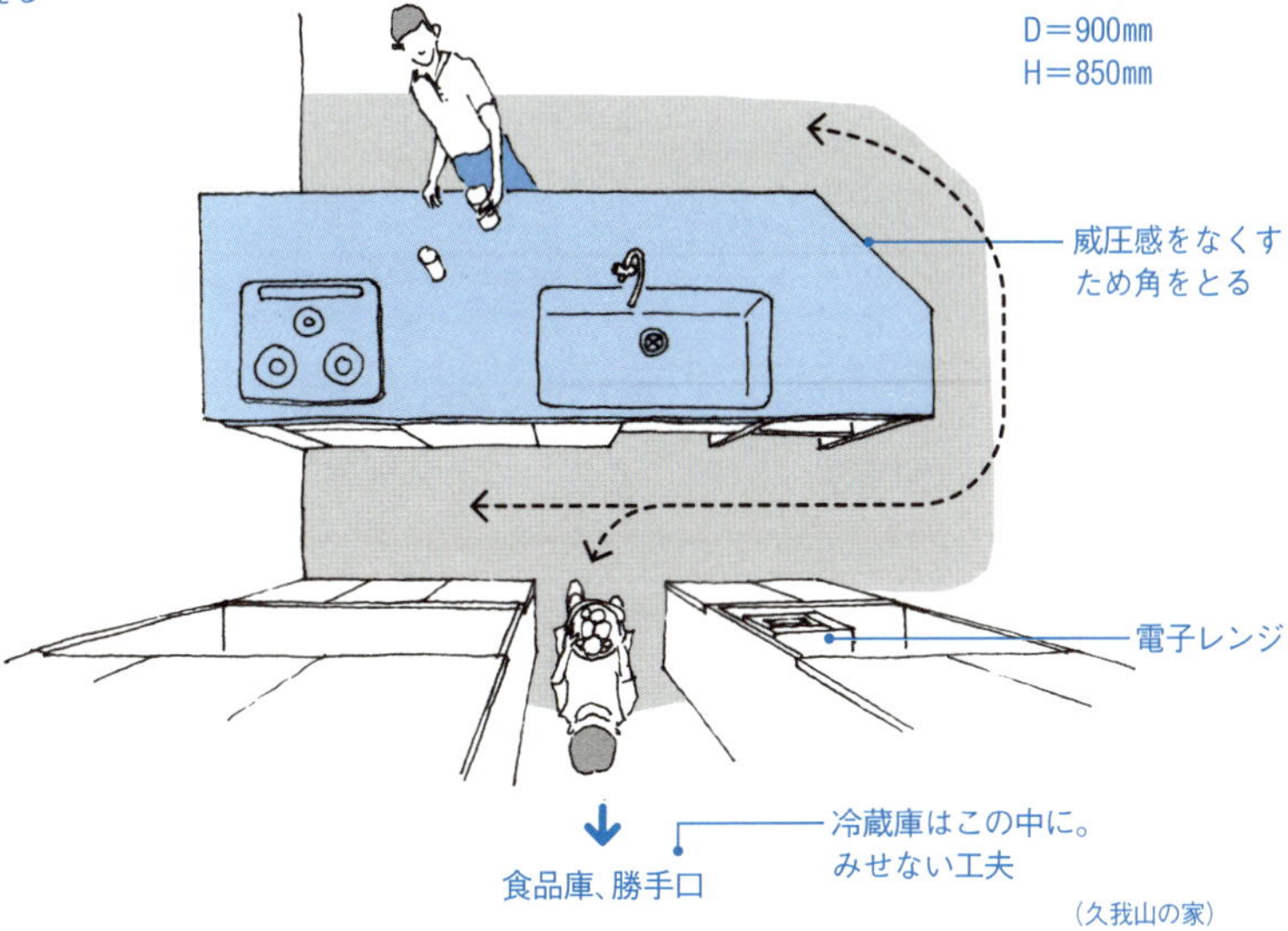

(久我山の家)

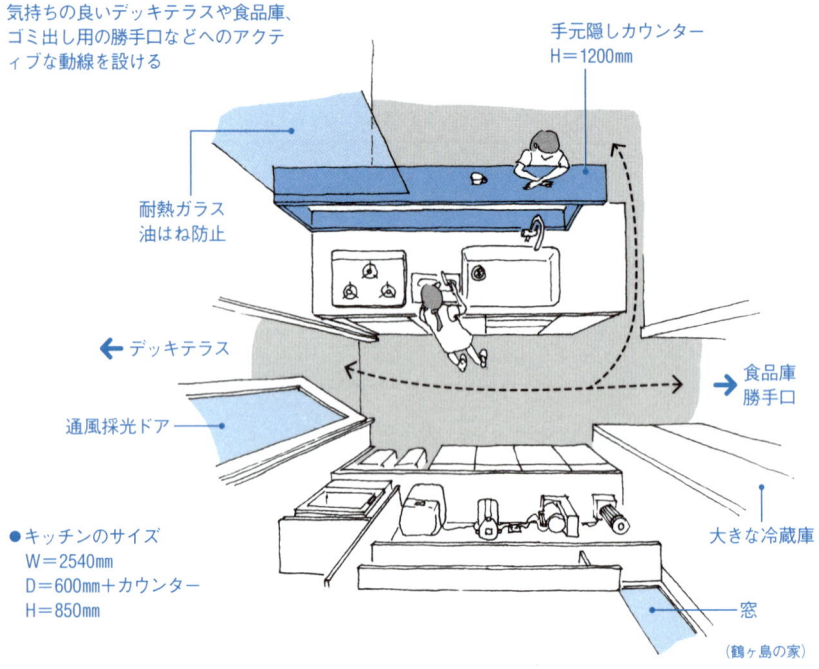

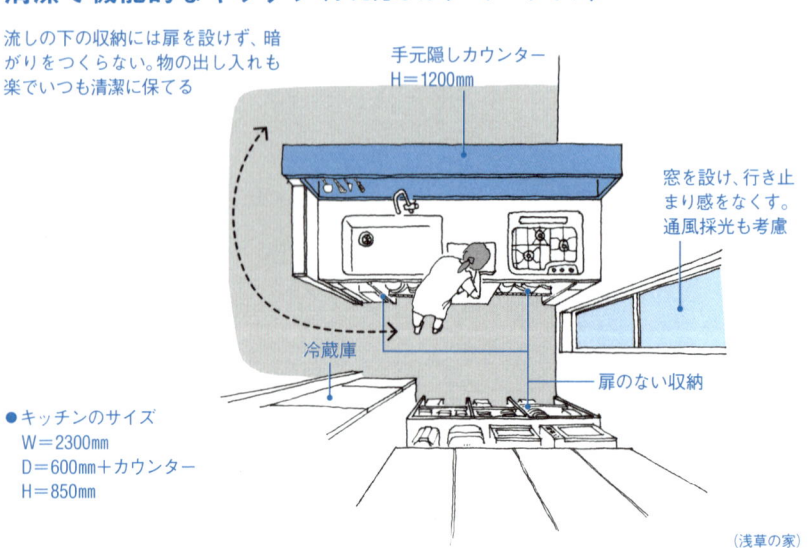

行き止まりのないキッチン（手元隠しカウンタータイプ）

気持ちの良いデッキテラスや食品庫、ゴミ出し用の勝手口などへのアクティブな動線を設ける

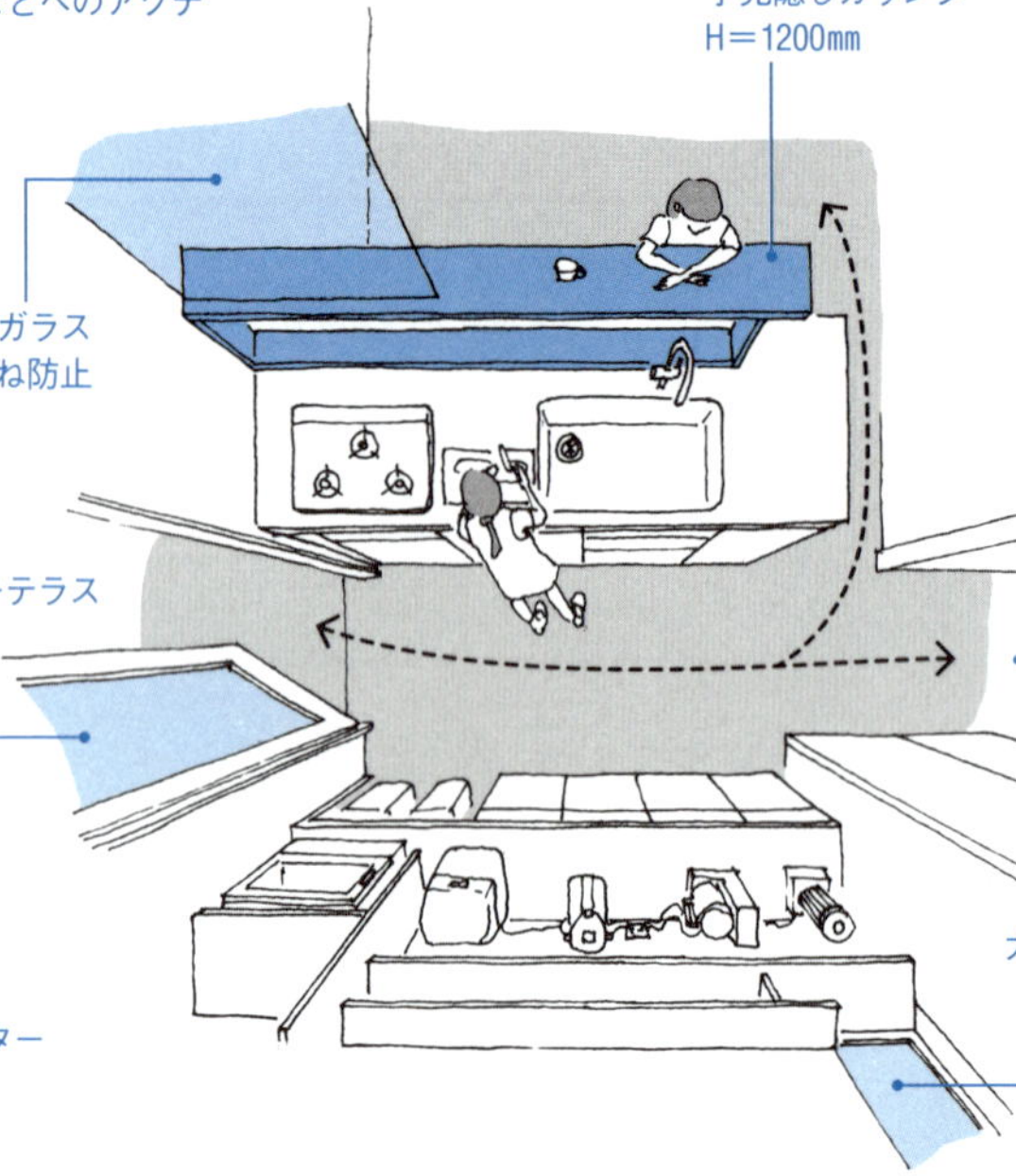
手元隠しカウンター
H＝1200mm
耐熱ガラス
油はね防止
デッキテラス
食品庫
勝手口
通風採光ドア
大きな冷蔵庫
窓

●キッチンのサイズ
W＝2540mm
D＝600mm＋カウンター
H＝850mm

（鶴ヶ島の家）

清潔で機能的なキッチン（手元隠しカウンタータイプ）

流しの下の収納には扉を設けず、暗がりをつくらない。物の出し入れも楽でいつも清潔に保てる

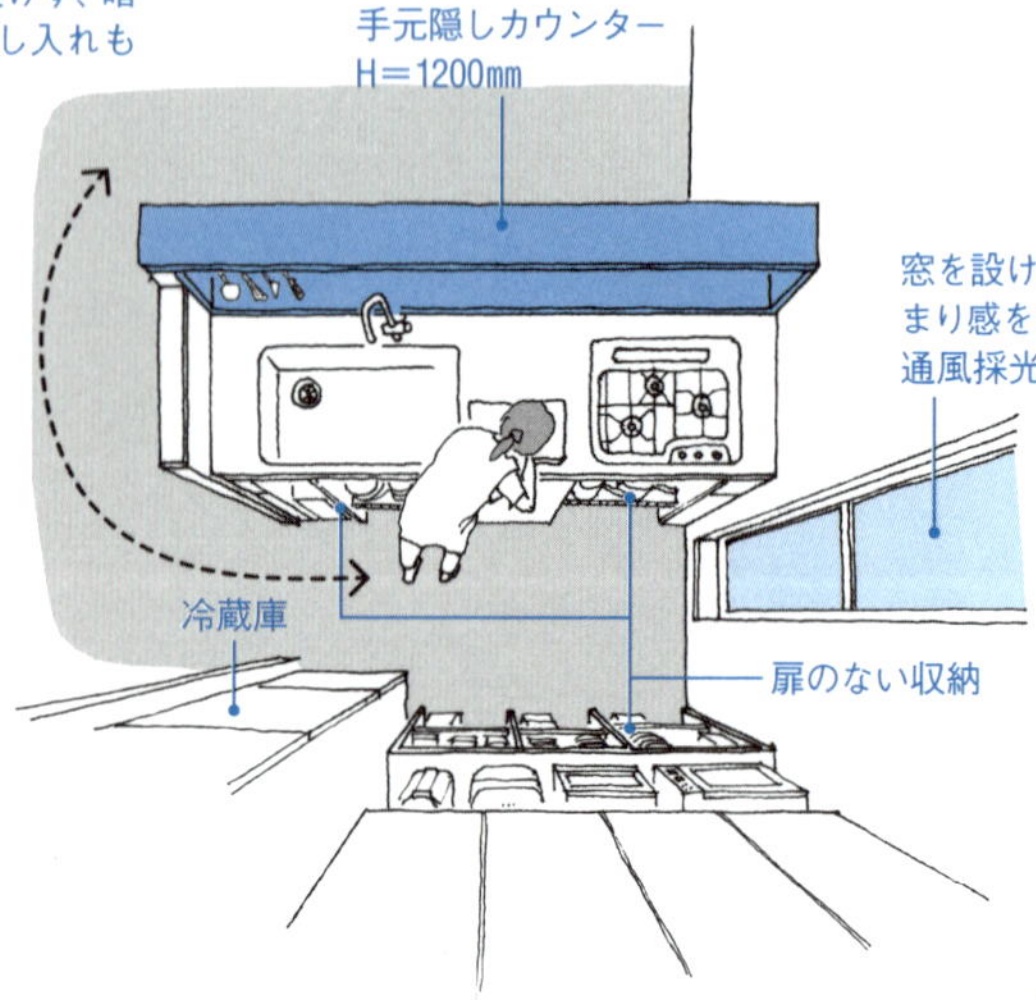
手元隠しカウンター
H＝1200mm
窓を設け、行き止まり感をなくす。通風採光も考慮
冷蔵庫
扉のない収納

●キッチンのサイズ
W＝2300mm
D＝600mm＋カウンター
H＝850mm

（浅草の家）

水と火があれば……特に何が進化しているわけでもない

縄文時代の竪穴式住居。家の中心がキッチン

江戸時代後期の長屋。桶と七輪

茶室の脇にある水屋。和風流し台

バーベキュー。災害時のための訓練か、
原始への憧憬か……

キッチンを自分仕様にアレンジ

人々は水のある場所を求めて住んできました。きれいな水辺で火を起こせばそこはもうキッチンなのです。

家づくりの間取りが自由であるならば、もちろんキッチンも自由です。開放的なアイランドキッチン、手伝ってもらえる幅広のキッチン、家事効率の良いコの字型、主婦の牙城たる個室型など、アレンジされたキッチンには、その家族の個性をみることができます。

開放的なアイランド型キッチン

独立した家具のごときキッチン。隠せる壁面収納とともにスタイリッシュさを追求

●キッチンのサイズ
W=2700㎜
D=900㎜
H=875㎜

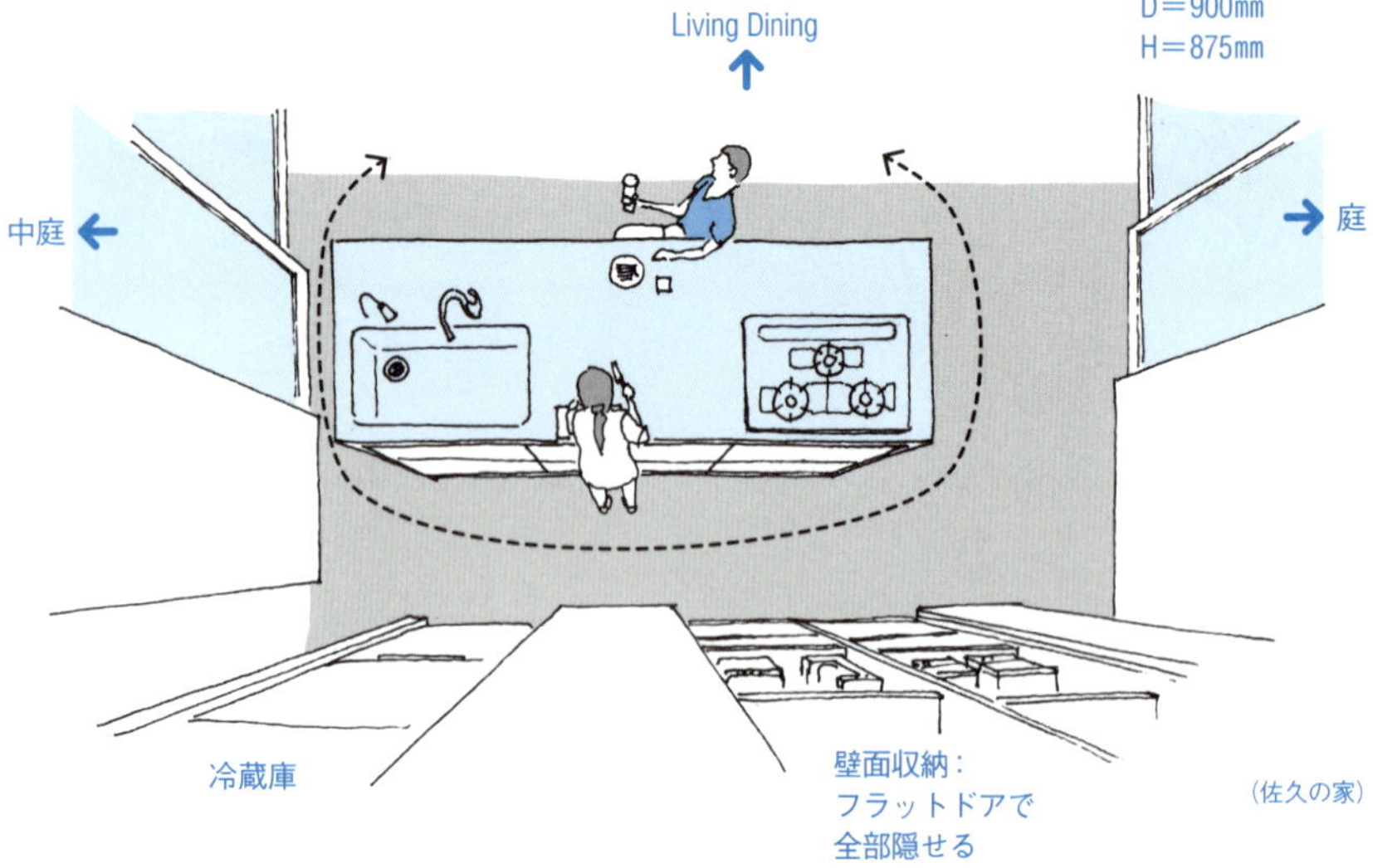

（佐久の家）

主婦の牙城たる個室型キッチン

作業性を重視した厨房スタイル。配膳や片付けは家族みんなで手伝う

●キッチンのサイズ
W=2500㎜
D=700㎜
H=850㎜

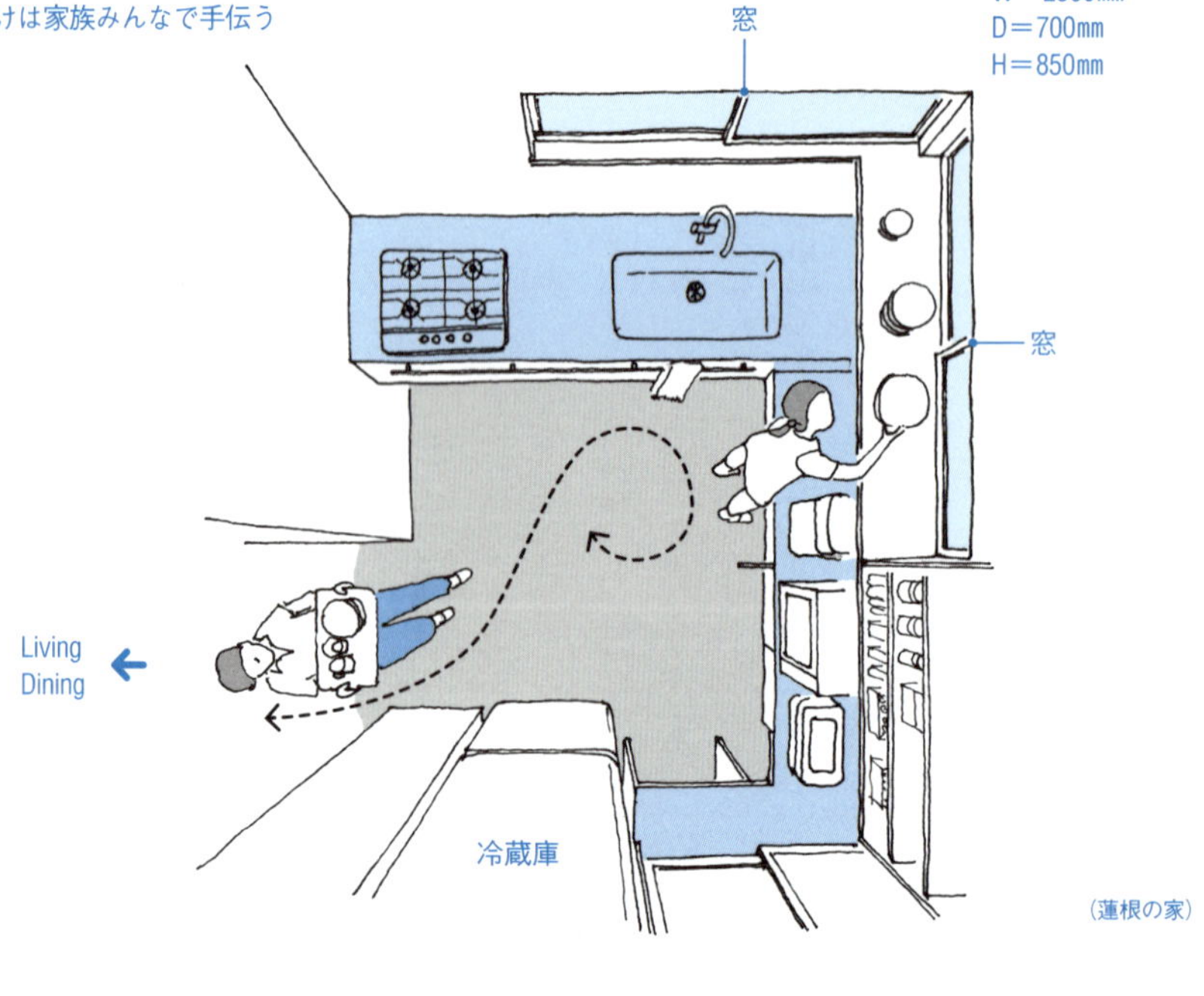

（蓮根の家）

効率の良いコの字型キッチン

コンパクトに使い勝手を重視。狭小住宅や忙しい共働きの夫婦にふさわしい

●キッチンのサイズ
W＝1350＋1050＋1200㎜
D＝650㎜
H＝850㎜

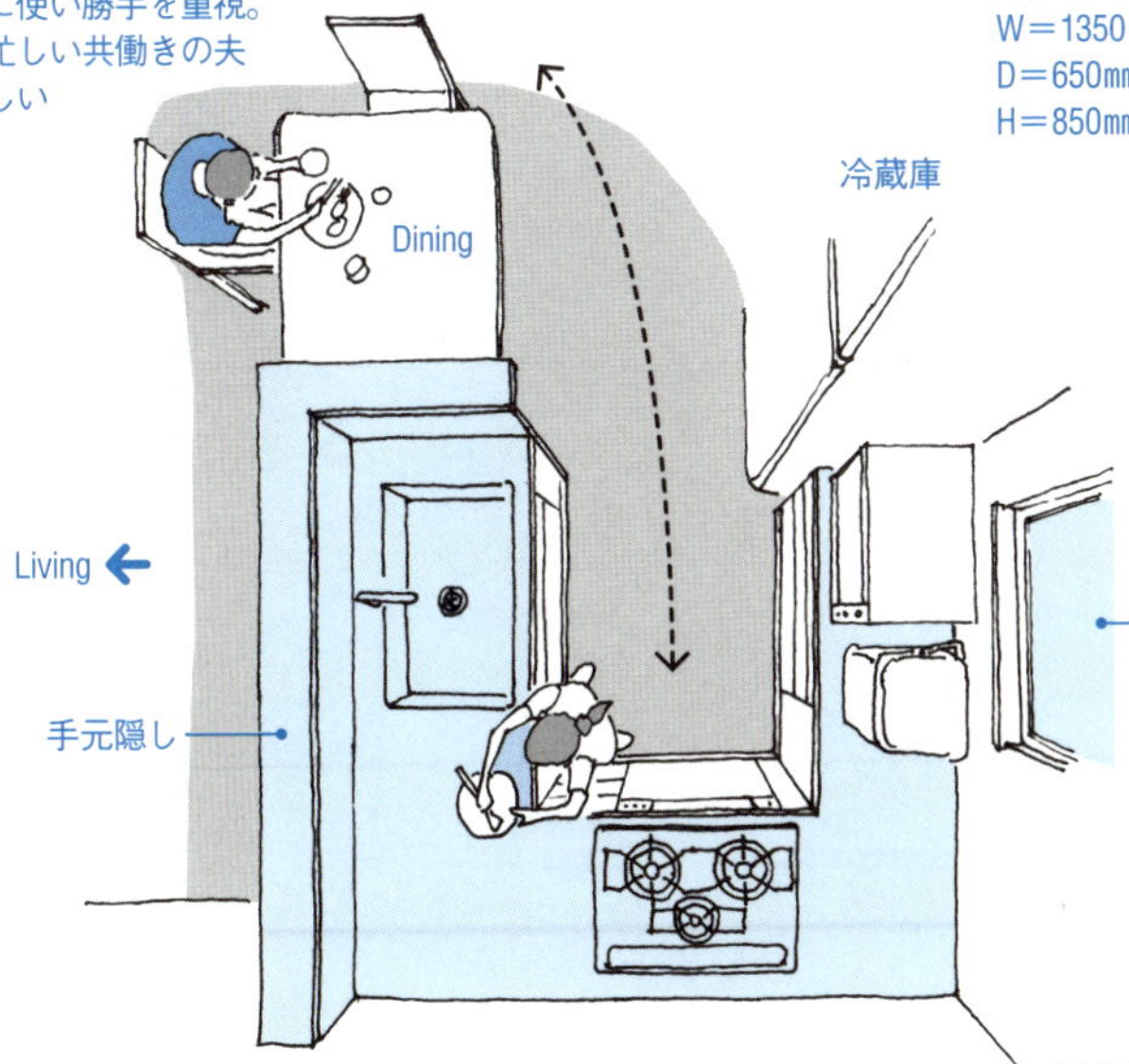

（池之端の家）

壁付きI型＋アイランド型キッチン

家族みんなで料理ができる広さ。行き止まりのない動線でストレスがない

●キッチンのサイズ
アイランド型
W＝2100㎜
D＝1000㎜
H＝875㎜
I 型
W＝3490㎜
D＝650㎜
H＝800㎜

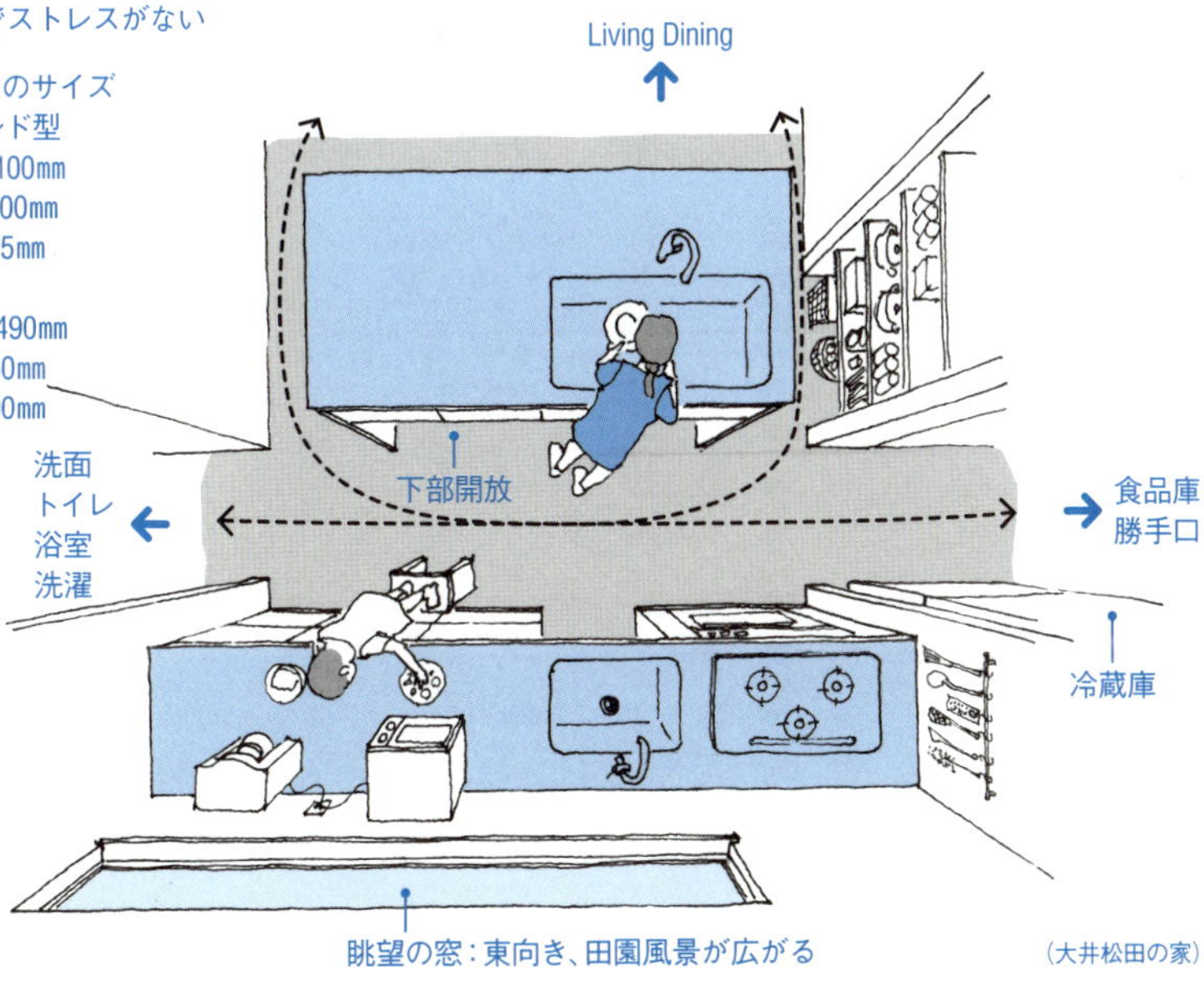

（大井松田の家）

親と子がお互いの表情をそっと確認

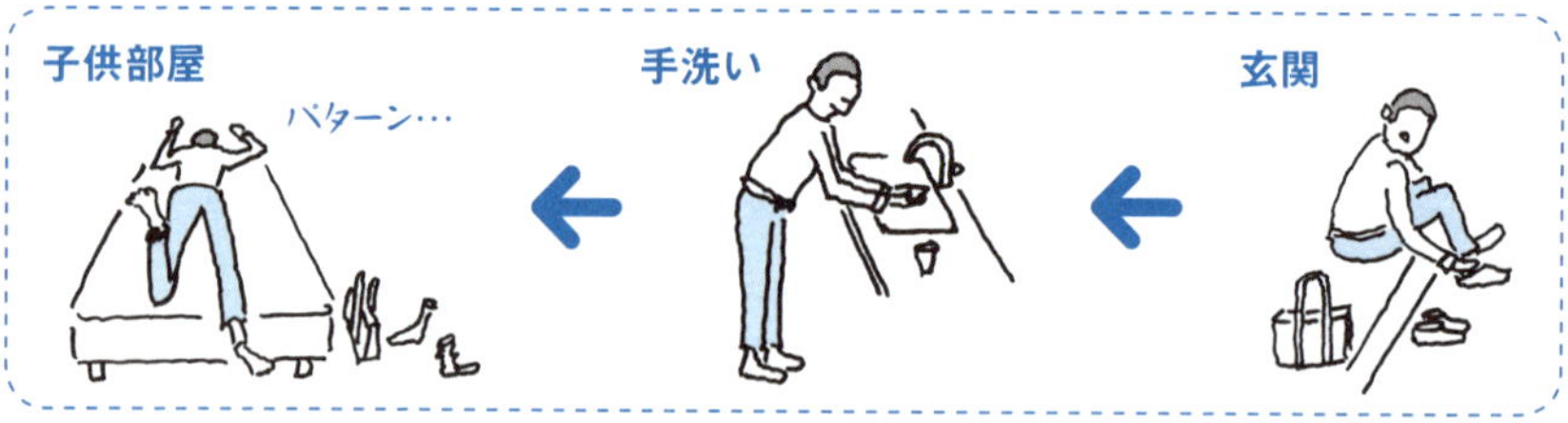

LDKを通る子供部屋

玄関から直接子供部屋という動線だと、子供がグレるとささやく人々がおられます。

子供が帰ってきたときの毎日の変化、発信しているシグナルなどを見落とさないようにすることは、今でも親の義務であることに違いはありません。子供部屋は子供にとって不便である道のりをつくることが重要で、その道のりに、手洗いやうがいの設備を盛り込めれば、子供の生活習慣も向上しそうです。

つまりそれは階段までの道のり

LDKと子供部屋を同じ階にするのはなかなか難しい

1階LDK／2階子供部屋

LDKの真ん中を通る王道の道のり

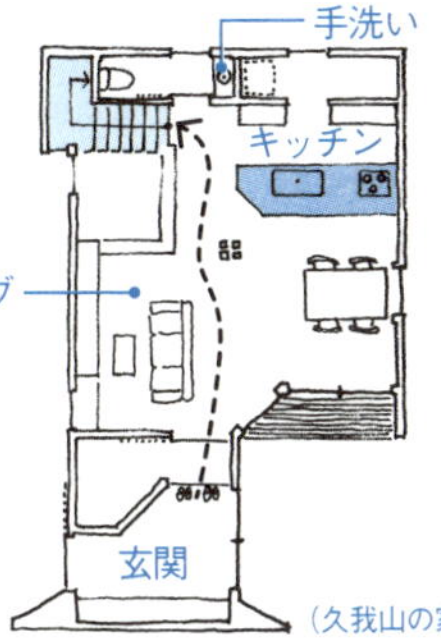

(久我山の家)

LDKをぐるりとみわたす道のり

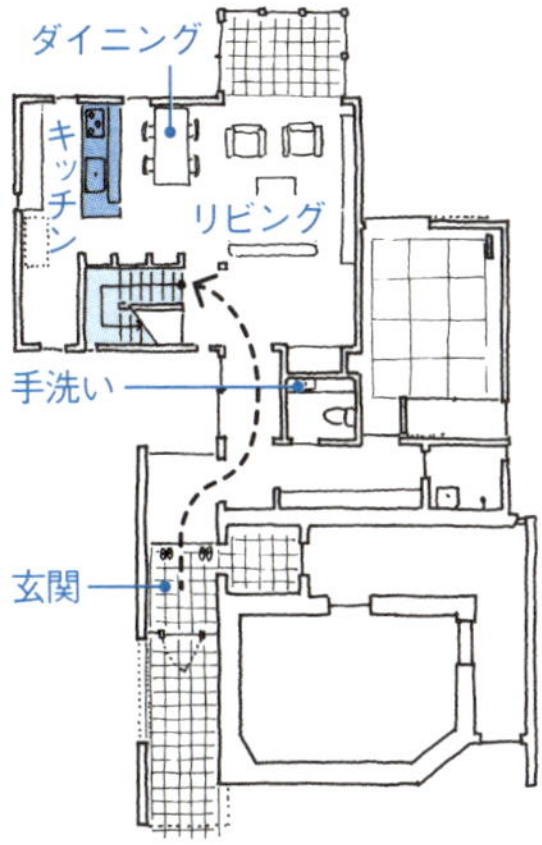

(鶴ヶ島の家)

リビング、ダイニングを順番に通る道のり

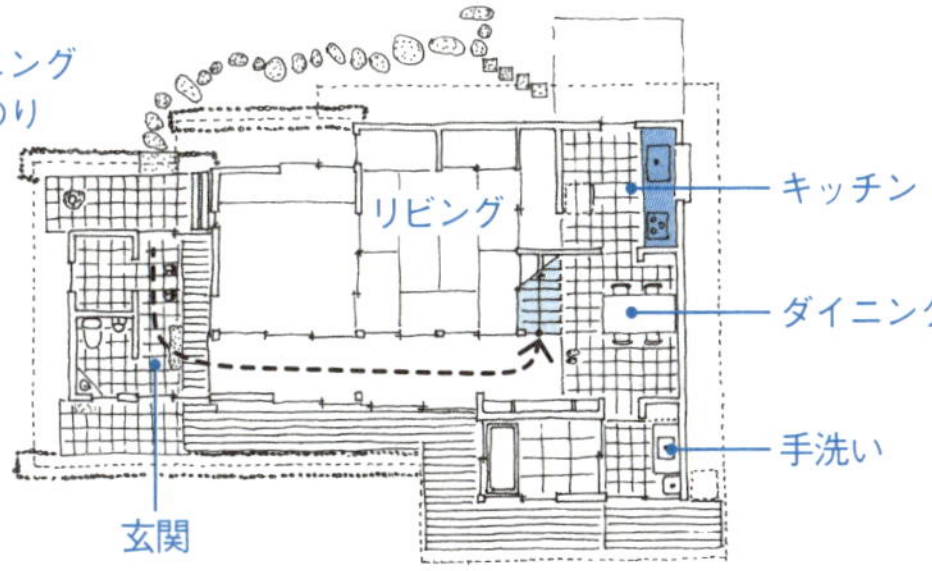

(下総中山の家)

2階LDK／3階子供部屋

リビングを通るか、ダイニングを通るか？　選択可能な道のり

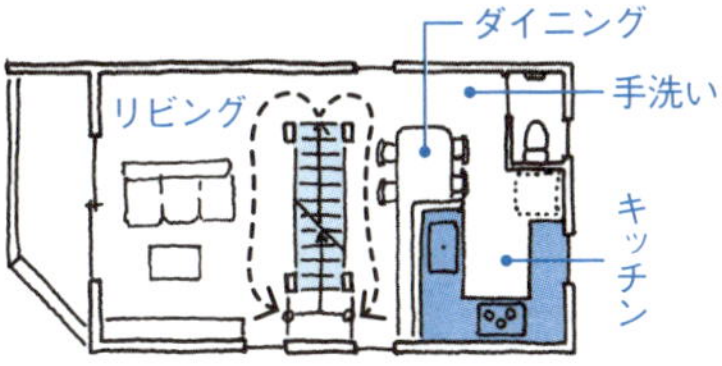

(池之端の家)

かなり長い距離を歩く道のり

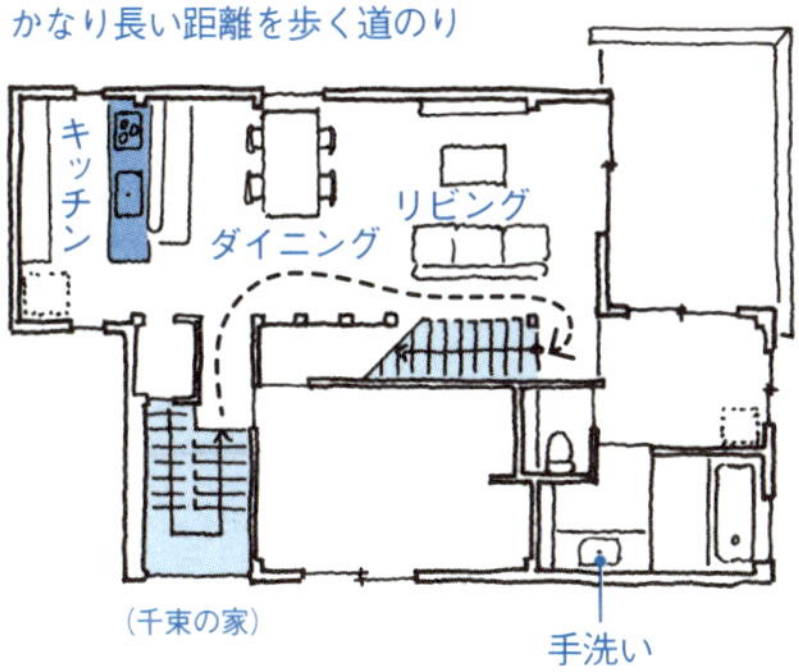

(千束の家)

2階LDK／2階子供部屋

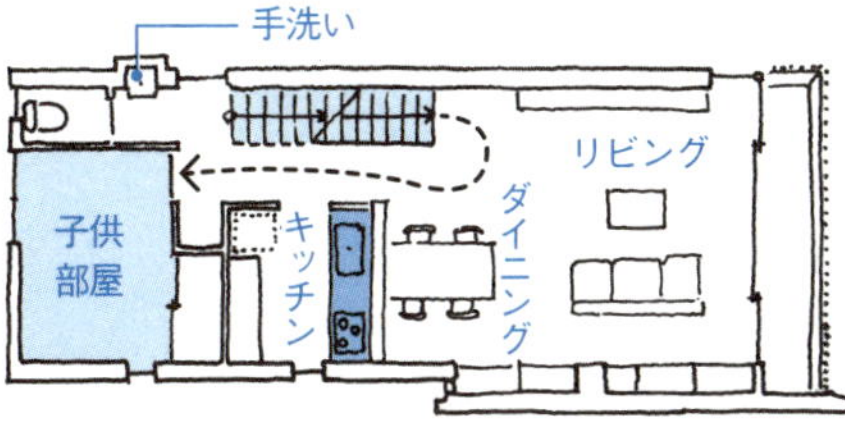

LDKと子供部屋が同じ階にある幸せな道のり

(浅草の家)

屋根裏で想像力育む子供部屋

屋根裏、ロフト、ペントハウス……オトナも子供も昔からそんな言葉に弱い。それは、家の中で一番奥まった安全な場所、上から踏まれていない感じ、そう「ちょっと」とお母さんが洗濯物を取り込みに入って〝来ない〟ような、落ち着いた空間と感じるからです。やがては巣立っていく子供。安心して想像や妄想をグルグルめぐらすことのできる〝屋根裏風〟の子供部屋を与えてあげましょう。

想像力は天を舞う

天井の高い部分にロフトがある子供部屋

2階（最上階）は天井の形状も
高さも自由になる。
天井高さ1.4m以下のロフトは
“階”にならない

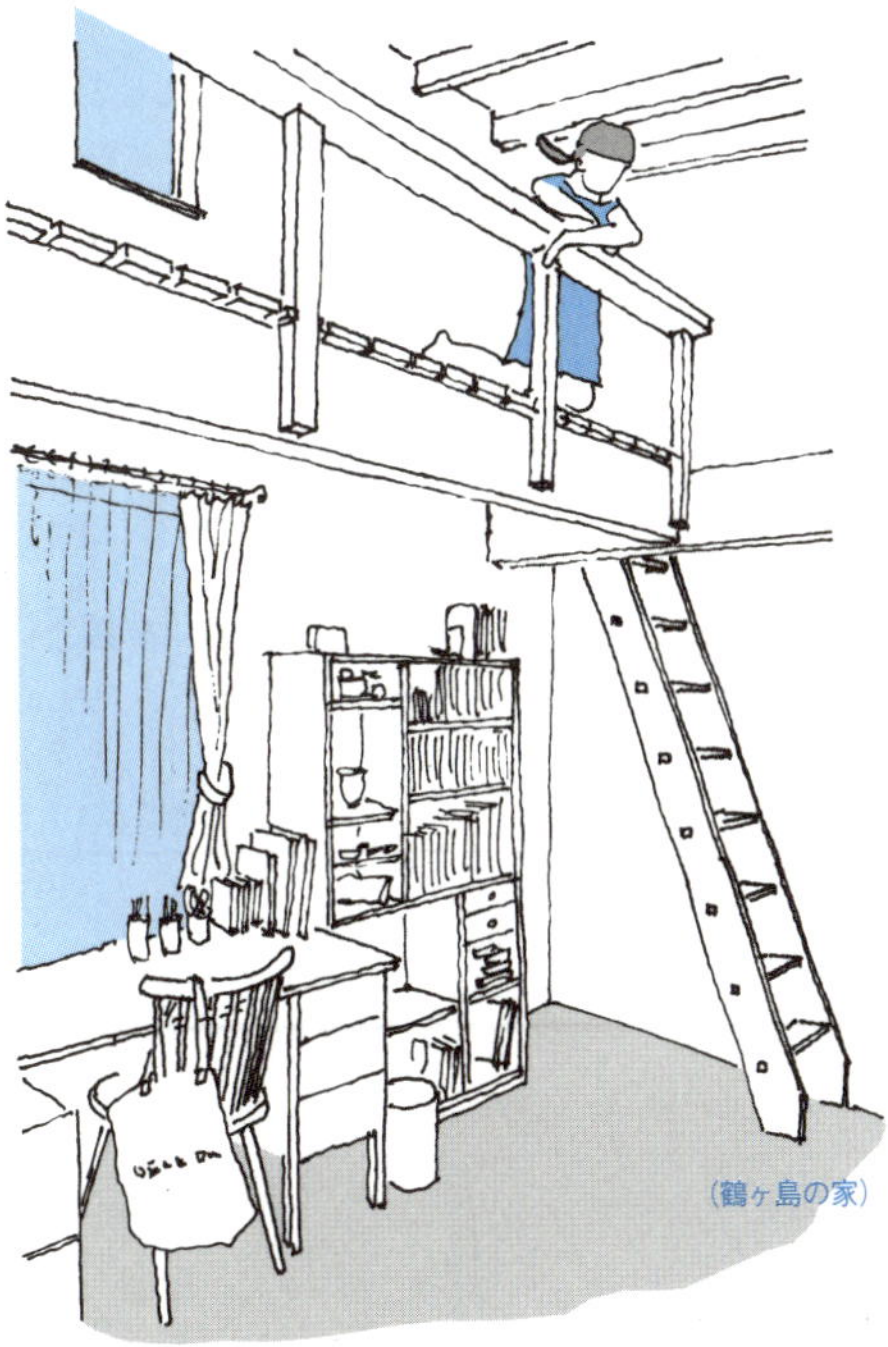

（鶴ヶ島の家）

天井の低い部分に勉強机がある子供部屋

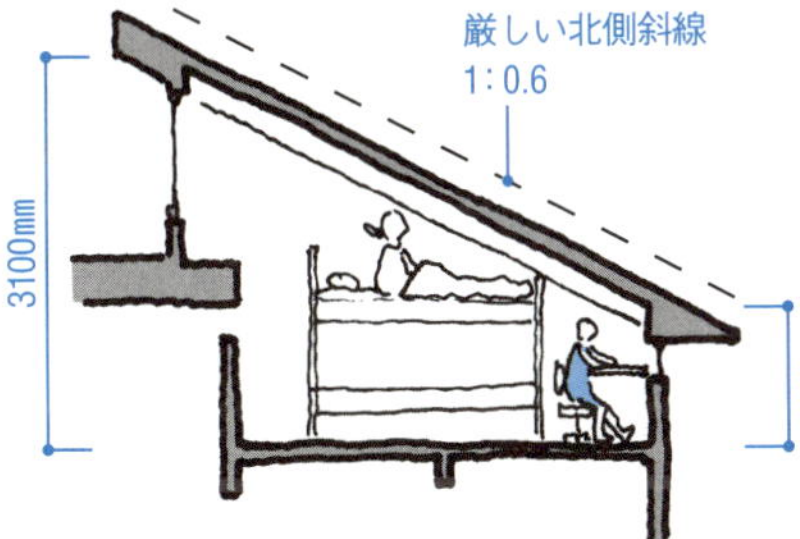

姉妹のスペースを2段ベッド
で仕切る。狭小住宅ならでは
のぎりぎりの納まり

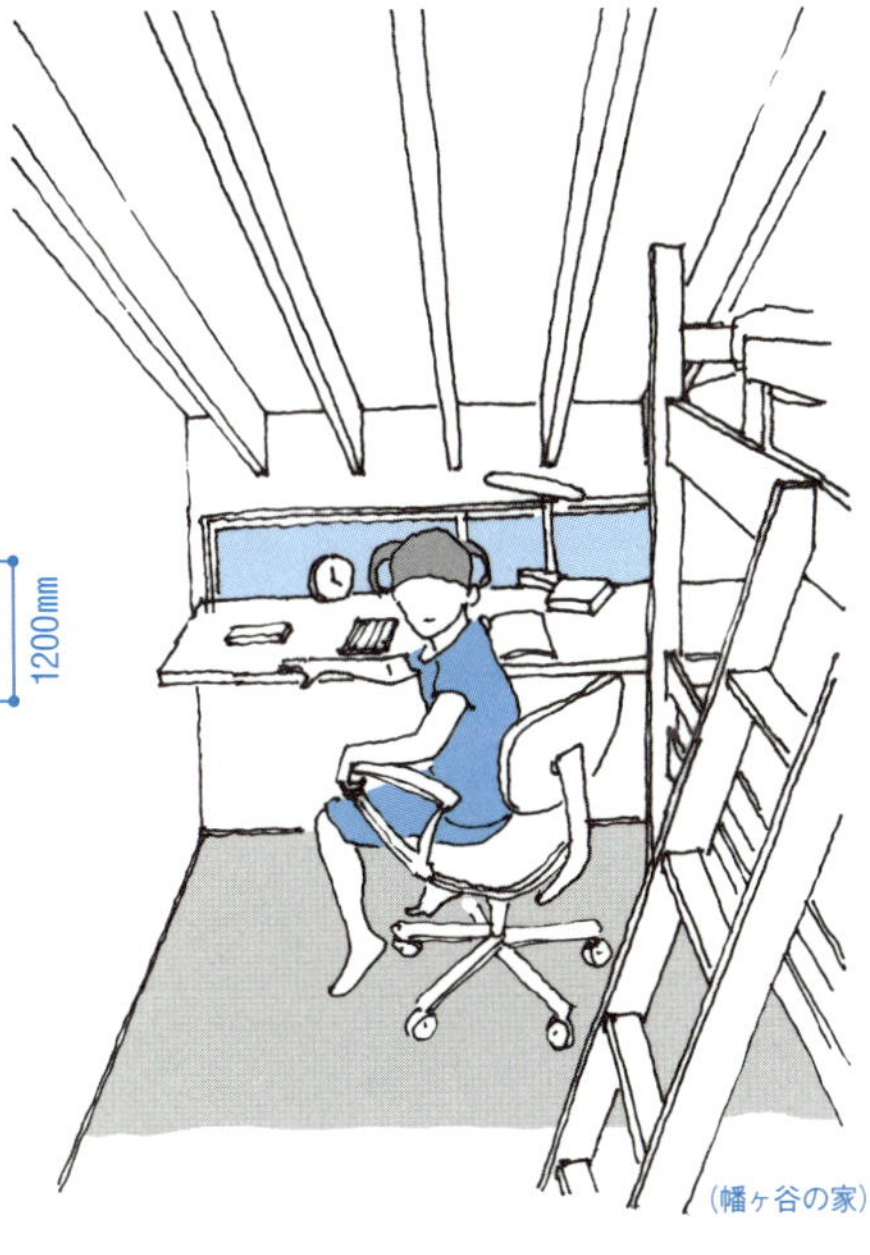

（幡ヶ谷の家）

登る、滑る、ぶら下がる、揺らす

登り棒

階段手摺の支柱を利用、アルヴァ・アアルトの「マイレア邸」[※] からヒントを得ている

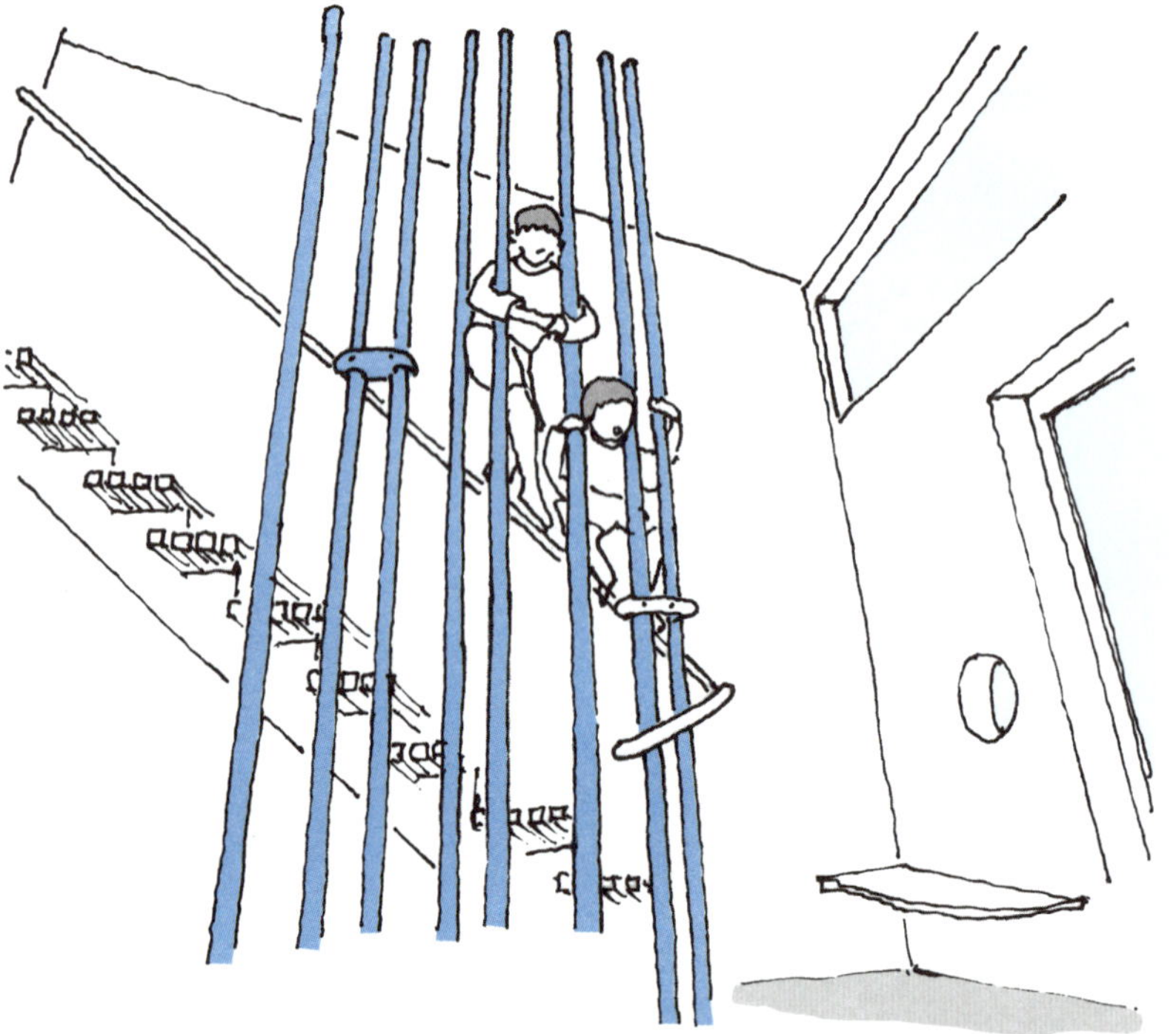

住まいを丸ごと遊園地に

登っちゃダメ！ 滑っちゃダメ！ ぶら下がっちゃダメ！ 毎日お母さんの声が家中に響きわたり、お母さんだけが疲れ果て、子供の元気はありあまる一方。かといって巨大なプラスチック製の遊具を買い与えても、やがては飽きて押入れの中。ならばはじめから住まい全体を遊具化してみるという手があります。住宅は案外頑丈にできています。その可能性を大いに引き出してみましょう。

[※] フィンランドの世界的建築家、アルヴァ・アアルトの設計による名作住宅（1939年竣工）

吊り椅子

ナナ・ディッツェル［※］のハンギングチェア。
構造体の梁に"アイボルト"を設置し、それに取り付けている

滑り台

2階の押入れの中から入る。滑り面にはガルバリウム鋼板を使用。
滑り過ぎに注意！

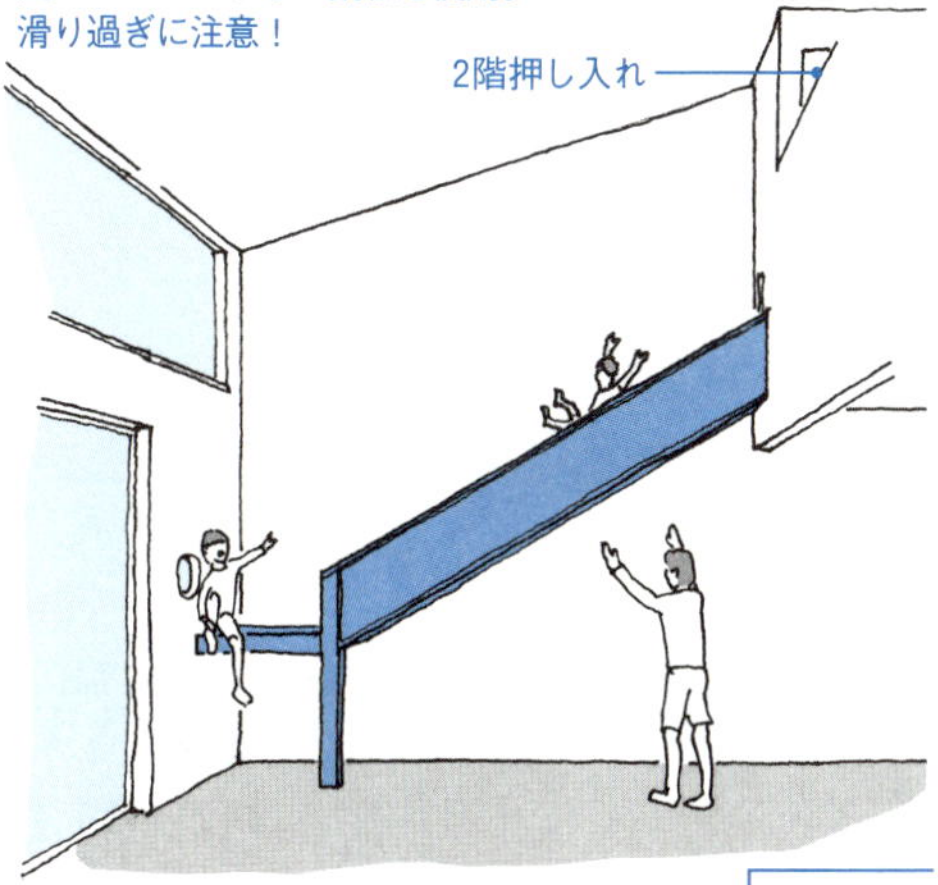

雲梯《うんてい》

鋼管を曲げて塗装し、2階の床根太に取り付ける。「ぶら下がり健康器具」として、大人にとっても重要なもの

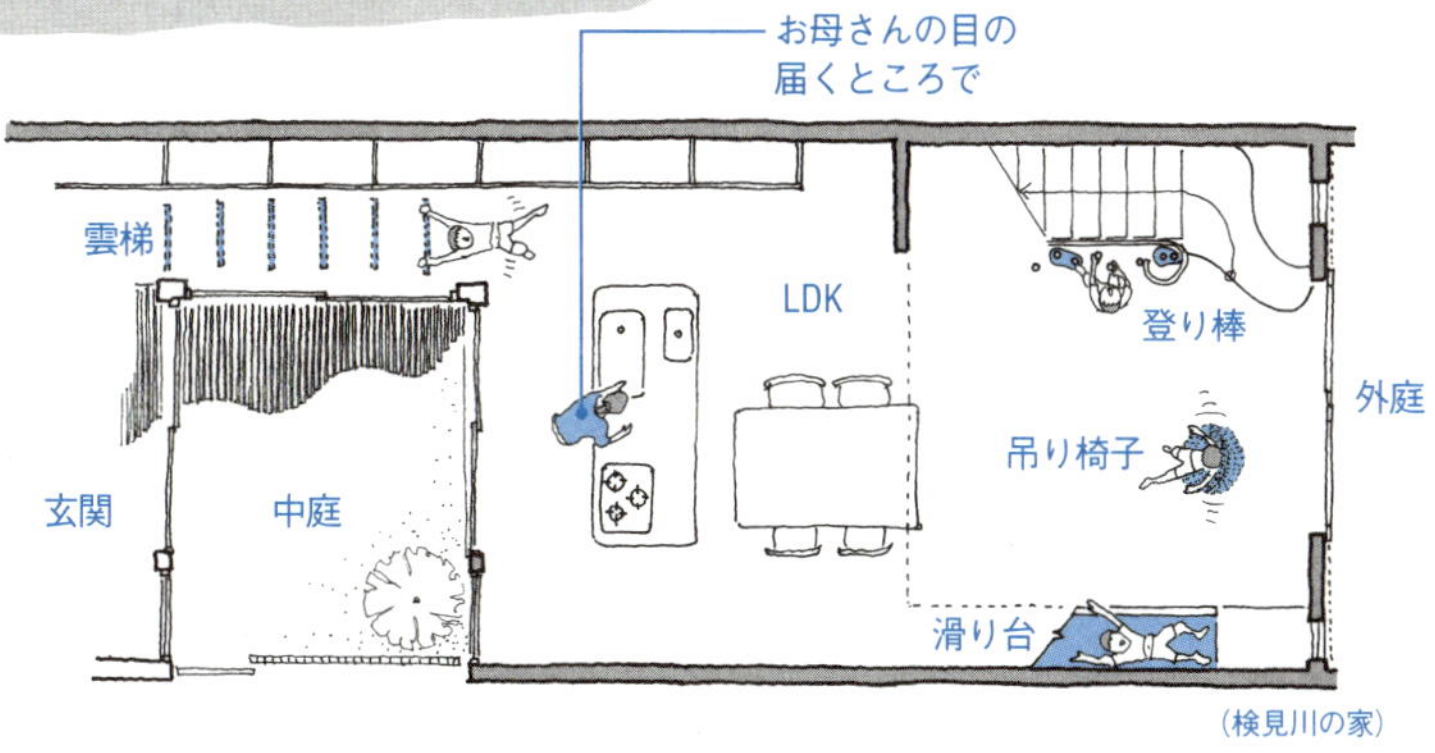

（検見川の家）

［※］デンマーク出身の女性家具デザイナー

将来用EV吹抜けに木製ジャングルジムを

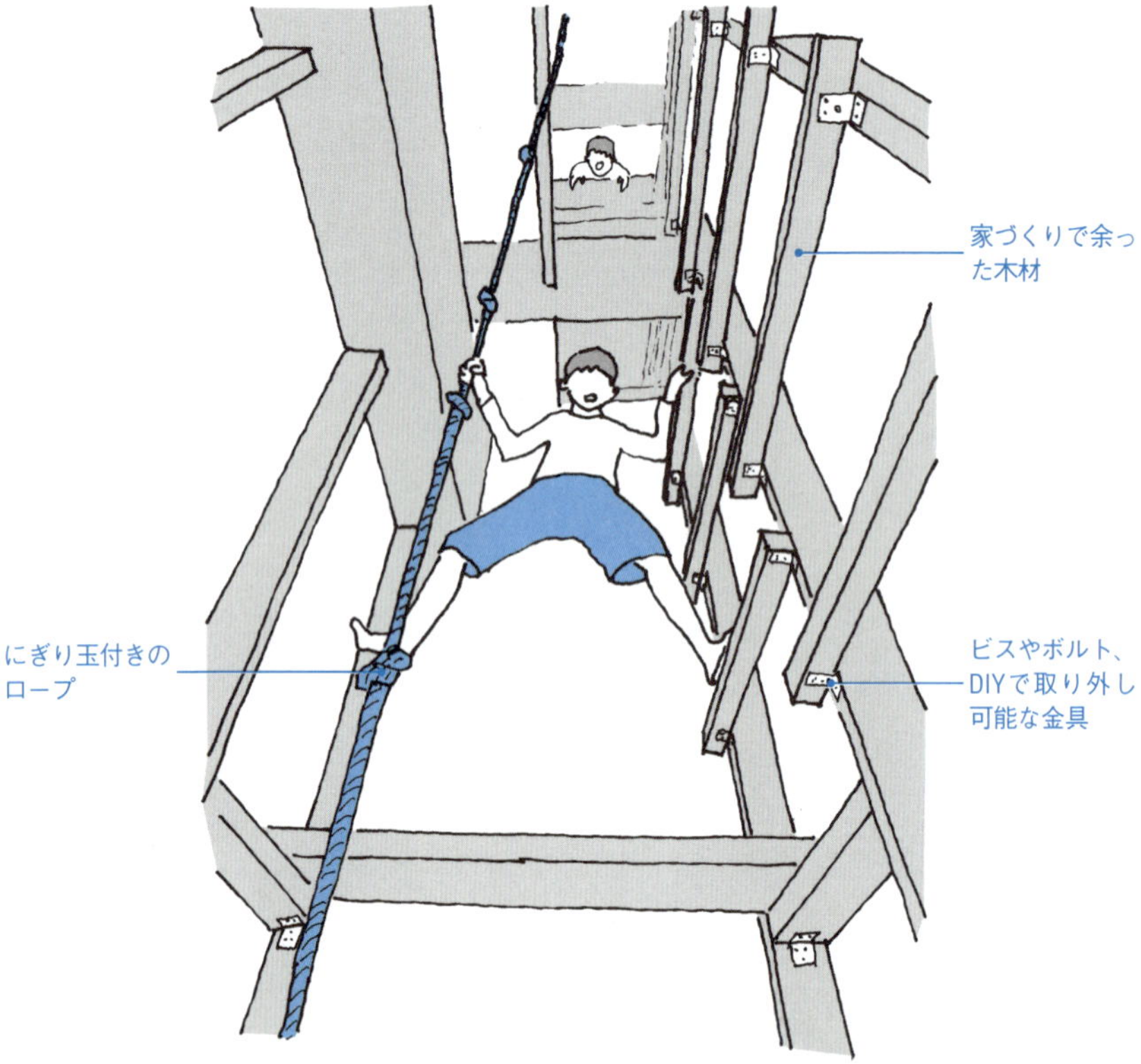
家づくりで余った木材
にぎり玉付きのロープ
ビスやボルト、DIYで取り外し可能な金具

EV用吹抜け 今だけは 競技の場

将来ホームエレベーターを設置したいが今はいらない。そんな場合は設置場所だけを確保しておく必要があります。EVが設置されるまでは収納などに使われるのが普通ですが、その吹抜け空間に木製ジャングルジムをつくってみるのも楽しみです。家づくりで余った木材で安全な下地構造だけをつくっておいてもらえば、竣工後、お父さんのアイデアで思いのままに完成させることができます。

子供の夢を、お父さん自身がかなえる

ポイントは、設計者、工事業者が完成させないこと。
家族みんなでつくることに価値があります

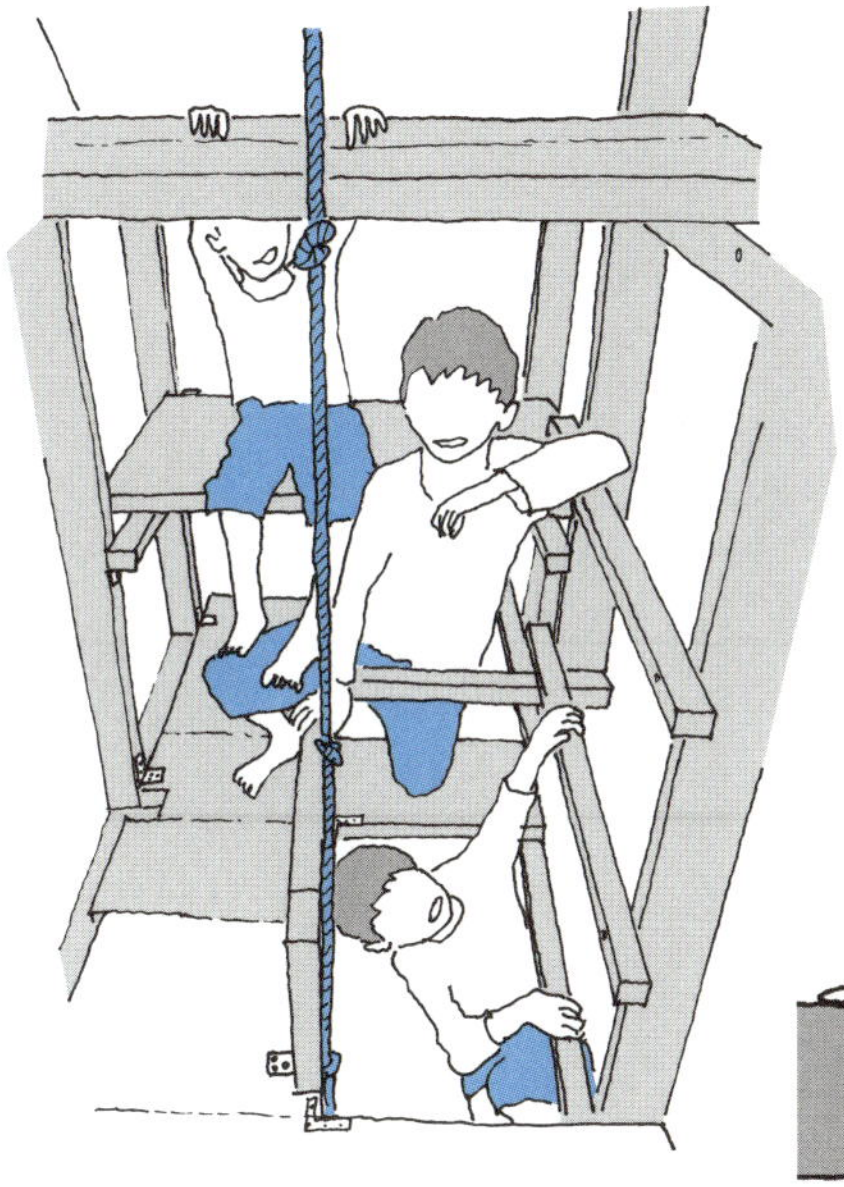

伝声管も加えて潜水艦か
秘密基地か

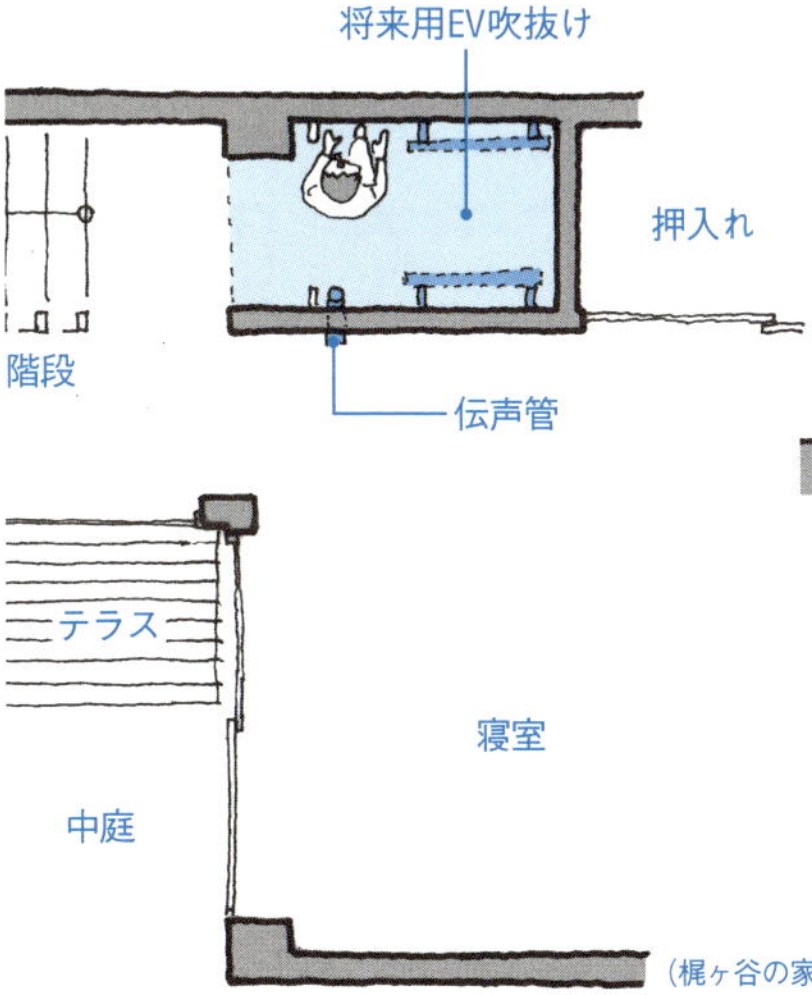

(梶ヶ谷の家)

材料を追加する場合

2×材（ツーバイ材）なら専門の金具やビスもあり、ホームセンターなどで安価に手に入る
2×4＝38㎜×89㎜

押入れの上の空中書斎

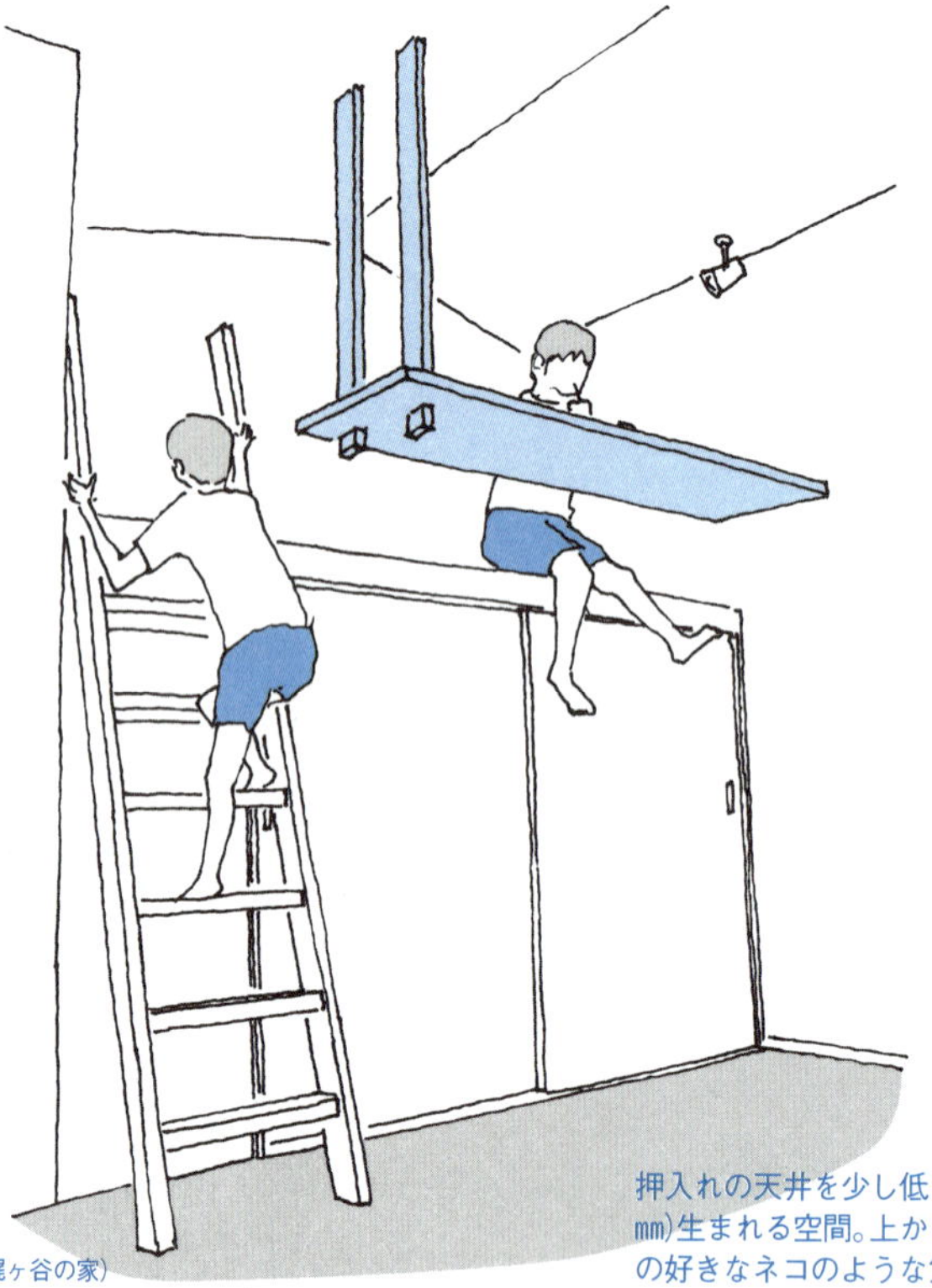

（梶ヶ谷の家）

押入れの天井を少し低くして（h＝1500㎜）生まれる空間。上から見下ろすことの好きなネコのような気分か…

隠れがに浮遊感をつくる

子供だけでなく、大人も隠れ処（かくれが）という言葉に惹かれます。それは誰にも邪魔されないちょっとした空間であればいいのです。理屈っぽい機能や性能に満たされてしまった住まいの中に、そんな無意味な居場所を設けることも大切です。隠れがは、押入れの上だったり、階段の上に浮かんでいたり、吹抜け越しだったり、ちょっとした工夫で生み出すことができます。

階段上の隠れが

平面図ではなかなかわからない階段上のスペース。安易に収納庫としてしまうのはもったいない。ちょっと不思議な浮遊感をつくり出せます

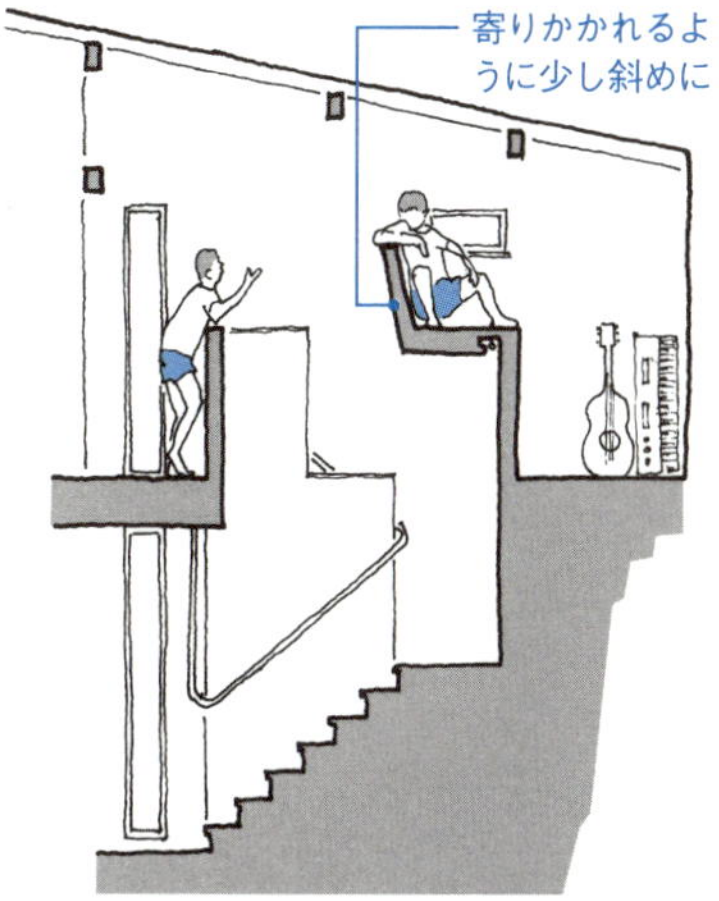

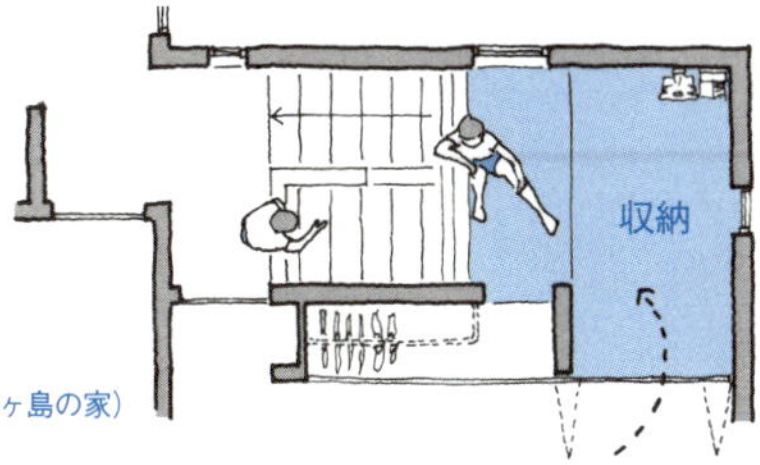

（鶴ヶ島の家）

吹抜け越しの隠れが

吹抜け越しに、屋上テラスをながめられる、落ちついた場所。完全に断絶しているわけではなく、LDKとのコミュニケーションもとれるところがポイント

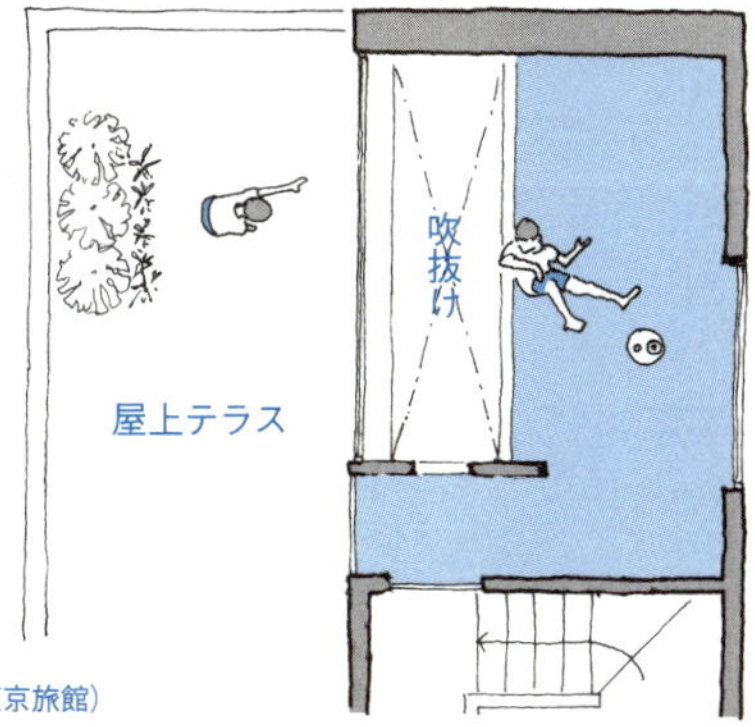

（東京旅館）

和室？いや畳の間と呼ぼう

フローリングの住まいが一般化しましたが、それでもやはり畳の間がなくなることはありません。子育て中の寝室として、また布団を上げて客間や遊び場として、その多目的な能力は今後とも色あせることはないでしょう。畳は敷き方や大きさ、形状などを微妙に変えることもできるので、堅苦しい和室のルールにとらわれず、それぞれの住まい方に合わせた畳の間をつくることができます。

江戸間と京間はサイズが違う

畳は1枚1枚オリジナルでつくるため、その寸法においても自由度は高いと言えます

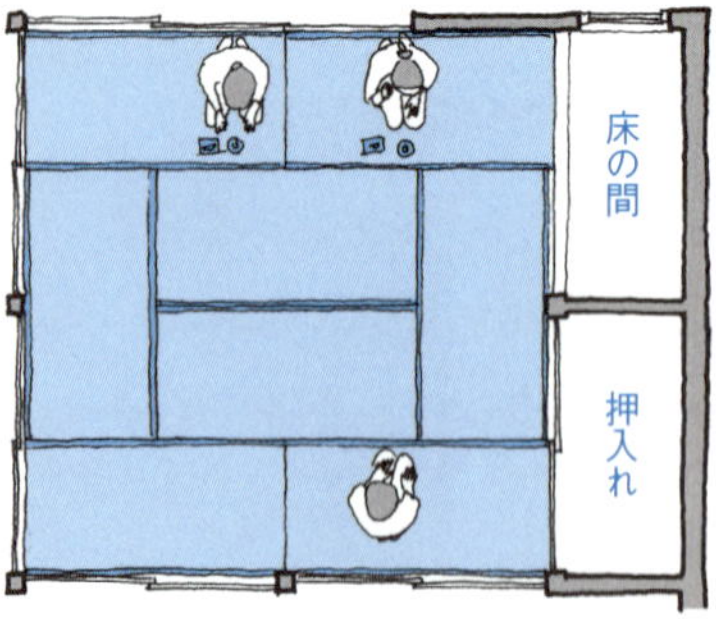

（下総中山の家）

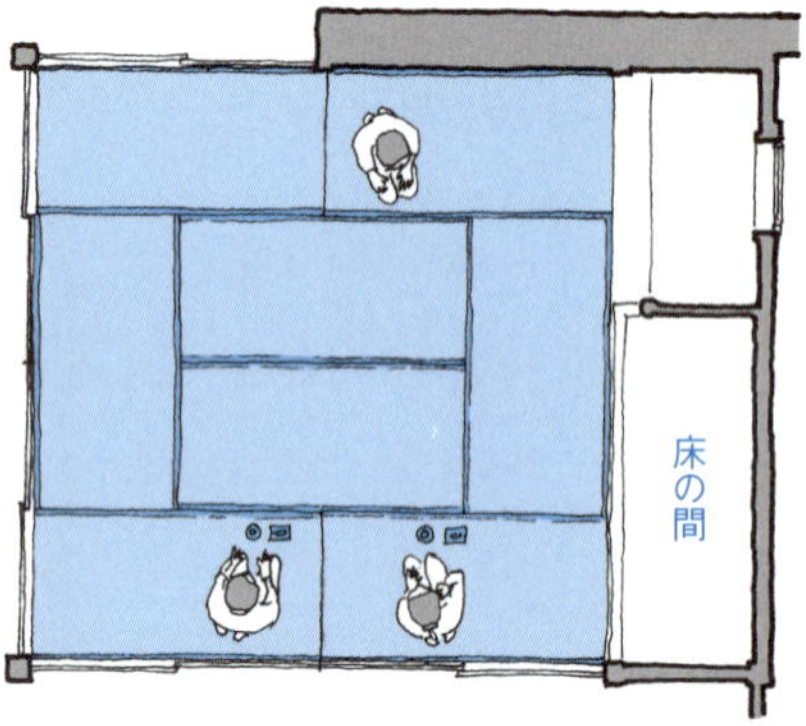

（国立の家）

江戸間
畳の大きさ：880×1760㎜
8畳の面積：12.39㎡

京間
畳の大きさ：955×1910㎜
8畳の面積：14.59㎡

2.2㎡もの差、一畳以上違う！
（1.17倍）

可変性のある畳の間

就寝時は四畳半の個室が3つ。ふすまをはずせば、三間ひと続きの大広間へと変化させることができます

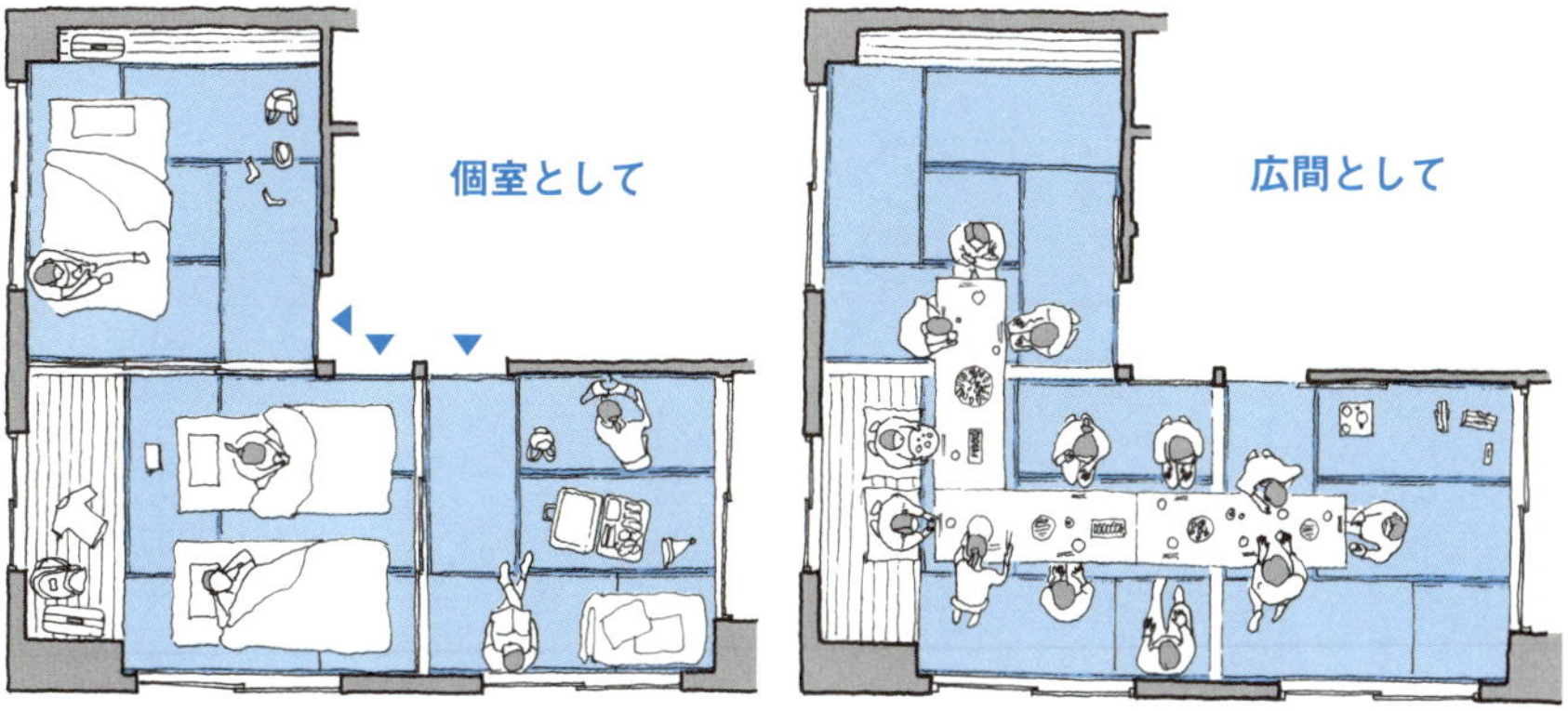

個室として
広間として

（東京旅館）

格式のない畳の間

部屋全体に畳を敷きつめない。8畳分の広さに6畳分程度、縁なし畳で、上座下座の堅苦しさをなくします。

床の間も、床柱などなく奥行きの浅い押板タイプ

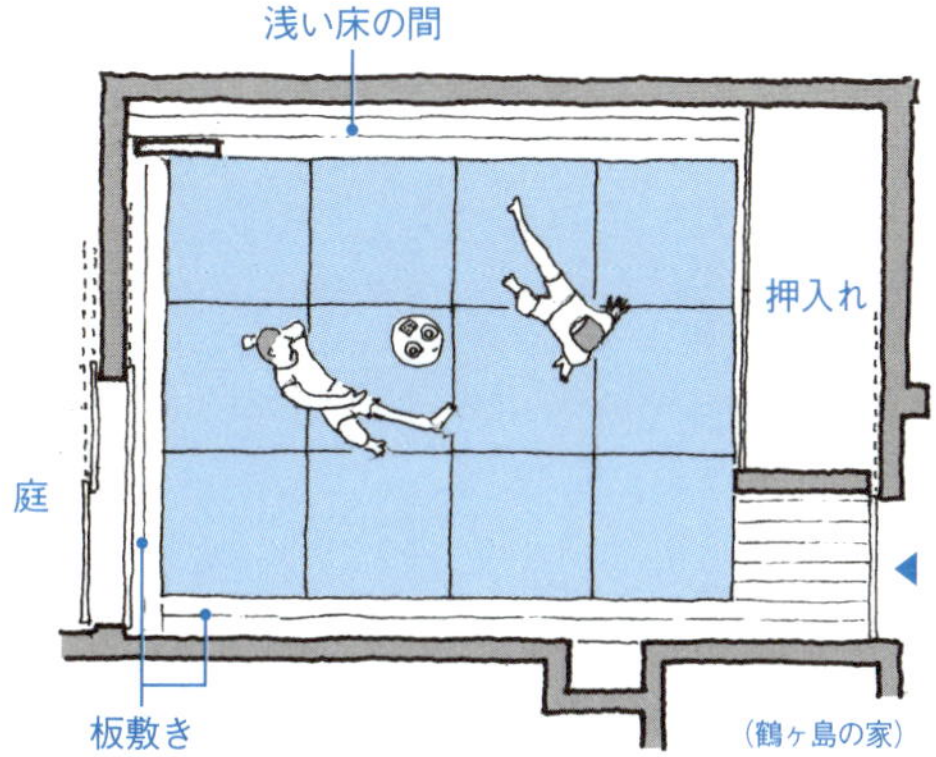

浅い床の間
押入れ
庭
板敷き

（鶴ヶ島の家）

寝室としての畳の間

子供が小さいときはみんなで寝るなら7.5畳がいい。8畳は正方形で大勢の布団が敷きにくい。

ベッドを置いた部屋は寝室としてしか使えず、昼間はほとんど活用されませんが、畳の間は布団を上げれば子供の遊び場や客間として、昼間も有効利用できます

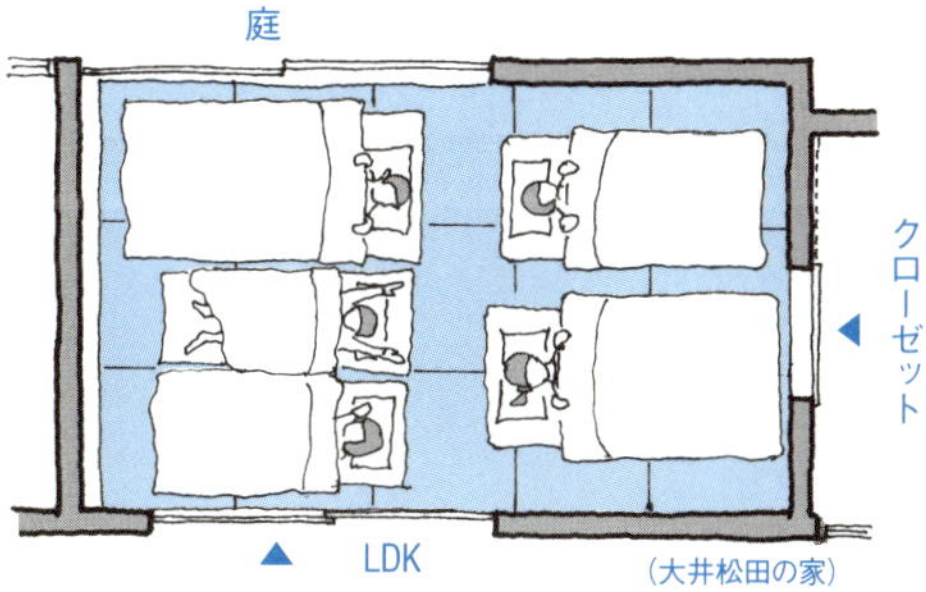

庭
クローゼット
LDK

（大井松田の家）

お葬式

病院で寝たきりで亡くなり、そのまま葬祭場、そして火葬場へ……。
お通夜くらい自宅でしたいものです

みんなが入りきらなくても土間や、庭から見守ることもできます……

畳の上で死ねる幸せ

冠婚葬祭や宴会、お茶会などの人寄せの行事がいつしか〝家〟から出て行ってしまいました。そして来客もない、まったく巣かシェルターのような家づくりが多くなり、逆にさまざまな業者さんが潤うという構図。かつて家の潜在能力はもっと高かったはずで、お葬式をするしないは別として、せめて家づくりの際には、長い人生のさまざまな風景を今一度思い浮かべてみてはいかがでしょうか。

日常

おじいさん、おばあさん、お母さん、お父さん、孫。3世代がいつでも集まれる広々とした場所があればいい

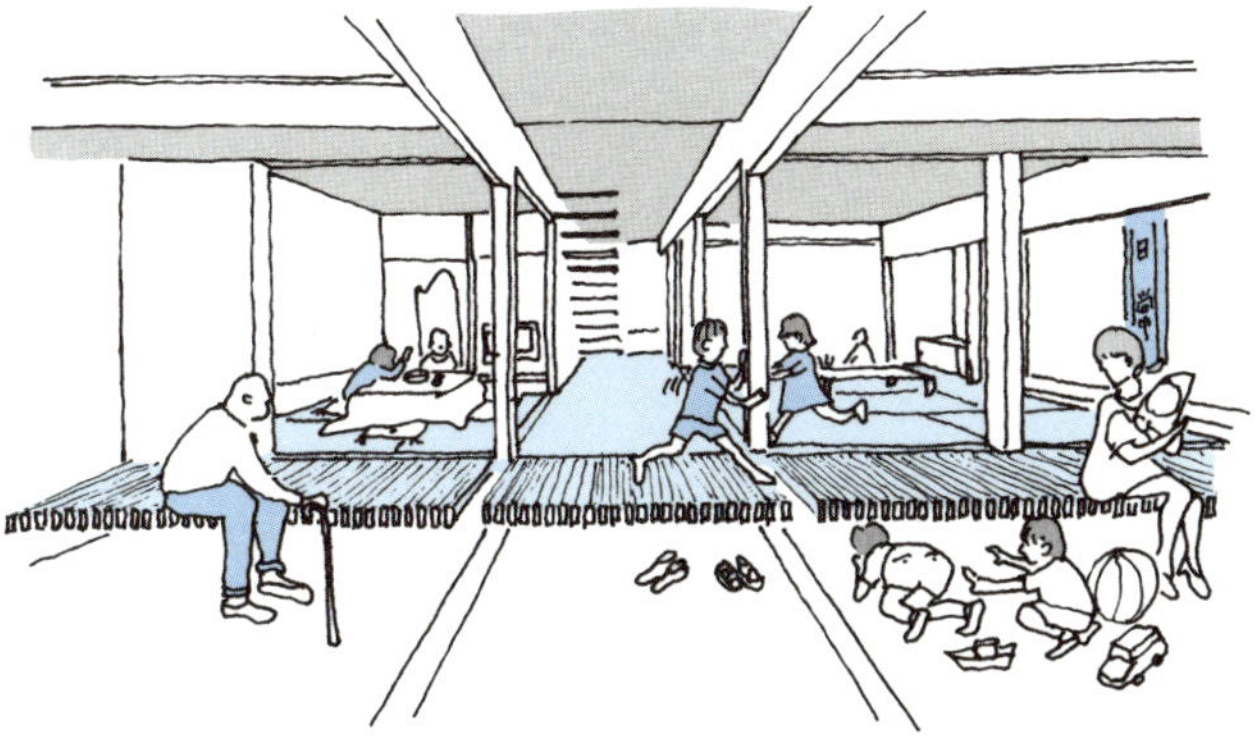

宴会

お誕生日会、入学祝、卒業祝、祝勝会、就職祝、結婚祝、出産祝、“残念会”……。人生はお祝いに満ちあふれています

お茶会

お茶なんて今はやらないと思いつつ、年を重ねるにつれて人の趣味嗜好は変わるもの。着物や浴衣だって、畳の上でこそ様になります

コピペ？　いいえ“写し”です

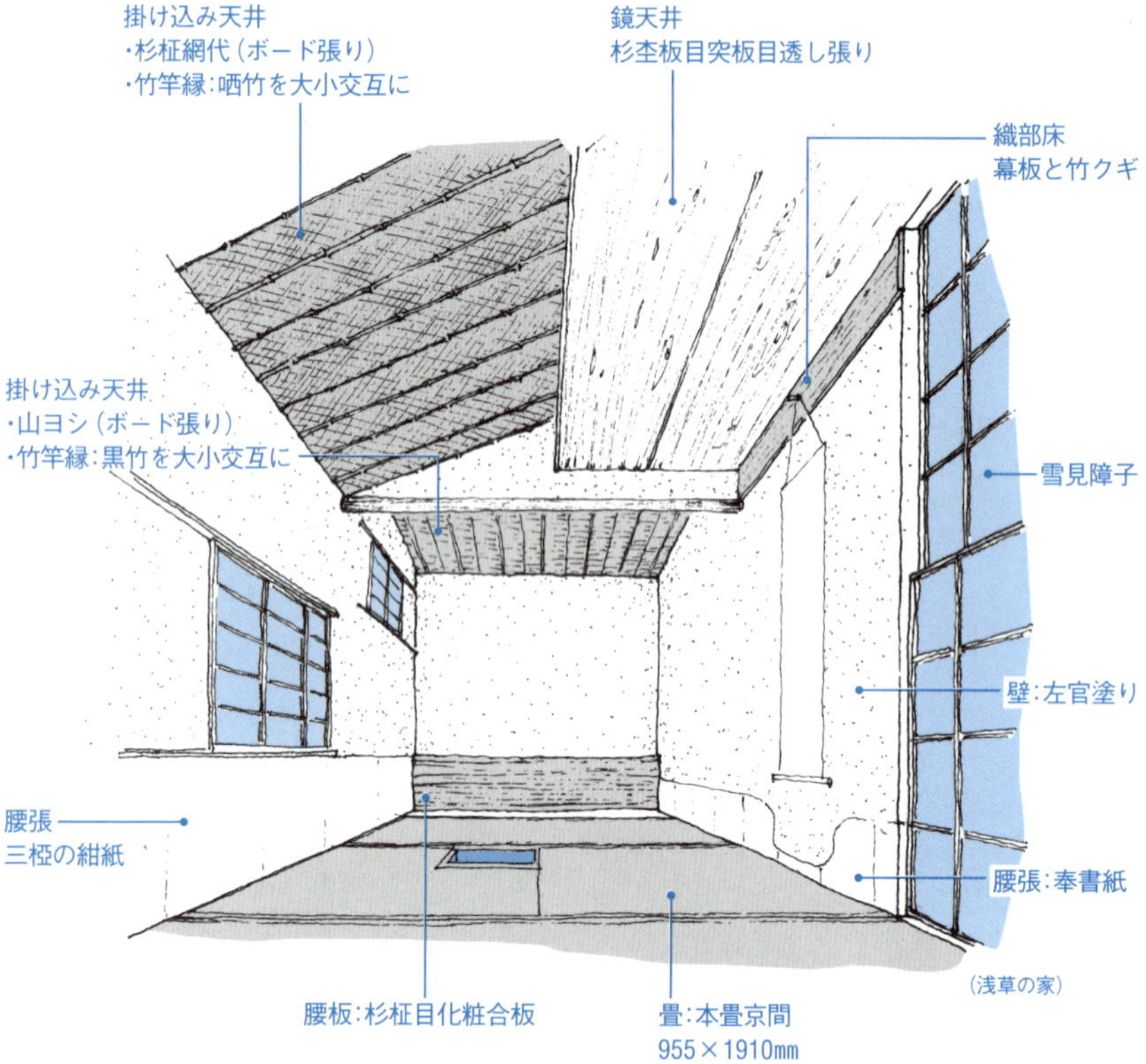
掛け込み天井
・杉柾網代（ボード張り）
・竹竿縁：晒竹を大小交互に
鏡天井
杉杢板目突板目透し張り
織部床
幕板と竹クギ
掛け込み天井
・山ヨシ（ボード張り）
・竹竿縁：黒竹を大小交互に
雪見障子
壁：左官塗り
腰張
三椏の紺紙
腰張：奉書紙
腰板：杉柾目化粧合板
畳：本畳京間
955×1910㎜
（浅草の家）

茶室には写しという発想あり

古来より書画や陶芸の世界において、名作を模してつくったものを「○○の写し」と呼びます。それを本物と称すれば偽物になりますが、写し自体は悪いことではない。写しはそもそも原作を超えることはなく、また完全なコピーにこだわる必要もありません。重要なエッセンスを名作から引出し、自分の身の丈に合うようアレンジし、日々の生活に滋味深さを与えることができればいいのです。

重要なのは高さ、広さの基本ルール

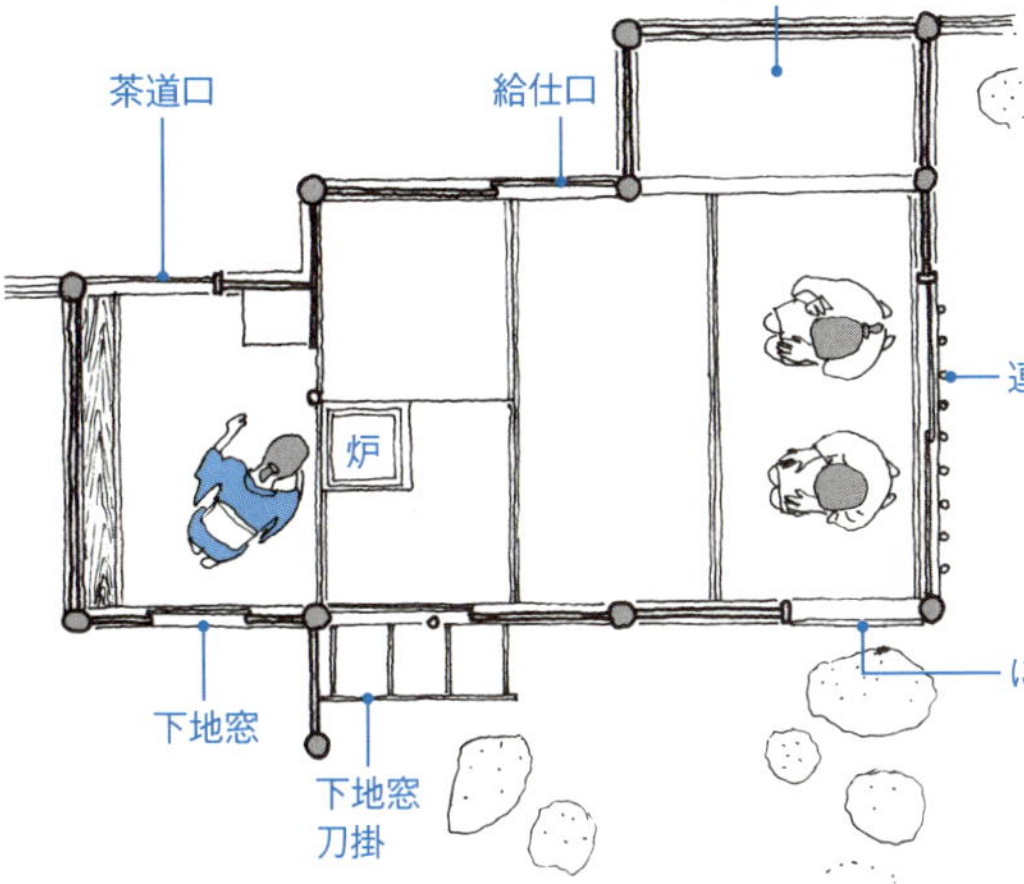
床の間
茶道口
給仕口
連子窓
炉
下地窓
下地窓
刀掛
にじり口

不審庵(平三畳台目)

不審庵とは千利休が営んだ茶室の名。現在では表千家が継承している

側板
織部床(壁床)
雪見障子
炉
入口
下地窓風
障子

浅草の家　茶室

平三畳広間切(平三畳下切とも言う)。

表千家でお茶のおけいこをしている建主さんのために、住居の一角に設けた練習用の茶室。流通している安価な材料を用いているが、それこそが茶の心ではないかと……

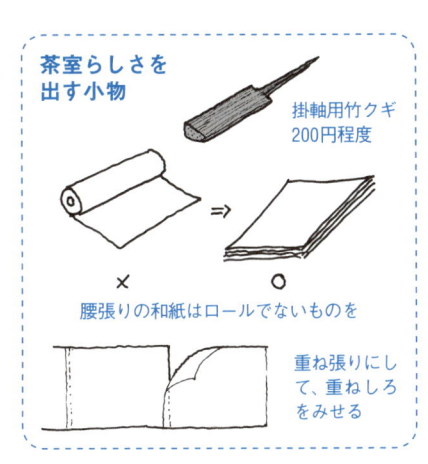

茶室らしさを出す小物

掛軸用竹クギ
200円程度

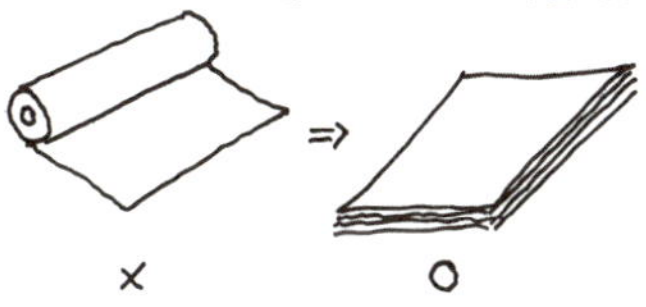
⇒
×
○

腰張りの和紙はロールでないものを

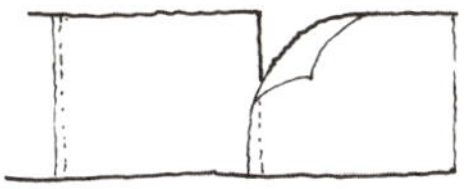

重ね張りにして、重ねしろをみせる

間接照明(蛍光灯)
1800㎜
炉の深さを確保

大きな畳(955×1910㎜)に対し、劇的に低い天井の高さに身を浸し、茶の心を体感する

部屋への移動だけの廊下

せっかくの一戸建て住宅なのに、内部がホテルのようになっているのはちょっと……

通るだけの廊下はいらない

ホテルやマンションの廊下、ふと、立ち止まってはいけないような、うしろめたい気持ちの空間。できれば住まいの中にはそんな廊下はつくりたくありません。かといってまったくなくすわけにもいかない……。

それならば、通るだけの〝廊下〟に何かほかの役割を与えて、廊下を超えた廊下にすればいいのです。そして、住まいの中で、ホッと息を抜きたくなる素敵な空間にしてしまいましょう。

室内干しスペース＋マンガコーナー

3階のサンルーム的な室内干しのスペースに、マンガコーナーやフィギュアを飾る棚を設けます

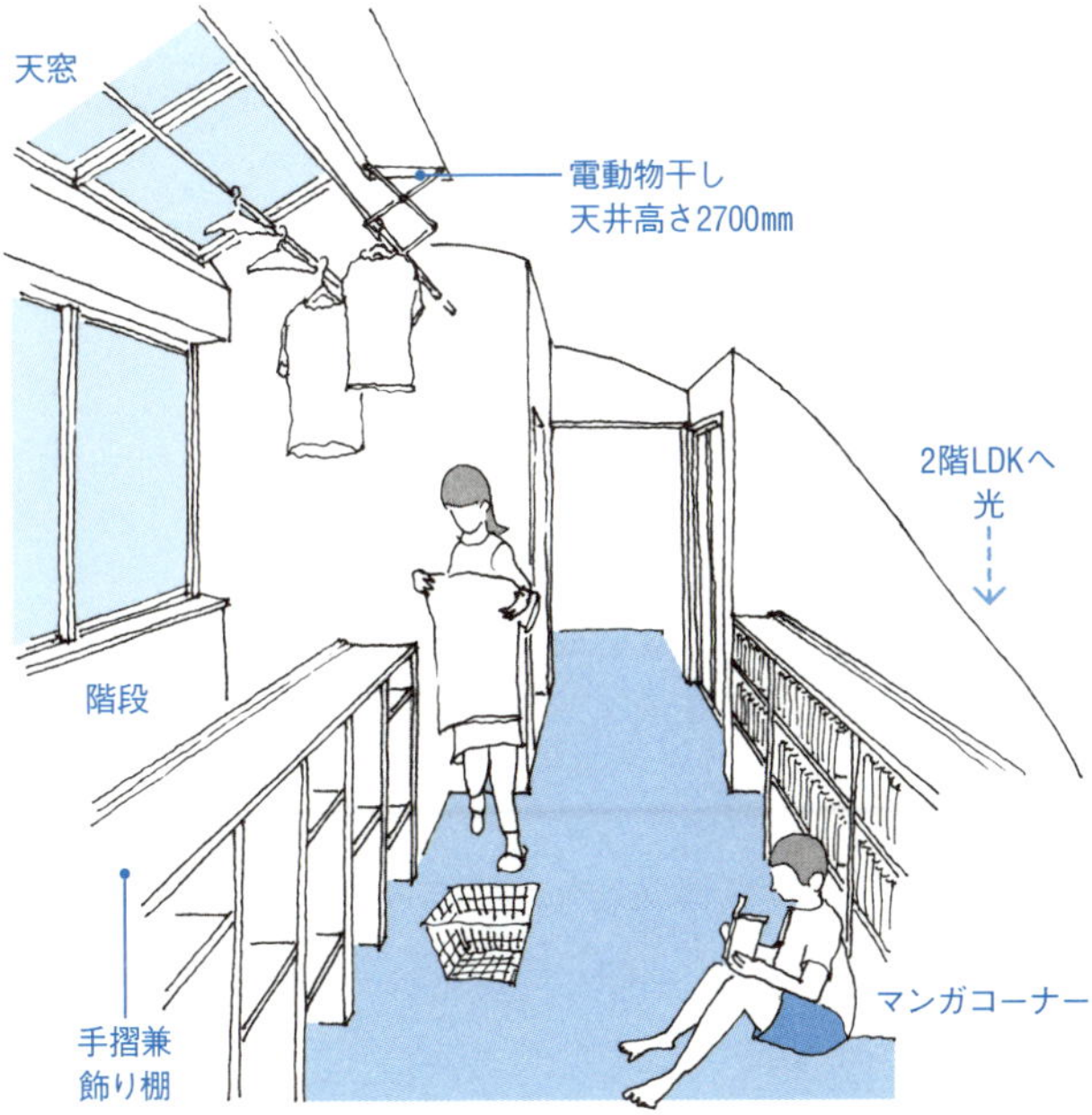
天窓
電動物干し
天井高さ2700mm
階段
2階LDKへ
光
マンガコーナー
手摺兼
飾り棚

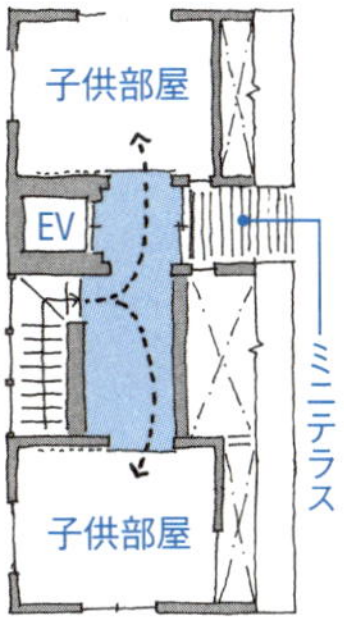
子供部屋
EV
ミニテラス
子供部屋

（蓮根の家）

ギャラリースペース

玄関から入ってすぐにみえてくる中庭。そのやさしい外光の脇に飾り棚を設け、ギャラリースペースとして使います

中庭
飾り棚
LDKへ

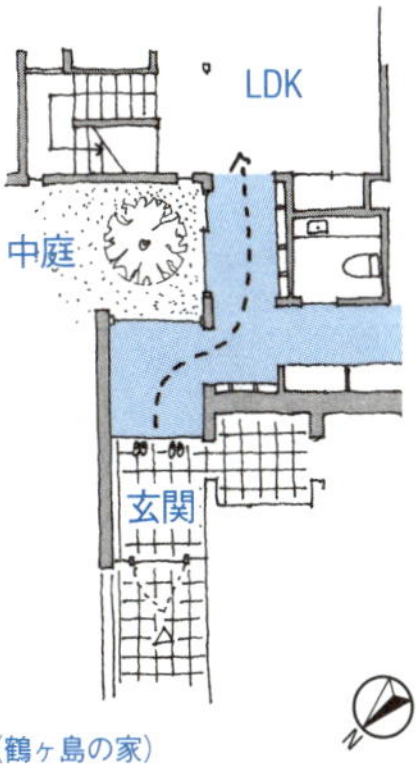
LDK
中庭
玄関

（鶴ヶ島の家）

木材を組み合わせてつくる階段

和モダンな雰囲気に合わせて、木材で組子細工のように繊細に組みます

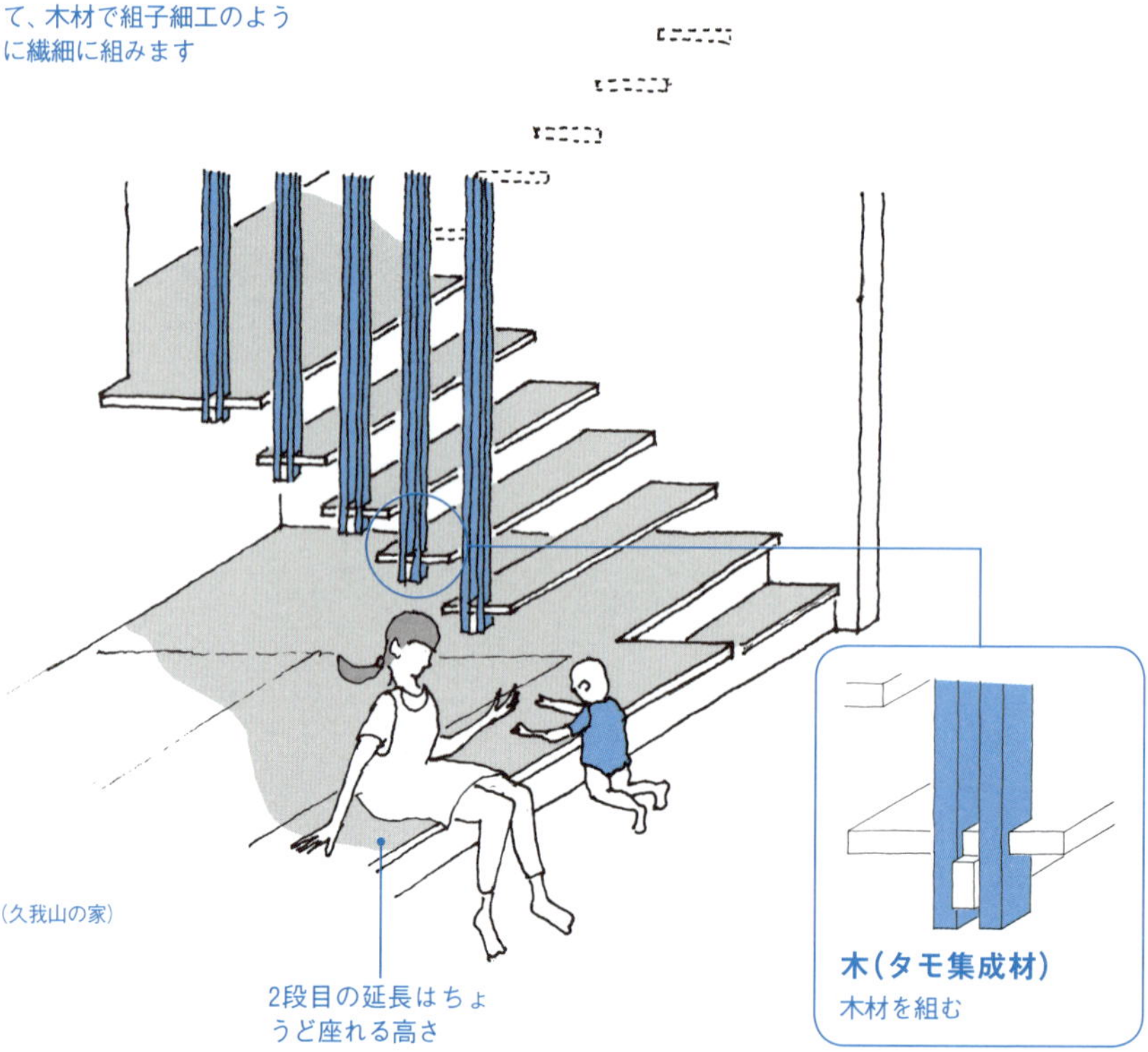
（久我山の家）
2段目の延長はちょうど座れる高さ
木（タモ集成材）
木材を組む

階段は家具より身近な存在になる

耐火建築や大きな建てものなどでは、工場でつくられた鉄骨階段が現場に運ばれてきますが、住宅においては違った方法で階段をつくることができます。木材を中心に、規格品の形材やネジ、ボルトなどを適材適所に、しかも繊細に組み合わせていくことで、個性的な階段をつくることもできます。

　そのような階段は、やがて椅子や机のように人に寄り添う家具へと近づいていきます。

木材を全ネジボルトで吊るした階段

最小限の材料でまったく揺れない、頑丈でスッキリとした階段

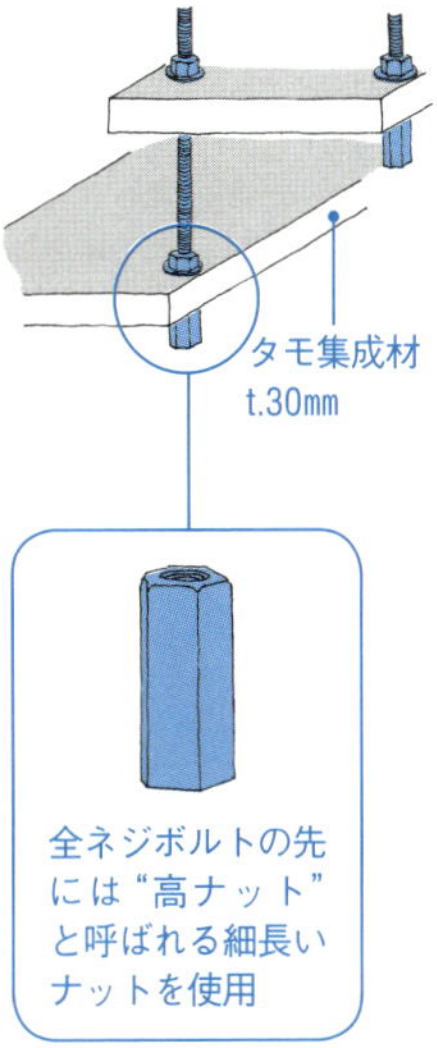

タモ集成材
t.30mm
全ネジボルトの先には“高ナット”と呼ばれる細長いナットを使用

（鵠沼海岸の家）

鉄とコンクリートと木を組み合わせてつくる階段

3種類の素材をミックスさせてインテリアとの調和を図ります

4段目の延長はちょうど下足箱カウンターの高さ

（浅草の家）

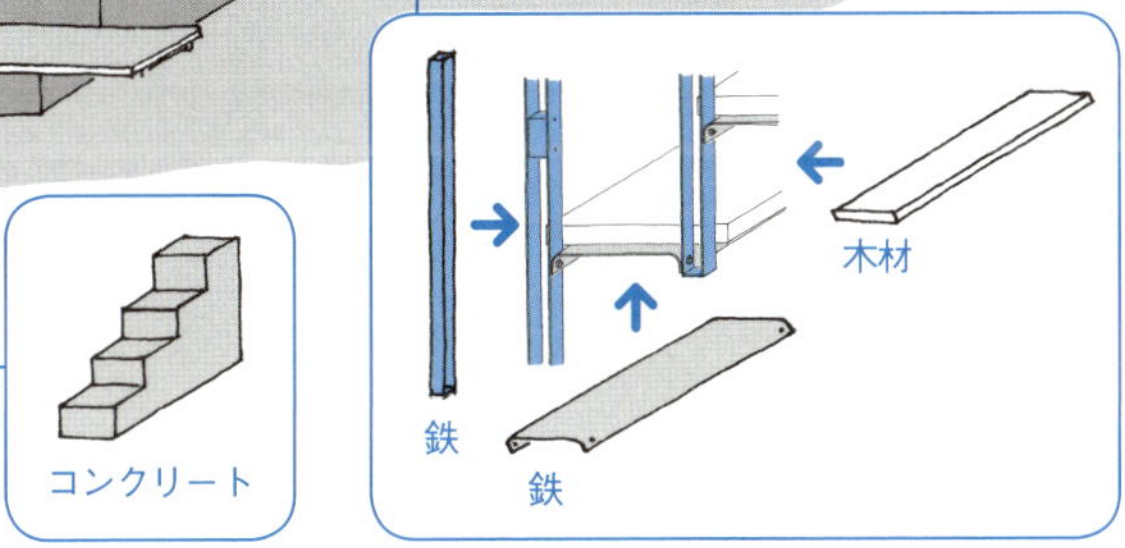

コンクリート
鉄
鉄
木材

階段を支える3要素

分担して支える階段

そもそも階段は住まいの中で異質な構造体です。気合いを入れすぎたデザインは、おだやかな日々の暮らしに違和感を覚えることがあります。階段を生活空間になじませるには、階段を支える力を「載せる・吊る・挟む」の3つに分担させる必要があります。また「置く・しまう・座る」といった生活のためのちょっとした機能も担ってもらえれば、階段を生活空間の一部とすることができます。

段板を延長して棚に

カウンターや収納などに必要な高さの段板をえらび有効に使います

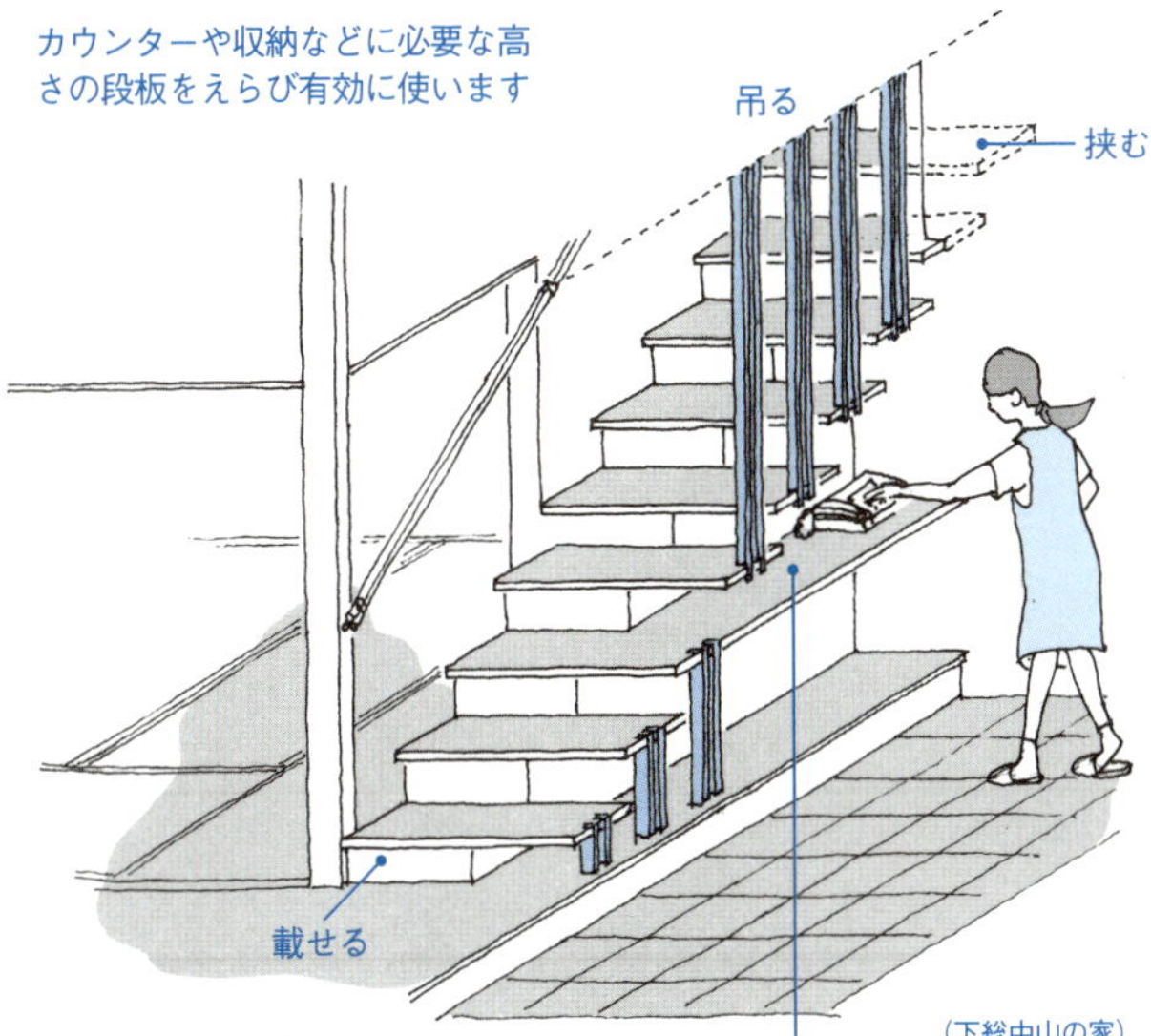
3段目の延長は電話台を兼ねるカウンター

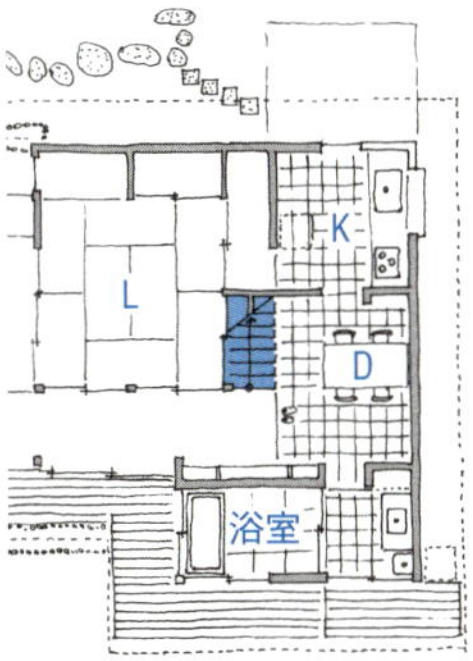

（下総中山の家）

階段下のカタチを生かして収納に

何を納めるかをはじめから想定して、階段下のカタチを整えます

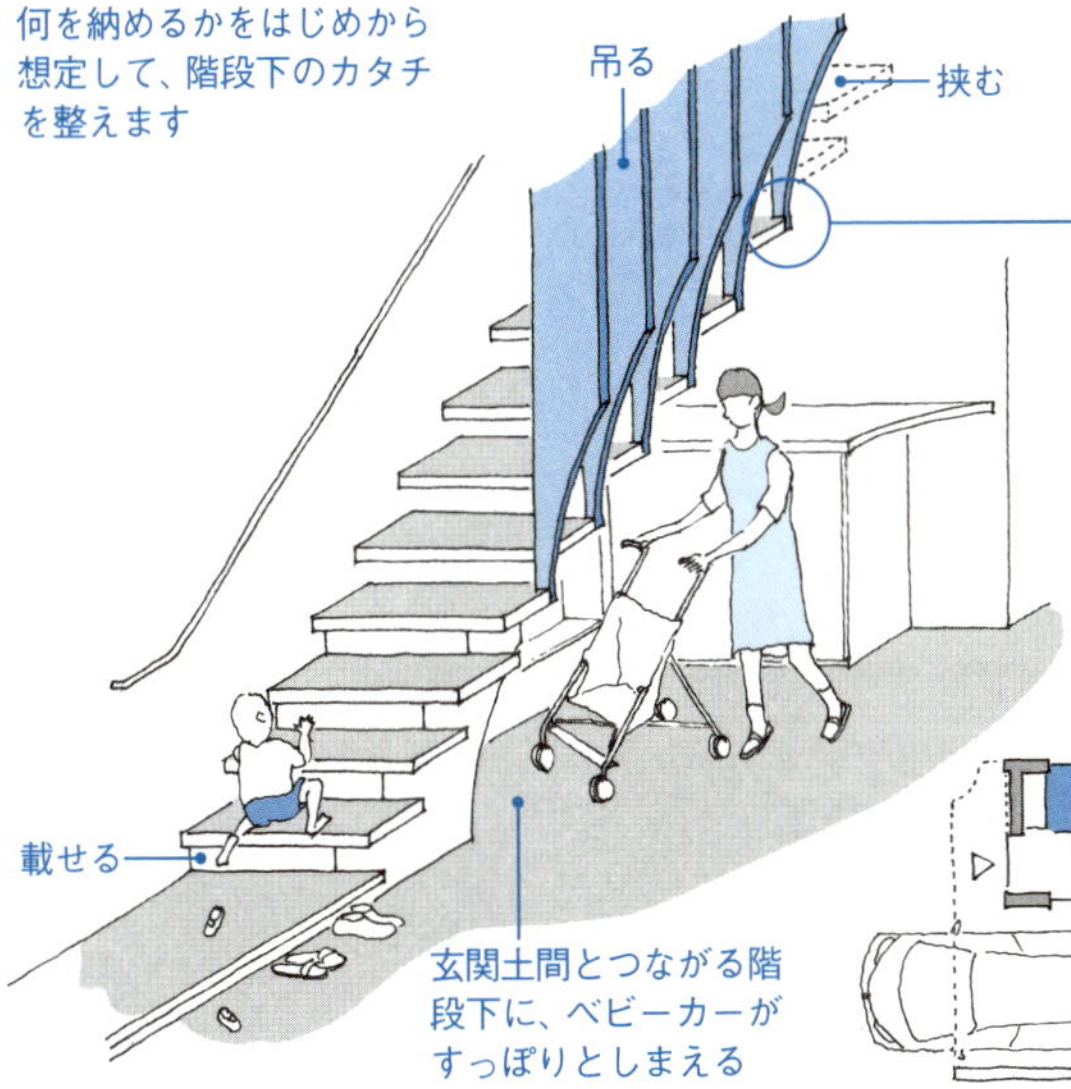

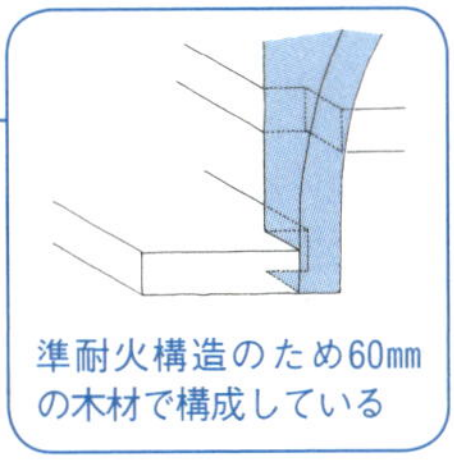

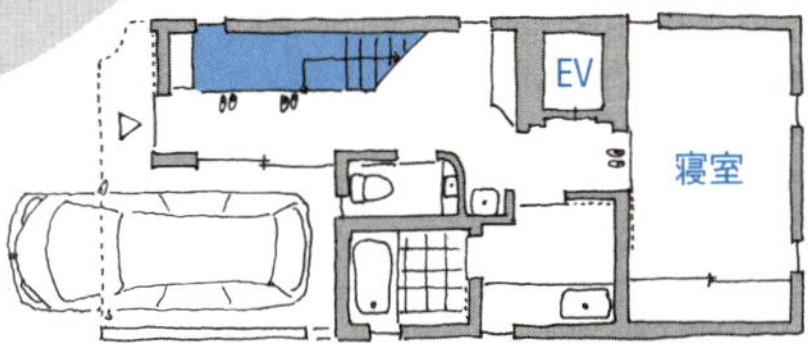

（蓮根の家）

土間がつくる生活の彩り

かまどで煮炊きをし、収穫物の整理や農機具の手入れをする。かつての日本ではそんな土間が生活の中心にありました。やがて台所が板の間に上がり、農作業も機械化された頃には、土間は消えていきました。

しかし現代の生活において、屋外と室内の中間的な位置付けとして、土間があれば、もう少しアクティビティーが増し、日々の暮らしにさらに彩りを与えることができます。

土間のある暮らしはホッとする

メンテナンス
ギャラリーのような飾り棚
ちょっとした立ち話
雨の日の遊び場
季節のしつらえ
ベビーカーの扱いもラクラク
リビングの脇のちょっとした土間に薪ストーブを
お父さんの日曜大工

土間は中庭とのつながりで生きる

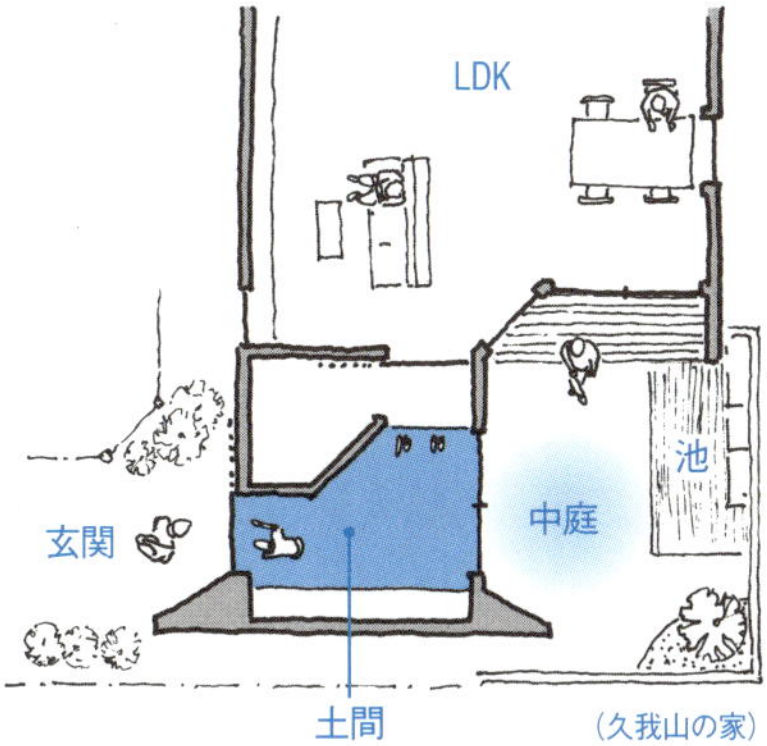
LDK
池
中庭
玄関
土間

（久我山の家）

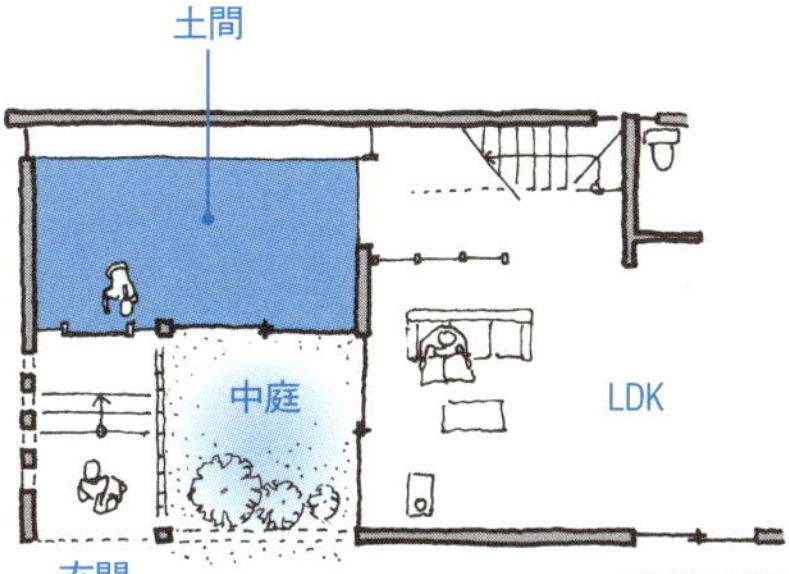
土間
中庭
LDK
玄関

（藤が丘の家）

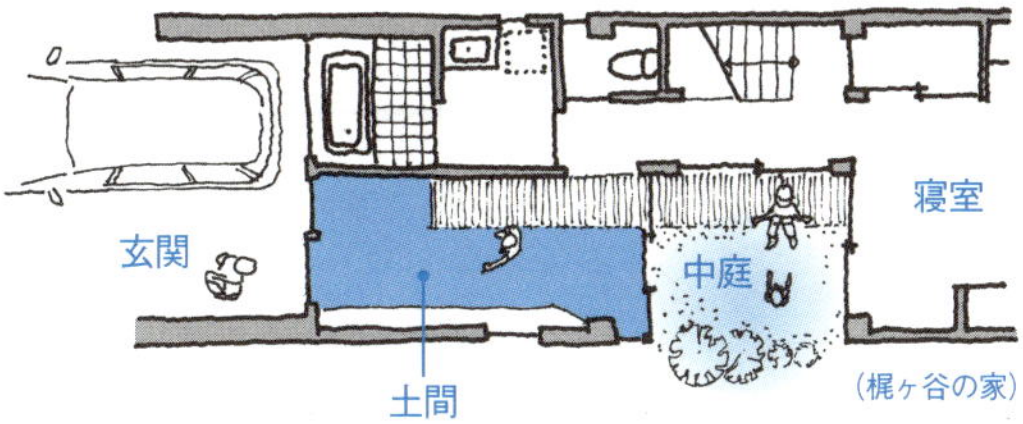
寝室
玄関
中庭
土間

（梶ヶ谷の家）

アプローチ、玄関、土間、中庭と、
連続的に景色が変化します

生活の作業場だったかつての土間

水を使っても床がくさらない。火を使っても燃えない。木と紙でできた日本の住まいにとって、土間はとてもタフな空間でした

中庭とつながる玄関土間

広い玄関土間は気持ちがいい。その玄関と、プライバシーの確保された中庭とをつなぐと、より広いアクティビティーが生まれます。さらに、すのこ状の床を縁側までつなげてみると、視覚的にもそのつながりが明確になり、室内側ともより緊密に連携することができます。〝つながり〟とはつまりは境界があいまいなこと。あいまいな空間にこそいろいろな暮らしのヒントが隠されています。

LDKはすべて、土間と中庭に面する

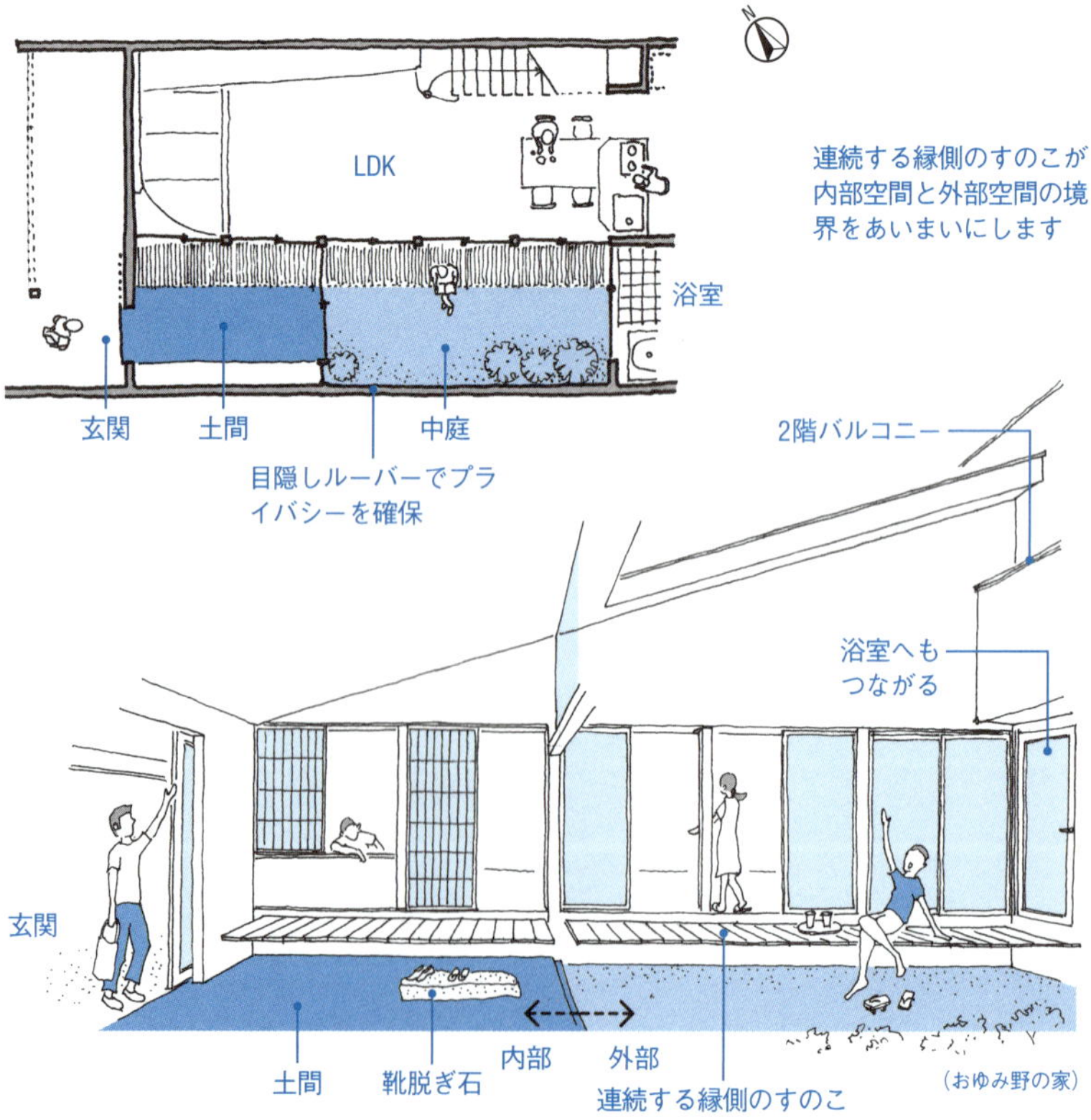
N
LDK
連続する縁側のすのこが
内部空間と外部空間の境
界をあいまいにします
浴室
玄関
土間
中庭
目隠しルーバーでプラ
イバシーを確保
2階バルコニー
浴室へも
つながる
玄関
土間
靴脱ぎ石
内部
外部
連続する縁側のすのこ

（おゆみ野の家）

縁側とすのこの自由なカタチ

細長いうなぎの寝床のような敷地。町家のような通り
庭感覚で空間をつないでいます

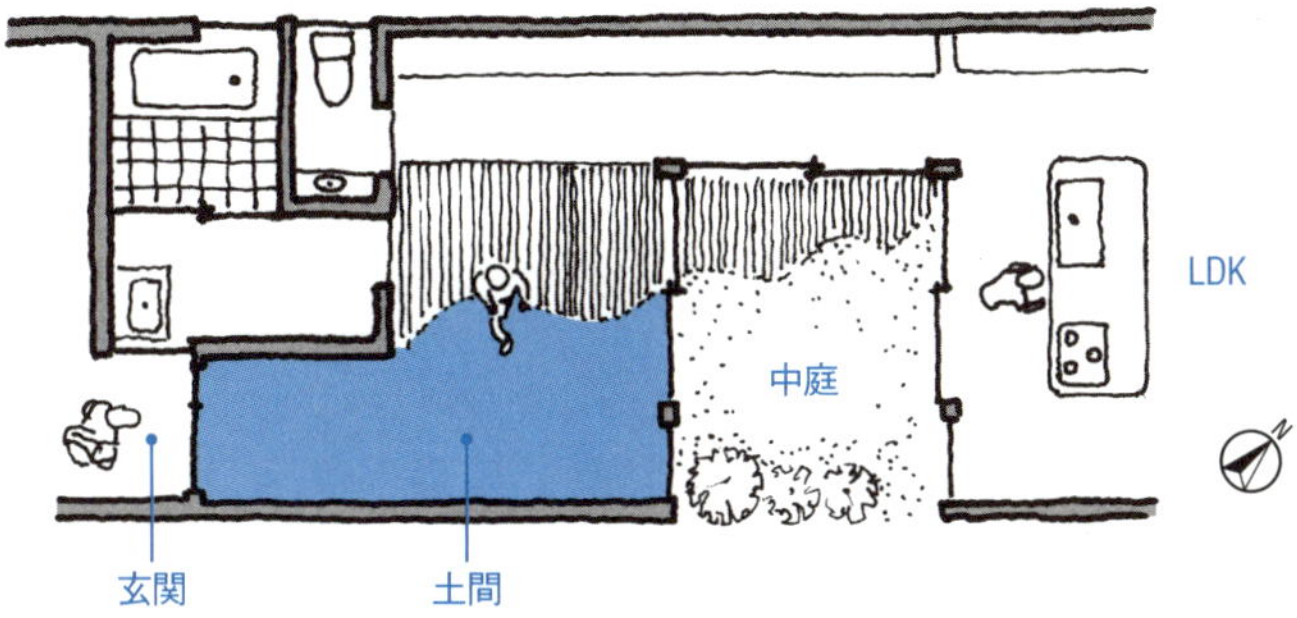
LDK
中庭
玄関
土間

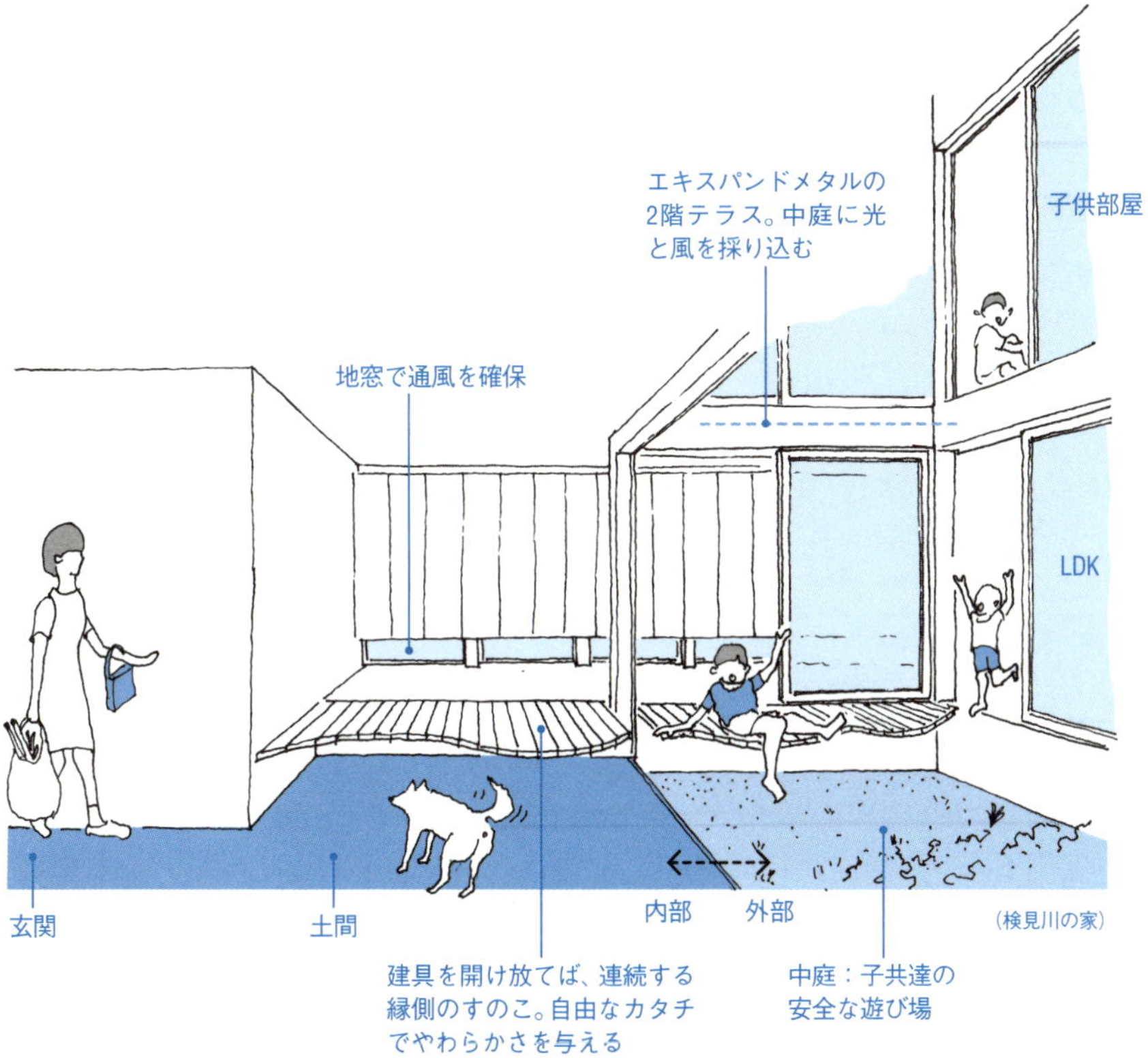
エキスパンドメタルの
2階テラス。中庭に光
と風を採り込む
子供部屋
地窓で通風を確保
LDK
玄関
土間
内部
外部
建具を開け放てば、連続する
縁側のすのこ。自由なカタチ
でやわらかさを与える
中庭：子共達の
安全な遊び場

（検見川の家）

玄関土間、中庭、LDK、そして2階の子供部屋
までつながる一体感を生み出します

玄関の奥はまた外？迎える玄関

ひっそりと佇む玄関。扉を開けると、玄関越しにパッと中庭が広がる。〝外に閉じ、内には開く〟という私的な空間づくりのセオリーに基づいたプランニングです。来訪者に対するおもてなしの気持ちだけではなく、毎日毎晩勤務先や学校から戻ってくる家族をいかに迎えるか。「ただいま」という声とともに、住まい自体も「お帰りなさい」と語りかける空間づくりを心がける必要があります。

2つの中庭で迎える玄関

中庭は玄関、LDK、寝室に面した生活の中心。縁側（すのこ）、芝生、タイルと3つの床仕上げで、思い思いの使い方が生まれます

低い地窓風で、メインの中庭とのメリハリをつける

（佐久の家）

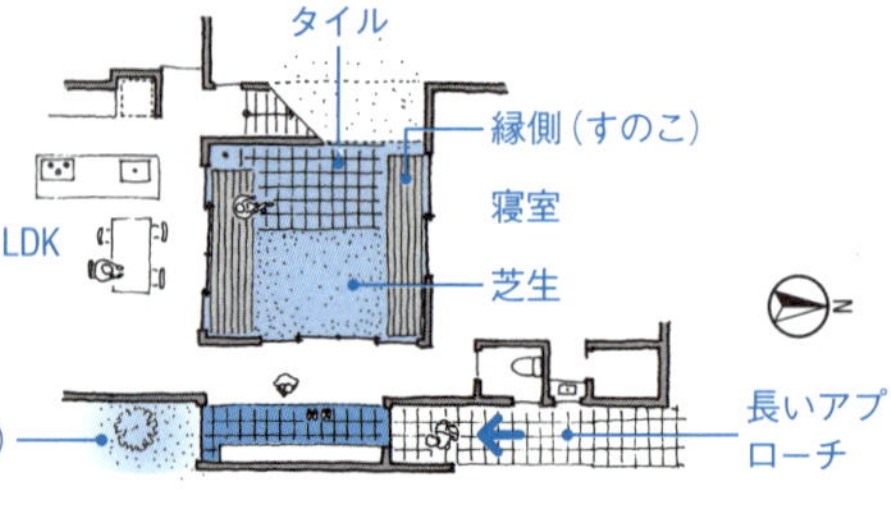
2つ目の中庭（坪庭的）

階段越しの中庭で迎える玄関

「おかえり!」と2階から駆け下りてくる雰囲気。幾重にも風景が重なり合います

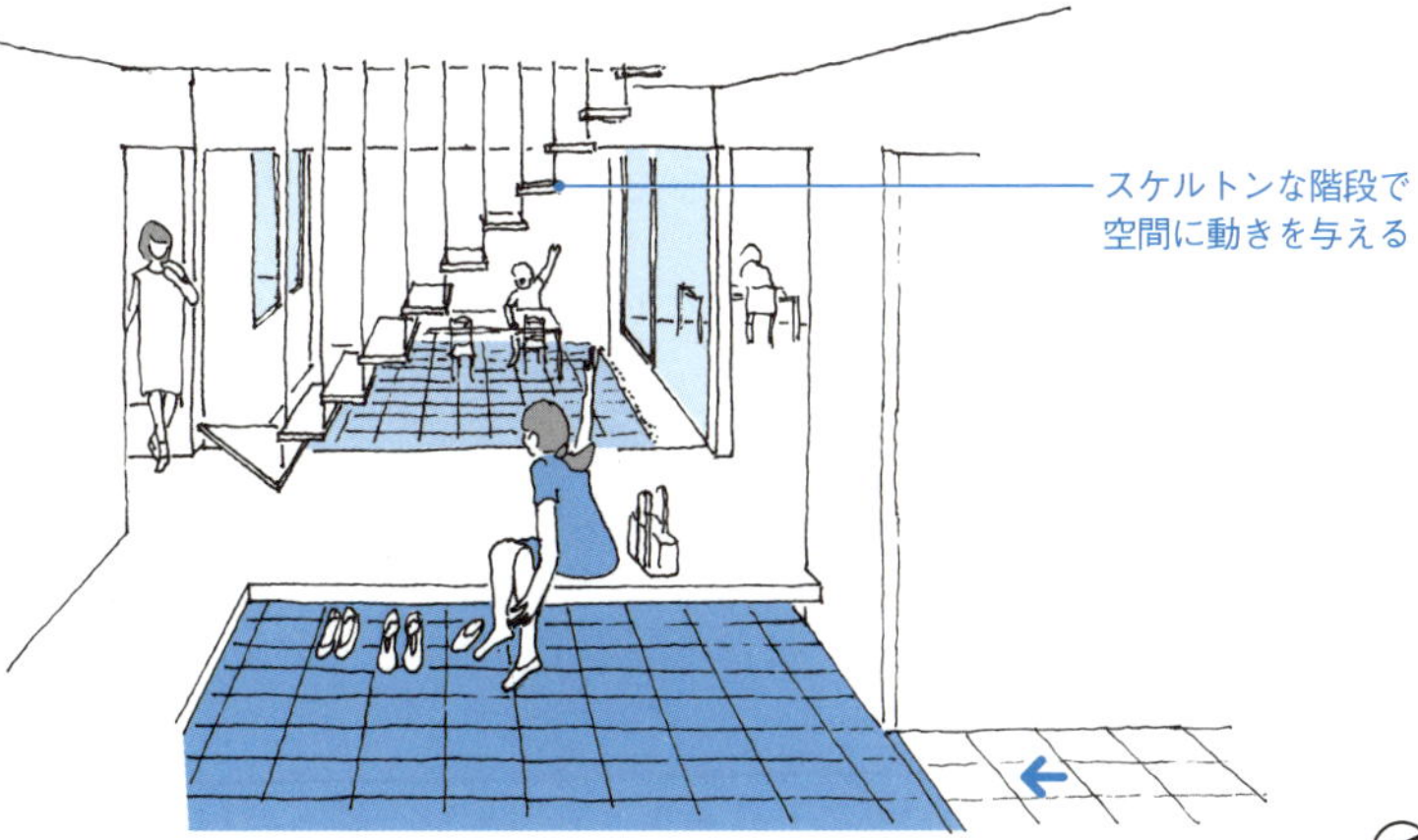
スケルトンな階段で
空間に動きを与える

(逗子の家)

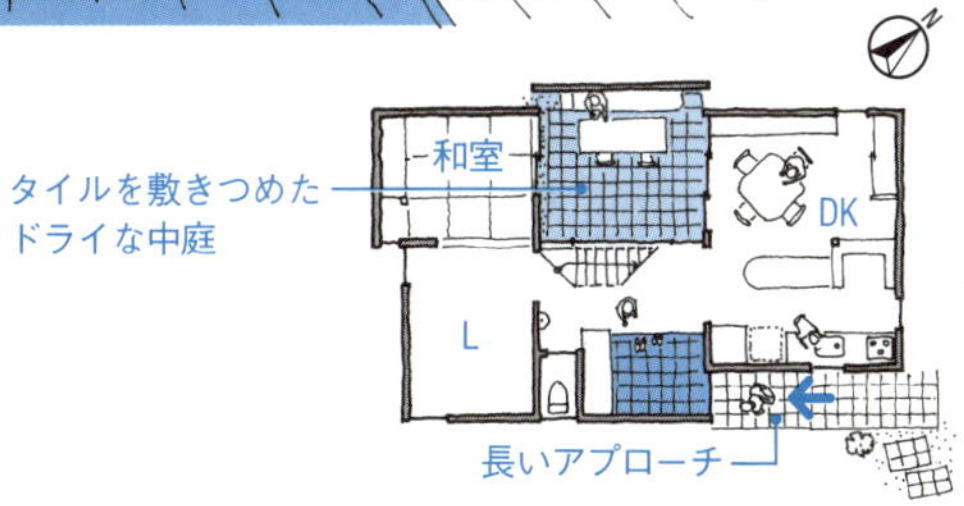
和室
タイルを敷きつめた
ドライな中庭
DK
L
長いアプローチ

北側の落ち着いた中庭で迎える玄関

人の出入りのない観賞用の坪庭的な中庭で、静かに迎える玄関

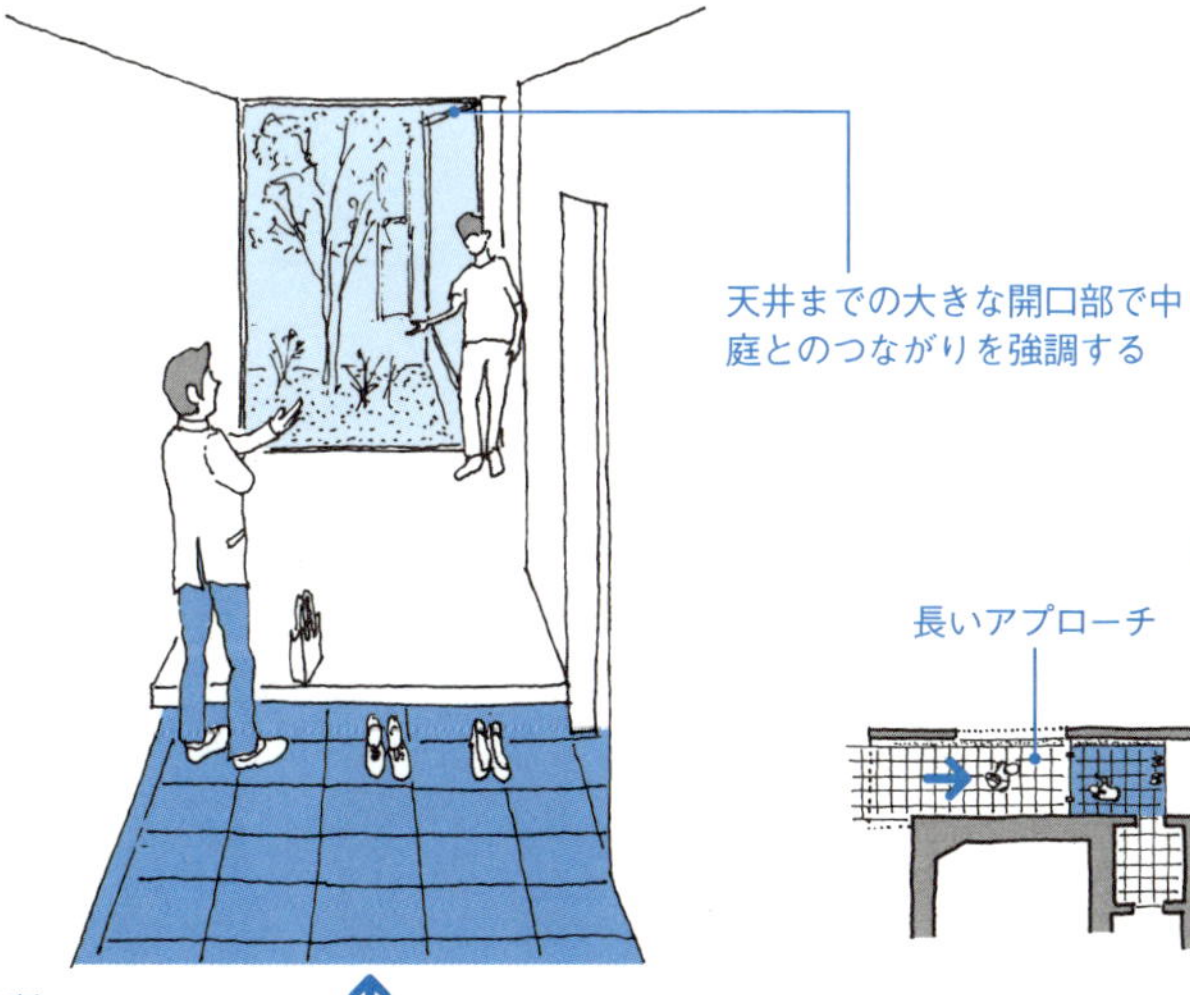
天井までの大きな開口部で中
庭とのつながりを強調する

(鶴ヶ島の家)

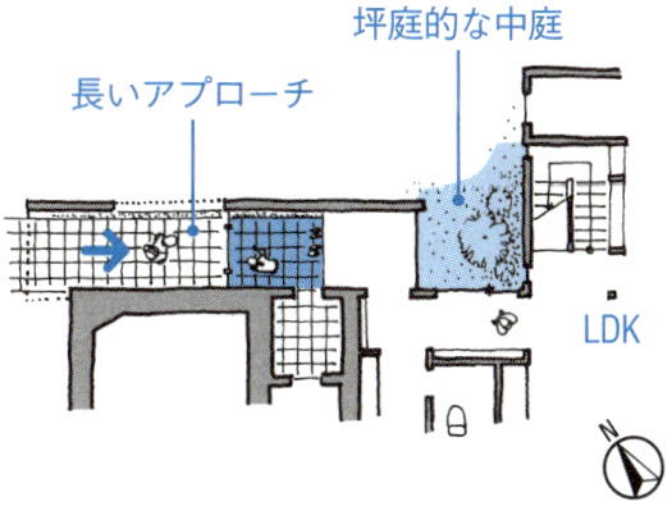
坪庭的な中庭
長いアプローチ
LDK

気分も切り替わる長い土間

玄関で靴を脱いで、一段上がり各部屋へという当たり前の間取りを少しくずしてみましょう。おめかしした外国からのお客様や、ブーツを履いた方が来られた場合など、靴を脱ぐことを躊躇されてしまうことがあります。またバリアフリーも本気で考えるなら玄関の段差（框）は理屈に合っていません。もっと自由に考えて玄関土間から入れる〝離れ〟のような個室があってもいいのでは？

2階のゲストルームまで続く土間

ホテル仕様の応接間

大切なお客様に靴を脱がせなくてもいい西洋風のおもてなし空間。エレベーターで直通することもできます

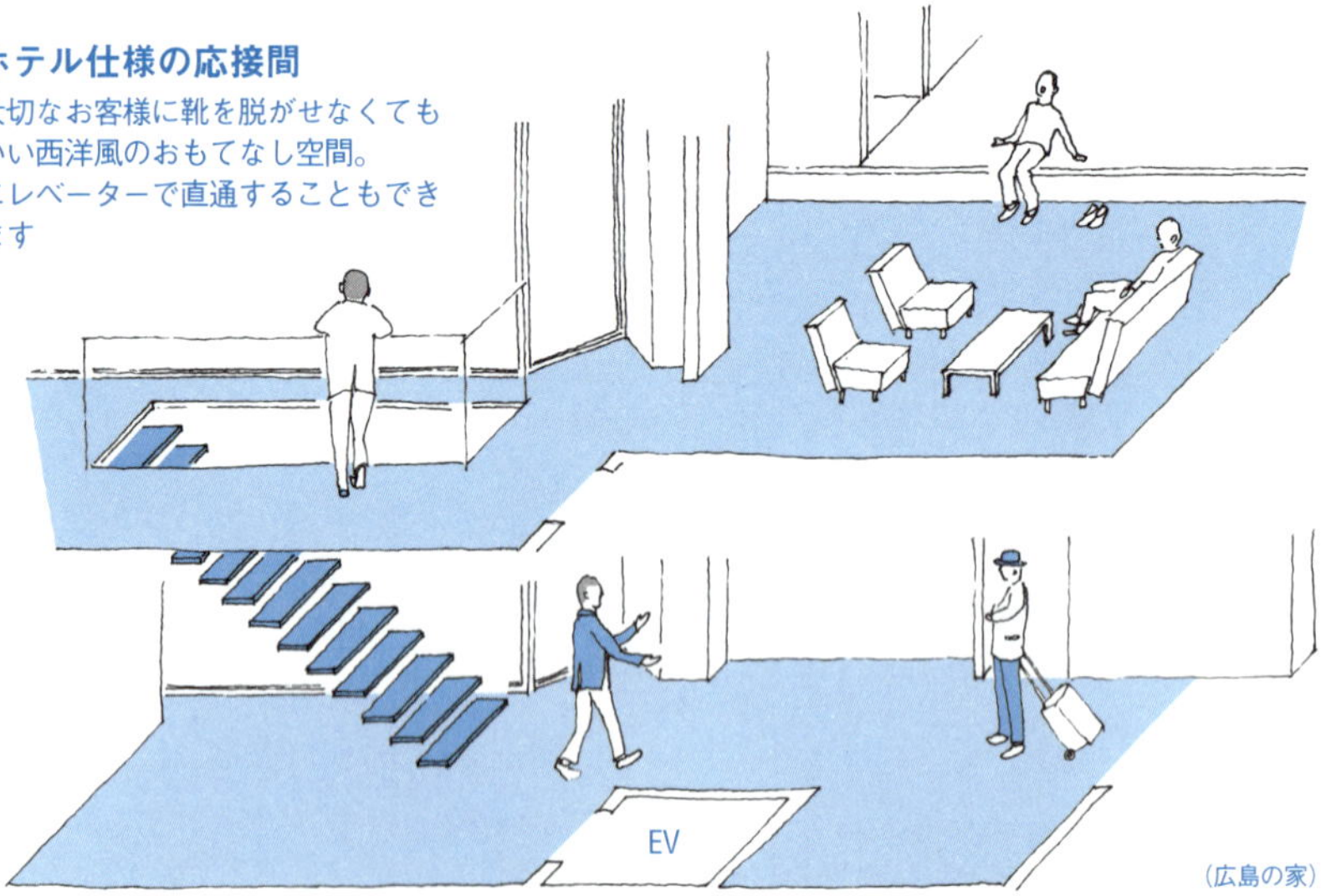

（広島の家）

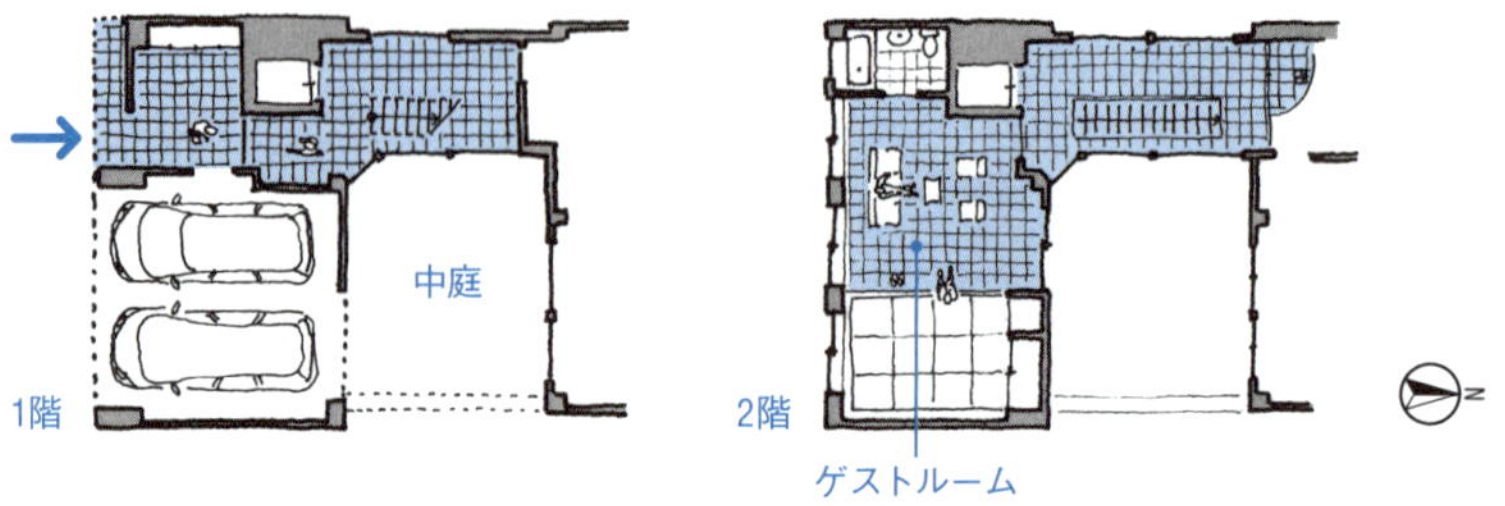

土間から直接入る個室

（鵠沼海岸の家）

家の中に独立した個室空間

自分の家の中ですが、一度履物をはいて個室へ。生活に独特のメリハリが生まれます

エレベーターに直接続く土間

（蓮根の家）

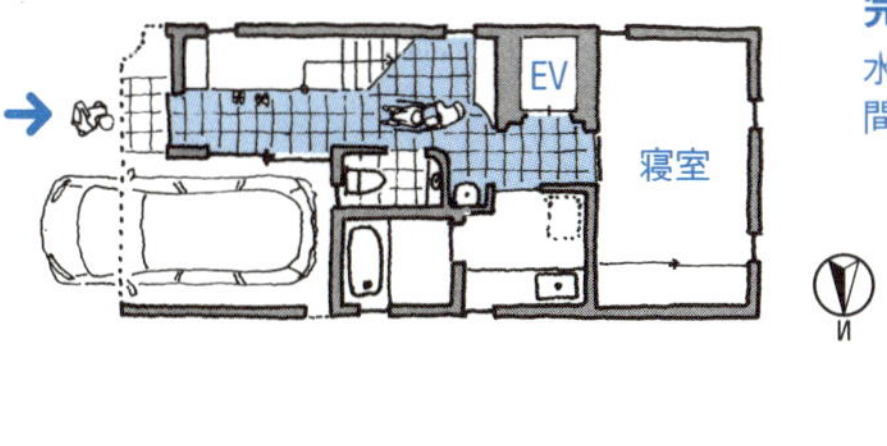

完全なバリアフリー

水を使うトイレや浴室も土間空間に設ける、独特のつくり方

2つ目のトイレは3in1

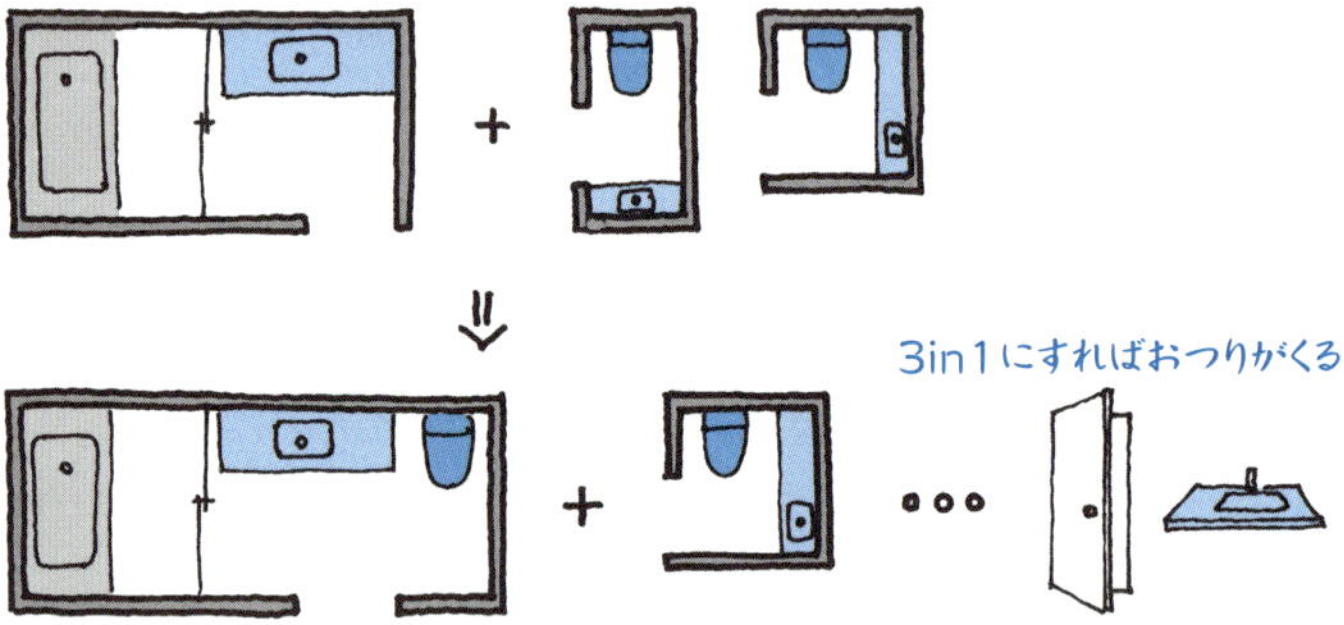
3in1にすればおつりがくる

排泄介護もしやすい広さ

広い、明るい、こわくない、排泄教育

2つはいらない狭いトイレ

便器はずいぶん進化しました。いえ正確に言えば洗浄・清掃・脱臭といった機能を持った便座が進化しつづけています。そしてトイレは、かつてほど臭い・汚い空間ではなくなり〝一家にトイレは2つ〟というのが定番になってきました。であれば、2つ目のトイレは浴室・洗面とまとめて3in1にしてみてはいかがでしょう。広くて明るい、子供と高齢者の排泄にも適した空間となります。

3in1

浴室の扉がない完全なオープンタイプ

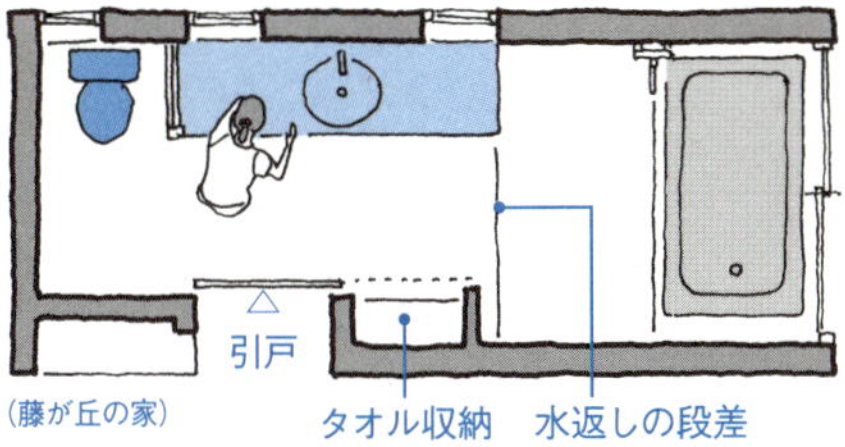
引戸
タオル収納
水返しの段差
(藤が丘の家)

入ったら先にトイレのあるタイプ

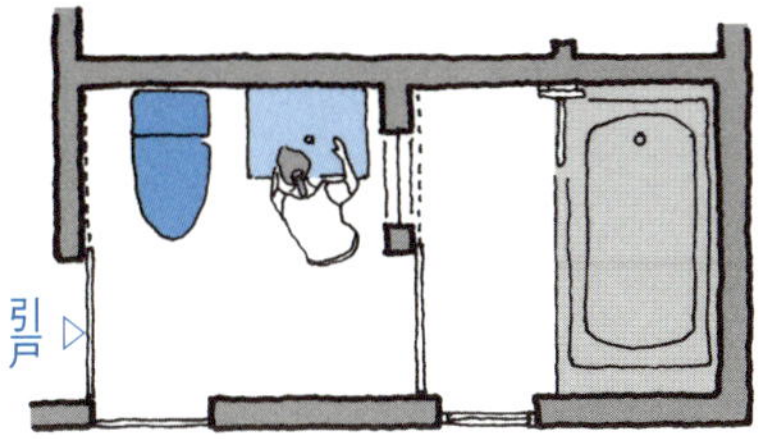
引戸
(木曽呂の家)

半透明ガラスの仕切りによって トイレの存在を感じさせないタイプ

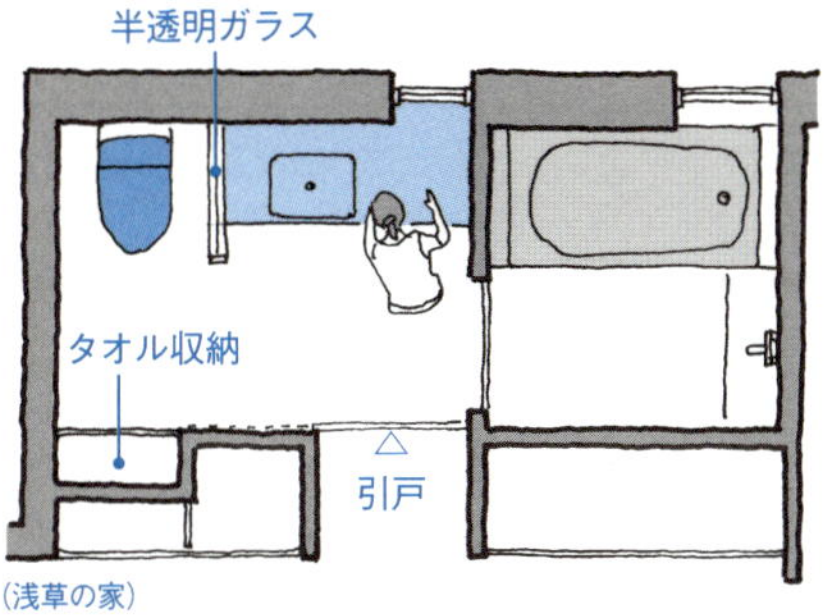
半透明ガラス
タオル収納
引戸
(浅草の家)

＋洗濯機で4in1

面積も広く、中庭に面した開放的なタイプ

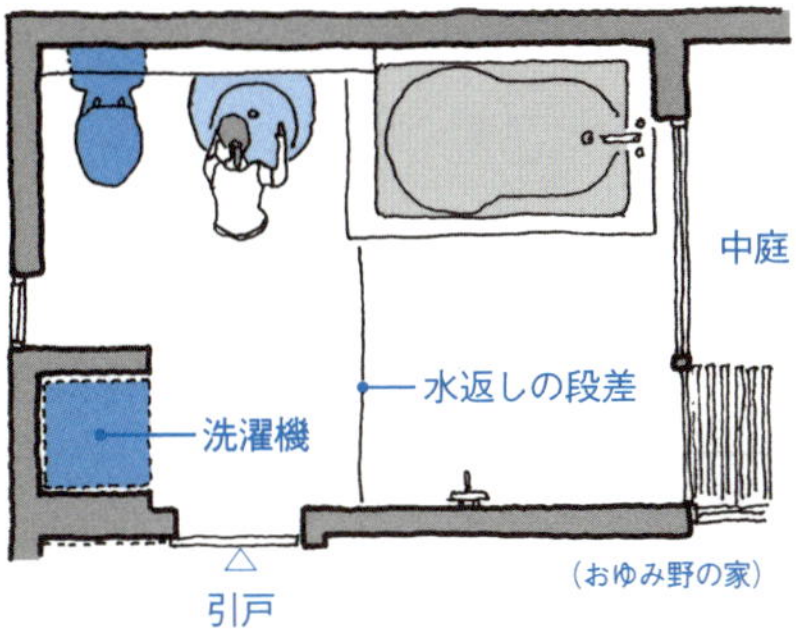
中庭
水返しの段差
洗濯機
引戸
(おゆみ野の家)

入ったら先に洗濯機のあるタイプ

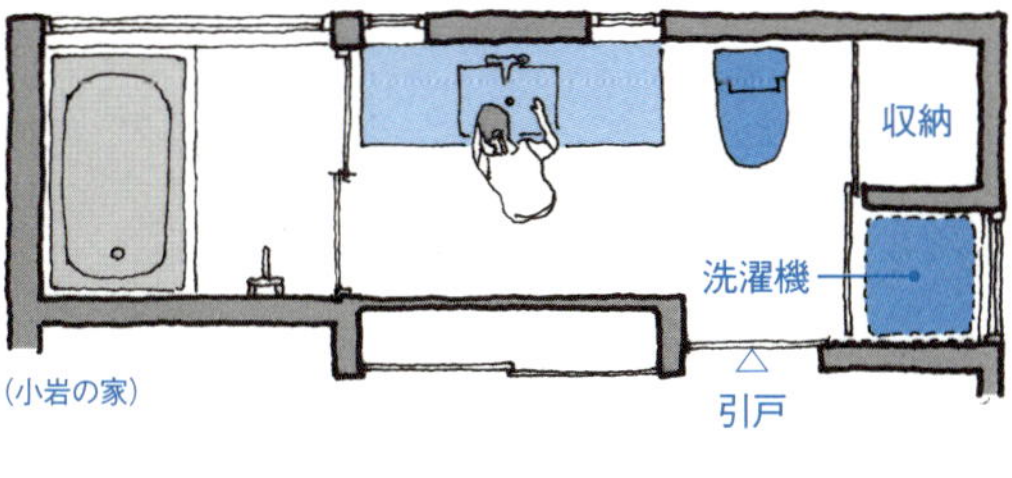
収納
洗濯機
引戸
(小岩の家)

トイレは完結した小宇宙だ

トイレが一番落ち着くという人は決して少なくありません。そんな折、タンクレストイレが普及してきました。長所は小型化や節水にあり、またすっきりとしたデザインと、便器から手洗い器が分離したことも特筆すべきことです。手洗い器の設け方・デザインによっては、トイレのみならず住まい全体のコンセプトをそこで体現する、つまりちょっとした小宇宙をつくり出すこともできます。

タンクレストイレと、手洗い器

そもそも狭いトイレを少しでも広くするために生まれたタンクレストイレ…

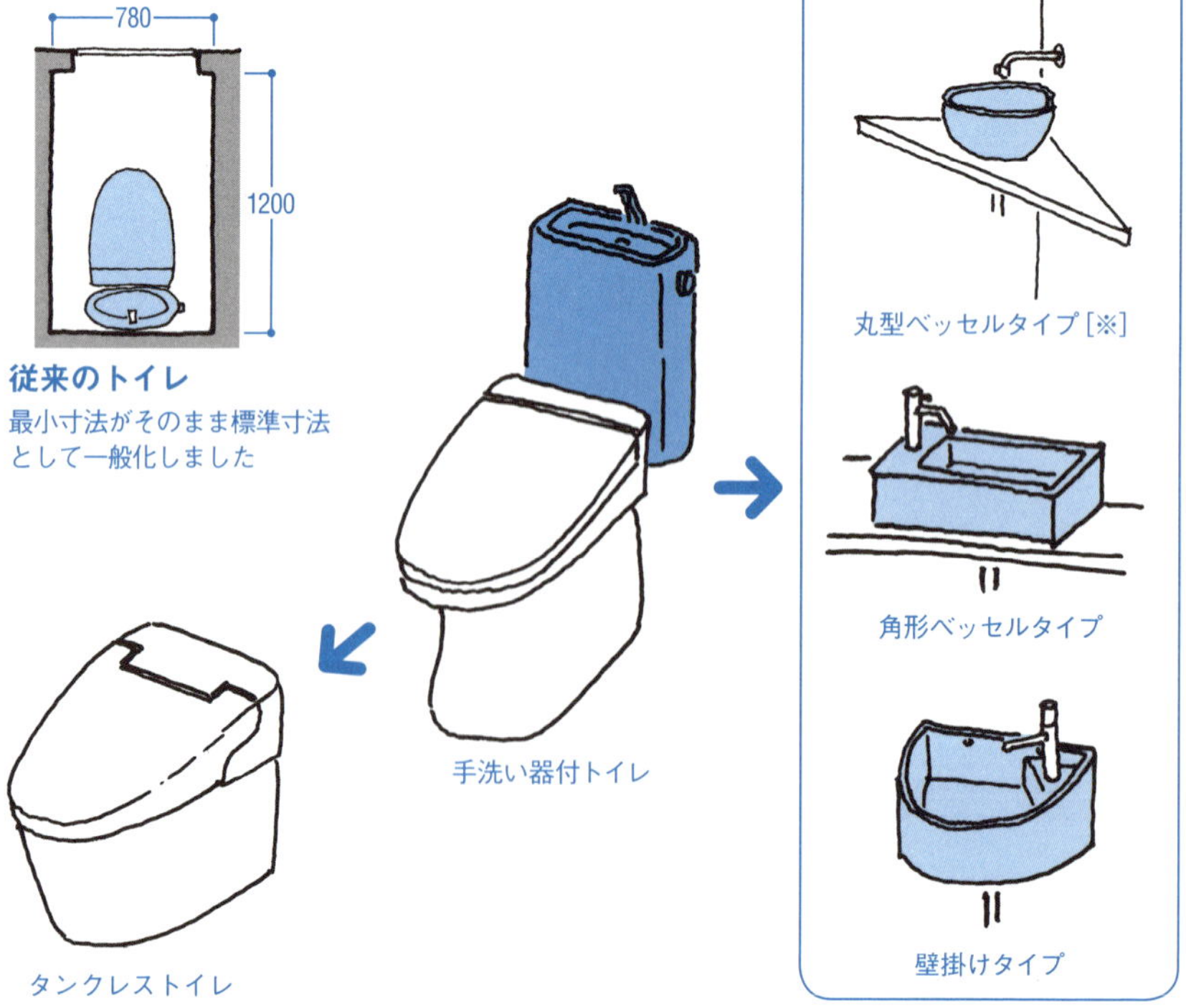
780
1200
従来のトイレ
最小寸法がそのまま標準寸法として一般化しました
手洗い器付トイレ
タンクレストイレ
丸型ベッセルタイプ［※］
角形ベッセルタイプ
壁掛けタイプ

［※］カウンターに埋め込まず据え置いたもの

手洗器によってもたらされた広さをどう使う？

（単位：mm）

広さだけではなく出入口の位置や収納の確保などもポイント

前面埋め込みタイプ

どうしても広さを確保できない場合

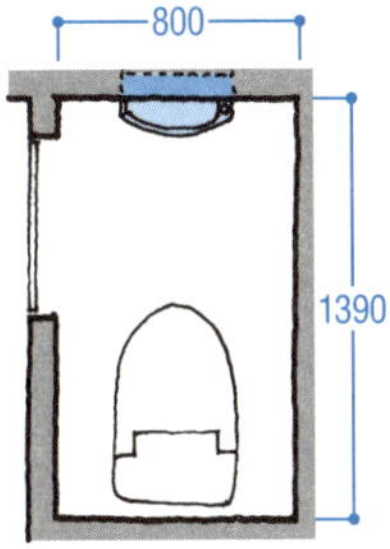
800
1390

（池之端の家）

前面カウンタータイプ

幅は狭いが奥行きがとれる場合

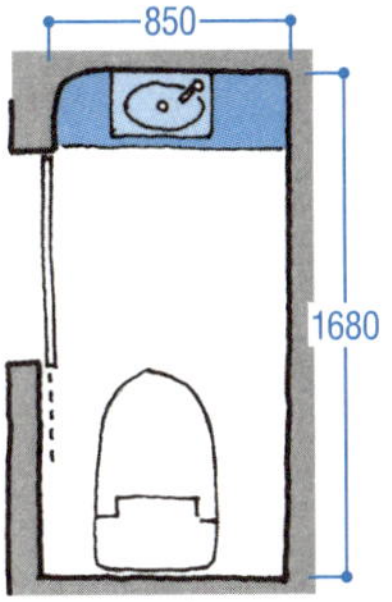
850
1680

（蓮根の家）

前面壁掛けタイプ

出入口がせまってカウンターを付けられない場合

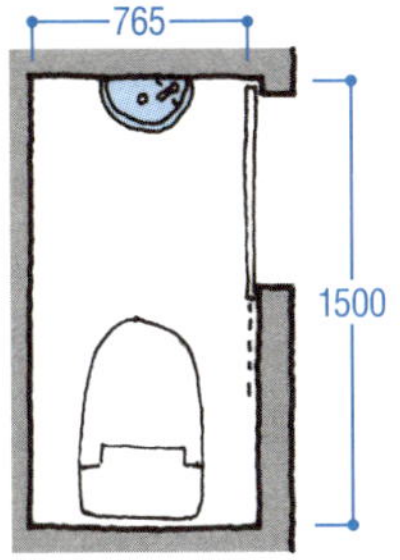
765
1500

（大井松田の家）

側面カウンタータイプ

幅に余裕がある場合、カウンター下に収納も確保できます

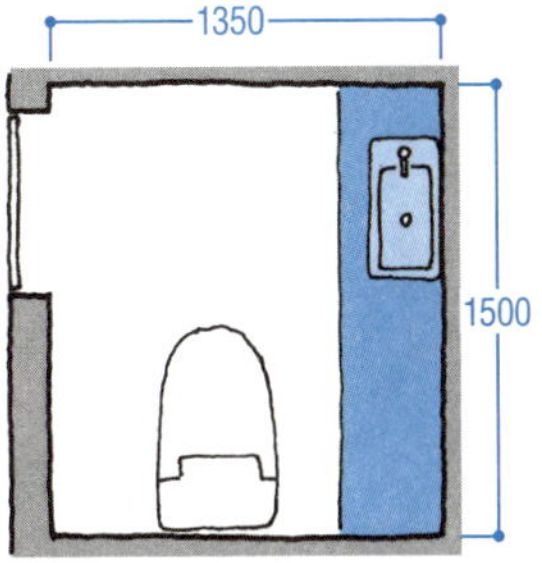
1350
1500

（鶴ヶ島の家）

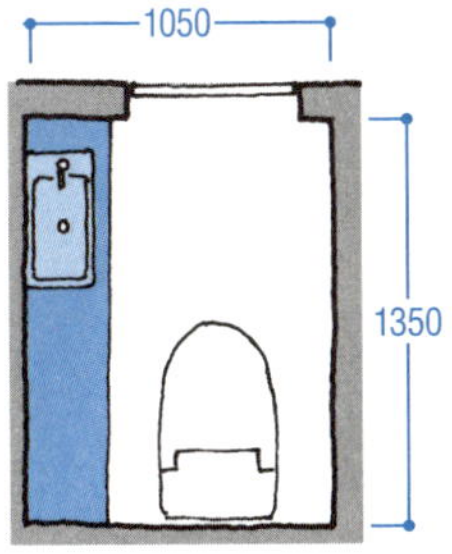
1050
1350

（佐久の家）

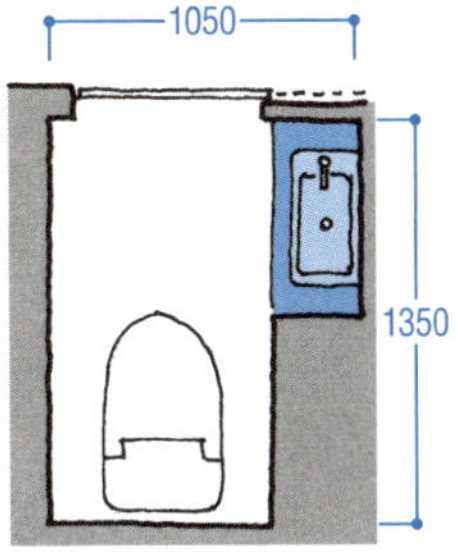
1050
1350

（国分寺の家）

隅角タイプ

風合いのある陶器製の手洗い器もあり、和風の住まいと相性がいい

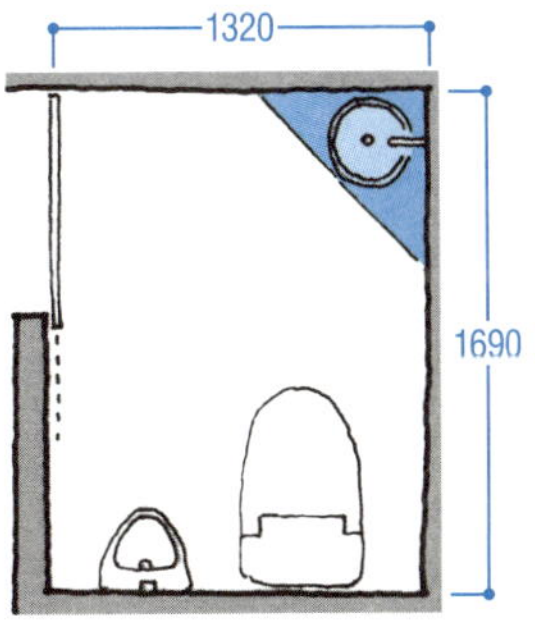
1320
1690

（下総中山の家）

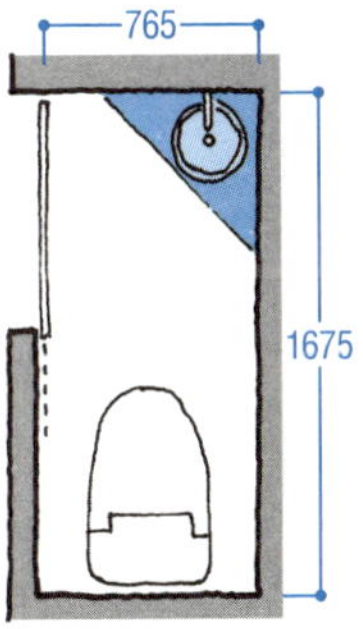
765
1675

（上尾の家）

洗濯機は進化しても、天日干しもしたい…

重た〜い！
物干し場所は上階のほうが
陽当たりが良い……
洗濯機は物干し場に
近いほうがいい……
軽〜い♪
もちろん全部近いのが一番いい……

濡れた洗濯物は重い

戦後〝三種の神器〟とあがめられた洗濯機も、かつては屋外にあったものです。やがて敷居をまたぎ、今では洗面所でその威容をほこっています。

洗濯機は進化し乾燥機能が付きましたが、たまには天日干しをしたいものです。しかし、脱水したとはいえ濡れた洗濯物は相当重いものです。濡れた洗濯物を運ぶ動線をいかに短くするかが、洗濯機の位置を決めるポイントになってきます。

すべてがテラスに面する2階

東側の2階テラスに浴室、脱衣、洗濯機、
洗面のすべてが面しています

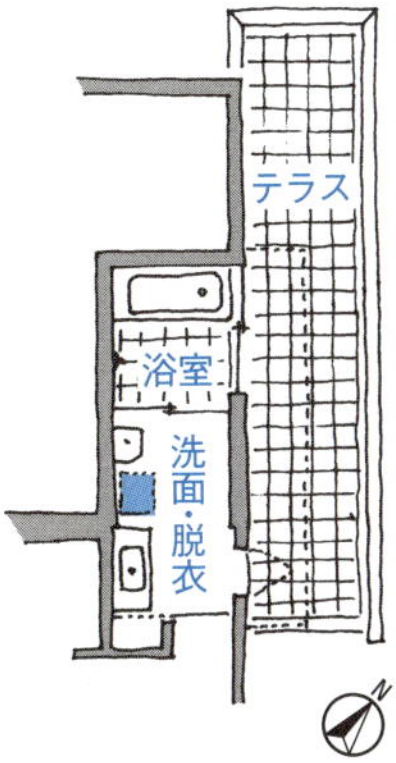
テラス
浴室
洗面・脱衣

高さ1.5mの手摺壁はプライバシーも確保

(鶴ヶ島の家)

家事室がテラスに面する2階

洗濯機は洗面脱衣スペースの横の広い家事室に。
室内干しもテラスでの天日干しも可能

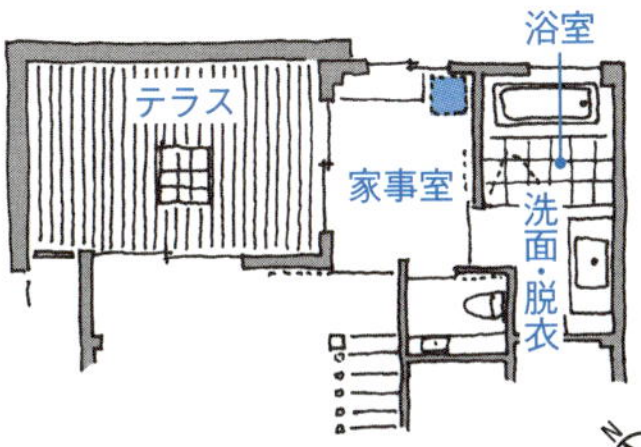
浴室
テラス
家事室
洗面・脱衣

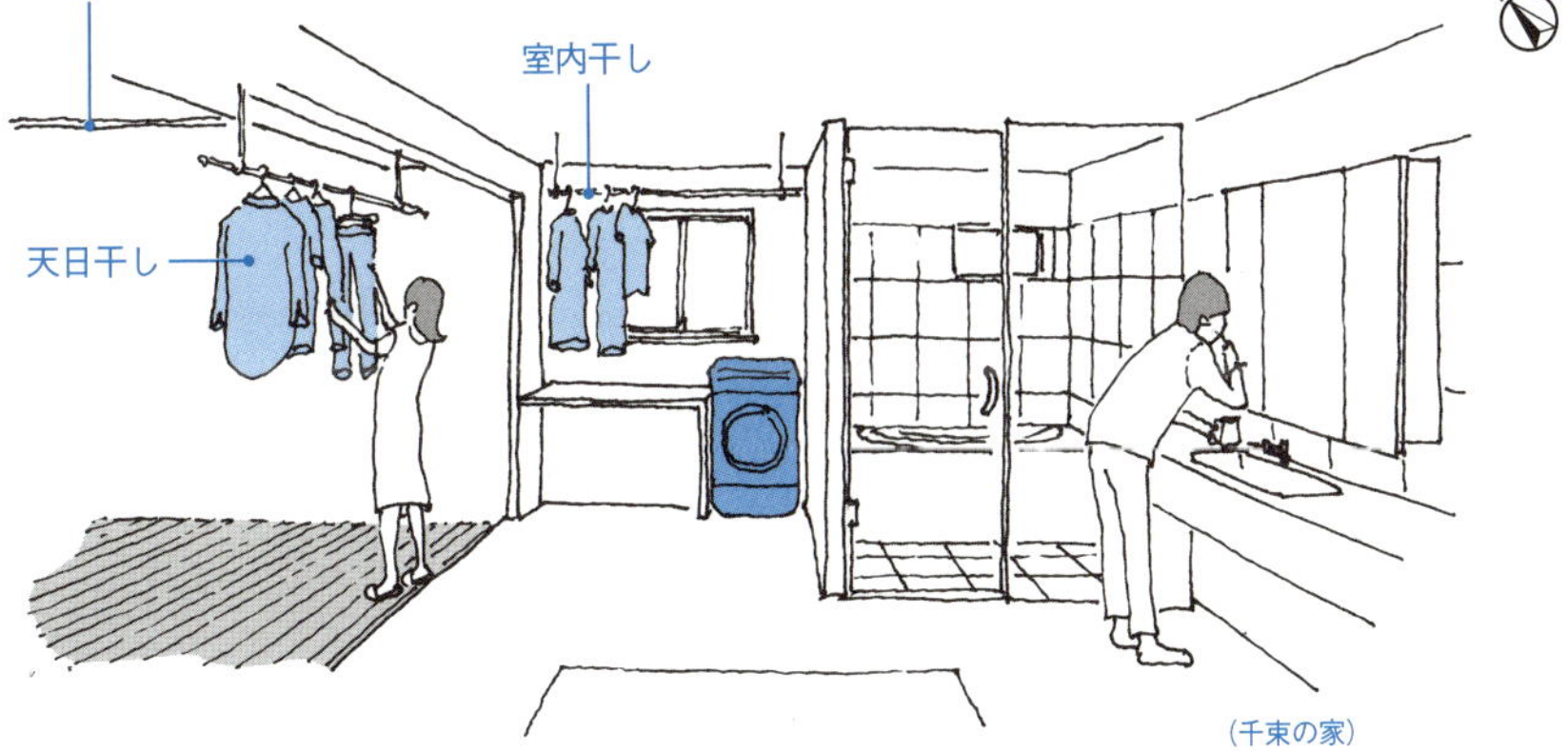
高さ2.7mの壁
室内干し
天日干し

(千束の家)

ユニットバスにはメリットも多いが……

保温性が高い
外気
空気層
床も冷たくない
安全性が
高い
コツン！ではなく、パコン！ですむ
掃除が
しやすい
目地が少ない

浴室で楽しむなら在来が正解

ユニットバスには多くのメリットがありますが、それ以上の〝楽しみ〟を求めるのであれば、在来と呼ばれる昔ながらの方法で浴室をつくりましょう。夏は子供の水遊びの場として、秋は十五夜の満月を肴にちょっと一杯やってみたり、冬はゆずを浮かべて半身浴、春は水を張って桜の花びらを浮かべその趣を楽しむ……などなど。

　浴室の持つ意味はますます広がっていくことでしょう。

在来は楽しい

陽当り
通風
縁側
水遊びをしても
叱られない！
庭

浴室を外部空間にするには

入口にはアルミサッシ、
脱衣室側から施錠。
出かけるときは浴室の窓を開放したままで

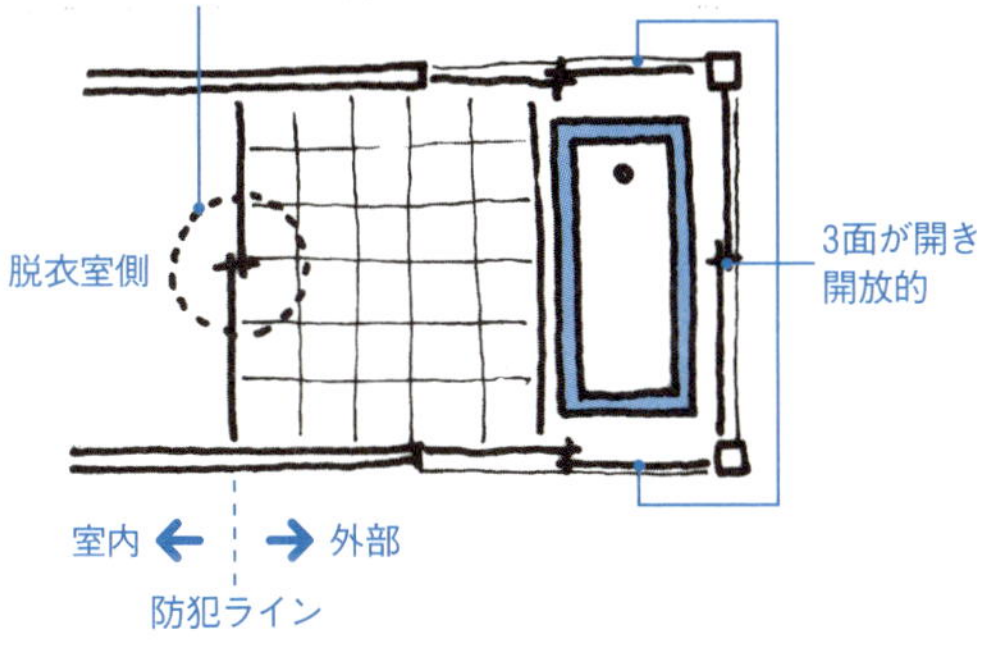
脱衣室側
3面が開き
開放的
室内
外部
防犯ライン

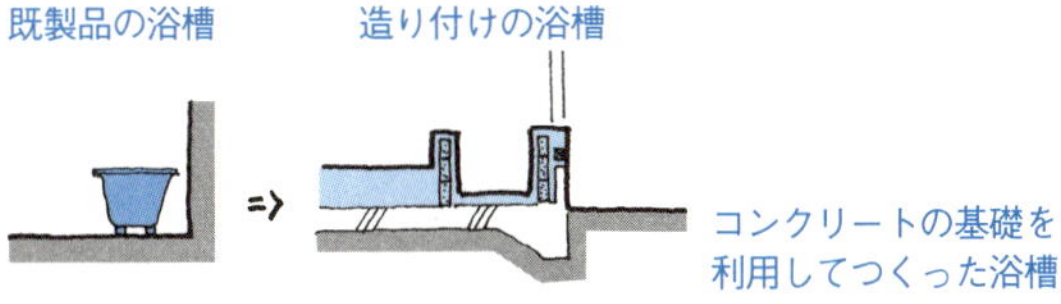
既製品の浴槽
造り付けの浴槽
コンクリートの基礎を
利用してつくった浴槽

浴室の位置

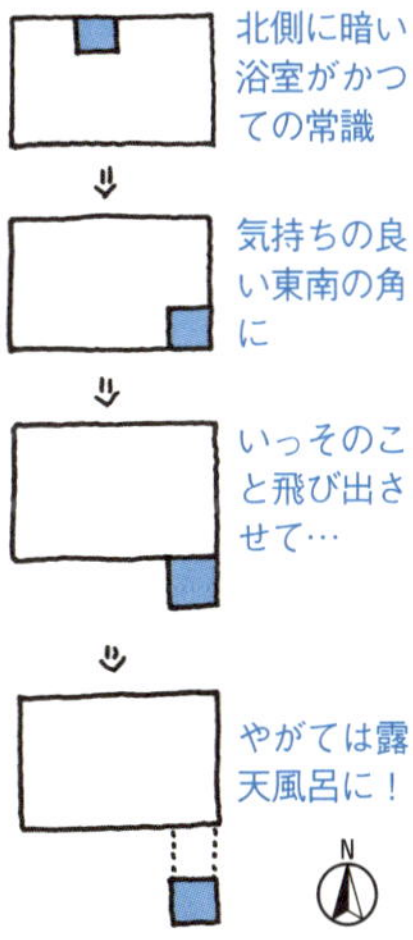
北側に暗い
浴室がかつ
ての常識
気持ちの良
い東南の角
に
いっそのこ
と飛び出さ
せて…
やがては露
天風呂に！
N

露天風呂からまなぶこと…

湯煙り、美しい景色、広々とした開放感、自然との一体感

限りなく露天を目指すべき

一般的に浴室は概ね北側や西側に置かれ、ジメジメしたものとして扱われがちです。

本来多大な湿気を発する浴室は家の健康にとってはあまりよろしくないシロモノです。であれば昔のように庭に風呂小屋をつくって露天風呂気分……というわけにはいきませんが、限りなく外部空間に開かれた浴室は、単なる入浴・洗浄の場を超えたアメニティー空間へと向かわせることができます。

庭に向けて3面を開放させた浴室

通気性が良いので壁に張ったヒバ材などの
メンテナンスはさほど必要ありません
広さ:1.5坪

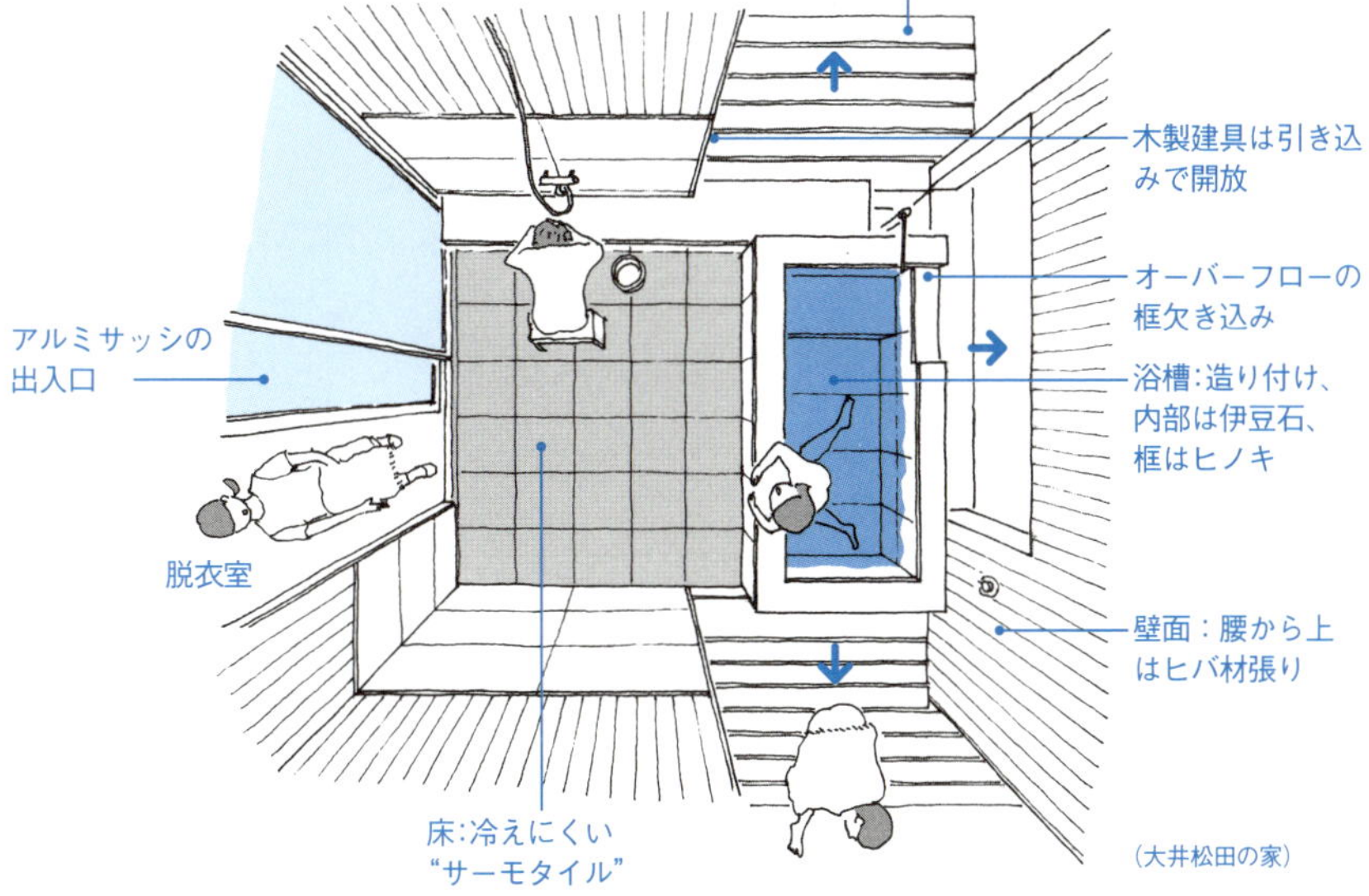
縁側
木製建具は引き込みで開放
オーバーフローの框欠き込み
浴槽:造り付け、内部は伊豆石、框はヒノキ
アルミサッシの出入口
脱衣室
壁面:腰から上はヒバ材張り
床:冷えにくい“サーモタイル”
(大井松田の家)

庭に向けて2面開放させた浴室

ヒバ風呂は据置きタイプで将来取
り替え可能です
広さ:1.5坪

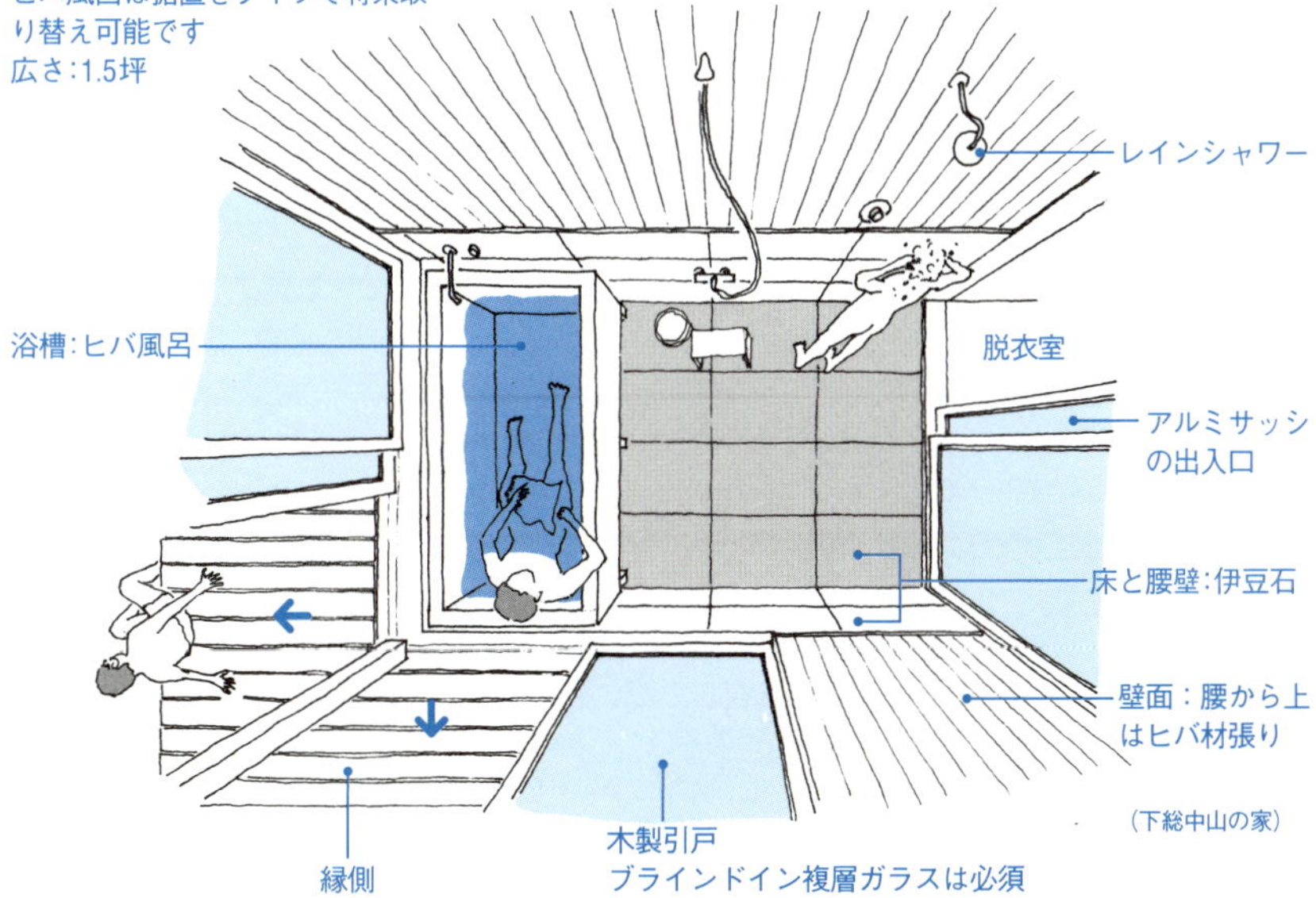
レインシャワー
浴槽:ヒバ風呂
脱衣室
アルミサッシの出入口
床と腰壁:伊豆石
壁面:腰から上はヒバ材張り
(下総中山の家)
縁側
木製引戸
ブラインドイン複層ガラスは必須

庭と縁側に向かって2面開放された浴室

台形の平面が、外への広がりを感じさせます。また、浴槽のカタチで遊びます
広さ:1.5坪

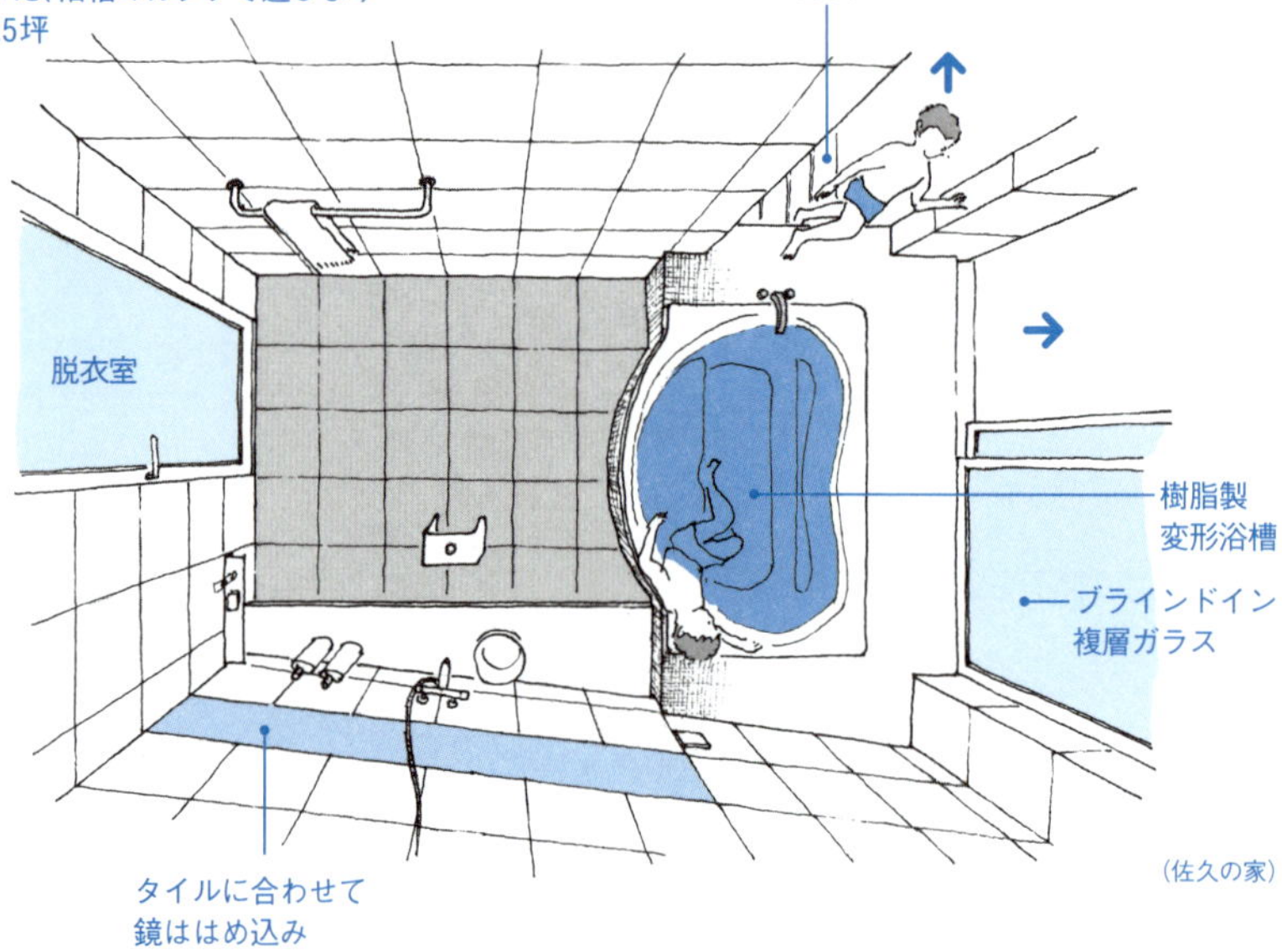
縁側
脱衣室
樹脂製
変形浴槽
ブラインドイン
複層ガラス
タイルに合わせて
鏡ははめ込み

(佐久の家)

広いバステラスに向かって開放された2階の浴室

コンクリート造のメリットを生かしたつくりです
広さ:1.1坪

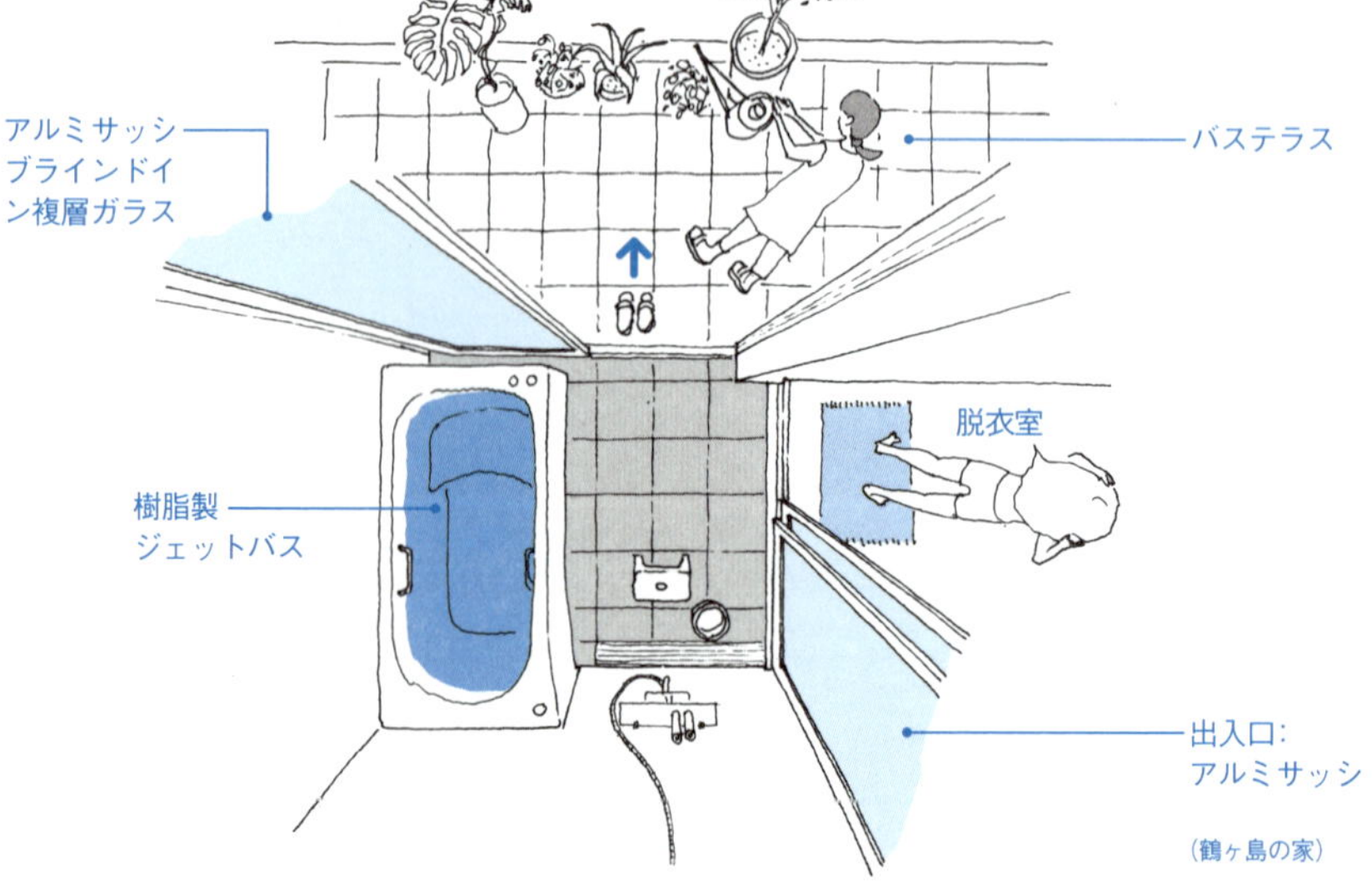
アルミサッシ
ブラインドイン複層ガラス
バステラス
脱衣室
樹脂製
ジェットバス
出入口:
アルミサッシ

(鶴ヶ島の家)

2章

家全体で考える

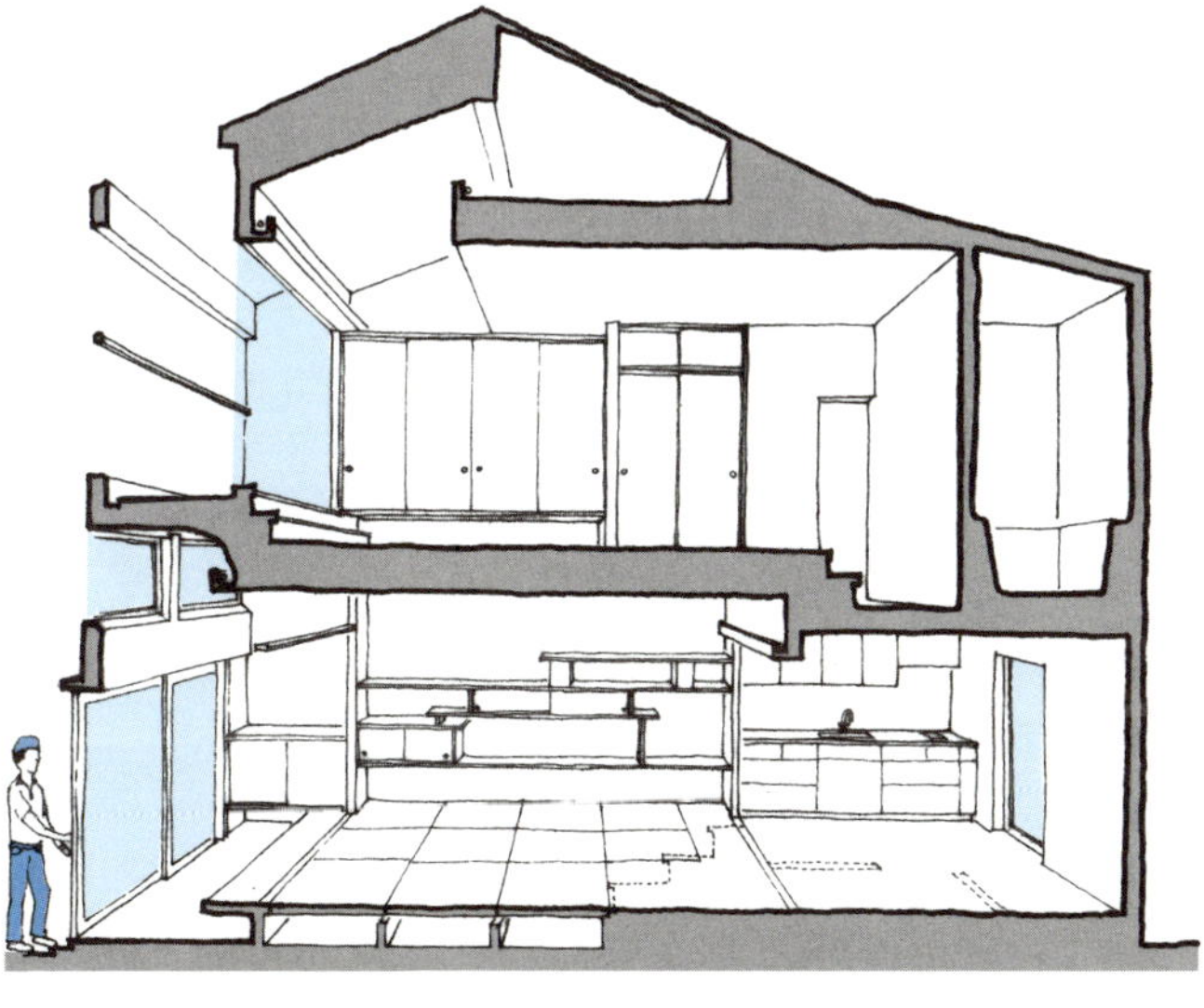

南に開けた土地は……

狩猟中心の生活だった時代は陽当たりの良い小高い丘に集落をつくり、その後、農耕がはじまると逆に水利の良い谷筋などに住まうようになりました。かつては生活のスタイルが敷地を決めていたと言えます

昔ながらの農家

広い敷地に、自由に配置して建てることができました。庭＝ニワとは農作業の場です。作物を乾燥させたりするのに適した陽当たりの良い南側にニワをとることが一般的でした

「夢のマイホーム」のイメージ

どこかで昔ながらの農家の陽当たりを意識しながら、生活スタイルと住まいが「洋風化」してきました

敷地と方位のズレを楽しむ

家づくりは、土地探しからはじまります。

「道路は南側、広い庭と駐車スペース、そして奥に家」と誰もが最初にイメージする土地。しかし、そんな好条件な土地は、実はそれほど多くはありません。むしろほとんどの土地は方位とのズレをともなっています。そのズレと仲良くすること、折り合いをつけることが建てものの配置のポイントであり、妙なのです。

さまざまな敷地から生まれた配置のイロイロ

ほとんどの敷地は方位とズレています。室内のみならず屋外も考慮して、南もしくは東南に向けた「心地良い空間」を設けることができるかがポイントになってきます

南側が道路

分譲住宅地に良くみられる教科書的な敷地

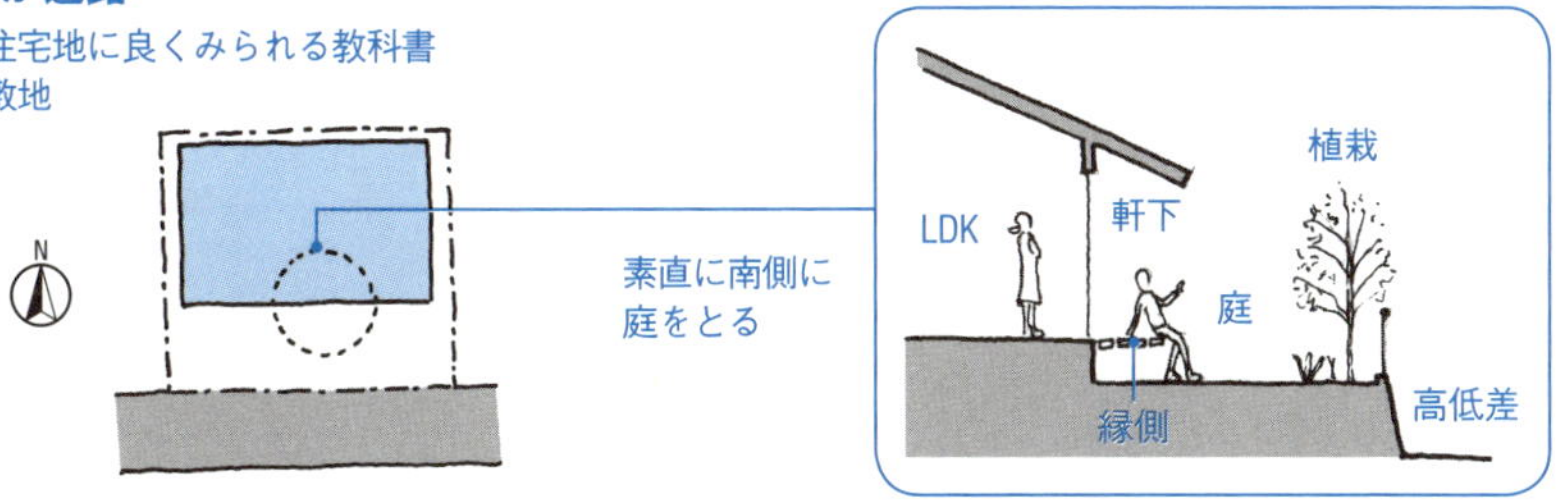

N
素直に南側に庭をとる
LDK
軒下
植栽
庭
縁側
高低差

（聖蹟桜ヶ丘の家）

南西側が道路

気持ちの良い東南部分に、あえて浴室を設けます

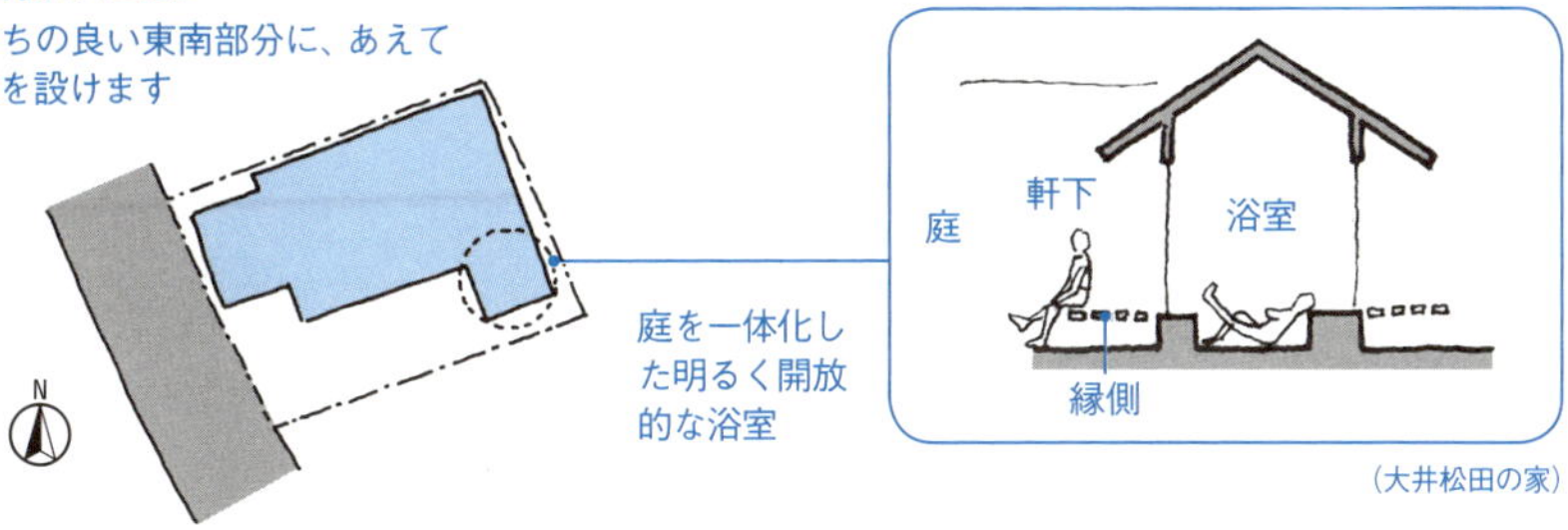

N
庭を一体化した明るく開放的な浴室
庭
軒下
浴室
縁側

（大井松田の家）

北東側と南東側の角地道路

あえて南側を閉じ、光はトップライトでLDKへ

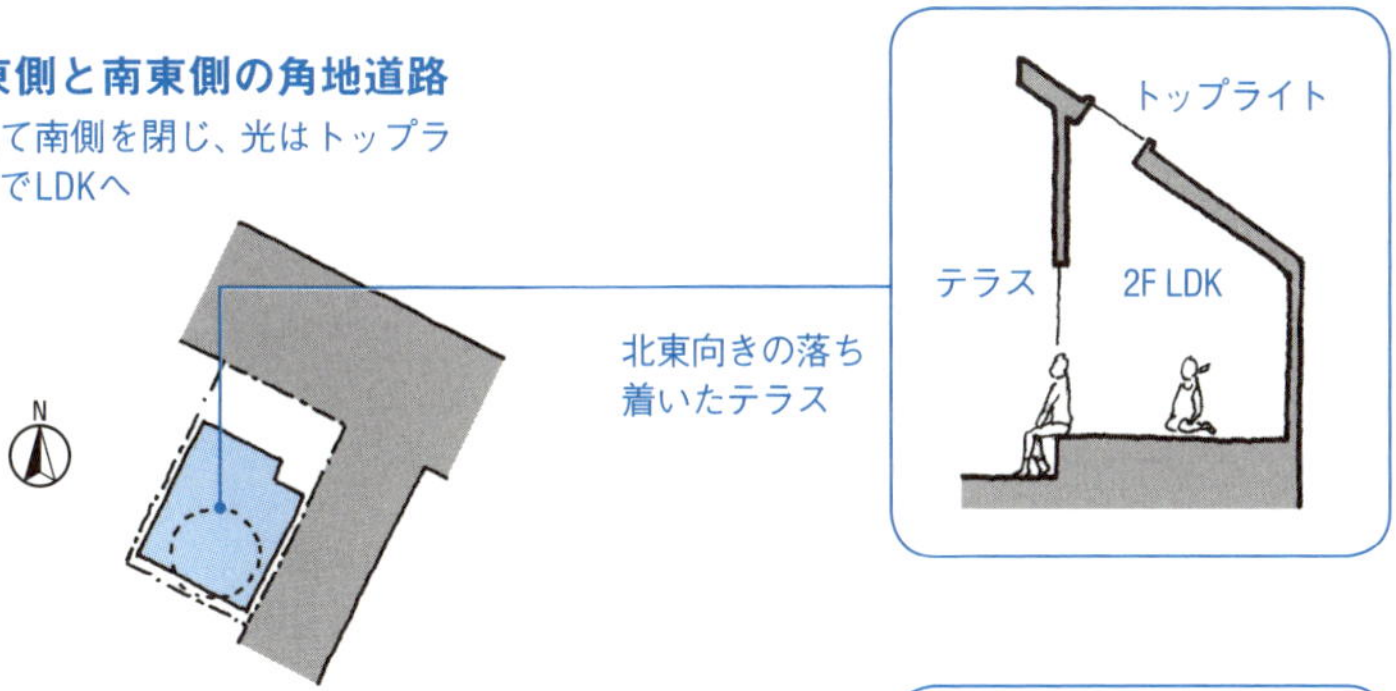

N
北東向きの落ち着いたテラス
トップライト
テラス
2F LDK

（小岩の家）

東側が道路

LDKに沿って南側にバルコニーを設けます

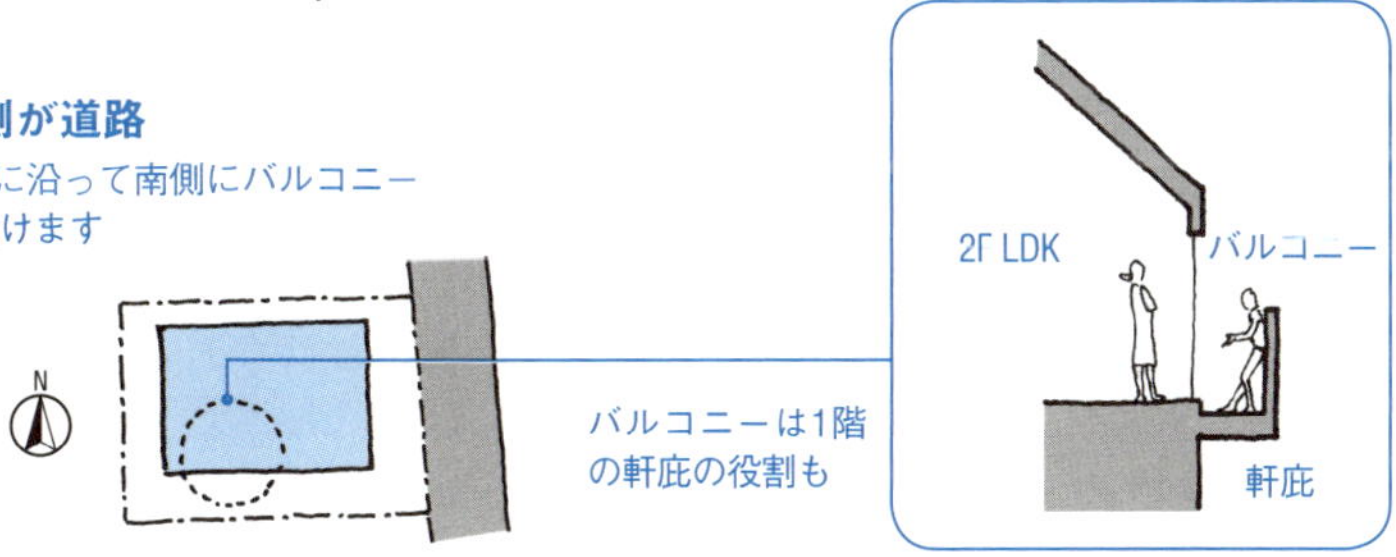

N
バルコニーは1階の軒庇の役割も
2F LDK
バルコニー
軒庇

（夙川の家）

北西側と南東側の2面道路

敷地の広さを利用し、東南に開けた庭をとる

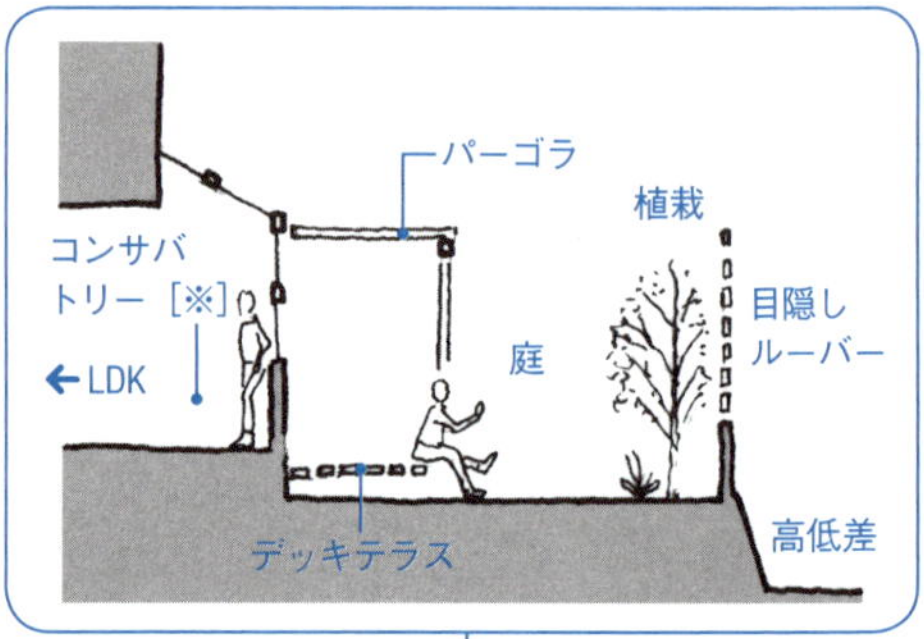

（鶴ヶ島の家）

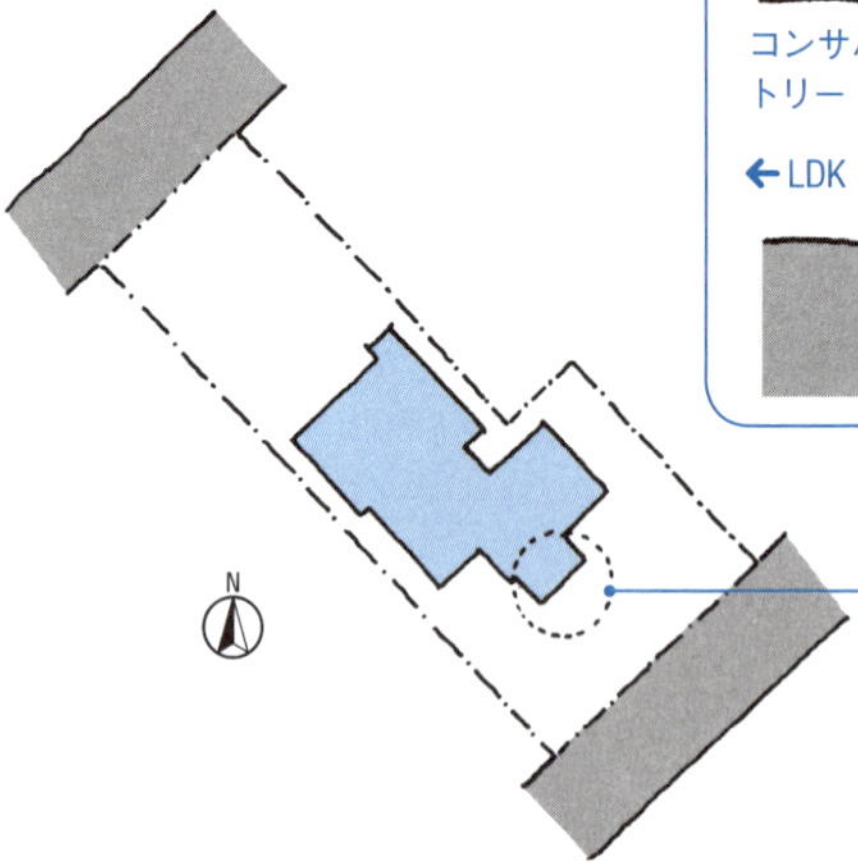
幾重もの要素によって庭につながる

北東側と南東側道路の角地

厳しい道路斜線をかいくぐって設けるバルコニー

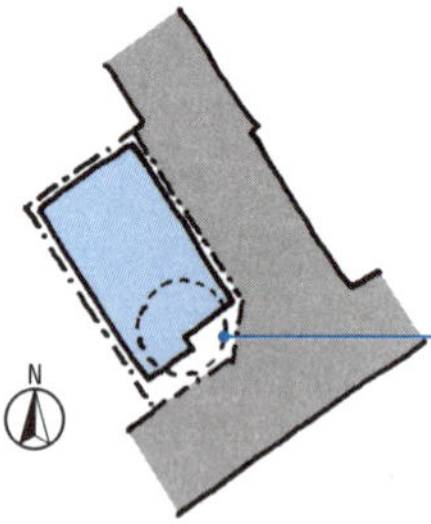
狭小地ならではの工夫

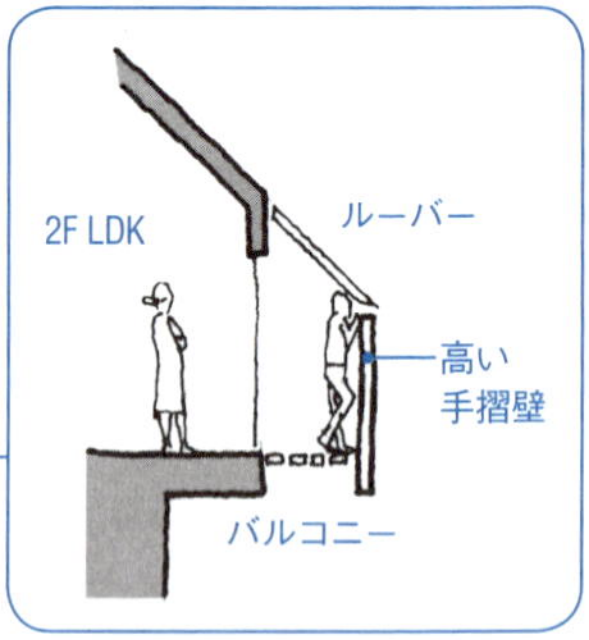

（池之端の家）

北西側と北東側道路の角地

中庭をつくり、凸部でなく凹部として東南のスペースを設ける

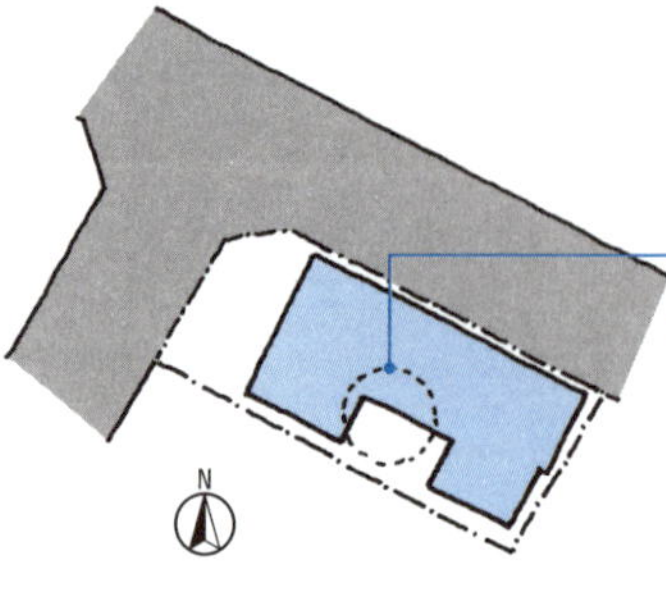
光と風を通す目隠しルーバーでプライバシーを確保

（おゆみ野の家）

［※］コンサバトリーとは、ガラスで囲まれたガーデニングルームのことをいいます。サンルームとの違いは、ガーデニングを重視していること

地上2階で光とともに得られる安心感

日本の住まいのルーツは、地面を掘った竪穴式住居と南方の高床式住居が混交したものではないかと考えられています。陽の当たらない森の中、湿気や動物、外敵などから身を守るために、上へ上へと陽光を求める住まいのカタチも決して不自然なものではありません

2階ＬＤＫ お陽さまにカンパイ

都市部の住宅密集地では1階で快適な採光や通風を確保することが難しくなっています。3階建てで、1階にＬＤＫを配置すると採光や動線に支障が生じる場合は、2階をＬＤＫとし、通風、採光、プライバシーなどの問題を解決します。また2階建ての2階ＬＤＫ、つまり最上階のＬＤＫは天井（屋根）の高さやカタチが自由になり、光や空の気配を十分に採り込むことが可能になります。

2階をLDKにする必要がある敷地

ポイントは光の採り込み方、風の抜け方

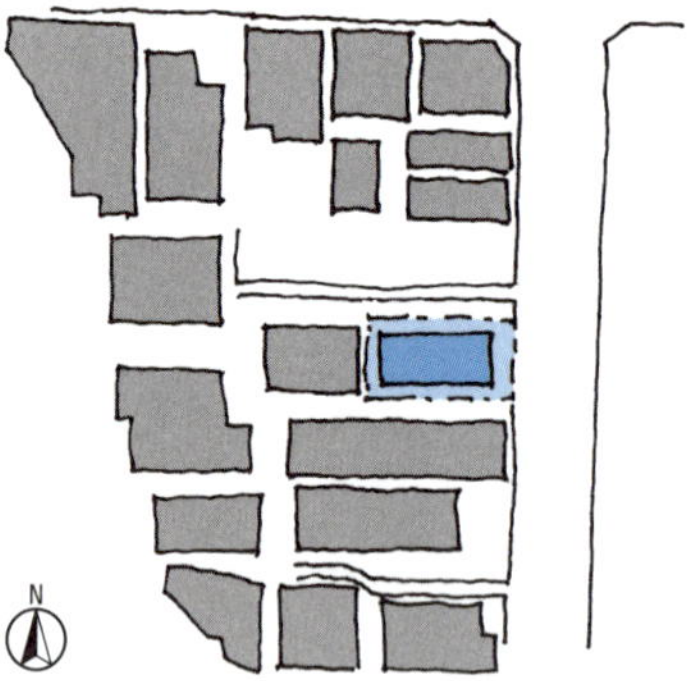
N

(蓮根の家)

準工業地域の敷地

建ぺい率60%と周辺環境にはゆとりがあるが、道路に対する間口が狭く、敷地面積も小さい。必然的に3階建てになる
敷地面積:77㎡

商業地域の敷地

建ぺい率100%が可能な住宅密集地域。道路に対する間口が狭く、3階建てにしないと良好な環境が得られない
敷地面積:99㎡

N

(浅草の家)

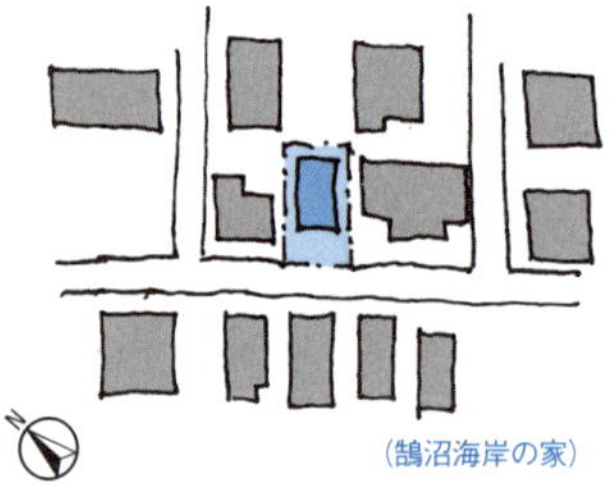
N

(鵠沼海岸の家)

第一種低層住居専用地域の敷地

建ぺい率50%の良好な住宅環境だが、道路に対する間口が狭く奥行きの長い敷地
敷地面積:115㎡

2階建て/2階LDK

自由なカタチの天井、光と空の気配を採り込む

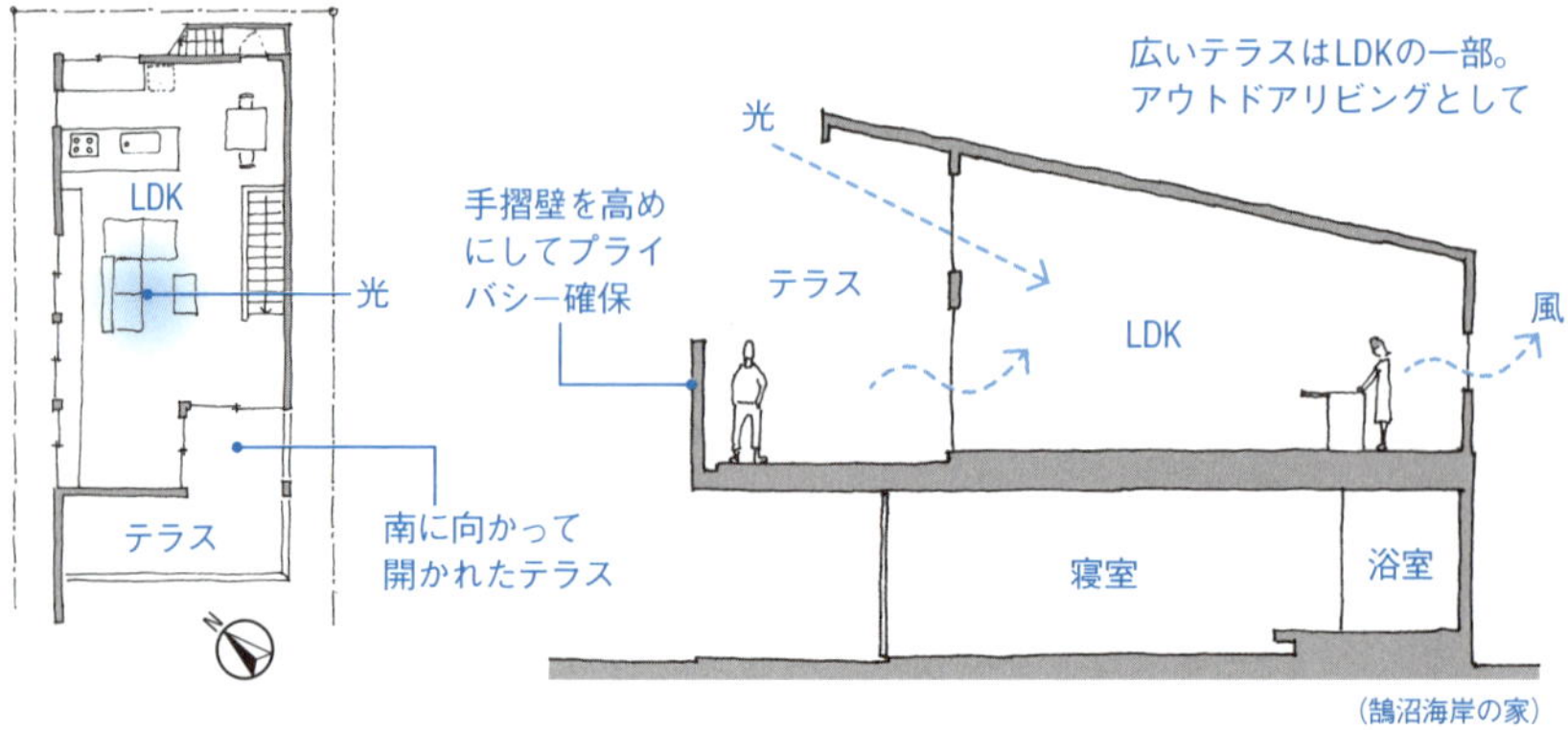
LDK
光
テラス
南に向かって
開かれたテラス
手摺壁を高め
にしてプライ
バシー確保
光
テラス
LDK
広いテラスはLDKの一部。
アウトドアリビングとして
風
寝室
浴室

(鵠沼海岸の家)

3階建て／2階LDK

LDKを2階の真ん中に配置

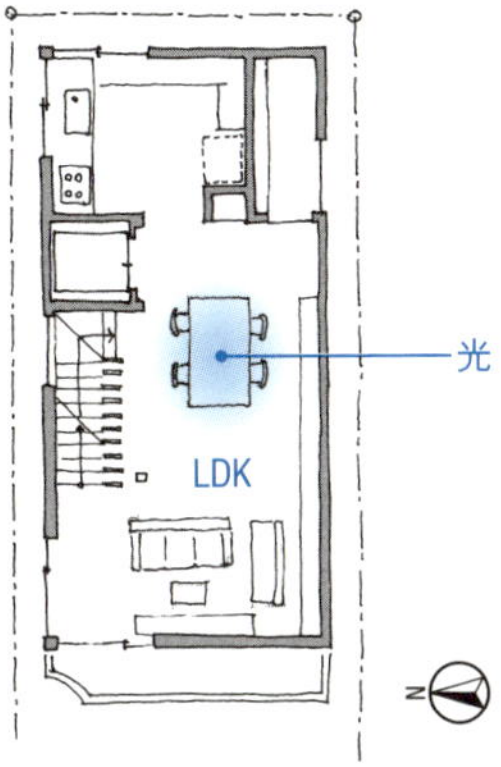
光
LDK
N

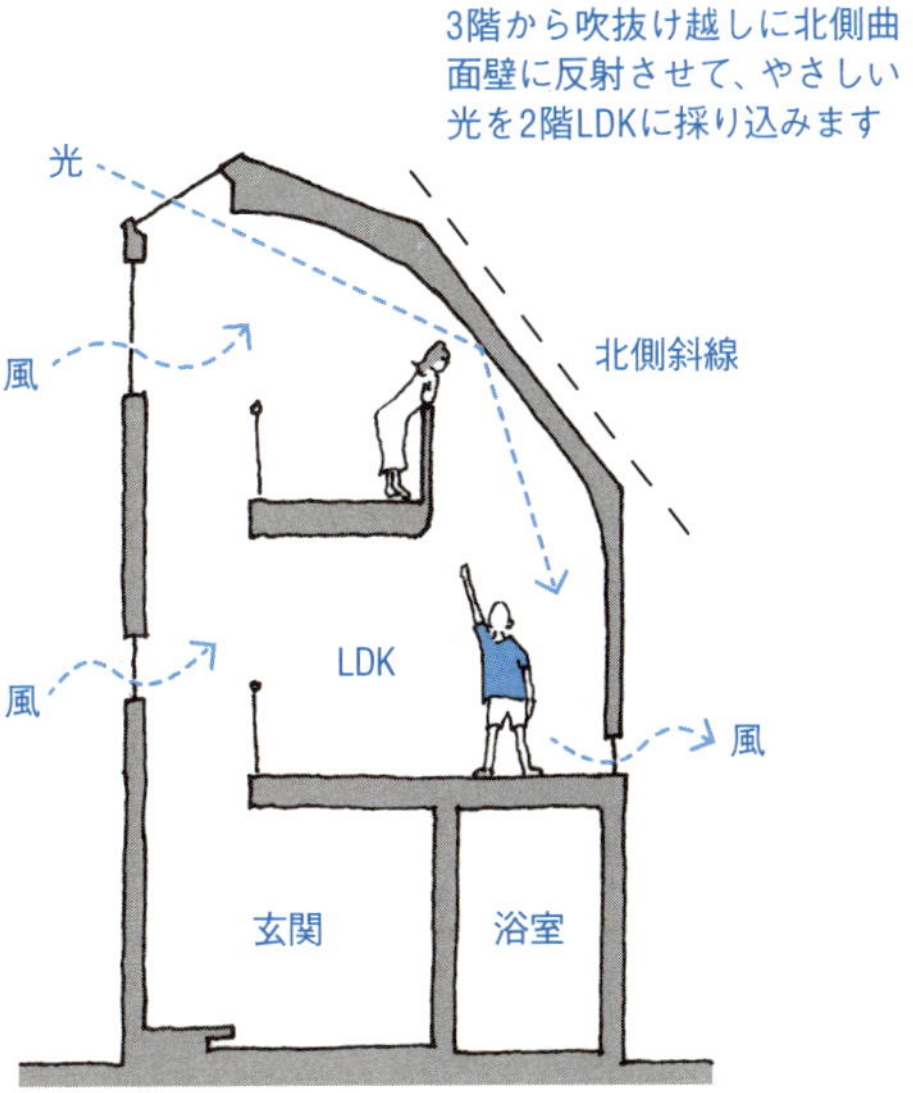
3階から吹抜け越しに北側曲
面壁に反射させて、やさしい
光を2階LDKに採り込みます
光
風
北側斜線
風
LDK
風
玄関
浴室

（蓮根の家）

3階建て／2階LDK

細長い間取り、LDK中央部分に3階から
光を採り込む

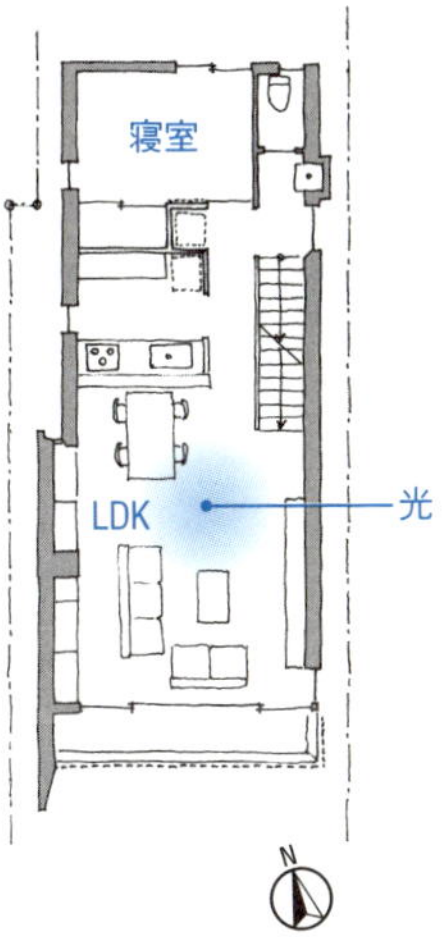
寝室
LDK
光
N

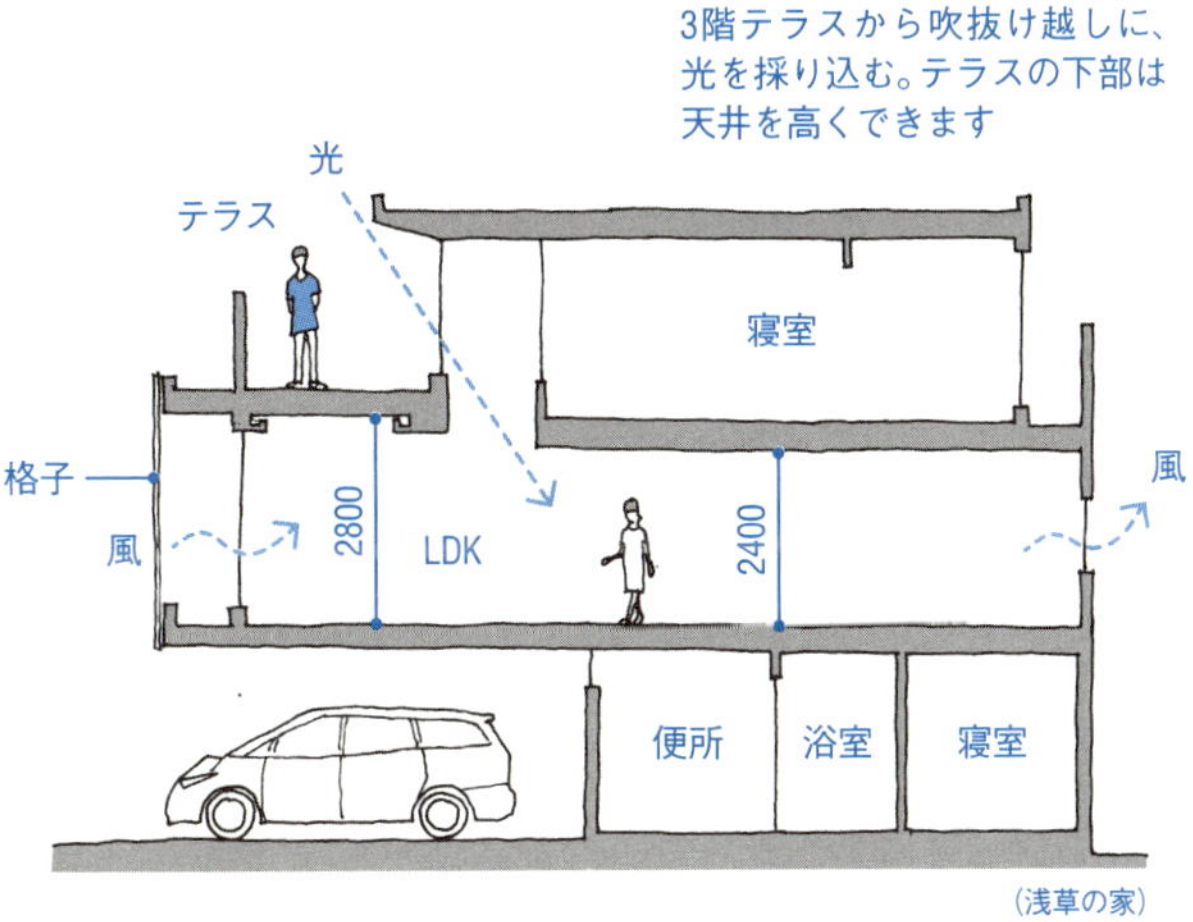
3階テラスから吹抜け越しに、
光を採り込む。テラスの下部は
天井を高くできます
光
テラス
寝室
格子
風
2800
LDK
2400
風
便所
浴室
寝室

（浅草の家）

1階ＬＤＫ 地面に住まう贅沢

古より日本人の住まいは平屋が中心で、働く食べる寝るの生活は、地面に接した1階で完結していました。現在でもその生活習慣は根強く、しっかりとした外部空間があり、採光や通風、そしてプライバシーの確保が可能な場合には、生活の中心であるＬＤＫを1階にもってくることは可能です。また今後の高齢化社会を考慮しても、1階がＬＤＫになっている間取りは理想的であると言えます。

気取った庭より、LDK横の家庭菜園の贅沢

子供を安全な庭で遊ばせたい。あまり出かけることができなくなった高齢者も、日がな1日庭と暮らせる。庭や菜園と一体化したLDKは一戸建て住宅の一番の魅力かもしれません

1階にLDKを可能にする敷地

都心部ではなかなか難しくなってきた100坪（330㎡）以上の敷地。郊外ではその広さというメリットを最大限に生かすことができます

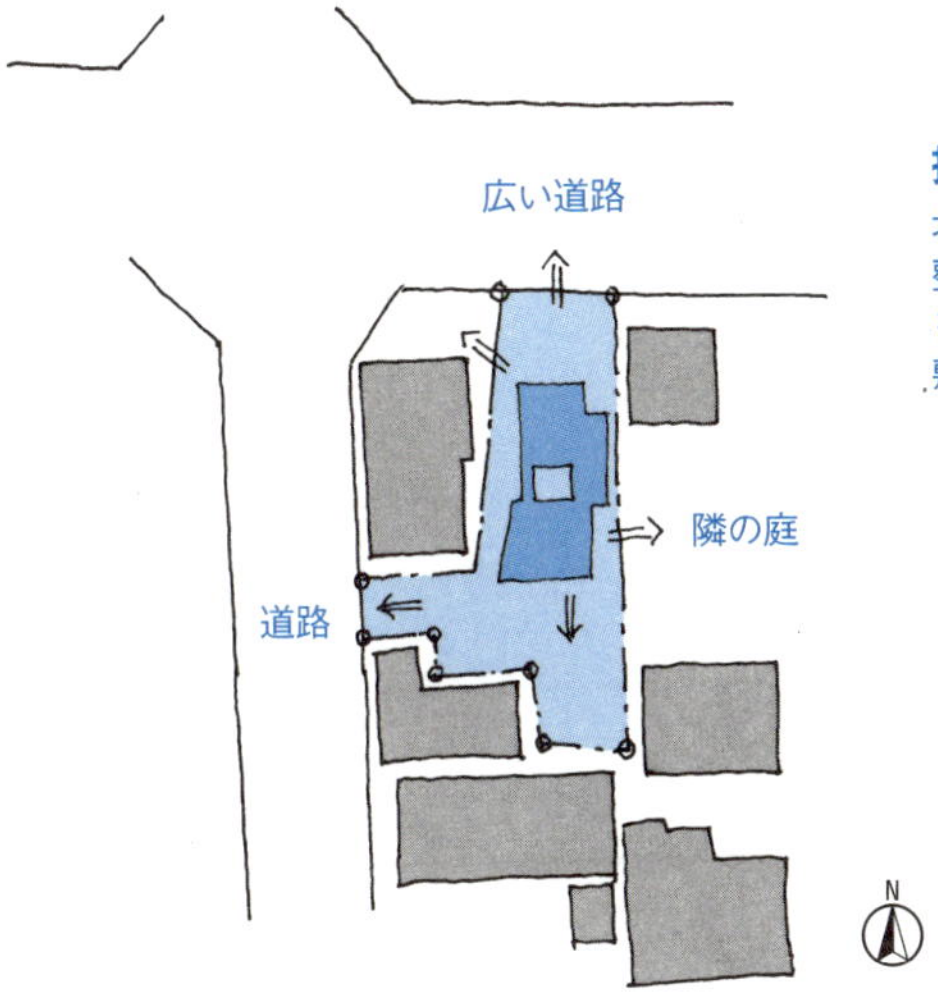

（佐久の家）

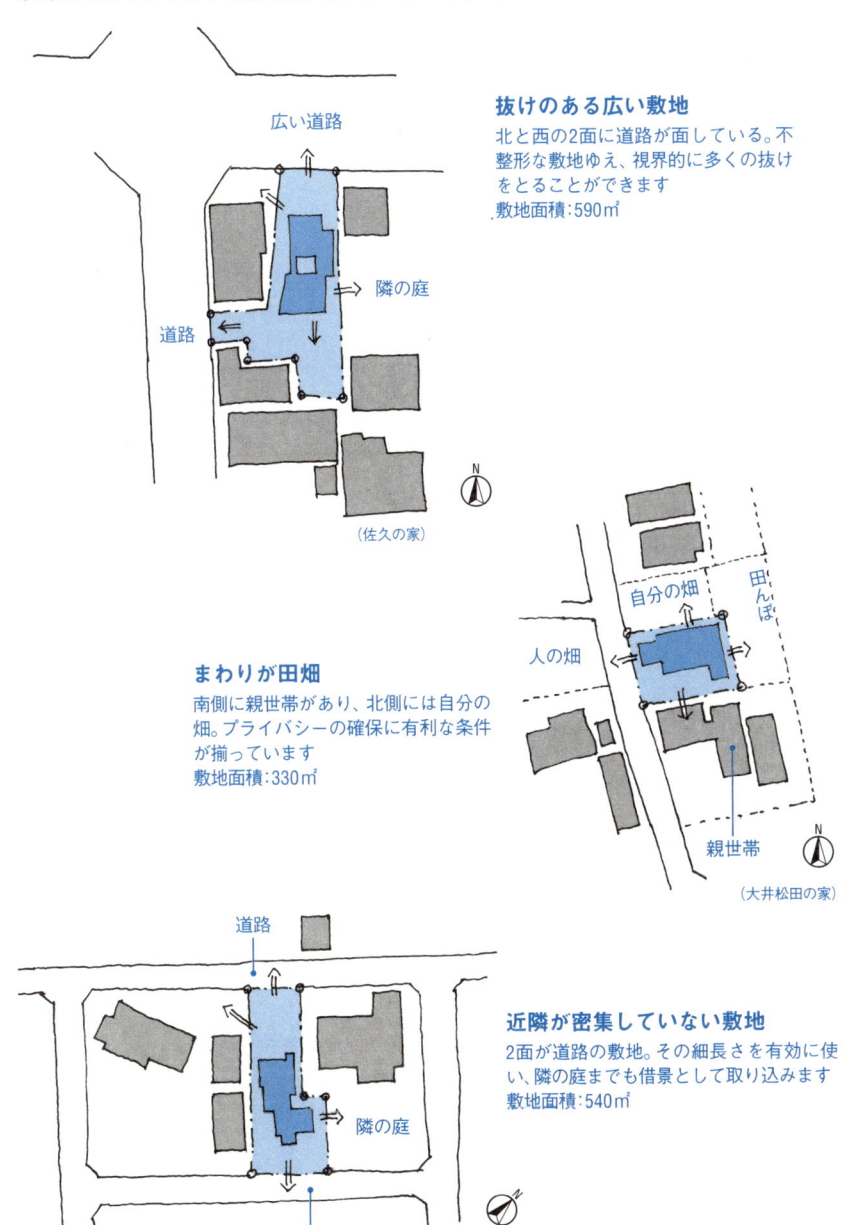

抜けのある広い敷地

北と西の2面に道路が面している。不整形な敷地ゆえ、視界的に多くの抜けをとることができます
敷地面積：590㎡

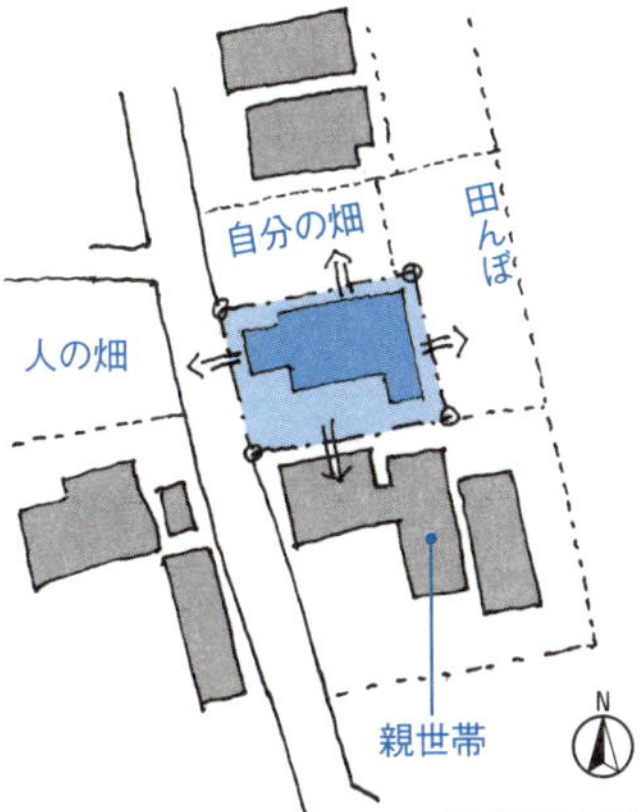

（大井松田の家）

まわりが田畑

南側に親世帯があり、北側には自分の畑。プライバシーの確保に有利な条件が揃っています
敷地面積：330㎡

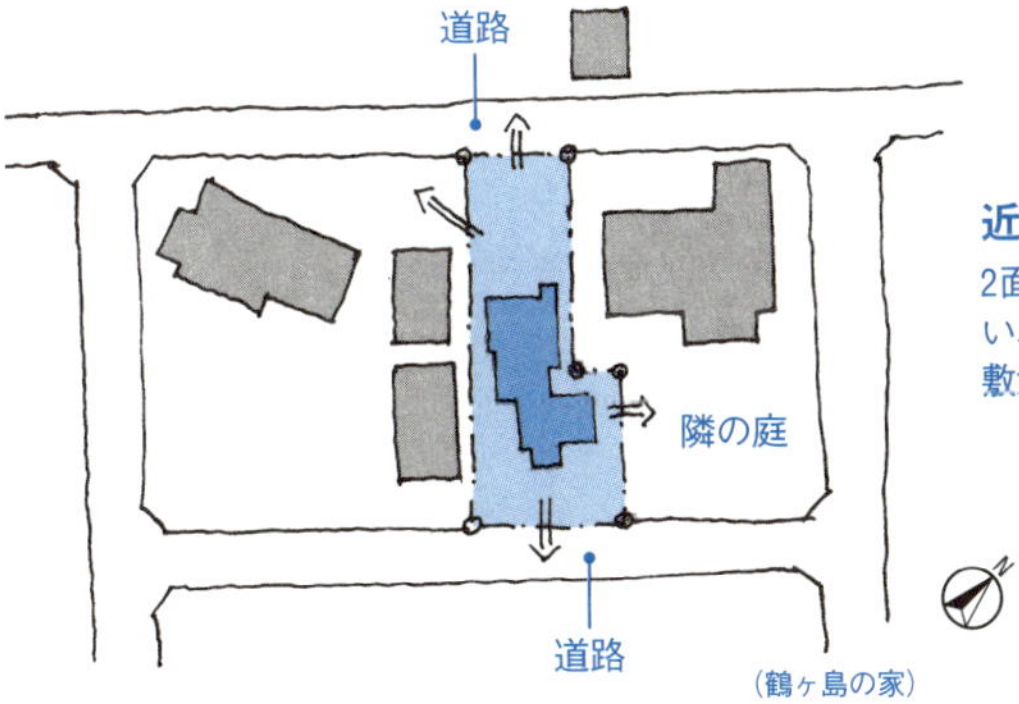

（鶴ヶ島の家）

近隣が密集していない敷地

2面が道路の敷地。その細長さを有効に使い、隣の庭までも借景として取り込みます
敷地面積：540㎡

2つの庭でのびのびと子育て／1階LDK

子供を外で遊ばせても、目が届くLDK

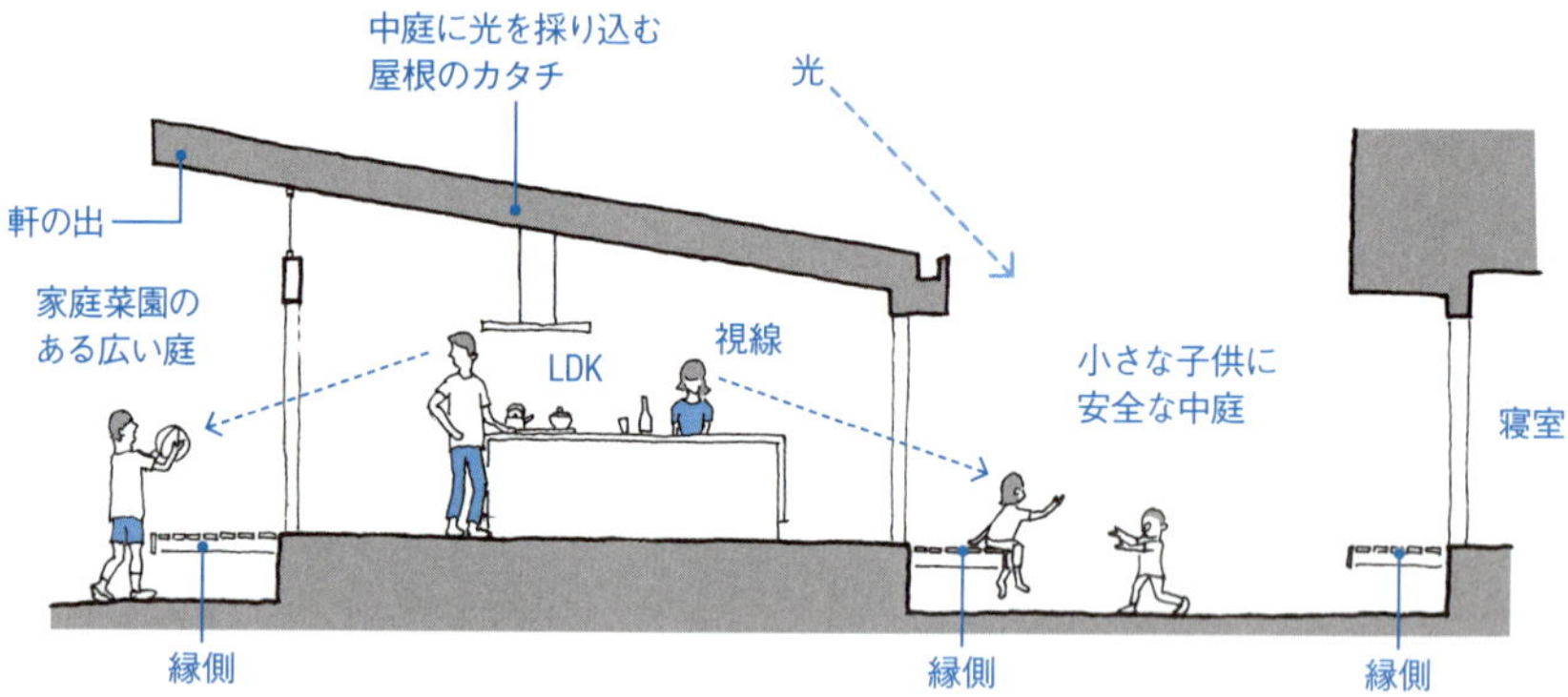
中庭に光を採り込む
屋根のカタチ
光
軒の出
家庭菜園の
ある広い庭
視線
LDK
小さな子供に
安全な中庭
寝室
縁側
縁側
縁側

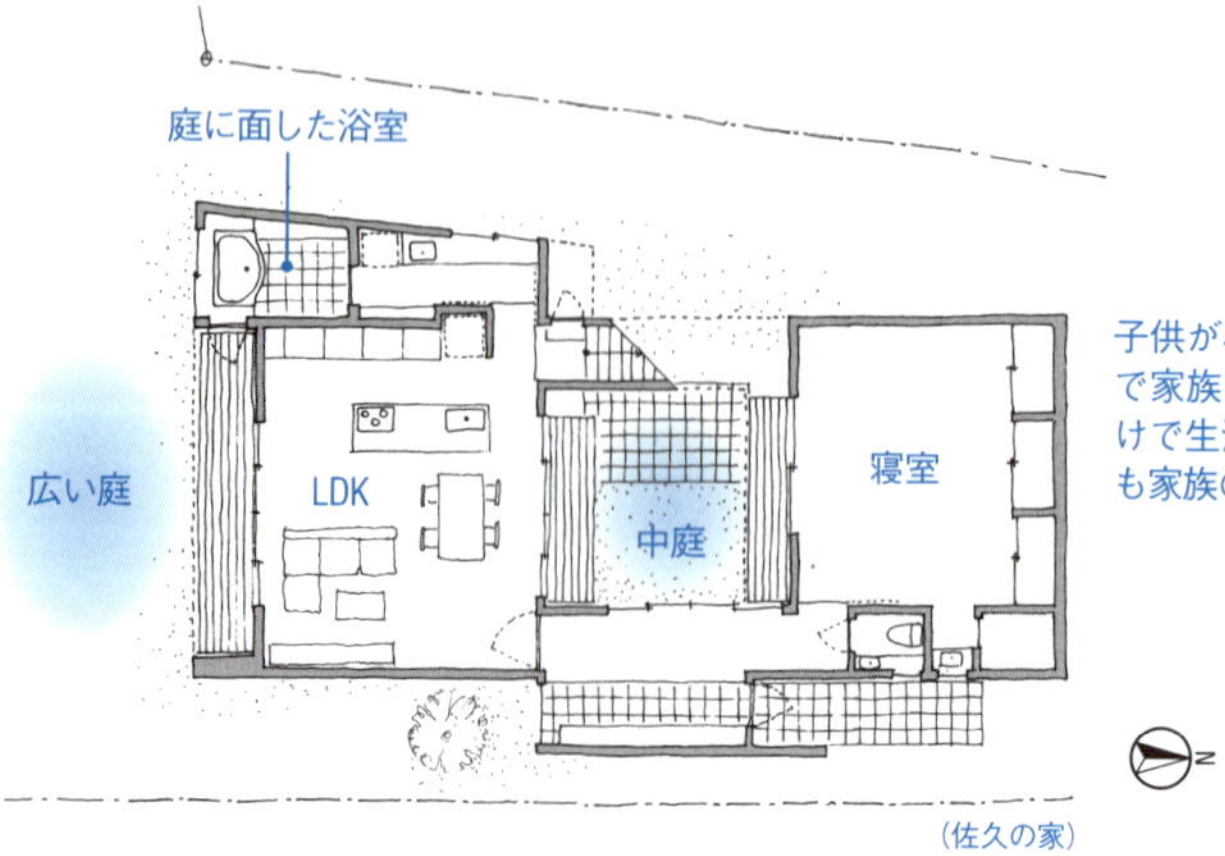
庭に面した浴室
広い庭
LDK
中庭
寝室
N

（佐久の家）

子供が小さいうちは1階の寝室で家族みんなで寝ます。1階だけで生活が完結し、どこにいても家族の気配が感じられます

趣味のガーデニング中心の生活／1階LDK

さまざまなタイプの庭とやわらかくつながるLDK

[居間]－[コンサバトリー]－[庭]－[道路]

↓

緩衝帯

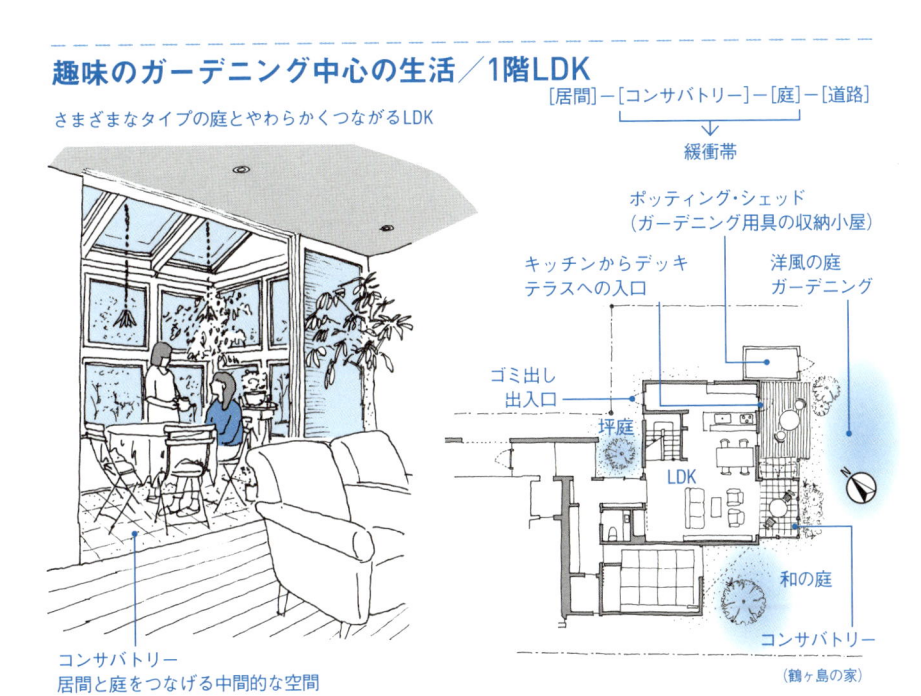

コンサバトリー
居間と庭をつなげる中間的な空間

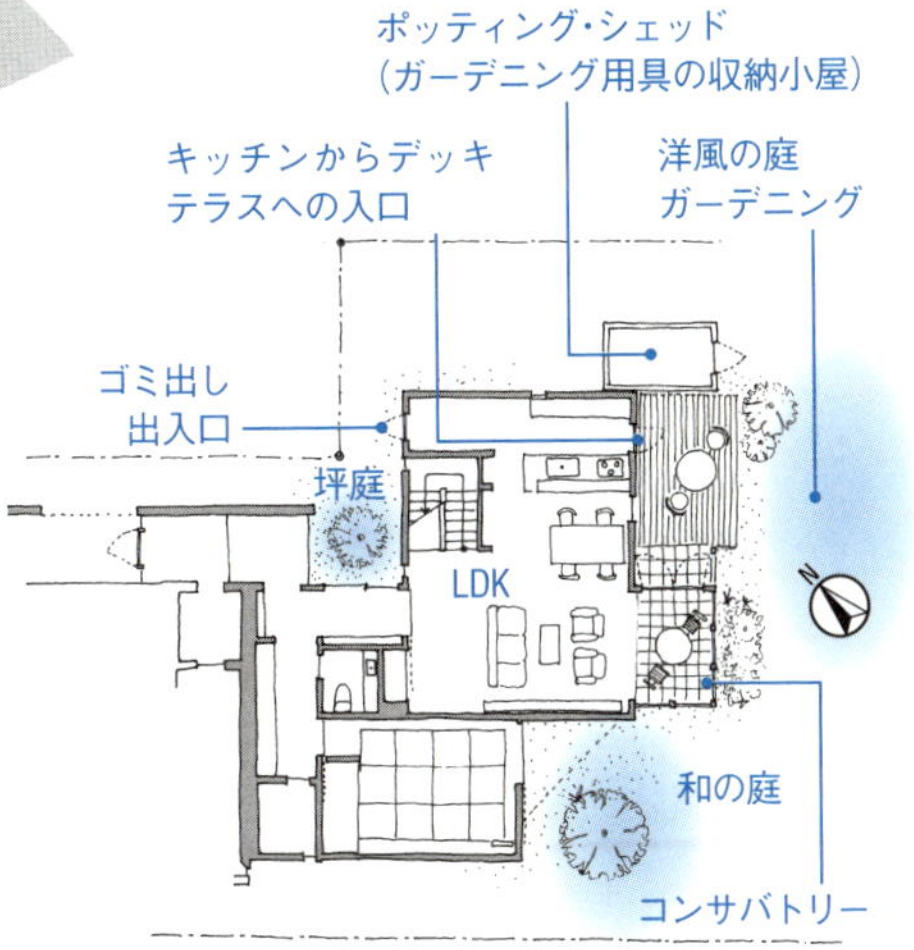

ポッティング・シェッド
（ガーデニング用具の収納小屋）
キッチンからデッキ
テラスへの入口
洋風の庭
ガーデニング
ゴミ出し
出入口
坪庭
LDK
和の庭
コンサバトリー

（鶴ヶ島の家）

和風の外観重視／1階LDK

限りなく平屋に近い和風住宅。LDKを中心として、各部が配置されています

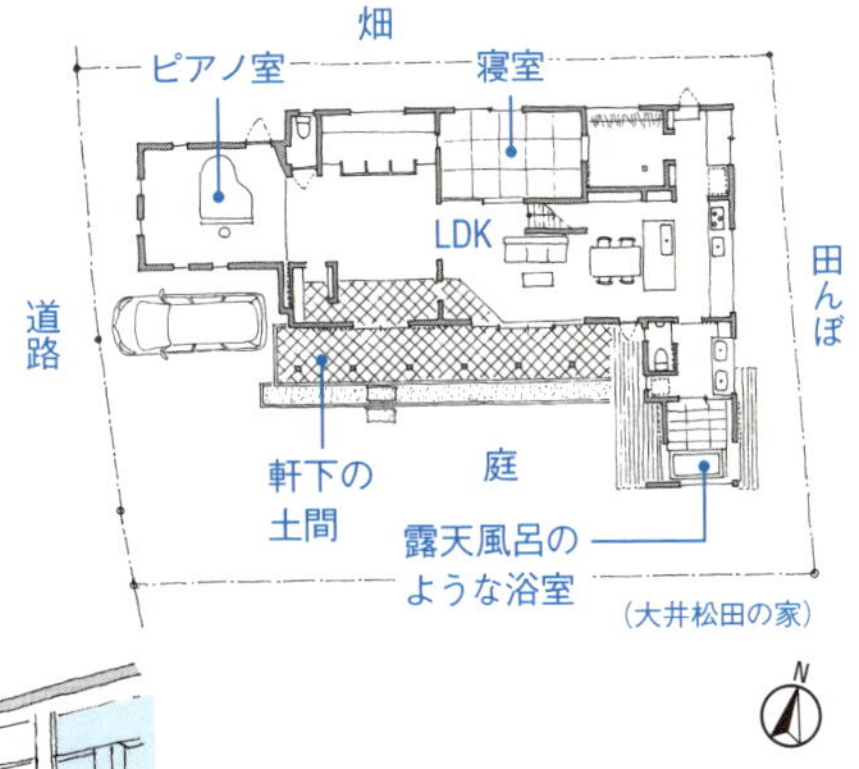

畑
ピアノ室
寝室
LDK
田んぼ
道路
軒下の
土間
庭
露天風呂の
ような浴室

（大井松田の家）

深い軒下のある土間に面したLDK

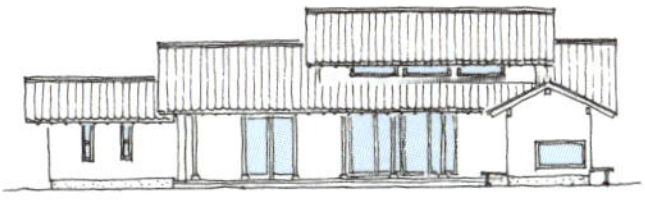

水平方向ののびやかな外観を重視

対比的な2つの世界はすてがたい

DRY ⇔ WET
CITY ⇔ COUNTRY
PUBLIC ⇔ PRIVATE

玄関で分ける2つの庭

地方に住まうと都会に憧れ、都会に住むと田舎の侘び住まいや土の匂いに魅せられる……。住まいはそんな多様な人の感情や生活の受け皿でありたい。道行く人々やお客様に対しては少々見栄をはりたい、でもそれだけでは疲れるのでリラックスした日常生活も送りたい。中規模（50坪程度）の敷地であれば思い切って玄関土間を張り出し、外部空間を対比的な2つの世界に分けることができます。

飛び出す玄関で、対比的な空間を楽しむ

対比的な空間を分断するのではなく、やわらかくつなげます
敷地面積：164㎡

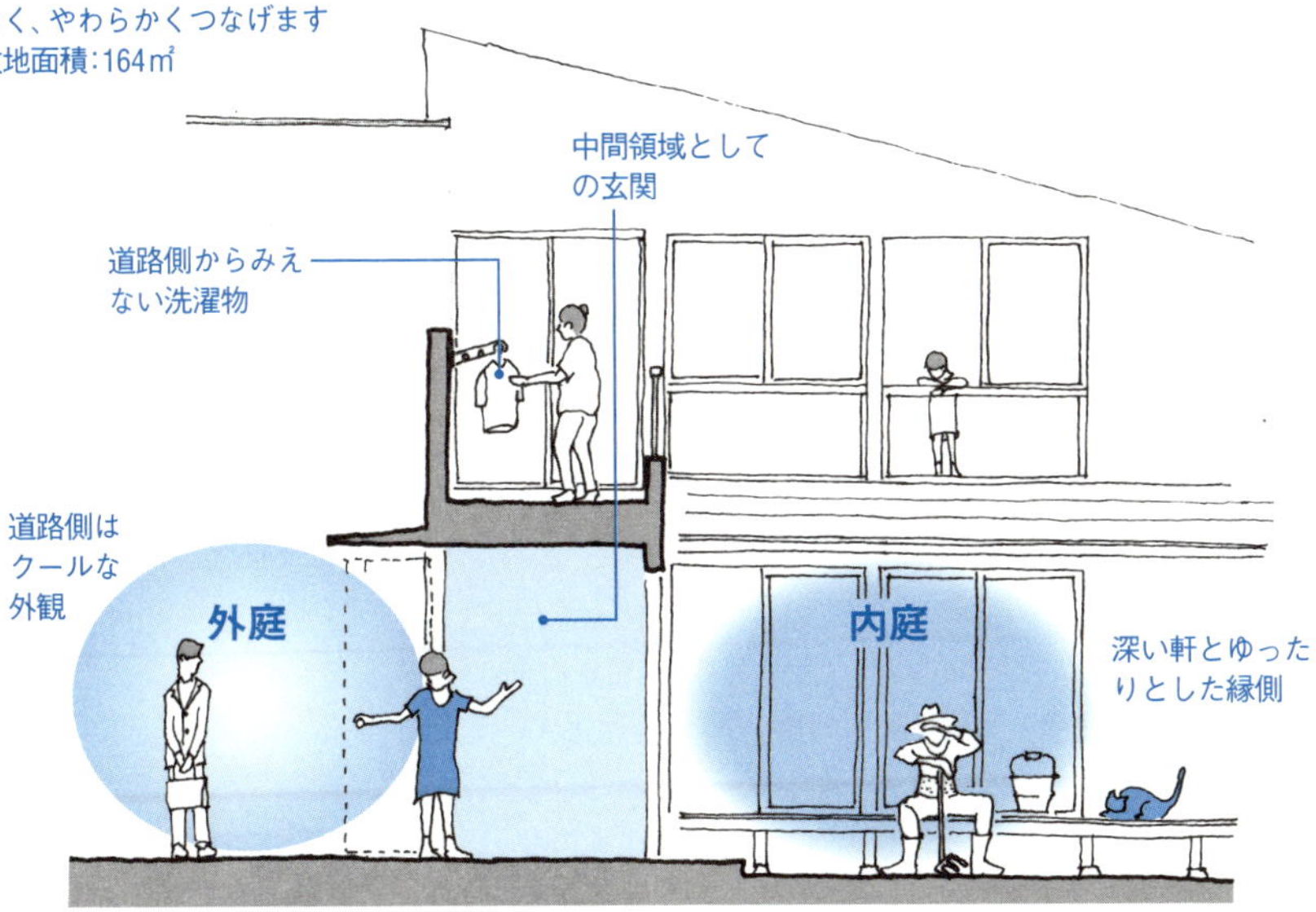

中間領域としての玄関
道路側からみえない洗濯物
道路側はクールな外観
外庭
内庭
深い軒とゆったりとした縁側

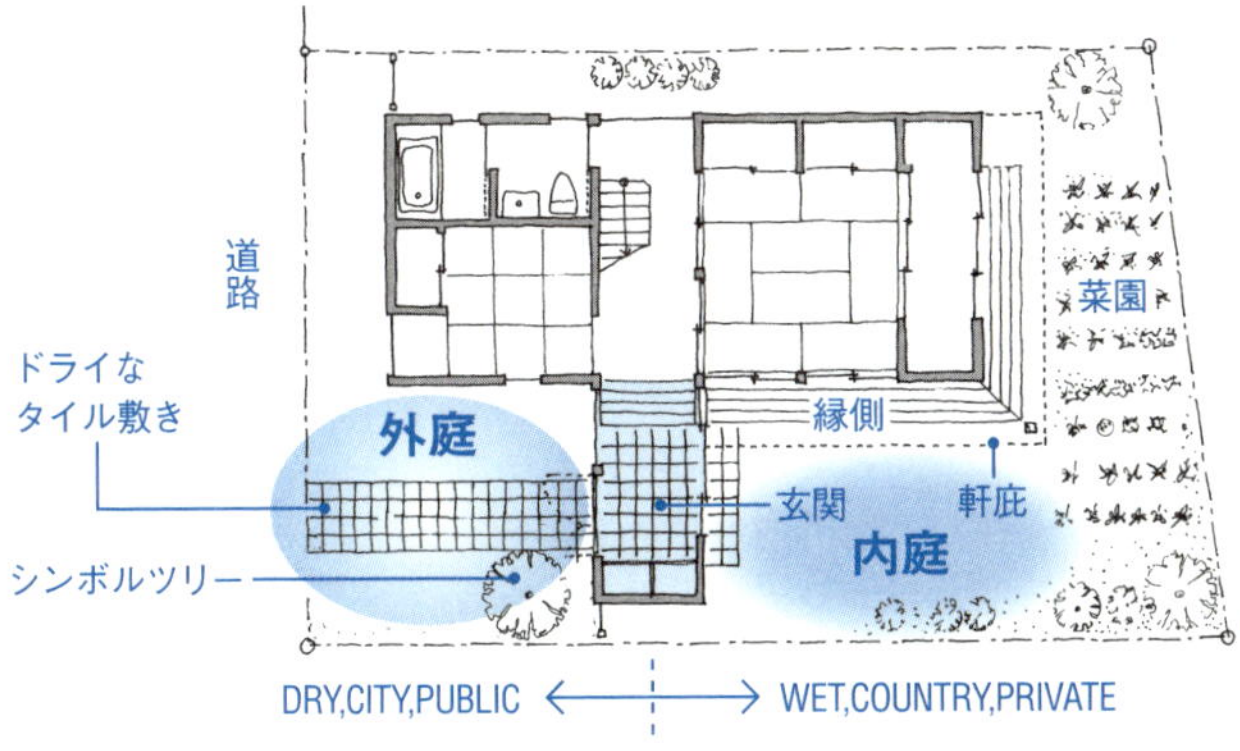

道路
ドライなタイル敷き
外庭
シンボルツリー
縁側
玄関
軒庇
内庭
菜園
N
DRY,CITY,PUBLIC
WET,COUNTRY,PRIVATE

（木曽呂の家）

内庭・外庭は、小さくても飛び出す玄関の効果はあります

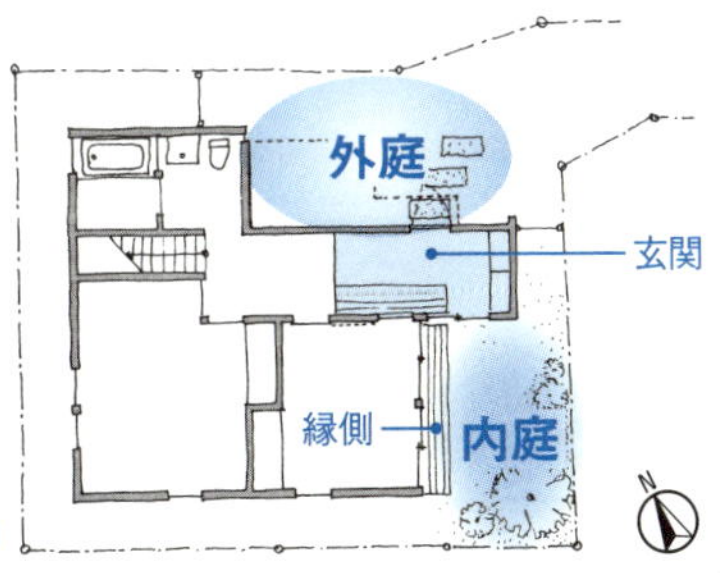

外庭
玄関
縁側
内庭
N

（本八幡の家）

快適＋お得 地下の部屋

狭 小地で延べ床面積もいっぱい……。しかし、もう1部屋欲しい、予算も少々余裕がある、といった場合や斜線制限が厳しくて3階建てが難しい、といった場合には、建てものを〝地下に埋める〟という方法があります。地下水等の防水対策や、採光・通風を確保できれば、そこには外気温の影響を受けにくい「夏暑くなく、冬寒くない」安定した温熱環境の部屋をつくることができます。

地下に埋める、足りない面積のちょい足しテクニック

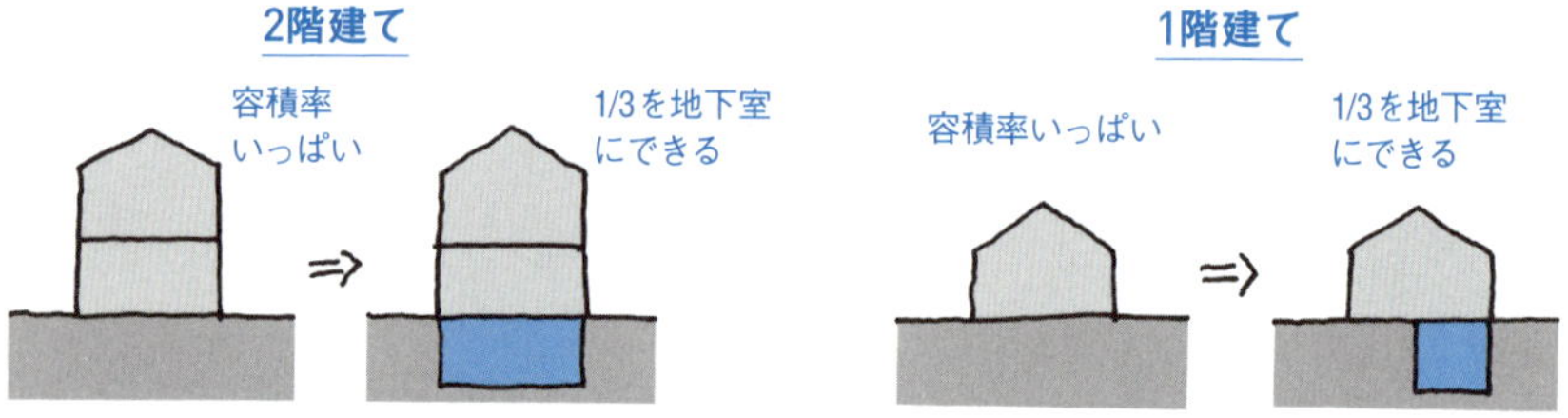
2階建て
容積率
いっぱい
1/3を地下室
にできる
1階建て
容積率いっぱい
1/3を地下室
にできる

地下室にも、光と風を

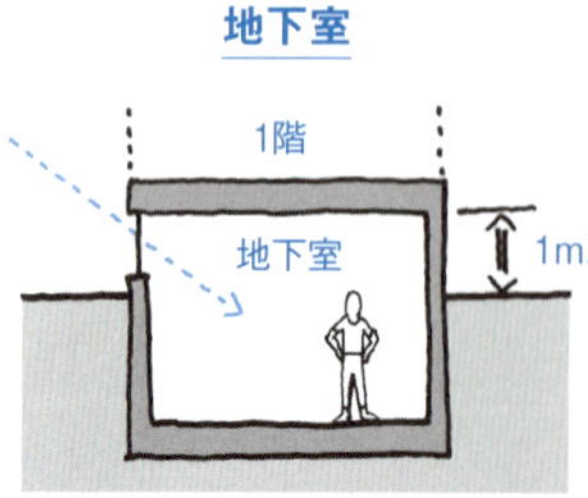
地下室
1階
地下室
1m以下

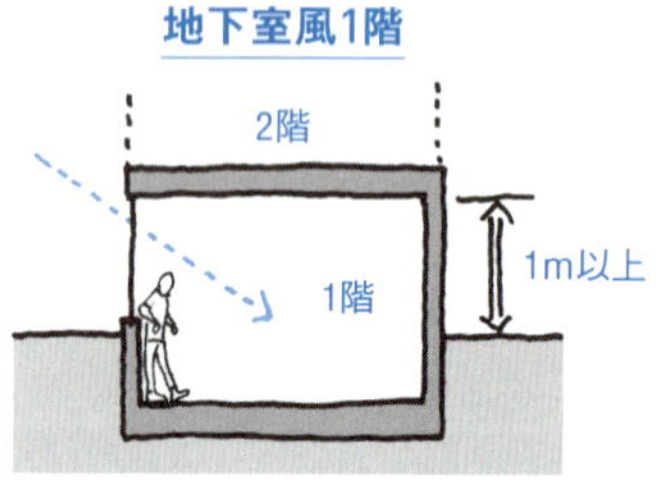
地下室風1階
2階
1階
1m以上

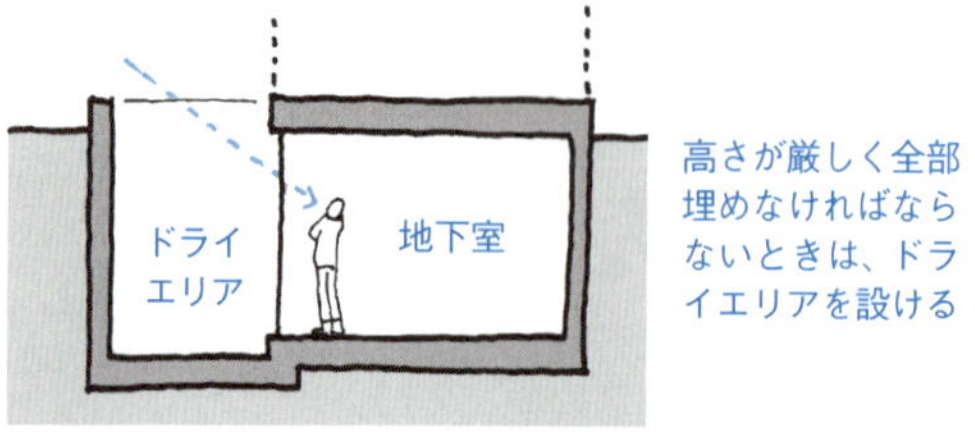
ドライ
エリア
地下室
高さが厳しく全部
埋めなければなら
ないときは、ドラ
イエリアを設ける

[MEMO] 地下室の基本知識　・延べ床面積全体の1/3まで可　・天井面が地盤面から1m以下にあれば地下室と認められる。全部埋める必要はない

地下室＆地下室風1階のある家

地下室

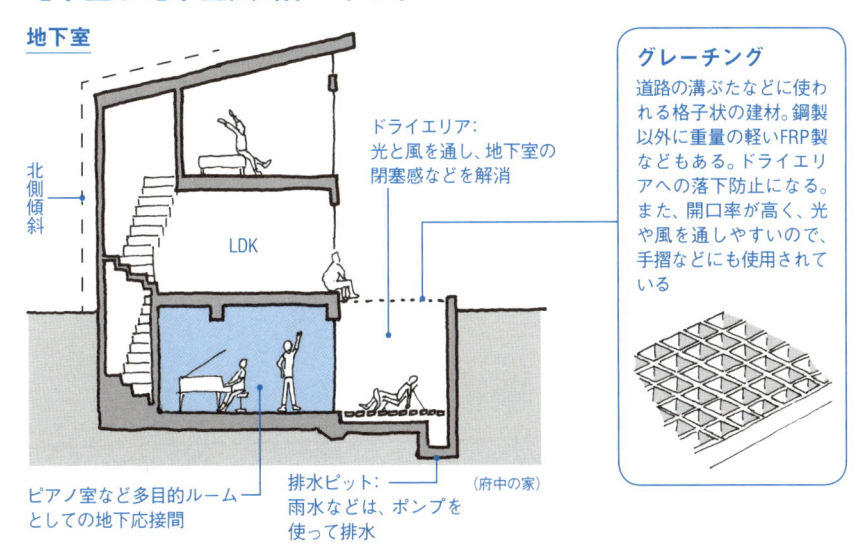

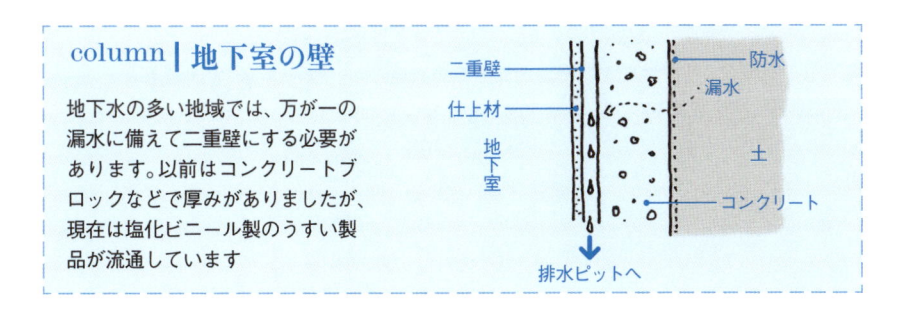

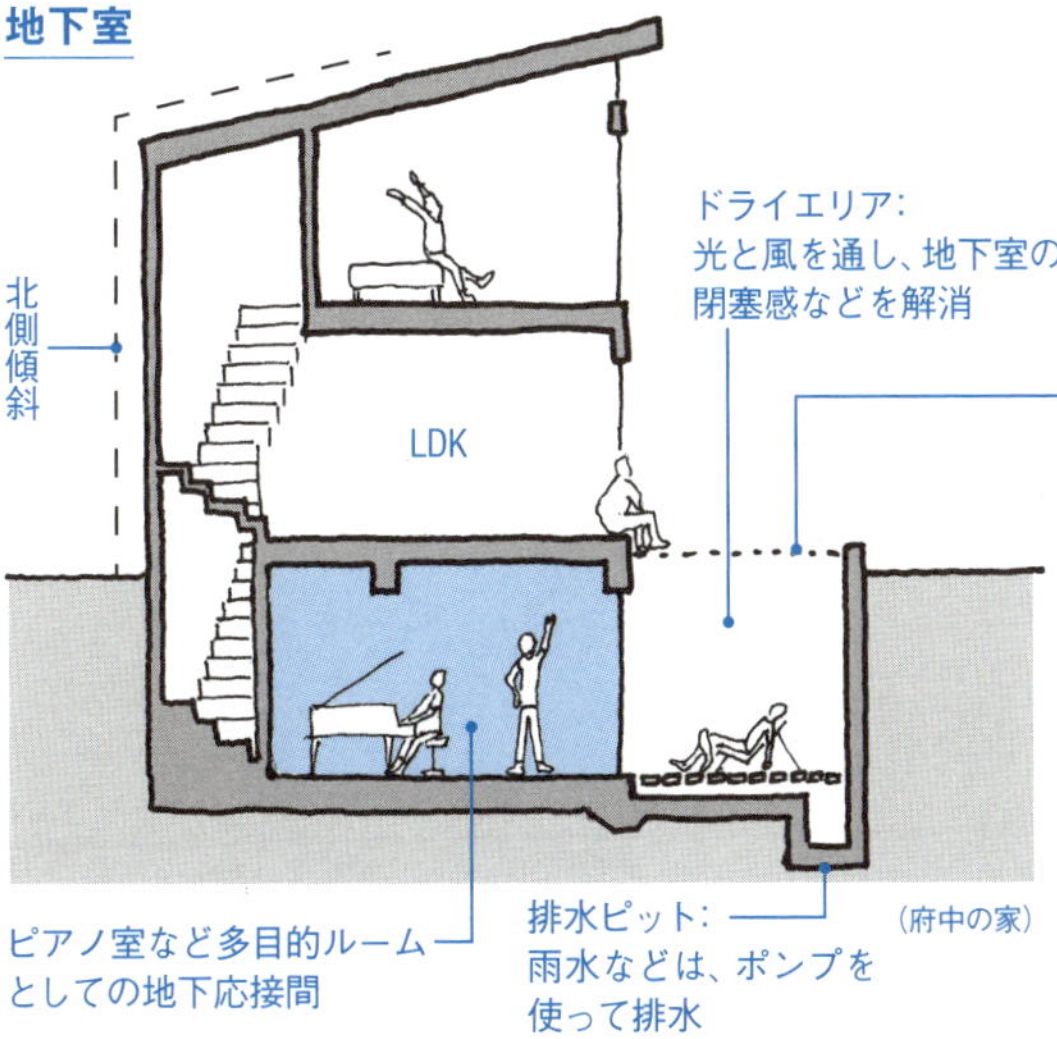
北側傾斜
LDK
ドライエリア:
光と風を通し、地下室の
閉塞感などを解消
ピアノ室など多目的ルーム
としての地下応接間
排水ピット:
雨水などは、ポンプを
使って排水
（府中の家）

グレーチング

道路の溝ぶたなどに使われる格子状の建材。鋼製以外に重量の軽いFRP製などもある。ドライエリアへの落下防止になる。また、開口率が高く、光や風を通しやすいので、手摺などにも使用されている

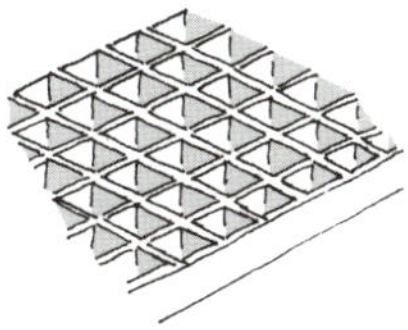

地下室風1階

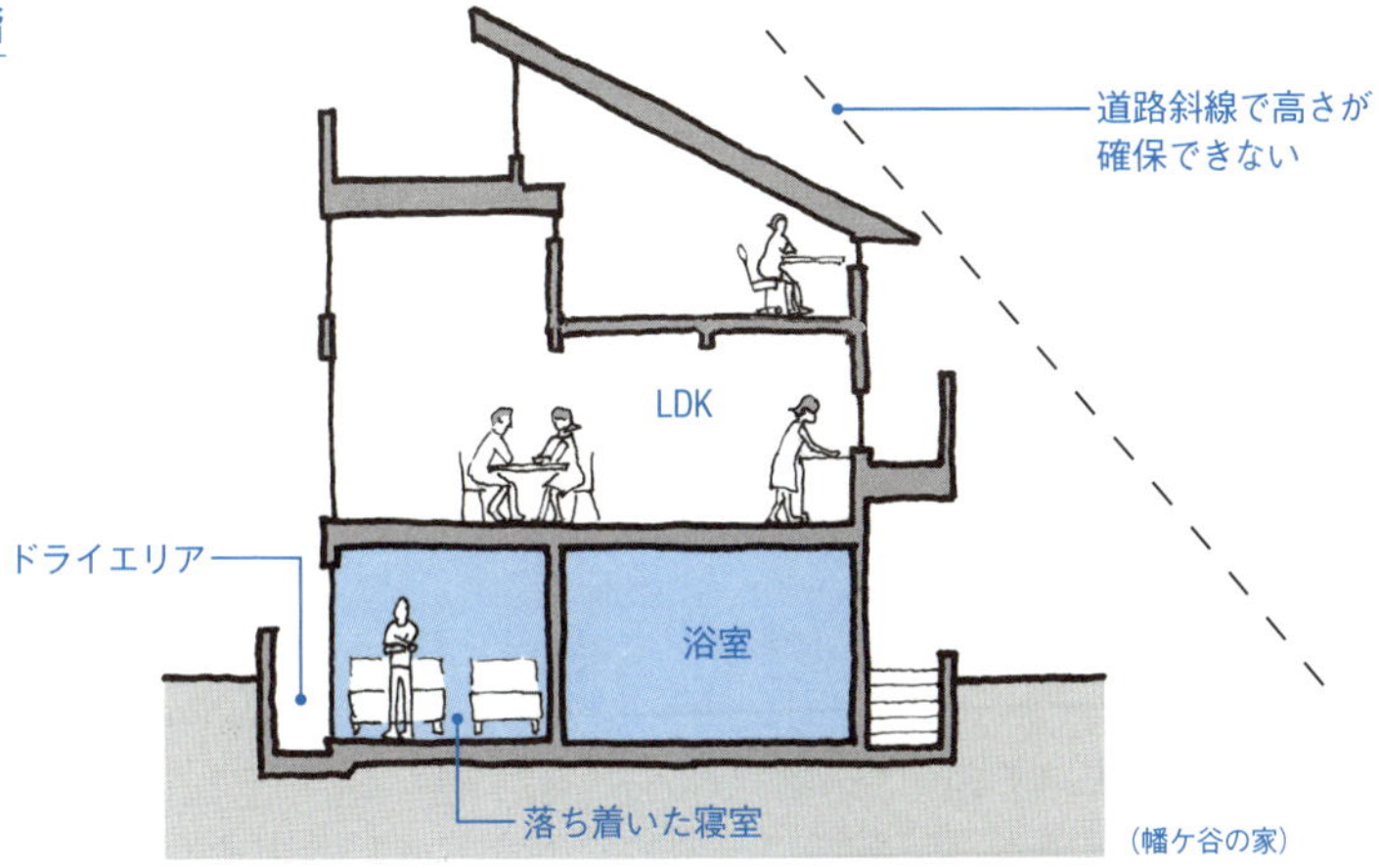
道路斜線で高さが
確保できない
LDK
ドライエリア
浴室
落ち着いた寝室
（幡ケ谷の家）

column | 地下室の壁

地下水の多い地域では、万が一の漏水に備えて二重壁にする必要があります。以前はコンクリートブロックなどで厚みがありましたが、現在は塩化ビニール製のうすい製品が流通しています

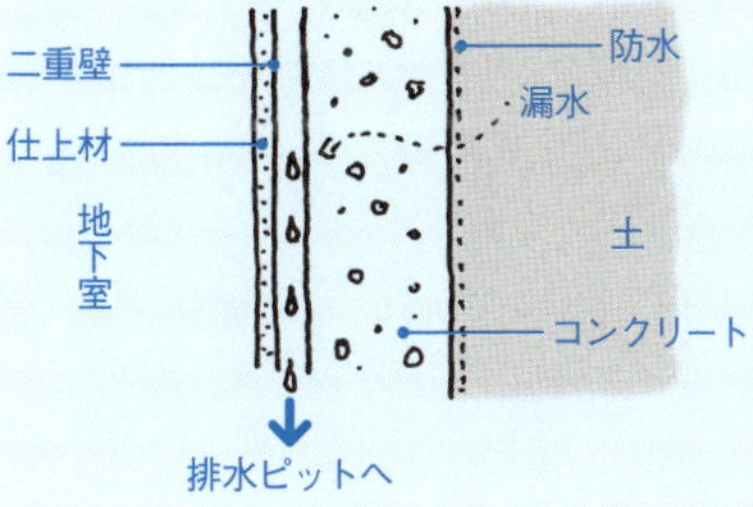
二重壁
仕上材
地下室
防水
漏水
土
コンクリート
排水ピットへ

階段はオブジェではない

安全性と機能性を満たしつつ、いかに生活の動線をなめらかにするかが階段の役割

階段は間取りを左右する

リビングの吹抜けにお洒落な螺旋階段のある家……、よく聞かれる一般的な〝憧れの家〟のイメージですが、実際には日本の住環境にはなかなかなじみません。

階段は眺めるためのオブジェではなく上下階をやわらかく慎重につなげるためのしつらえです。その種類や位置によって、間取りにも大きな影響を与えるやっかいなシロモノなので、丁寧に計画しなければなりません。

間取りにとって重要な階段の種類と位置

直線階段

- 細長い敷地・間取りの場合、奥まで細い廊下が伸びることを防ぎ、階段以外は有効な空間として使えます
- てっぽう階段とも呼ばれます

折り返し階段

- 安全性の優先
- 踊り場をつくる全体的な面積の余裕が必要
- イッテコイ階段とも呼ばれます

中央階段

- 同一フロアを用途により明確に分けます
- 狭小住宅だからこそ、階段を居室空間の一部として取り込み、視界の広がりを確保することもできます

実は螺旋階段は大きい

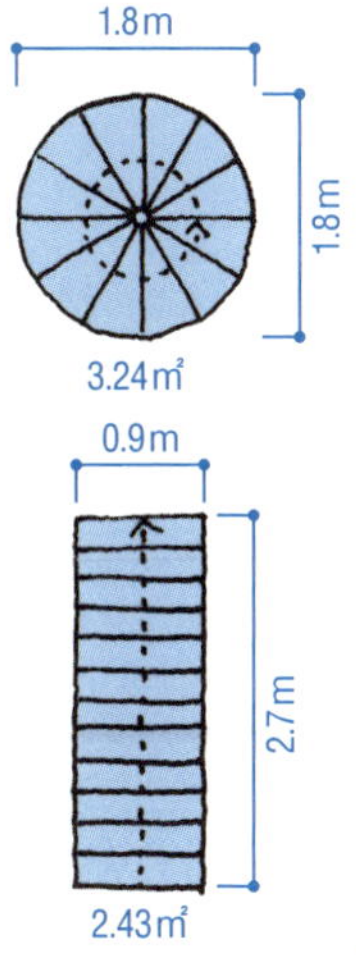
1.8m
1.8m
3.24㎡
0.9m
2.7m
2.43㎡

折り返し階段

階段による間取りの影響が少なく、より一体化したLDK空間を確保することができます

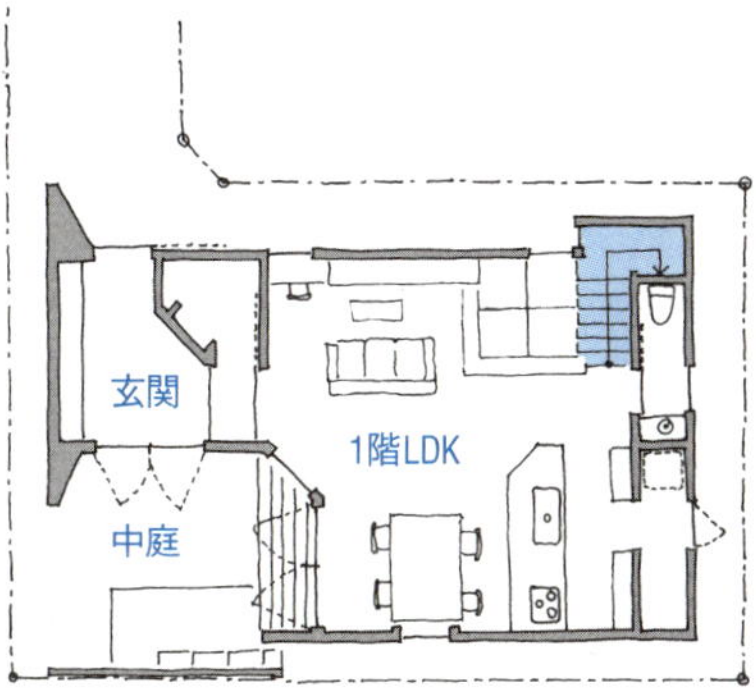
玄関
1階LDK
中庭

（久我山の家）

直線階段

階段のまわりに諸スペースを一体的に配置し、廊下的な空間を極力少なくできます

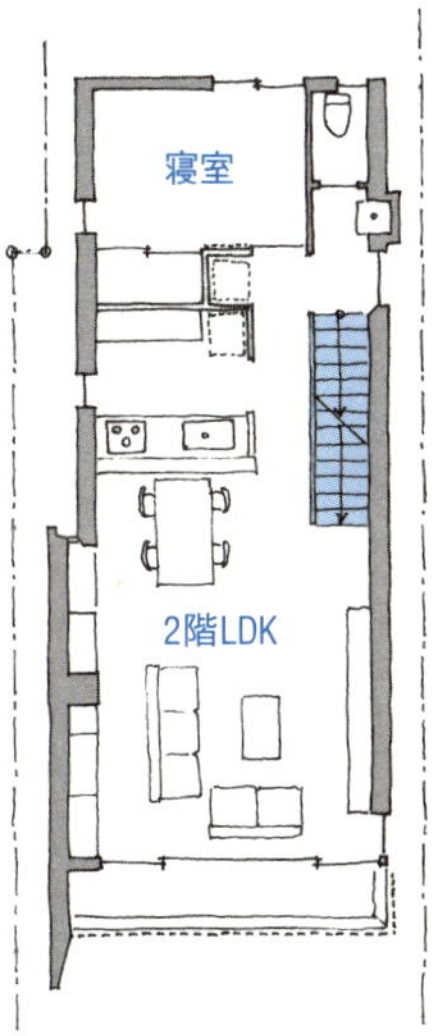
寝室
2階LDK

（浅草の家）

空間を“つなぐ”中央階段

開放的な階段を中央に配置し、リビングとダイニングキッチンをやわらかくつなぐ

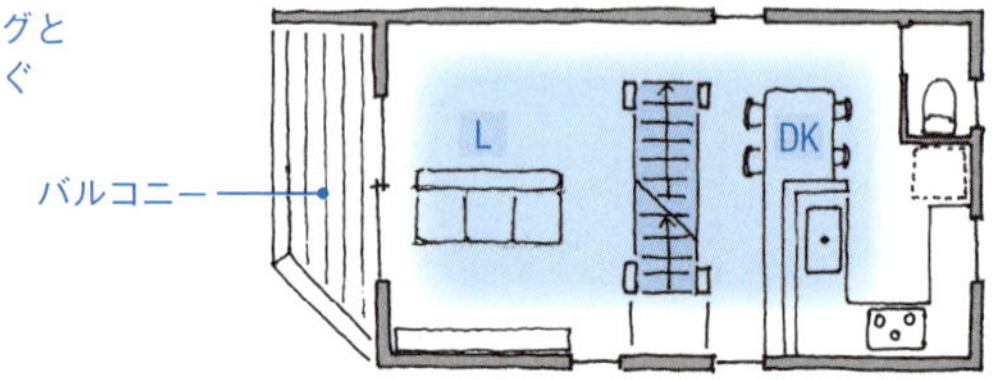
L
DK
バルコニー

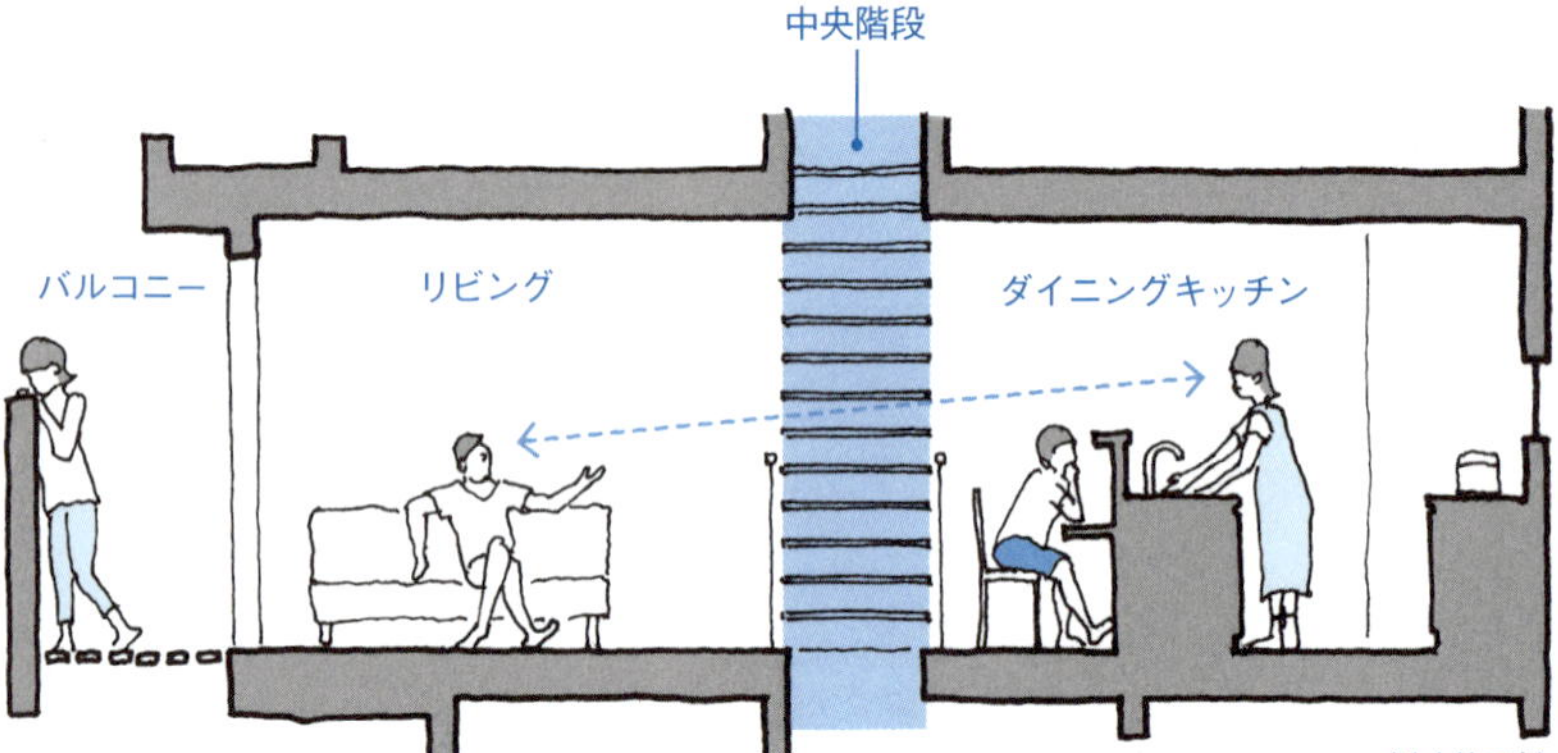
中央階段
バルコニー
リビング
ダイニングキッチン

（池之端の家）

バルコニーも含め、家の広さを最大に感じさせる

空間を“分ける”中央階段

異なった用途の空間を、中央階段によって明確に分け、それぞれのプライバシーを確保

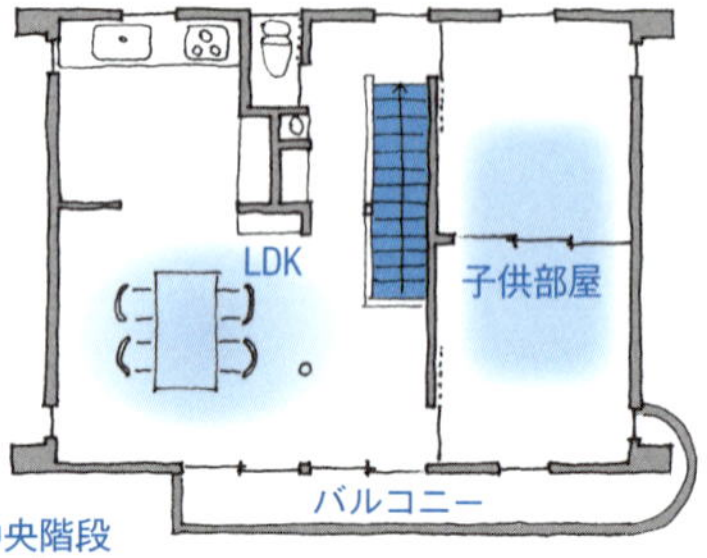
LDK
子供部屋
バルコニー

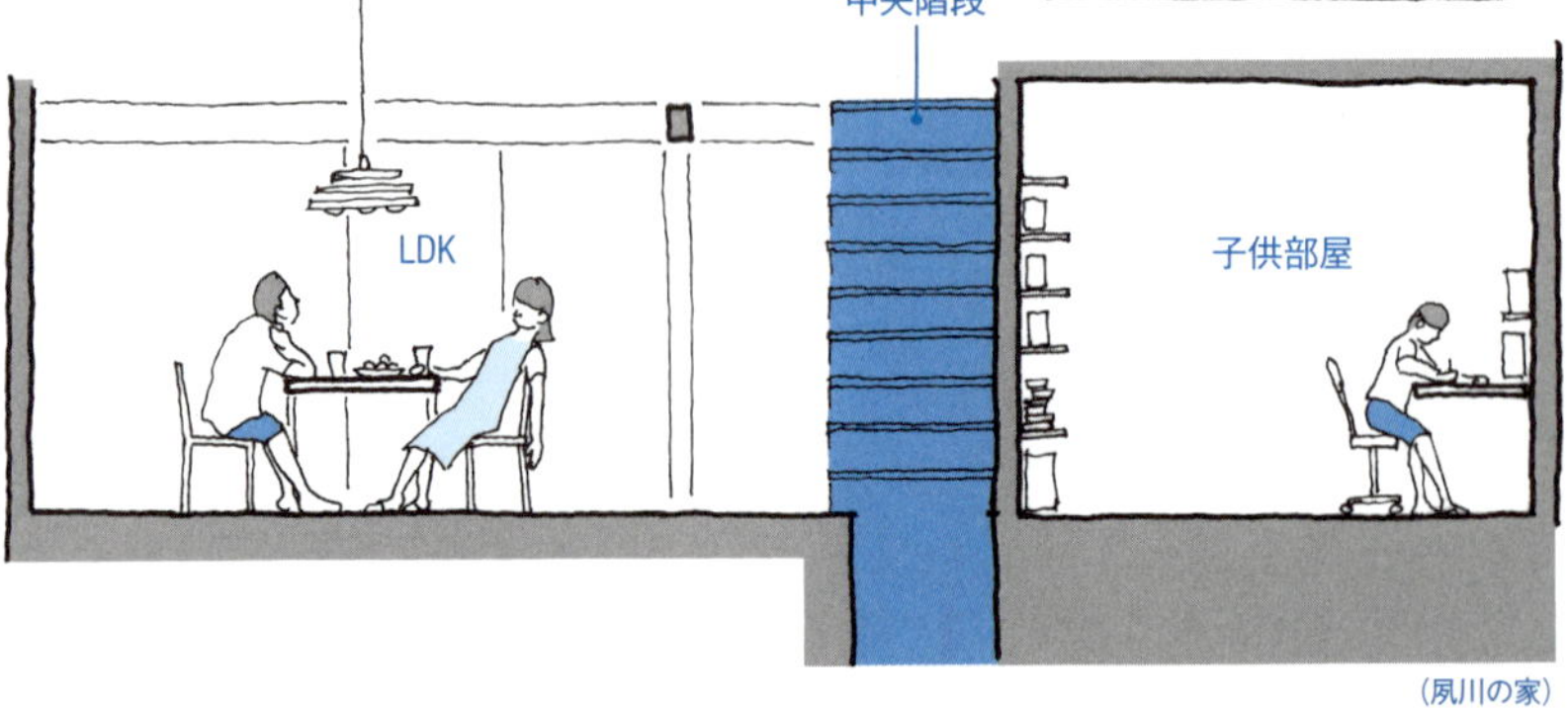
中央階段
LDK
子供部屋

（夙川の家）

天下太平、平和な時代の窓のデザイン

姫路城の鉄砲狭間。銃眼、矢眼とも呼ばれるとおり、本来は、鉄砲や弓矢を使うための窓ですが、平和な江戸時代になってから整備されたため、デザインに遊びがみられます

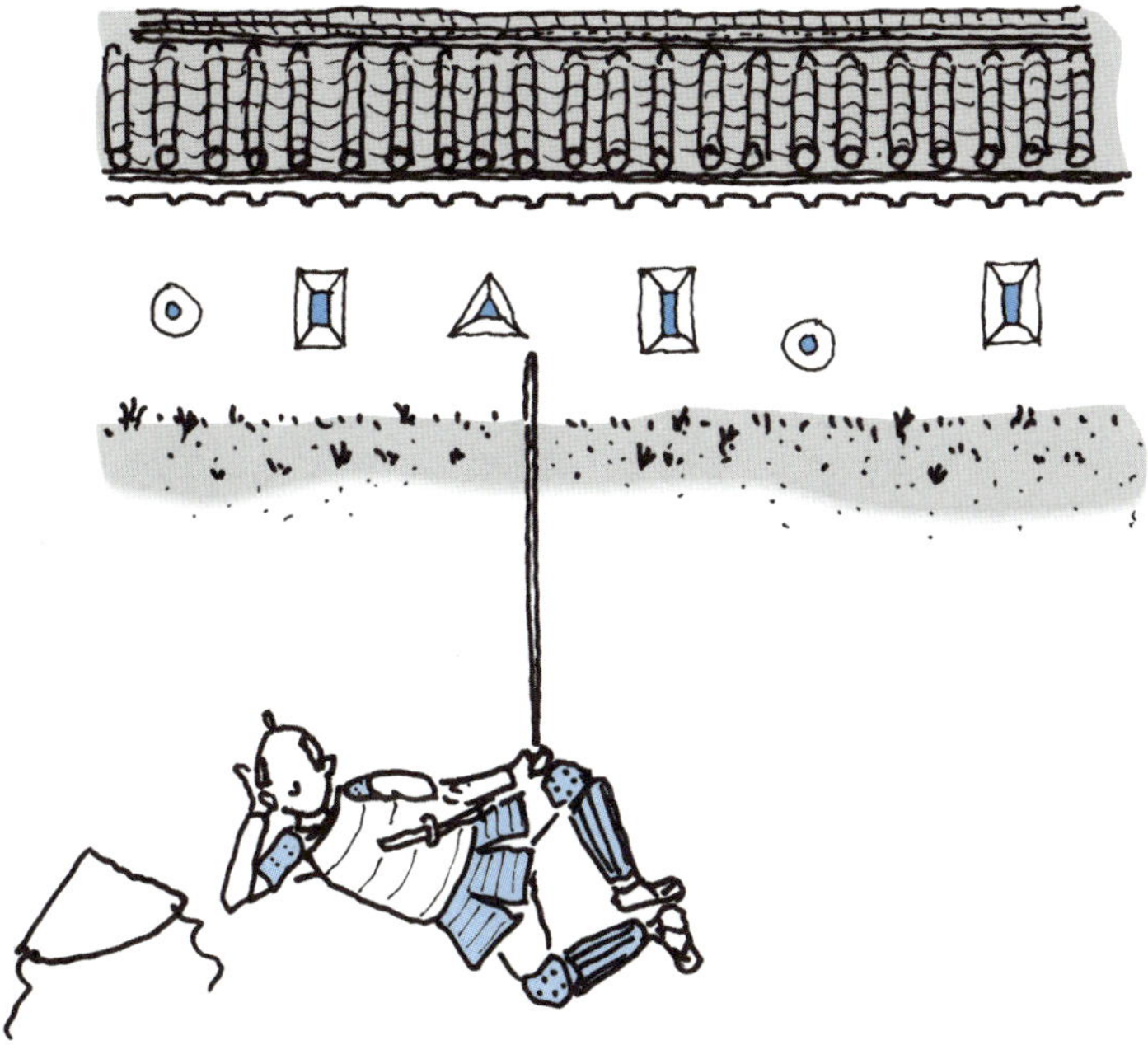

窓は何のためにあるのか

一見したところ普通の窓。しかし「1日中カーテンがかかっている……」。よくあることです。それは「開けたら通りゆく人々の視線が気になる……直射日光が入りすぎてまぶしい……風でカーテンがバサバサする」といった理由がきっとあるのでしょう。そういった窓をつくらないためには「窓は一体何のためにあるのか?」ということをしっかりと理解して計画する必要があります。

窓の5つの機能を知りつくす

①通風

断面的、平面的に道をつくります。
風は真っすぐに抜かなくても良く、
むしろ家全体で考えます

断面による通風

平面による通風

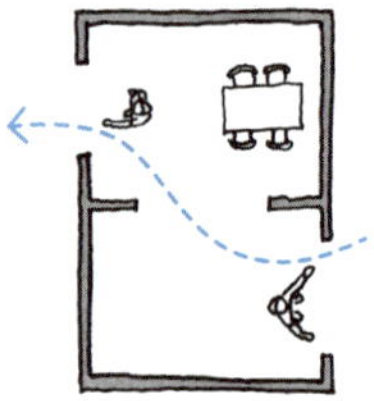

②採光

プライバシーを重視

普通の窓

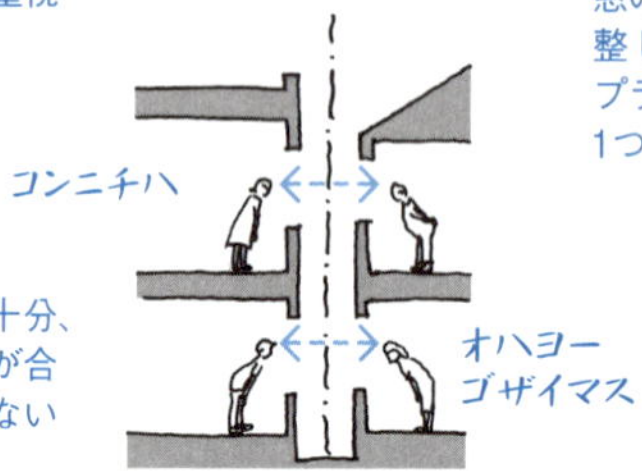
コンニチハ
オハヨー
ゴザイマス

1階の採光も不十分、
お隣さんと視線が合
うので開けられない

プライバシー重視の窓

窓の高さや位置を調
整し、採光や換気、
プライバシーなどを
1つ1つ解決する

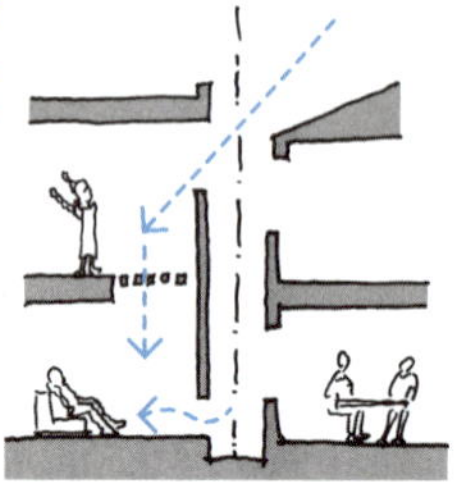

③出入り

ユーティリティー
とアメニティーを
使い分ける

ユーティリティー

生ゴミはすぐに
外に出したい

アメニティー

外とつな
がりたい

④眺望

近景と遠景

近景

出かけるとき
ほっとするひととき

遠景

絶景だな
そうね絶景ね

⑤視認

人の気配や空模様を
感じる

ハッ…

あら、
帰ってきたわ

柱と柱の間がマド(間戸)？

マドの考え方

日本的な木造の考え方

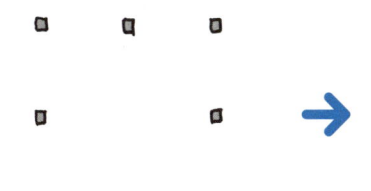

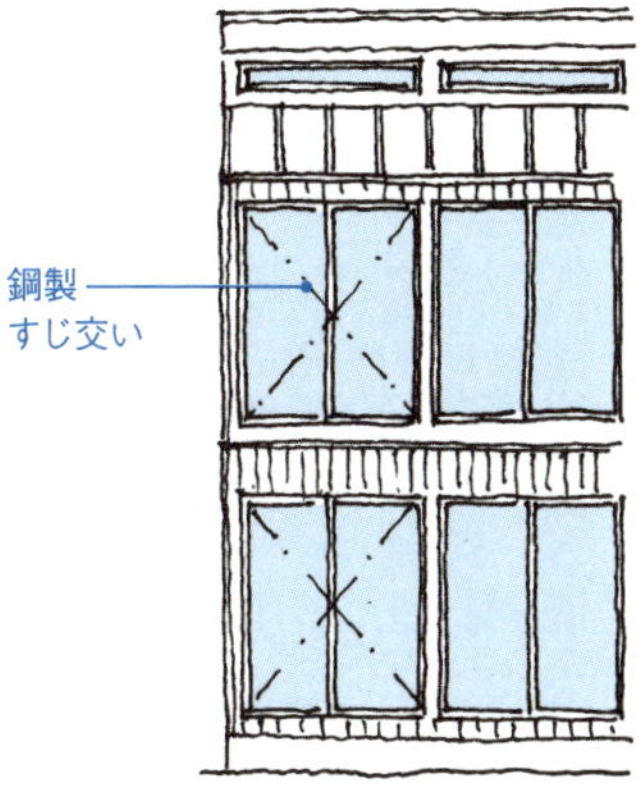

（本八幡の家）

壁に穴をうがってマド

西洋的な組積構造の考え方。
日本でも、お城や蔵はこの考え方

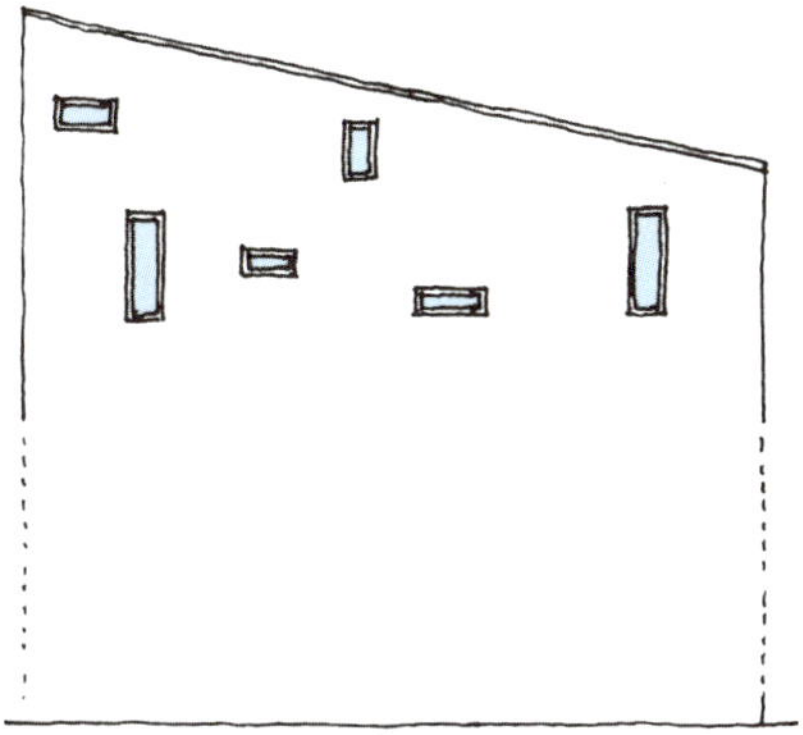

（鶴ヶ島の家）

壁と壁のすき間がマド

現代建築に多用される考え方

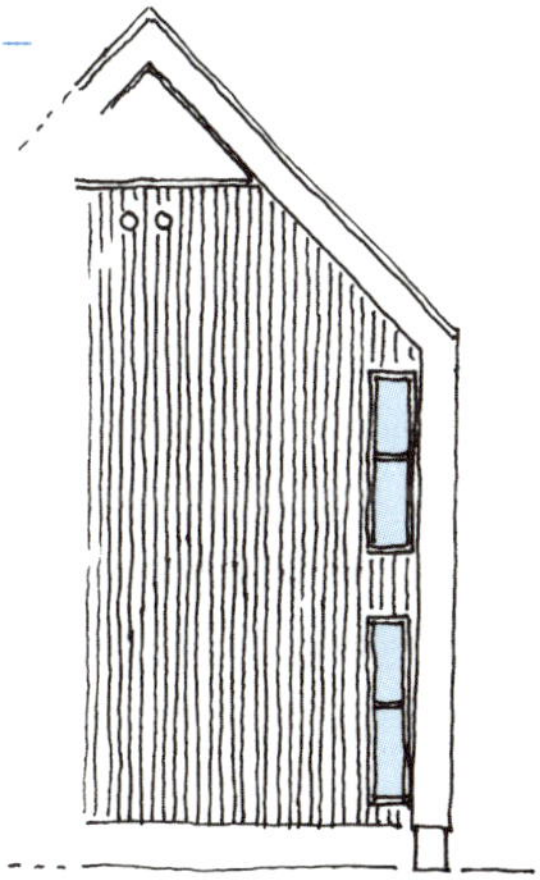

（夙川の家）

もっと光を家の奥まで明るく

雨露をしのぐことに重きをおいた大屋根。かつての日本の家の中は日中でもとても暗いものでした。天窓と光井戸の組み合わせは、大屋根の持つ良さはそのままに、家の奥にも光を採り込むことを可能にしています。単純なアイデアですが、天窓の方角や位置に注意を払い、直射日光ではなく、反射させたやわらかい光で室内を満たすような、そんな設計が必要になってきます。

天窓と光井戸の仕組み

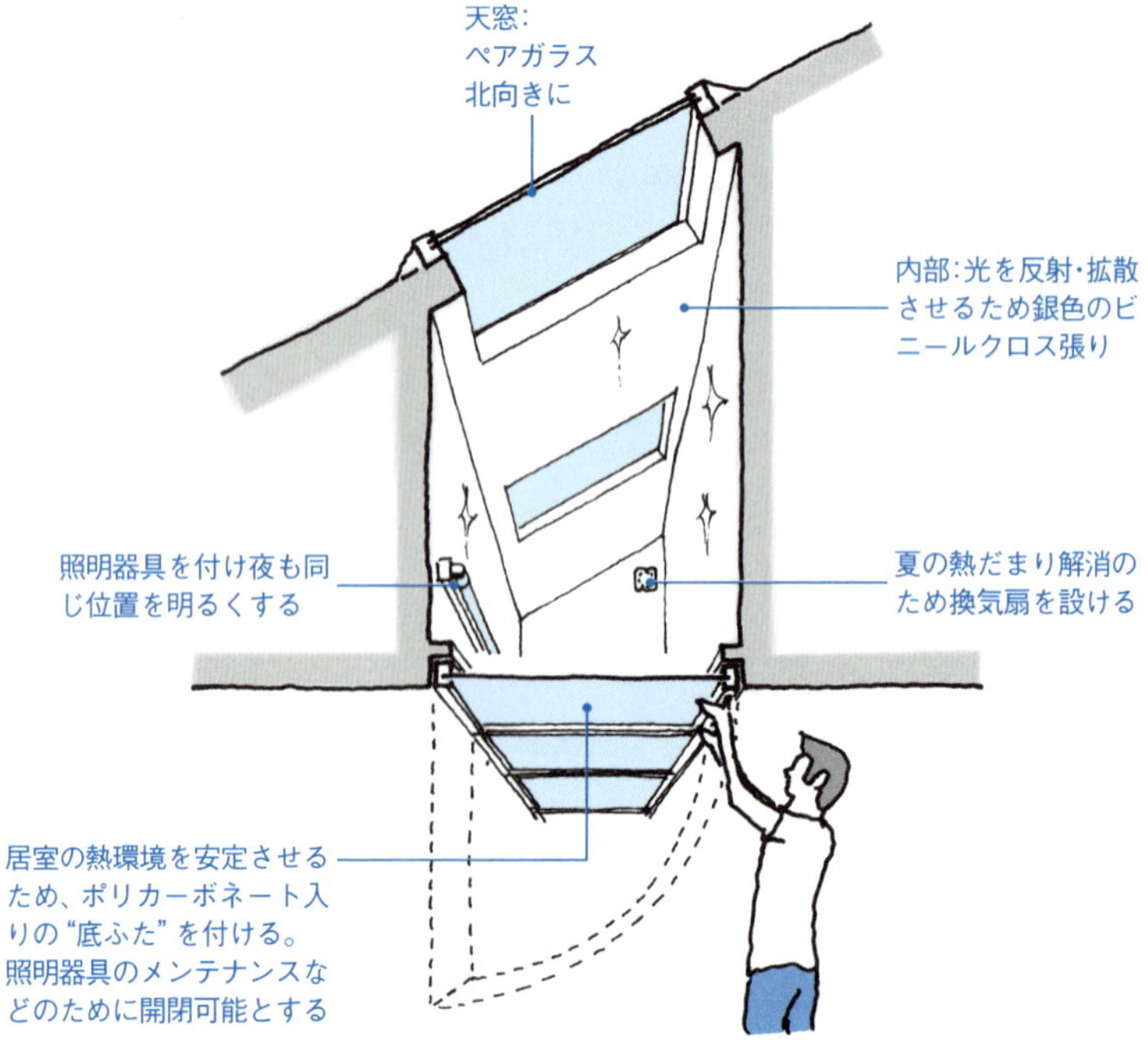
天窓:
ペアガラス
北向きに
内部:光を反射・拡散
させるため銀色のビ
ニールクロス張り
照明器具を付け夜も同
じ位置を明るくする
夏の熱だまり解消の
ため換気扇を設ける
居室の熱環境を安定させる
ため、ポリカーボネート入
りの“底ふた”を付ける。
照明器具のメンテナンスな
どのために開閉可能とする

天窓で光井戸をつくる

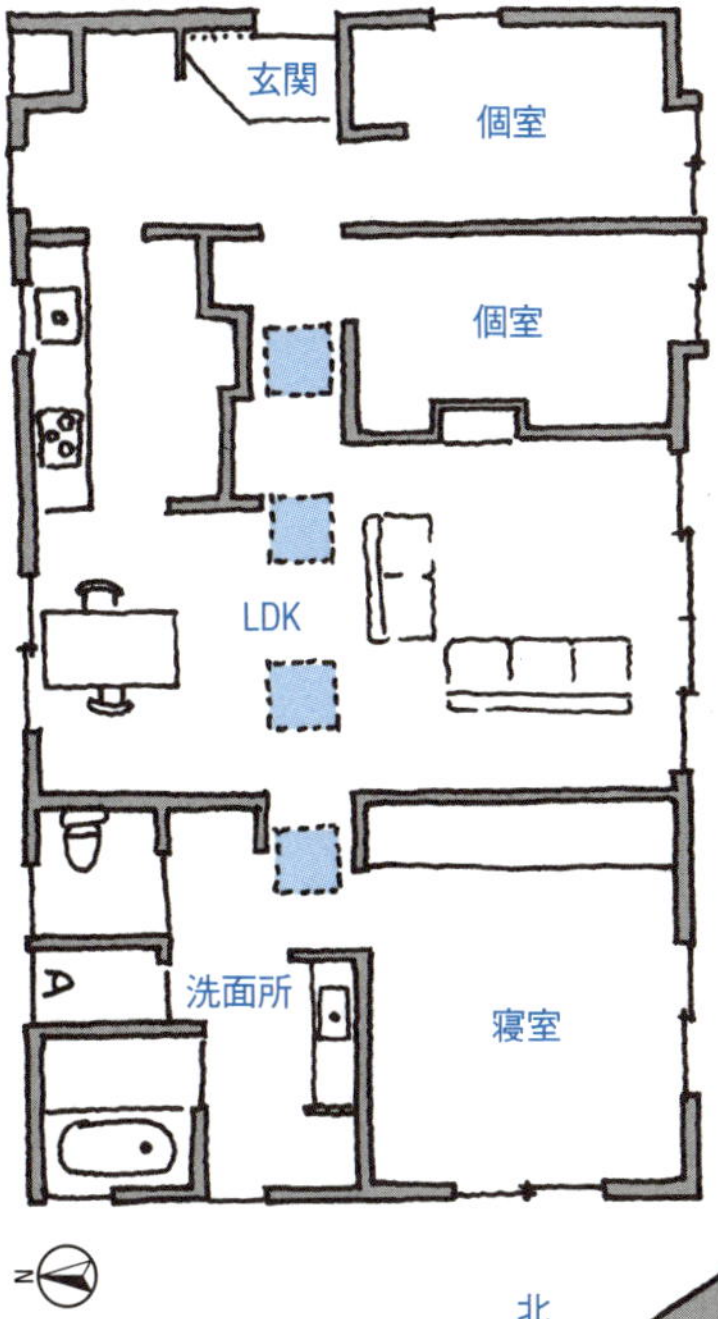

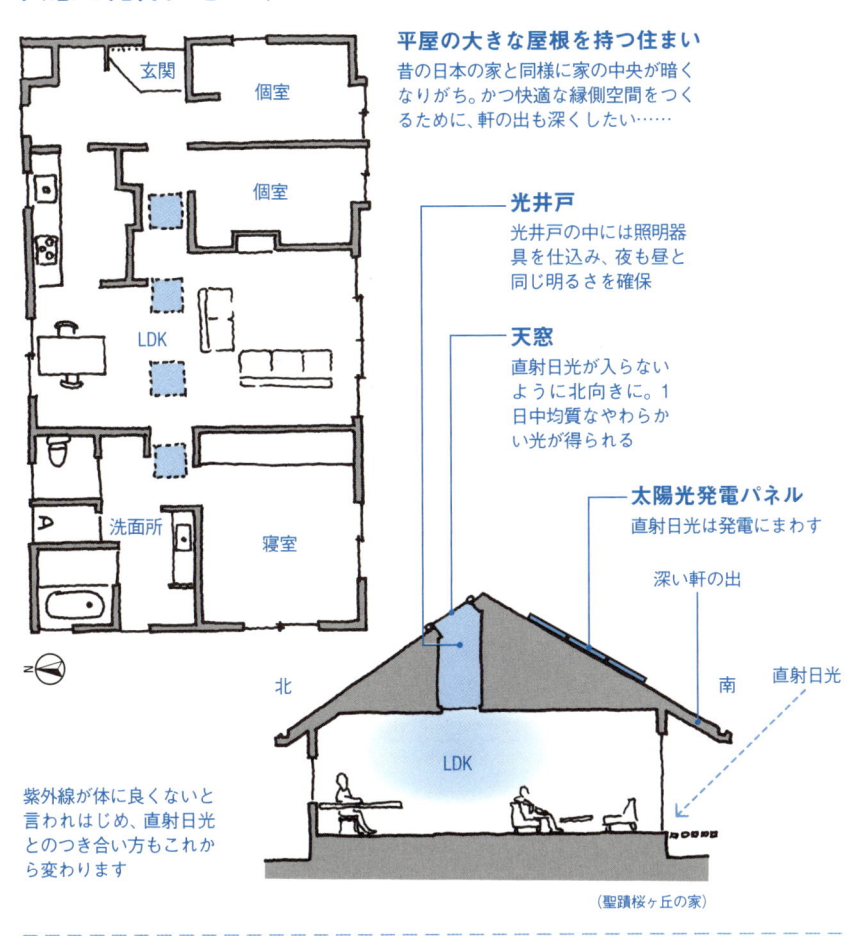

平屋の大きな屋根を持つ住まい

昔の日本の家と同様に家の中央が暗くなりがち。かつ快適な縁側空間をつくるために、軒の出も深くしたい……

光井戸

光井戸の中には照明器具を仕込み、夜も昼と同じ明るさを確保

天窓

直射日光が入らないように北向きに。1日中均質なやわらかい光が得られる

太陽光発電パネル

直射日光は発電にまわす

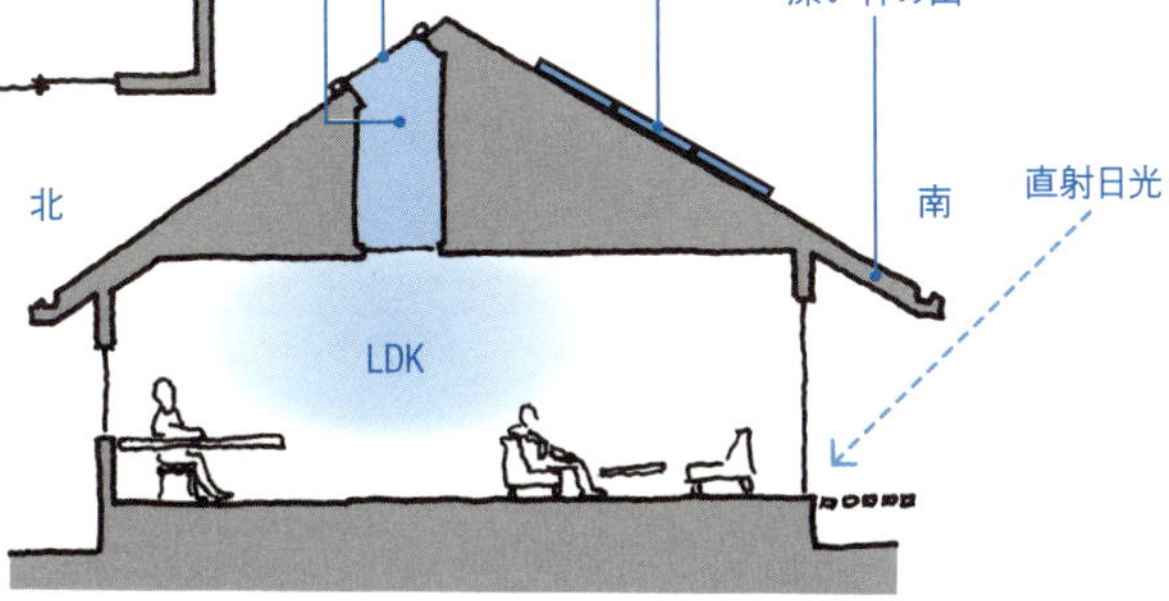

紫外線が体に良くないと言われはじめ、直射日光とのつき合い方もこれから変わります

（聖蹟桜ヶ丘の家）

天窓の明るさは？

天窓は、側面に設ける窓の3倍の明るさがあると言われています

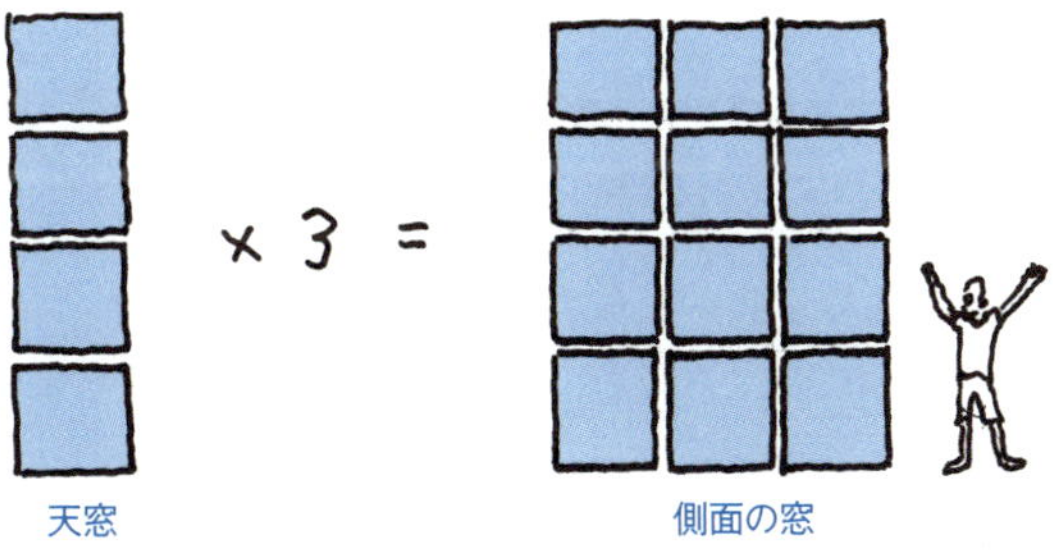

特に都市部の住宅において、十分な採光とプライバシーを確保するためには天窓が必須になってくるでしょう

つながっていると言えばつながっているが……

心もつなぐ吹抜けがほしい

大物を育てるには部屋の天井を高くすると良いと、昔ＣＭでうたわれていましたが、本当でしょうか。ただ、１つ言えることは「１つの家の中には天井の高い部屋や低い部屋、いろいろあると良い」ということでしょう。たとえば家の一部に「吹抜け」を設けて天井を高くしてみると、開放感や見栄えの良さだけでなく、上下階の雰囲気や気配をつなぐ大事な仕組みであることがわかります。

雰囲気や気配をつなぐ

話し声や生活音だけではなく、ごはんの匂いも吹抜けを通して伝わる家

リビングとつながる

階下のリビングだけでなく向かいのテラスとも
やわらかくつながっています

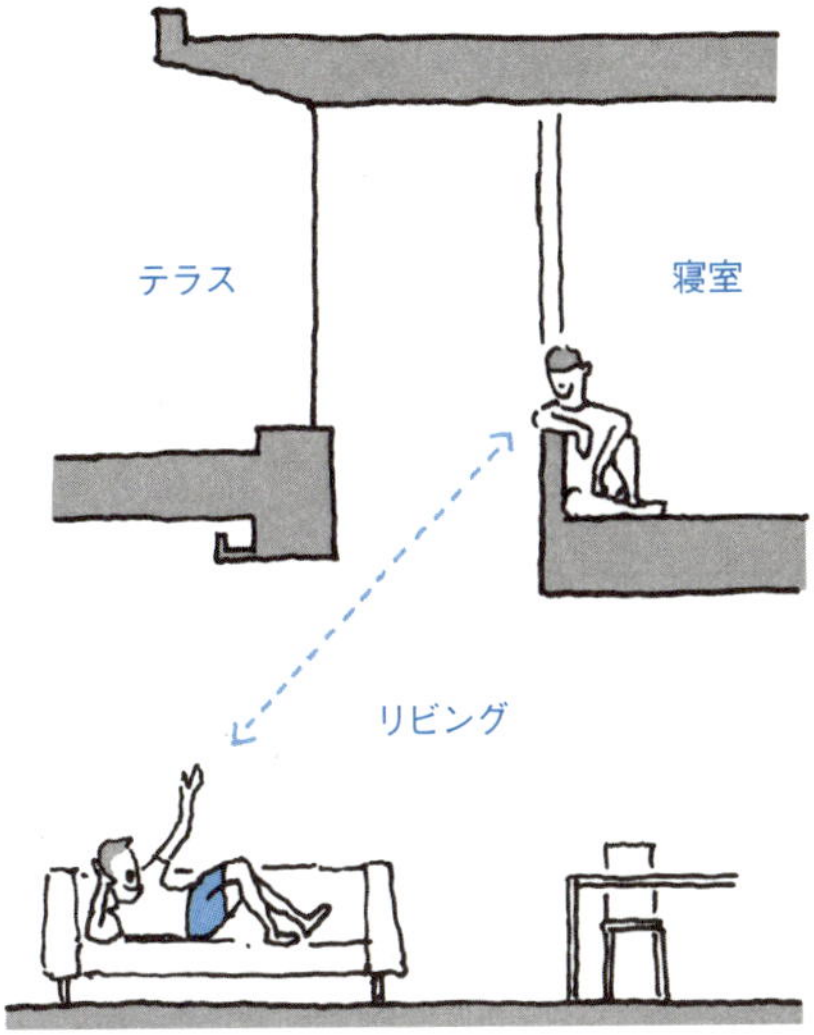
テラス
寝室
リビング

(浅草の家)

キッチンとつながる

2階の勾配屋根を延長して生まれる吹抜けにより
常に母親の気配を感じられる子供部屋

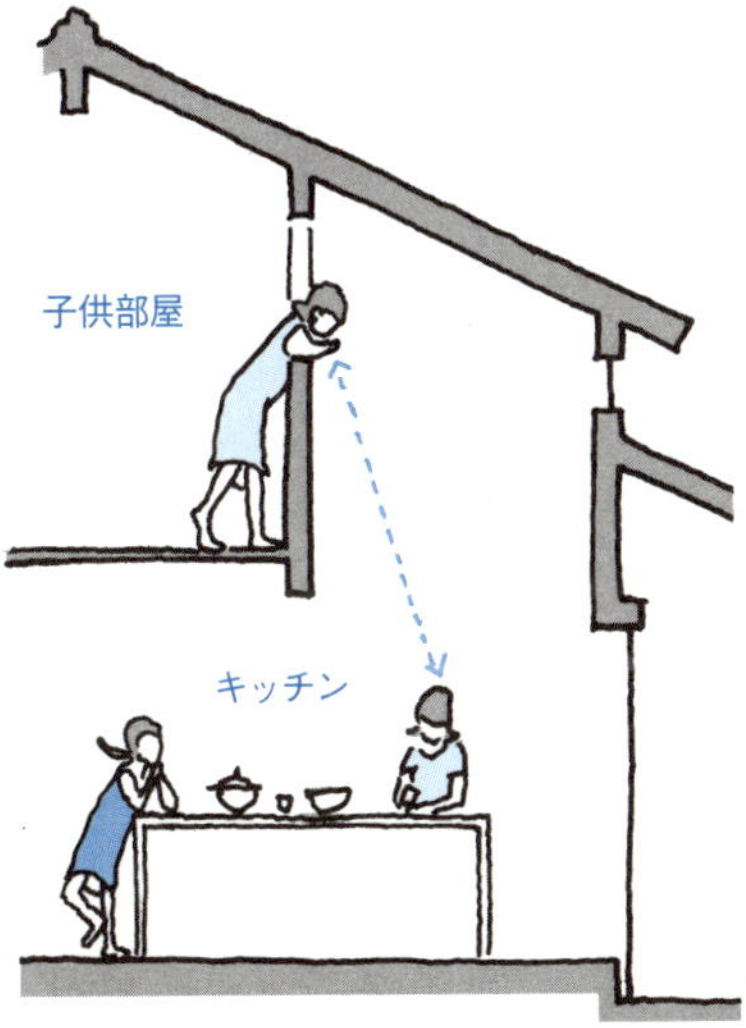
子供部屋
キッチン

(大井松田の家)

ダイニングとつながる

勾配屋根のわずかなスペースを利用して
階下のダイニングとつながっています

子供部屋
ダイニング

(下総中山の家)

吹抜けには、熱や匂いがたまりやすい
ので、小さな換気扇などを設け、空気
の流れをつくることも忘れずに

二世帯住宅は三世代住宅であることが多い

共有型でも分離型でも、1つ屋根の下で暮らす二世帯住宅の魅力はつきません

共有か分離か二世帯住宅

親世帯と子供世帯の同居。かつては当たり前だった同居も、核家族化が進むにつれて一度は避けられてきた考え方でした。近年になり、土地価格の高騰や子育て、高齢化、介護などが社会問題化するにつれて「二世帯住宅」という考え方が再び一般化してきました。

　しかしやはり二世帯（三世代）が1つ屋根の下に住むためには、さまざまな間取りの工夫が必要になってきます。

完全に“分ける”間取り

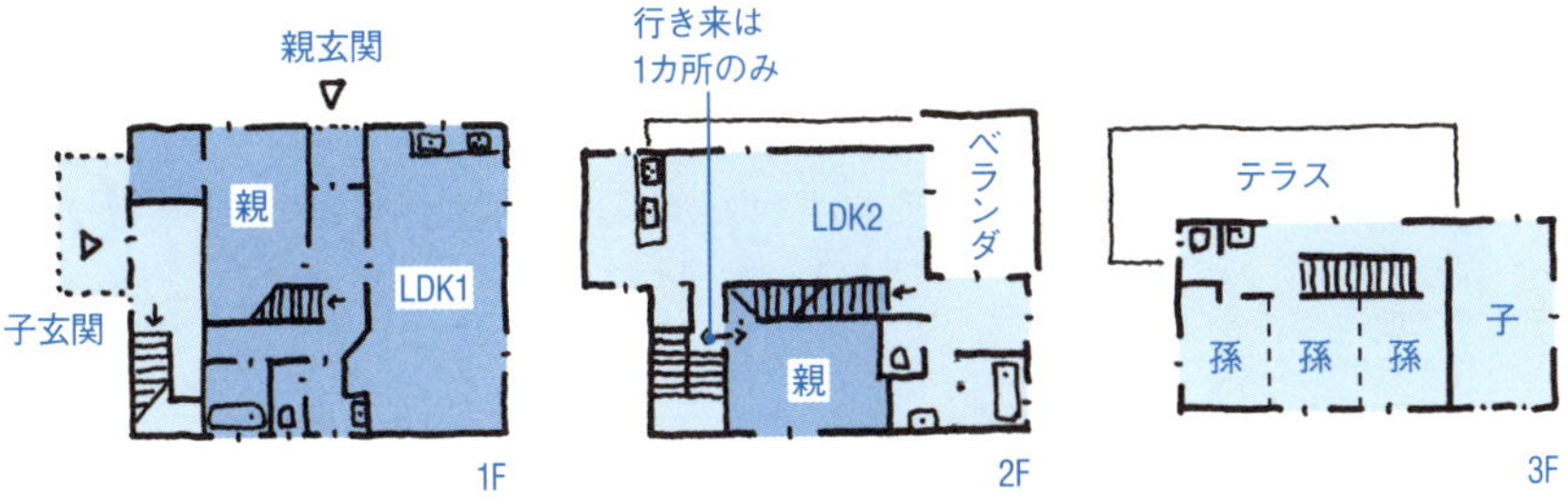
親玄関
子玄関
親
LDK1
1F
行き来は
1カ所のみ
LDK2
ベランダ
親
2F
テラス
子
孫
孫
孫
3F

共有部分をなくし、必要なときだけ行き来する間取り
・LDK　×2
・浴室・洗面　×2
・便所　×3

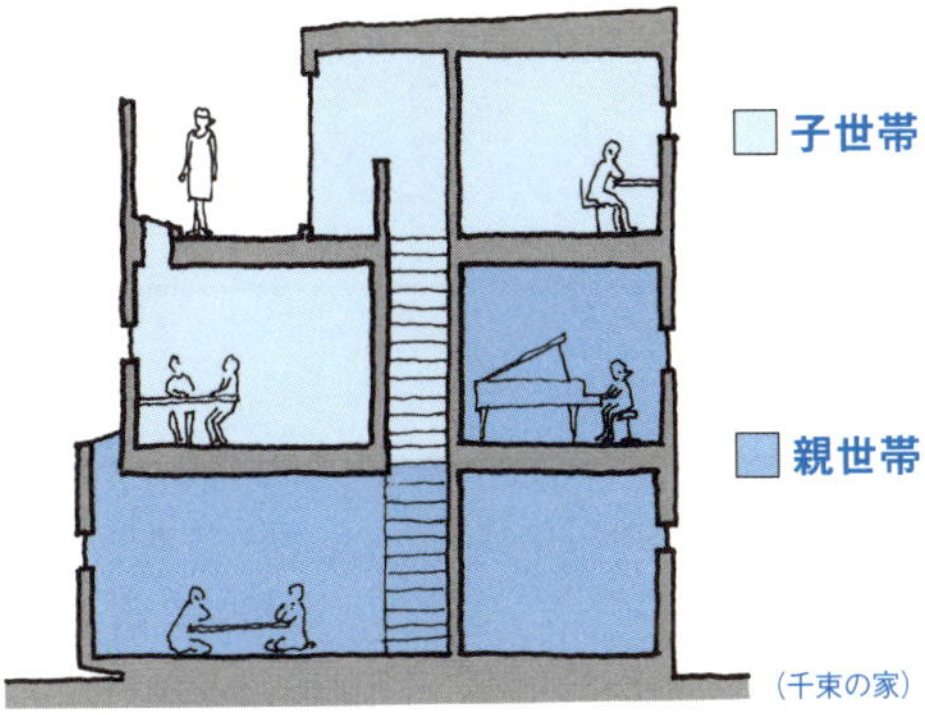
子世帯
親世帯

（千束の家）

“共有”部分のある間取り

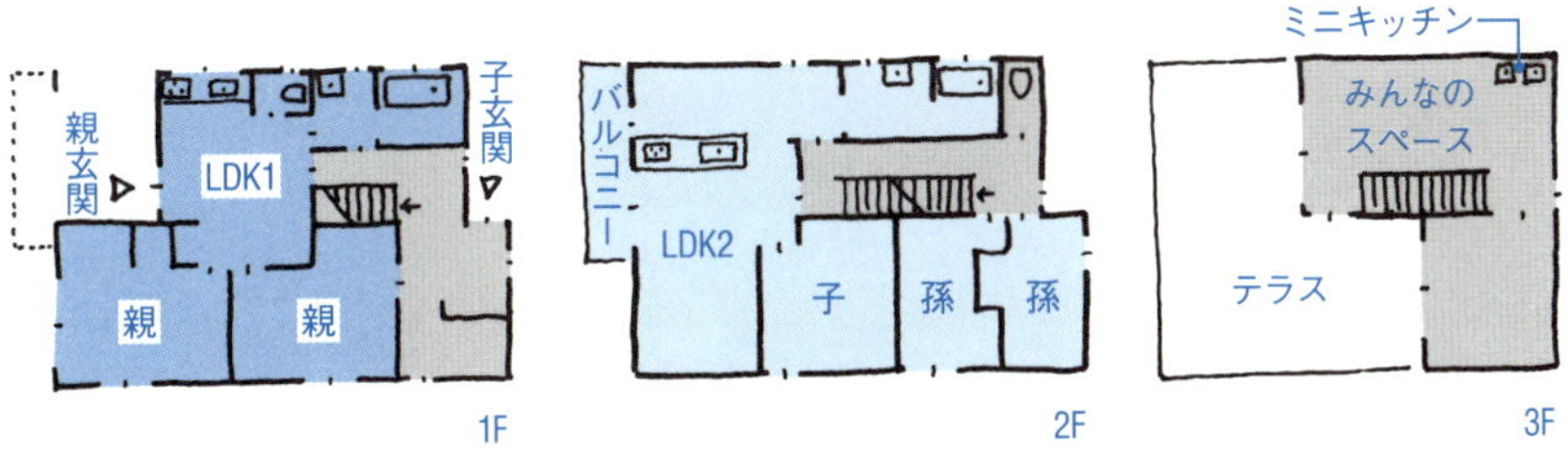
親玄関
LDK1
子玄関
親
親
1F
バルコニー
LDK2
子
孫
孫
2F
ミニキッチン
みんなのスペース
テラス
3F

階段・廊下は共有して水廻りは分離する間取り。3階はみんなが集まるスペースに
・LDK　×2
・浴室・洗面　×2
・便所　×2
・ミニキッチン

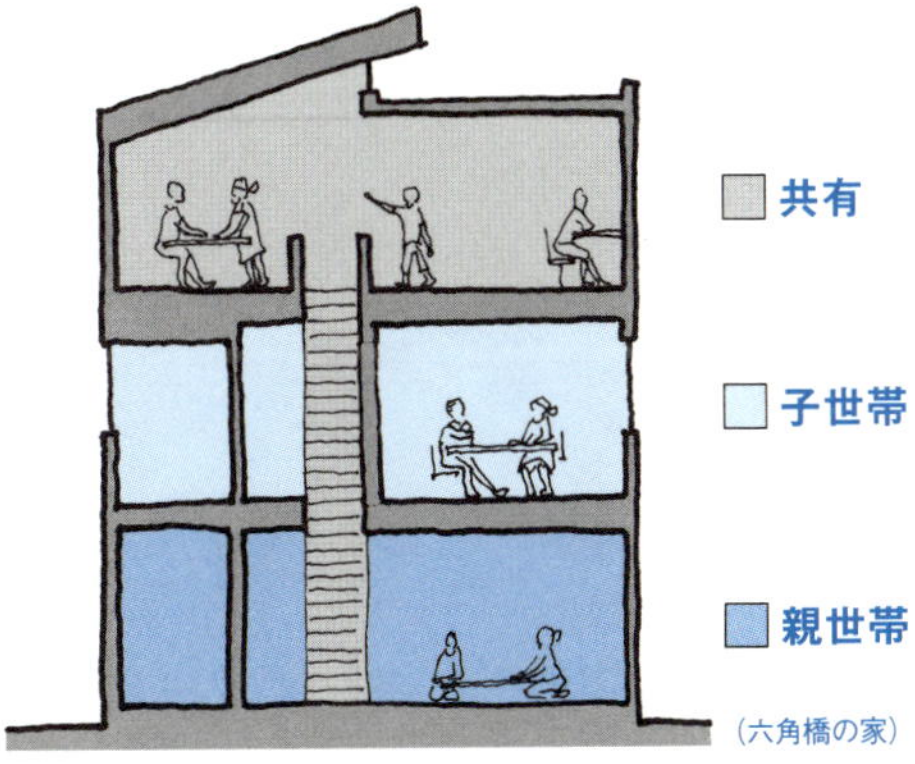
共有
子世帯
親世帯

（六角橋の家）

家の広さは断面でつくり出す

狭 小住宅において最も解決しなければならない問題は「広さの確保」です。しかし平面計画だけでそれを解決することはなかなか難しく、リフォームの場合でも新築の場合でもそれは同じです。

そこで視点を変えて、断面計画に大胆に手を入れてみることによって〝広さ〟だけでなく採光や通風、良好な生活動線などの問題を解決するといったことが可能になります。

平面図では、わからないことも多い

あっ!
空いてる
気持ちいいん
だけどなあ

高いほうが
いい
低くても
いい

ほどほどにね…
地下室つくるの

ひたすら床下収納

断面を大胆に変えてみる

下町長屋“うなぎの寝床”のリフォーム

Before ビフォー

間口一間半（2.73m）の戦前の長屋、いわゆる“うなぎの寝床”と呼ばれ陽当たりもなく居住環境は最悪です

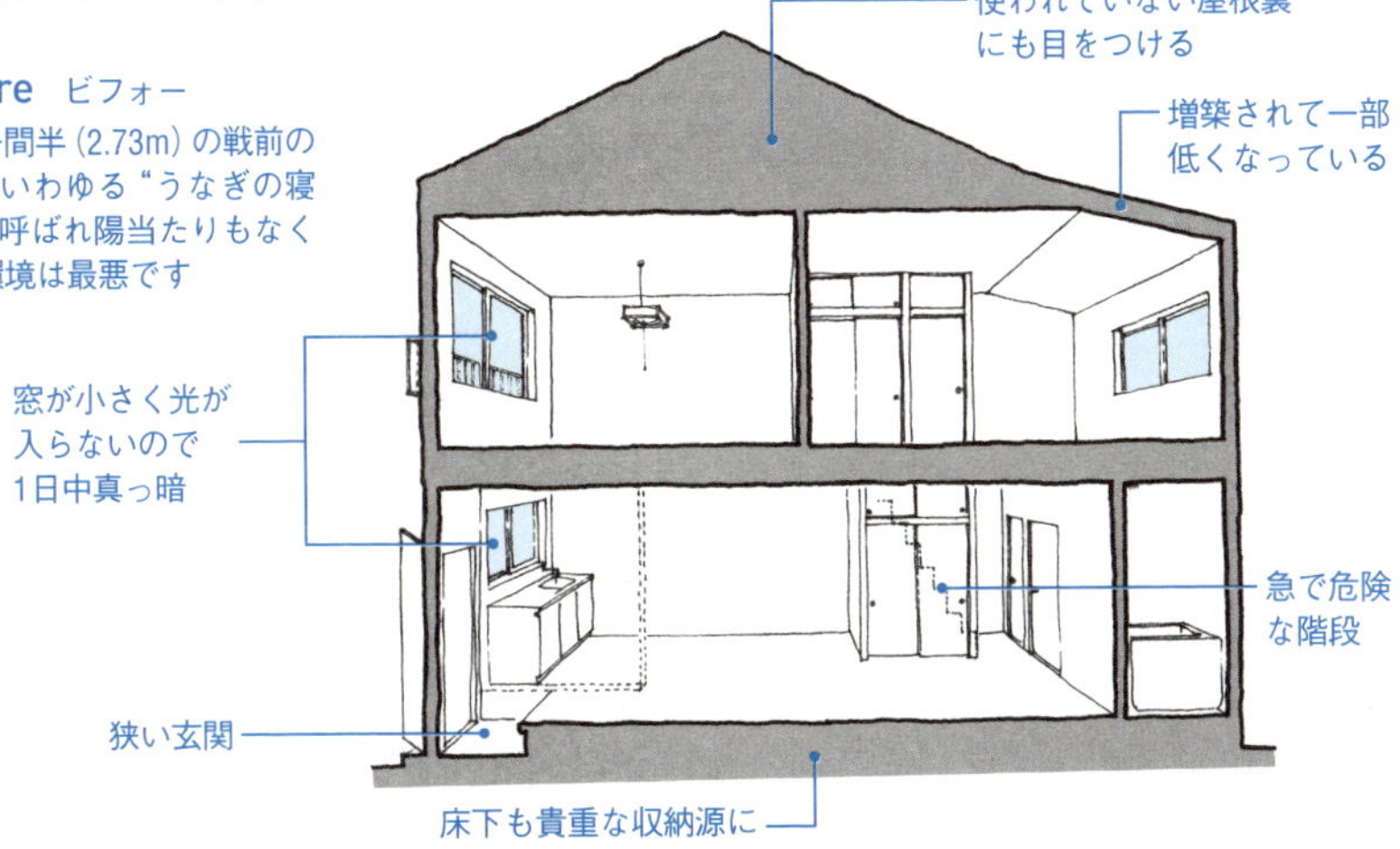
使われていない屋根裏にも目をつける

After アフター

減築し面積を減らしてまでも断面的に豊かな空間をつくります

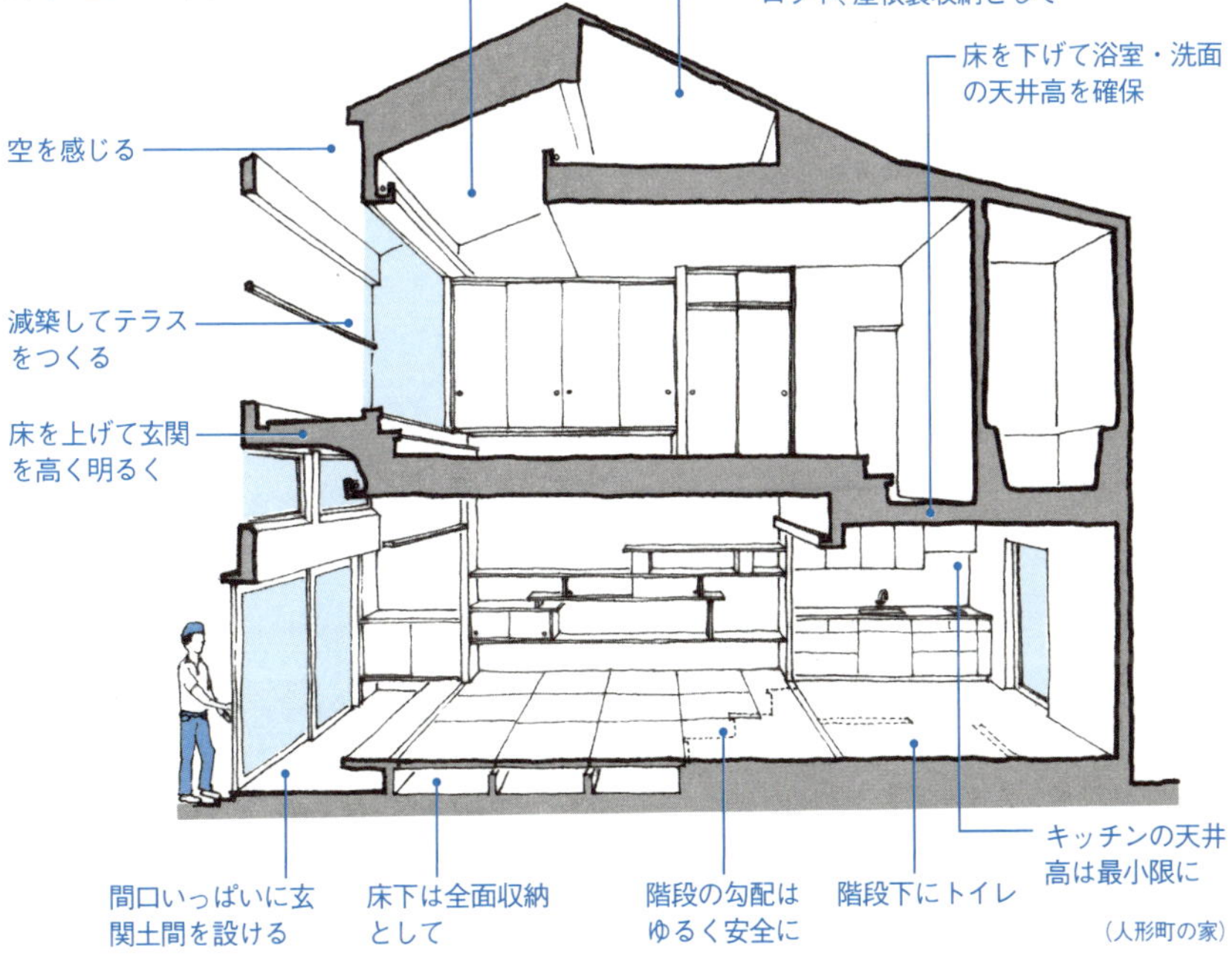
ロフトを密室にさせないため、寝室とのつながりをつくる吹抜け
ロフト、屋根裏収納として

（人形町の家）

変形狭小住宅は地下＋スキップフロアで

敷地面積は61㎡しかなく、厳しい道路斜線の制限を受け、かつ敷地は変形している……という三重苦を「地下＋スキップフロア」で解決しています

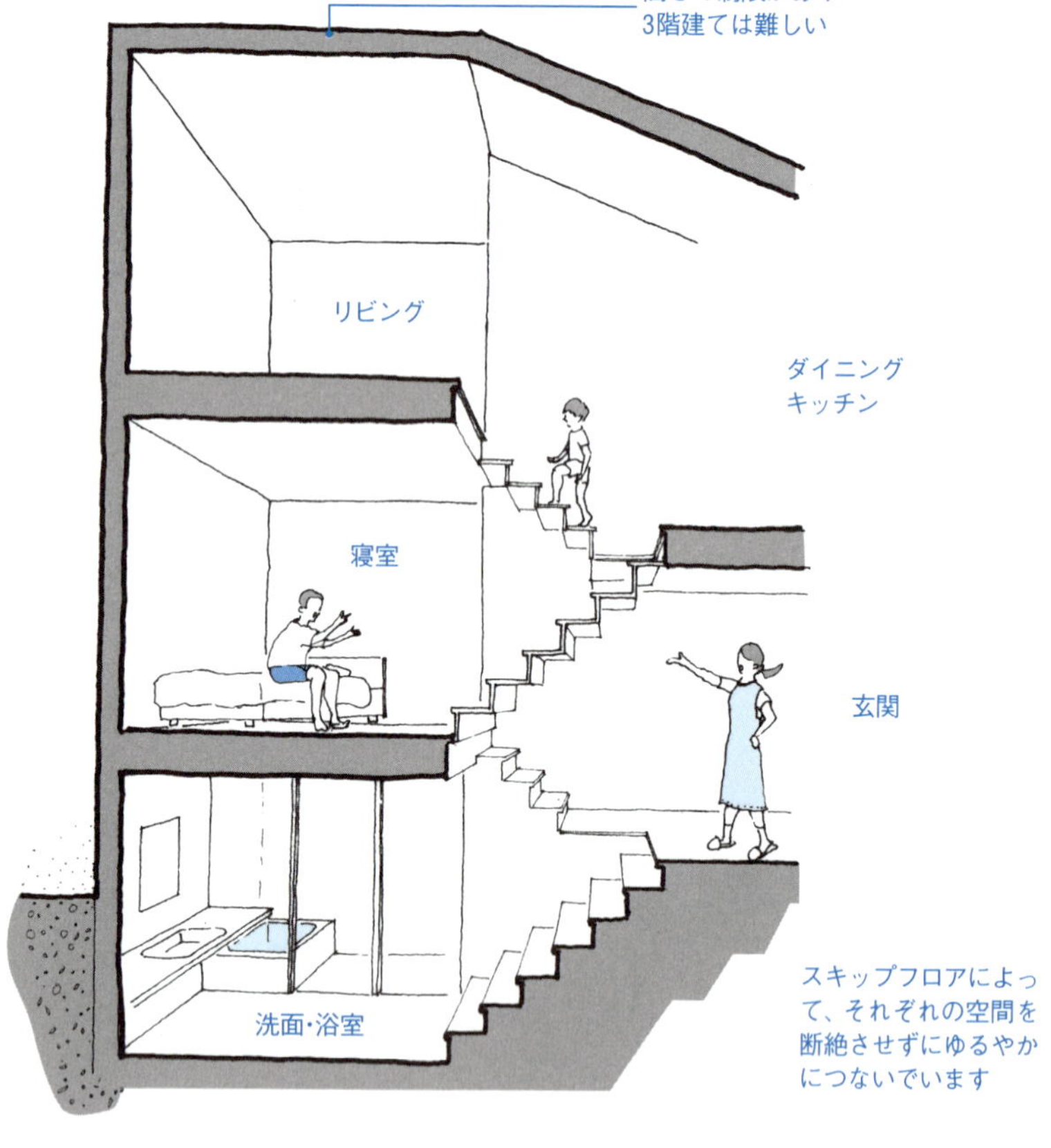
高さの制限があり
3階建ては難しい

スキップフロアによって、それぞれの空間を断絶させずにゆるやかにつないでいます

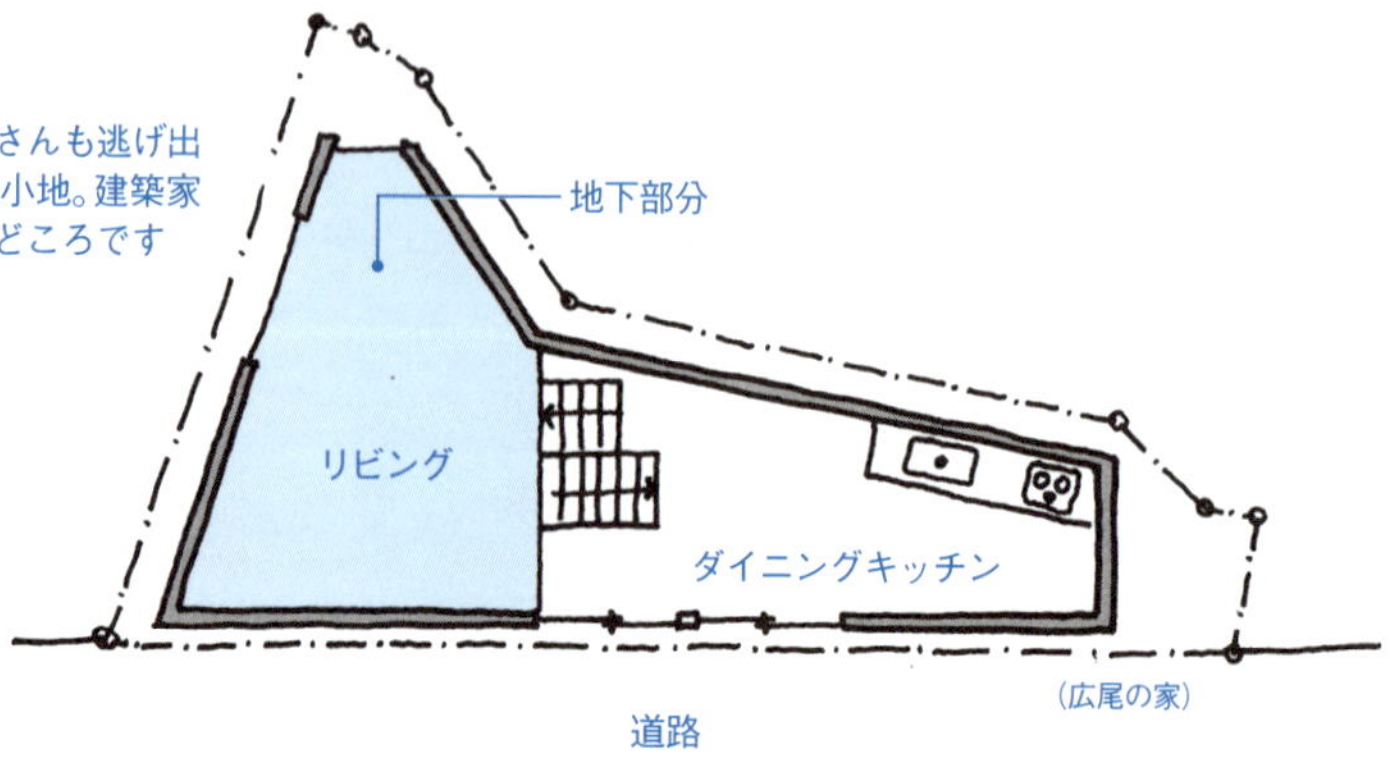
ハウスメーカーさんも逃げ出す見事な変形狭小地。建築家住宅の腕のみせどころです

3章

家の顔のつくり方

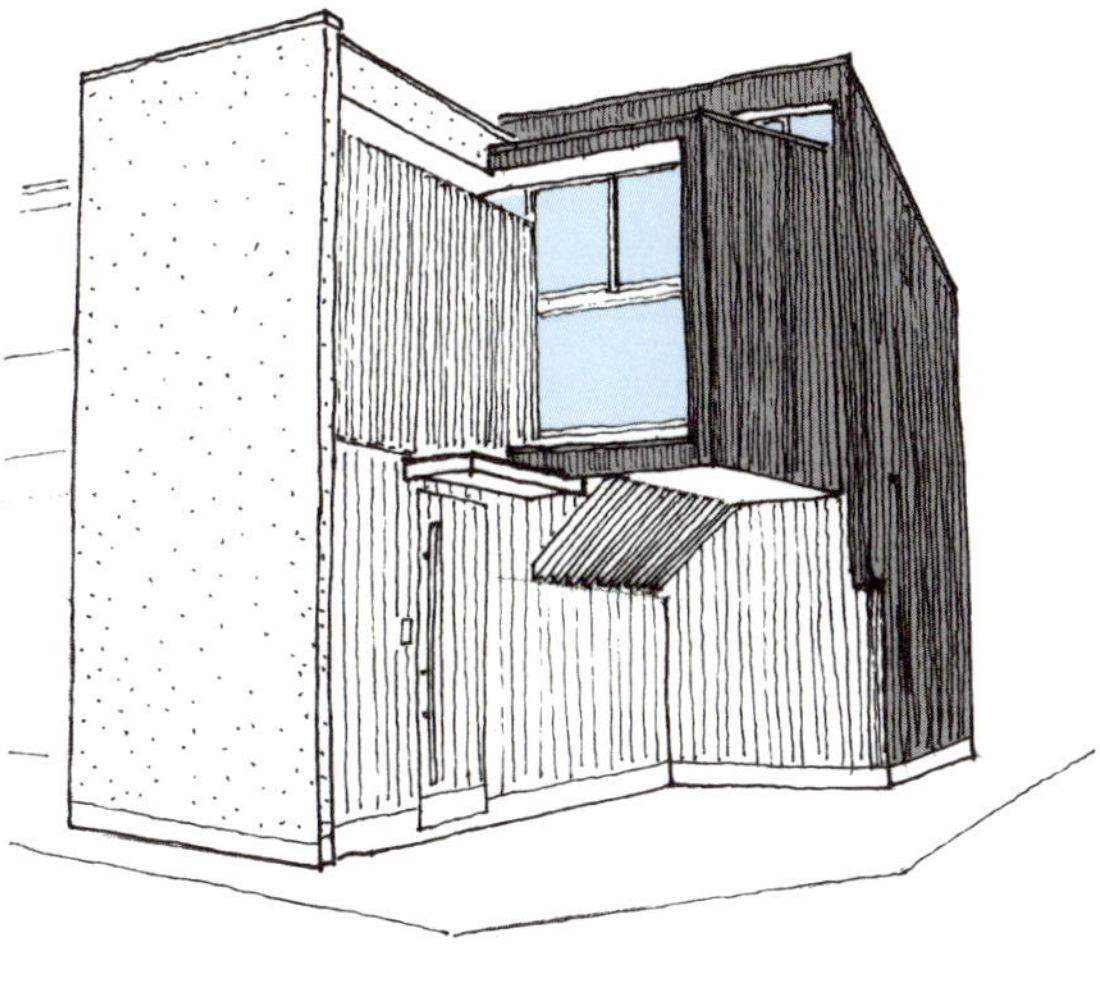

モダンな外観はヴォリュームでつくる

「軒下、テラス、中庭」を生む

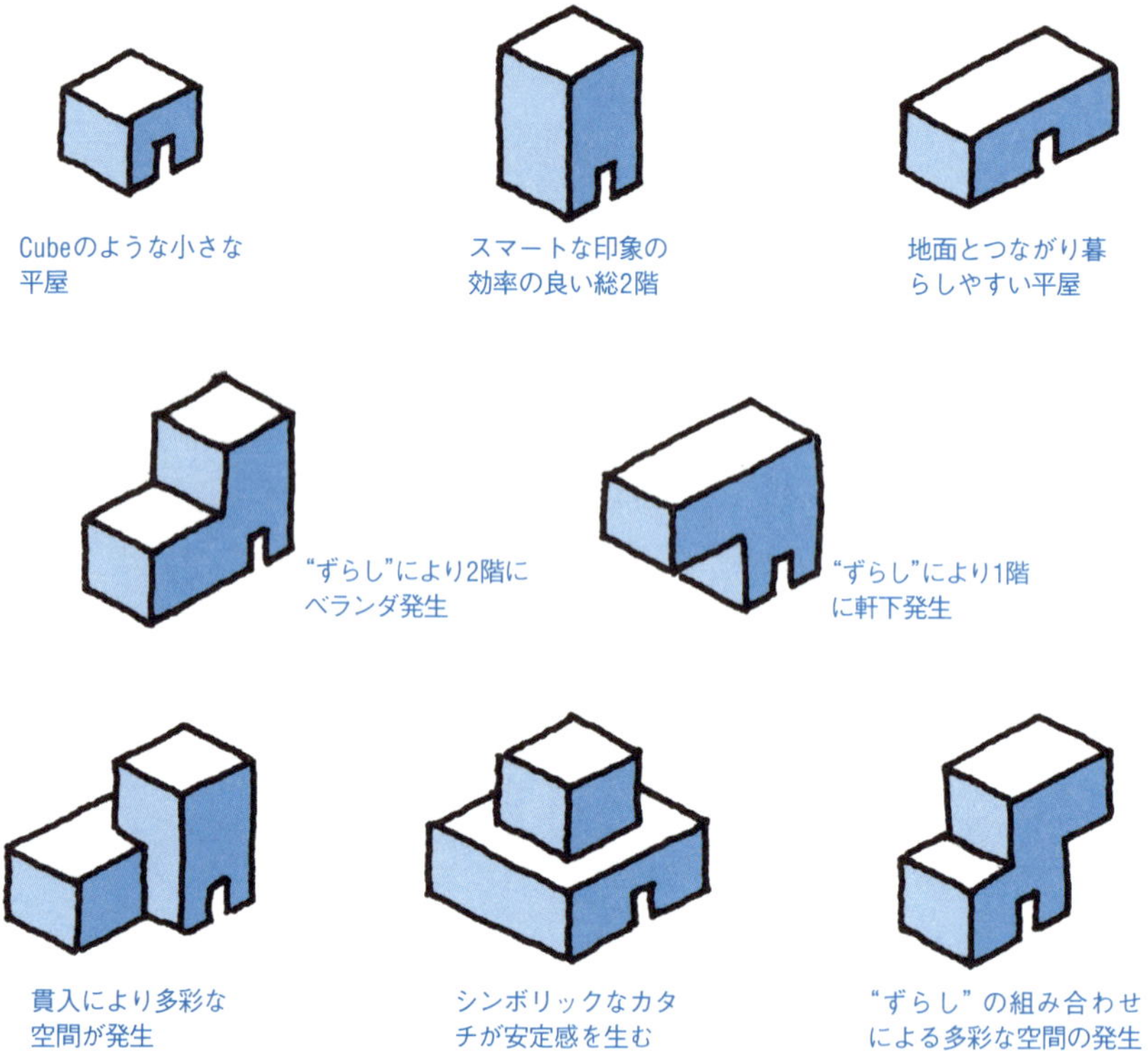
Cubeのような小さな平屋
スマートな印象の効率の良い総2階
地面とつながり暮らしやすい平屋
“ずらし”により2階にベランダ発生
“ずらし”により1階に軒下発生
貫入により多彩な空間が発生
シンボリックなカタチが安定感を生む
“ずらし” の組み合わせによる多彩な空間の発生

ヴォリュームでつくるモダンな家

ヴォリュームとは本来〝立体空間の量〟といった意味ですが、ここでは積み木のようなカタチの意味として用いています。モダンにみえる建築物は概ねこのヴォリュームの操作によります。日本的な屋根・軒下・縁側といった記号的な要素を排除しているように思われますが、ずらしたり組み合わせたりすることによってモダンでありながら日本の環境に適した住まいを生み出すことができます。

2つのテラスをつくる3階建て

ヴォリュームの“ずらし”によって、1階には軒下やトップライト、2・3階にはテラスを発生させています

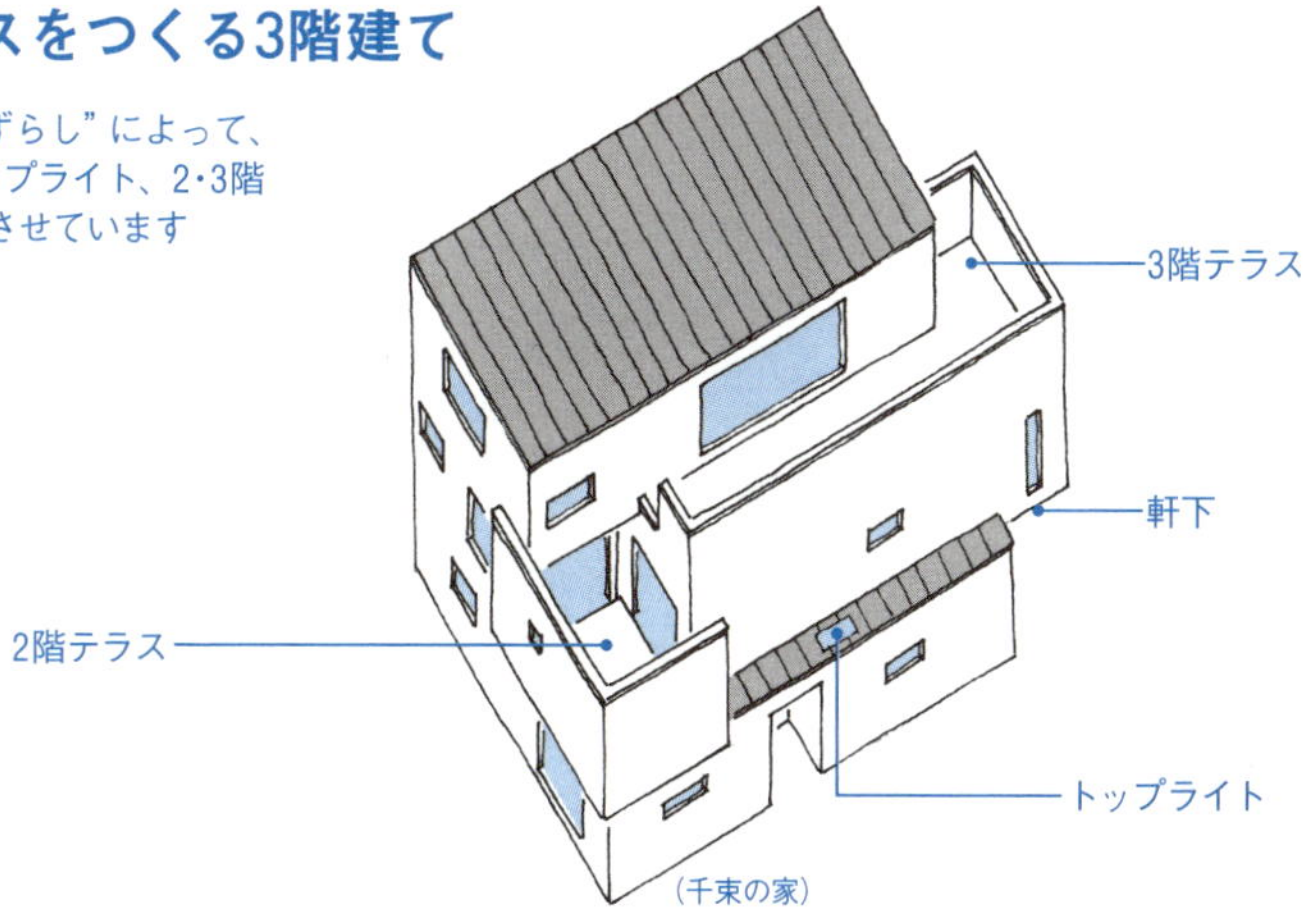

3階テラス
軒下
2階テラス
トップライト

（千束の家）

コの字型中庭をつくる

3つのヴォリュームの高さを少しずつ変えながら、コの字型を形成し中庭を発生させています

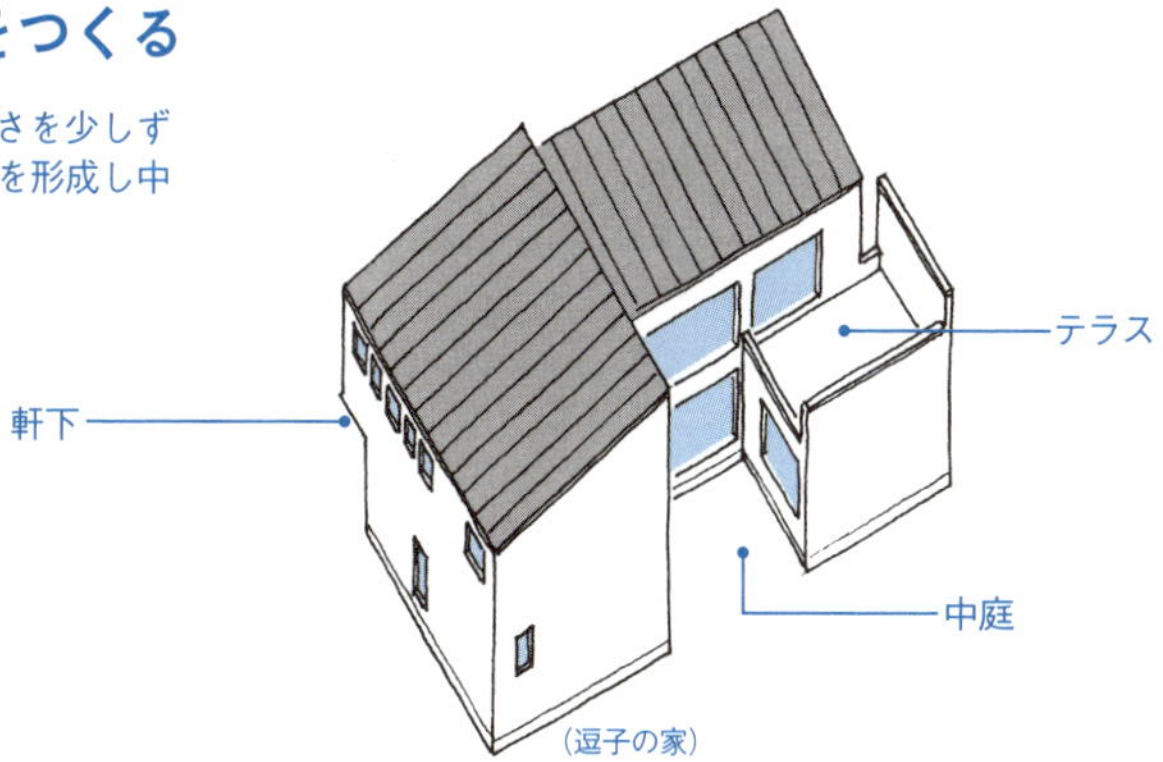

テラス
軒下
中庭

（逗子の家）

ロの字型中庭をつくる

2階建てのヴォリュームと平屋のヴォリュームをはなして配置し、中庭を発生させ、階段やテラスでつないでいます

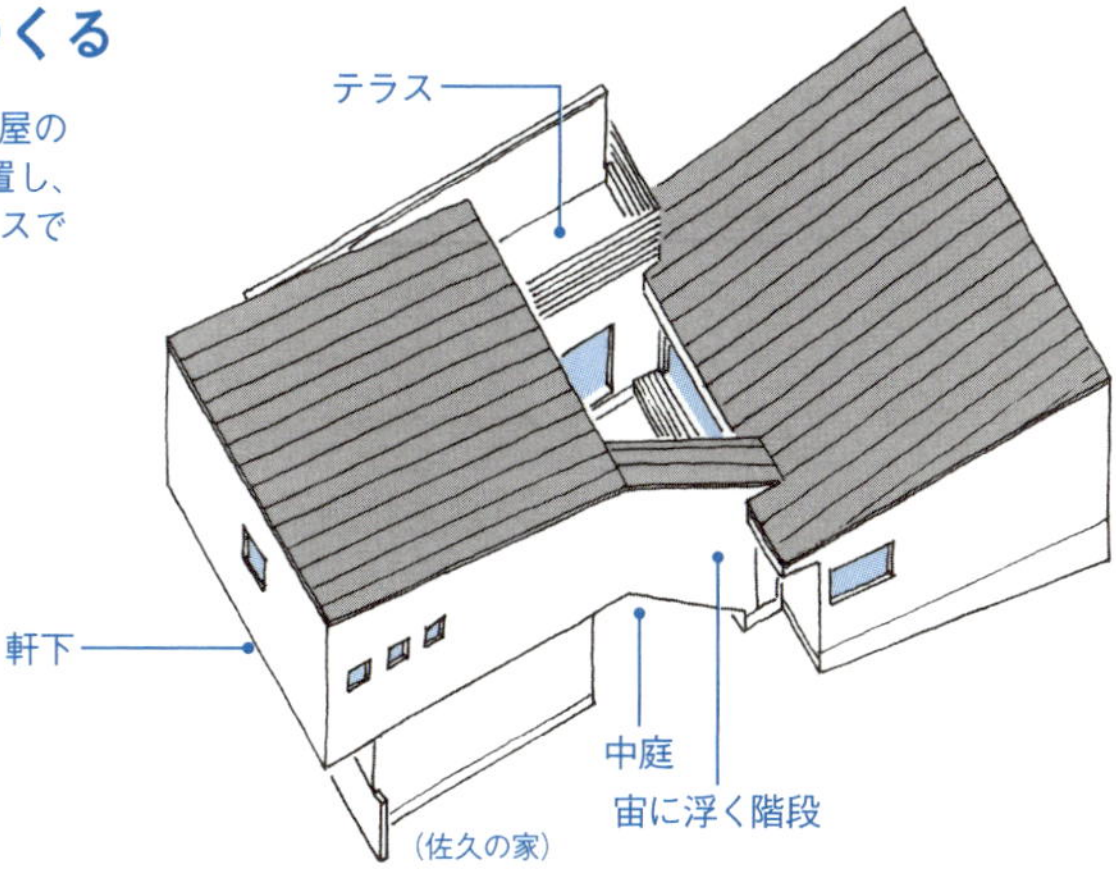

テラス
軒下
中庭
宙に浮く階段

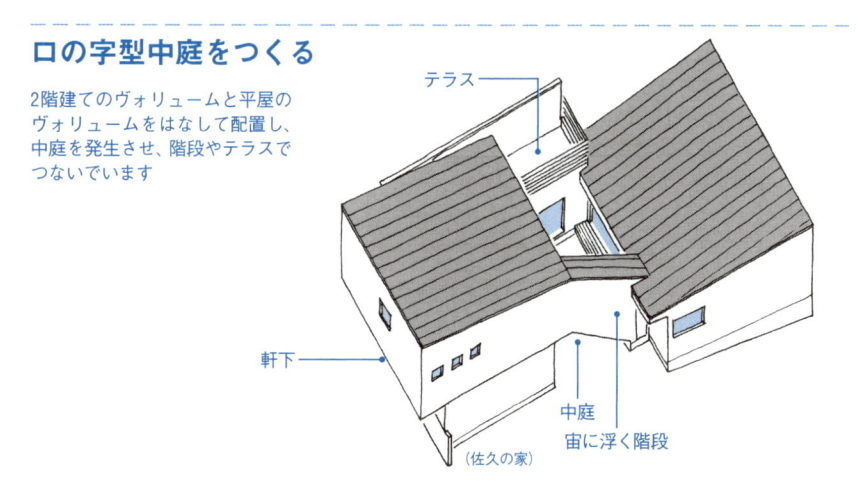

（佐久の家）

特性を生かした屋根の選び方

降雨・積雪量、防水・防風性、採光などを考えて

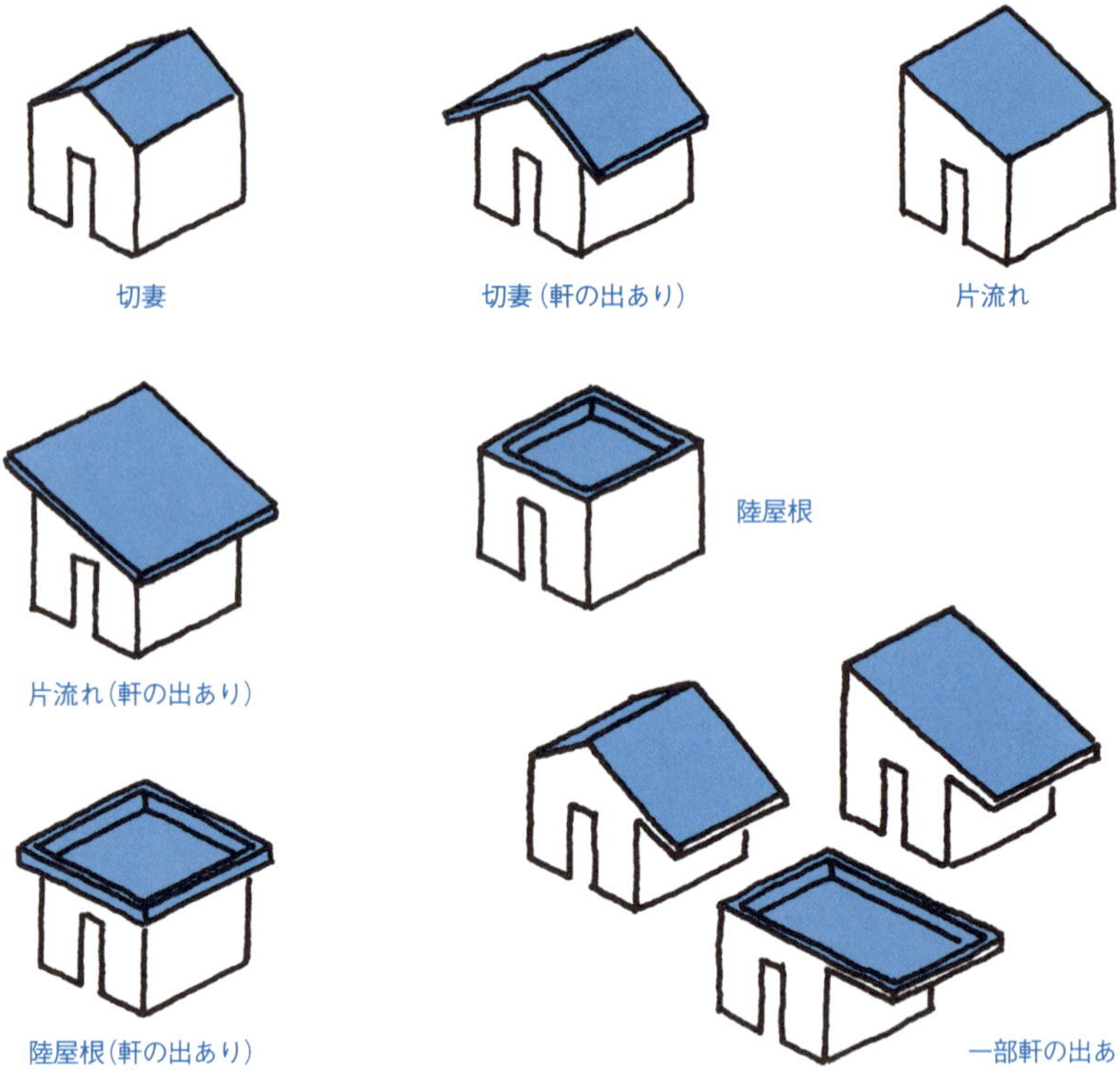
切妻
切妻（軒の出あり）
片流れ
片流れ（軒の出あり）
陸屋根
陸屋根（軒の出あり）
一部軒の出あり

屋根でつくる和風な家

雨が多く、夏は暑く、冬は寒い日本の住まいにおいて、屋根は重要な機能を担ってきました。また、屋根のある日本の風景は、懐かしさとともに人々に安心感のようなものを与えてくれてきました。そんな屋根もその特性を十分に引き出してあげなければ、ただの小屋になってしまいます。特に和風住宅においては、高さを低く押さえ、水平方向への伸びやリズムを意識する必要があります。

切妻本体＋付属の切妻

2つの切妻を重ねた本体に、独立性の高い浴室とピアノ室の小さな切妻を付属させた構成

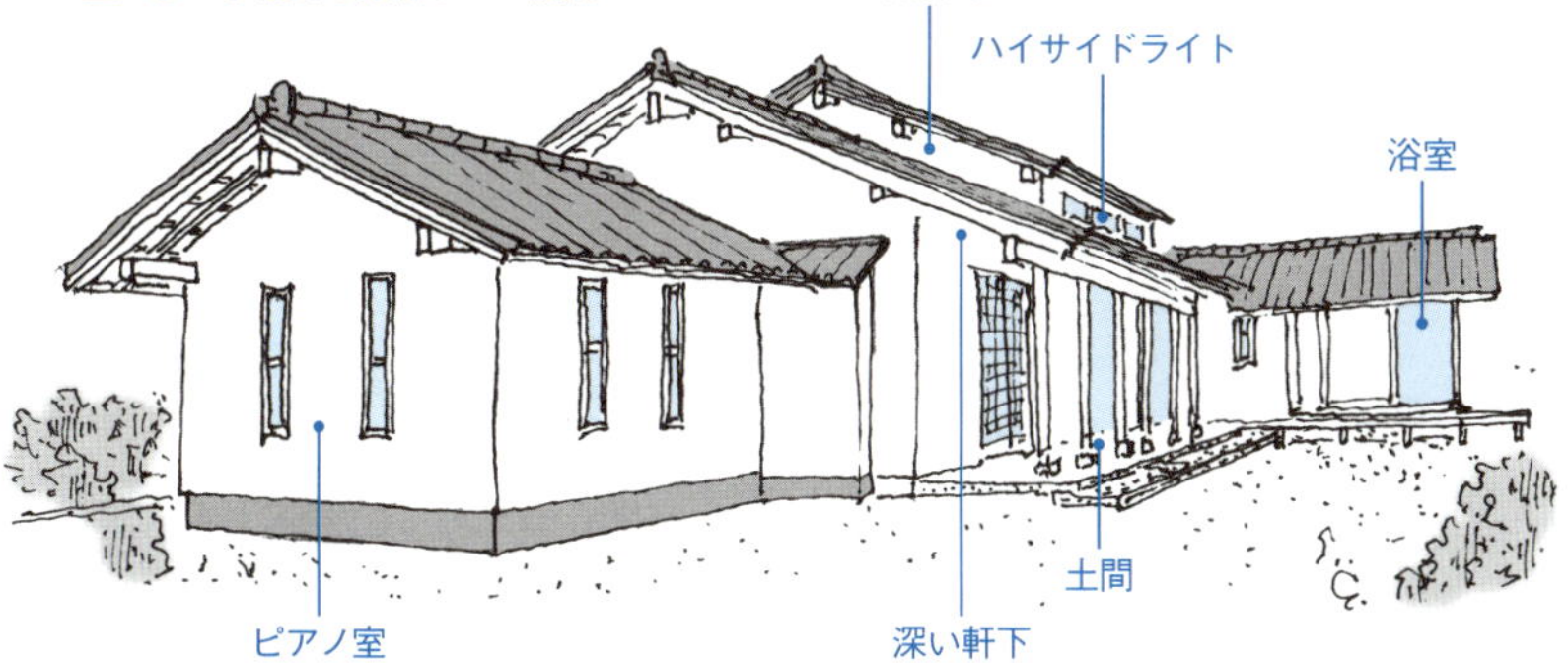

2階部分
ハイサイドライト
浴室
ピアノ室
深い軒下
（土庇）
土間

（大井松田の家）

水平方向の広がり重視

3つの切妻を順に織り重ね、そのすき間にハイサイドライトを設けます

ハイサイドライト
2階部分
軒下
縁側

（下総中山の家）

妻側重視の入母屋＋切妻

小さい入母屋の背後に大きな切妻を組み合わせ、妻側にハイサイドライトを設けています

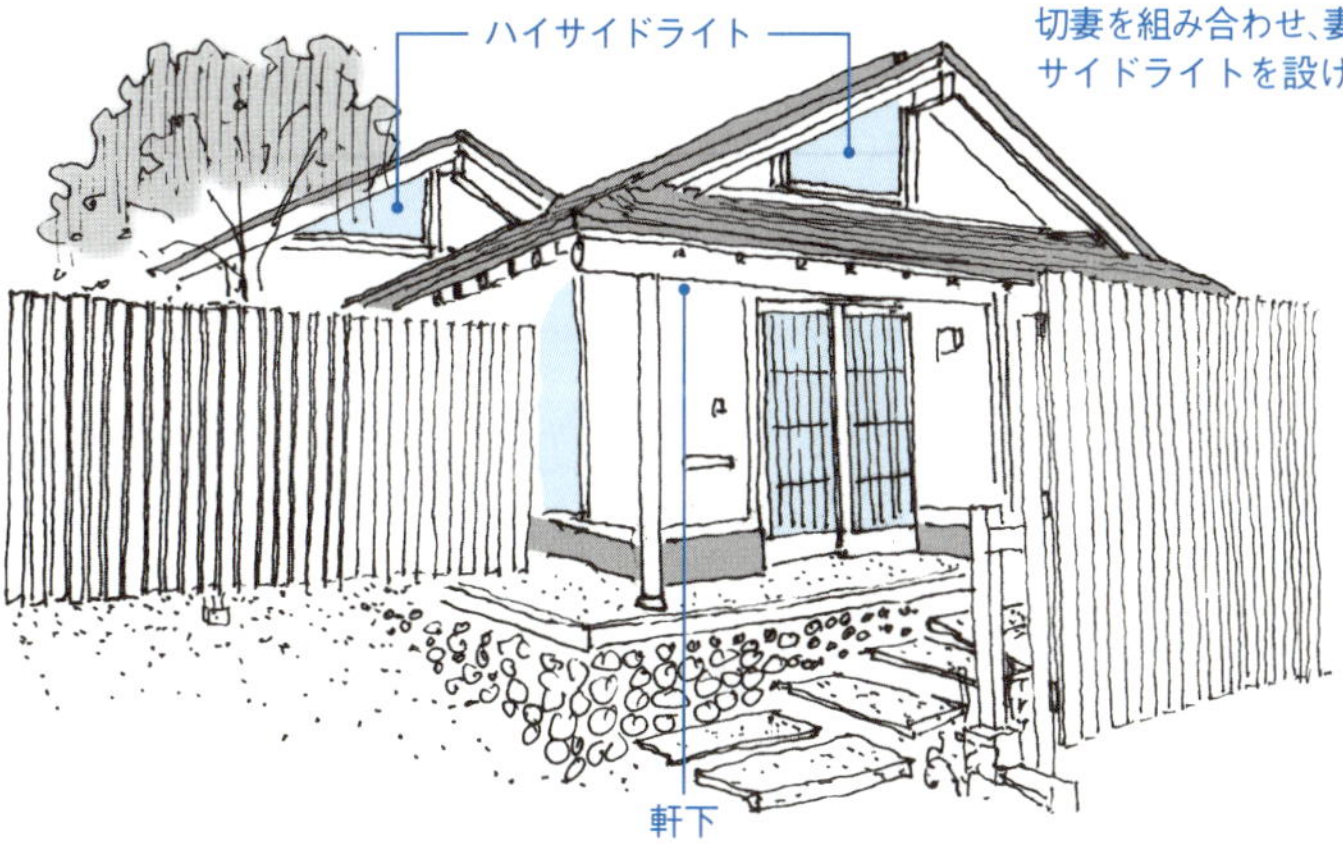

ハイサイドライト
軒下

（上尾の家）

格子でつくる和風モダン

昼の光と風を感じたいが、往来の人の視線が気になる。そんなときに格子は住まいと往来との間の有効なフィルターとして機能してくれます。和風の趣を出したいが、敷地の関係で軒や庇が出せないときも、格子で和の雰囲気を漂わせることも可能です。暮らし方や街並に合わせて、その材質や大きさ、間隔などを変化させれば、みた目にも個性豊かな住まいをつくることができます。

庇・目隠しルーバーによる外観のつくり方

光・風・視線を通すか遮断するか、往来との距離感を考えます

何もない

2階に軒庇

1階にも庇

庇がベランダに

全面を格子で覆う

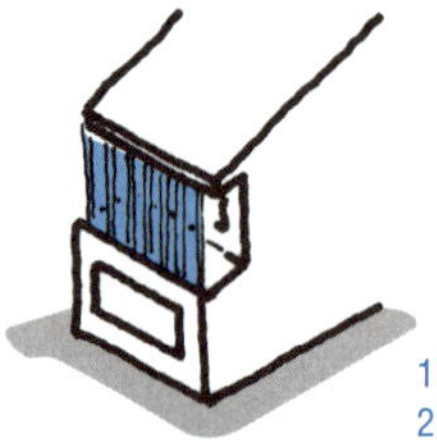

1階が出っぱり
2階に格子

2階が出っぱり
1階に格子

2階格子

木材混入樹脂材

重たいコンクリートの3階建てでありながら、3階部分を引っ込ませて、2階部分に軽い格子が浮いたような印象を持たせて、往来に対しての威圧感をなくしています

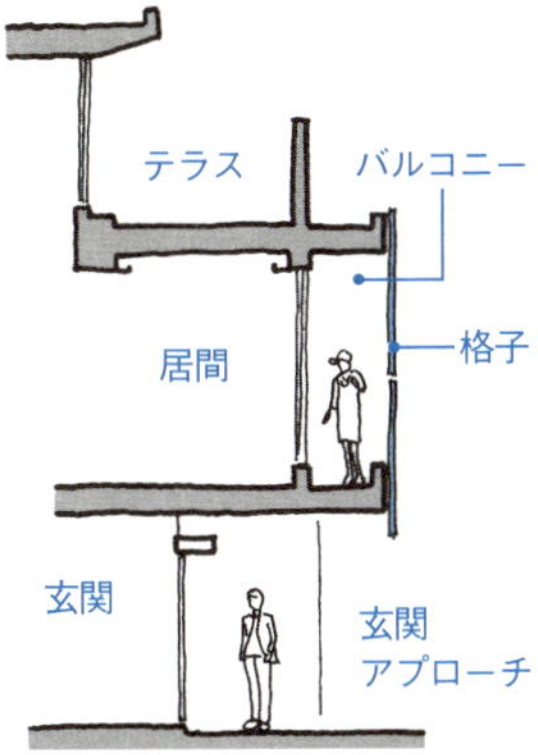

テラス
バルコニー
居間
格子
玄関
玄関
アプローチ

（浅草の家）

1･2階格子

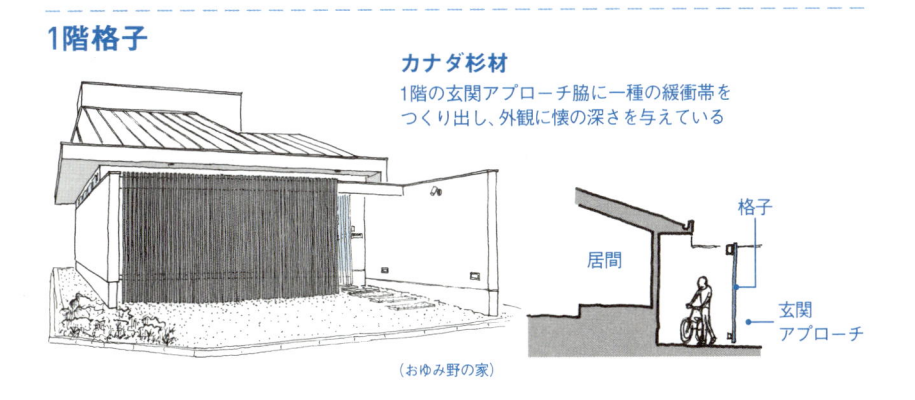

ノーザンボックス材

1階と2階で格子をずらすことにより、ヴォリュームを分散させて、人間的なスケールにしています。上部の抜けは、玄関アプローチに対し明るさを確保する役割担っています

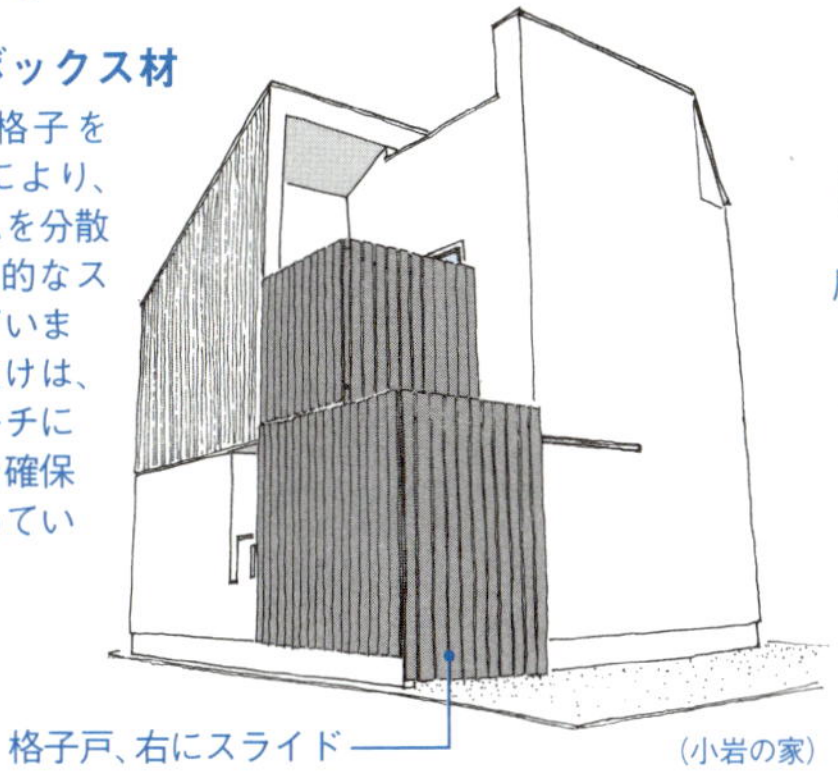

格子戸、右にスライド

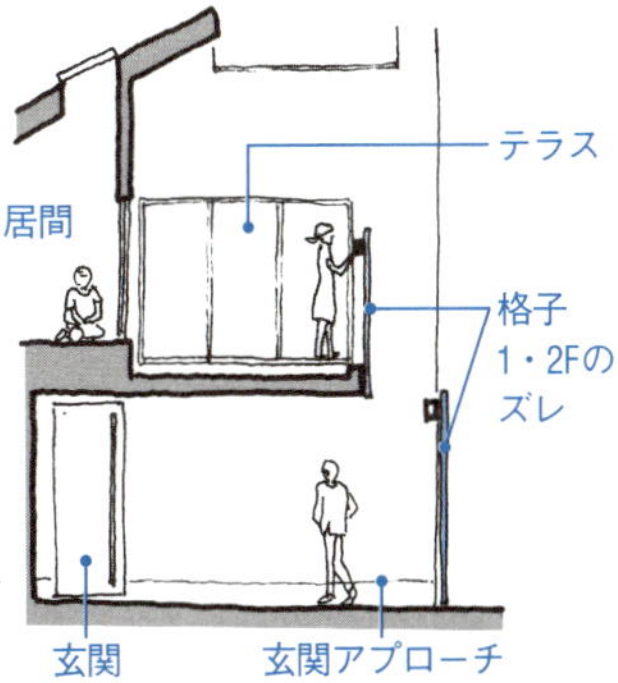

テラス
居間
格子
1・2Fの
ズレ
玄関
玄関アプローチ

（小岩の家）

1階格子

カナダ杉材

1階の玄関アプローチ脇に一種の緩衝帯をつくり出し、外観に懐の深さを与えている

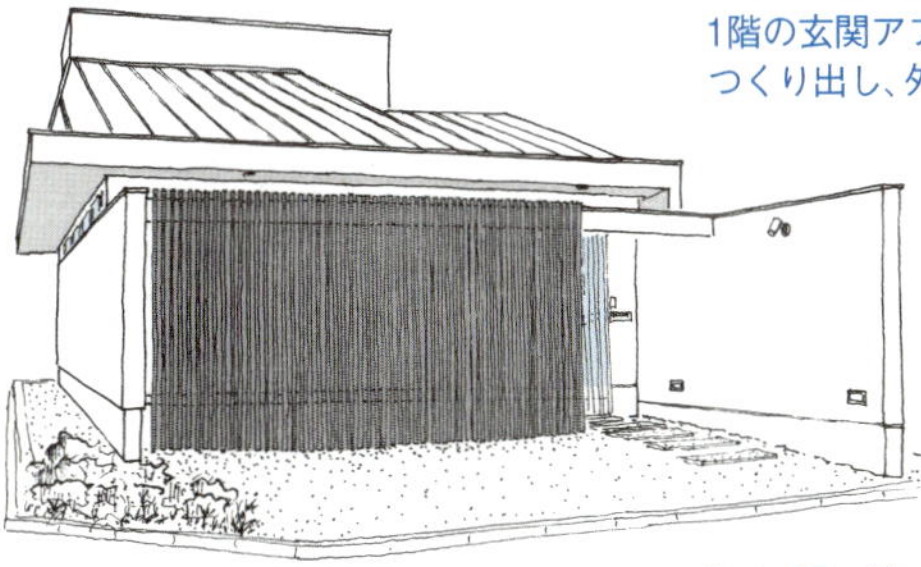

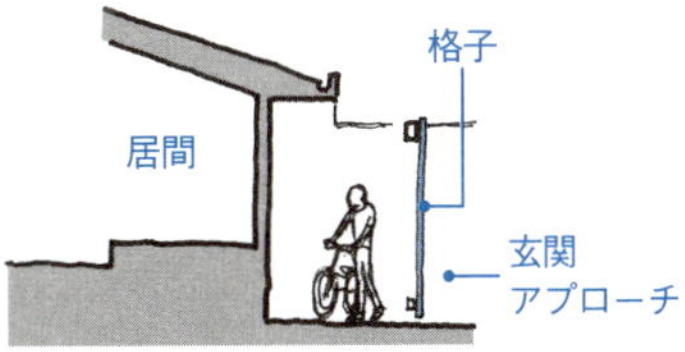

格子
居間
玄関
アプローチ

（おゆみ野の家）

外装材の特性を生かす

住宅密集地では、床面積を確保するために総2階・総3階建てにすることが多く、外観が重箱のように単調になりがちです。その場合は外装材の組み合わせで住まいに彩りを与えることもできますが、各階を色分けする程度では芸がありません。1階の材料を少し2階まで名残として残したり、屋根材を外壁まで降ろしたりすることによって、建てものの印象を大きく操作することができます。

外装材の組み合わせでつくる外観

耐候性、メンテナンス性、風合いを考えて

a
モルタル下地、
左官塗り・吹付け塗装

b
窯業系
（サイディング・タイル）

c
木材張り

d
金属系
（サイディング・板金）

e
スレート
（通称：コロニアル）

f
組み合わせ

b＋コンクリート

RC造＋木造、3階建て

階層で外装材を分けず、1階のコンクリートを2階まで少し持ち上げ、単調さを消しています

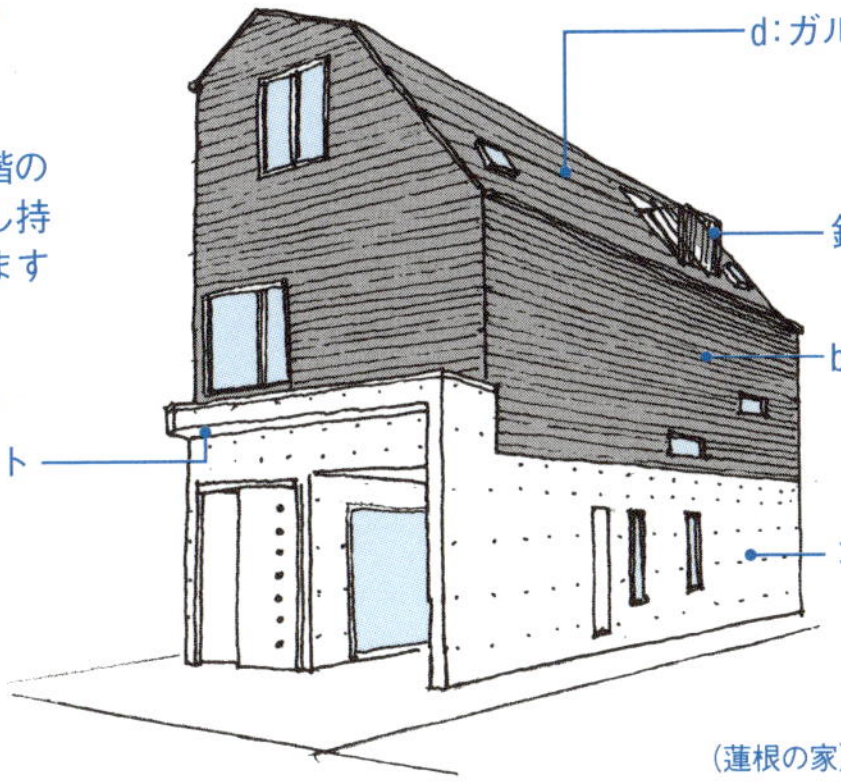

d：ガルバリウム鋼板
鋼製手摺
b：窯業系サイディング
少し上まで
コンクリート
打放し
コンクリート打放し

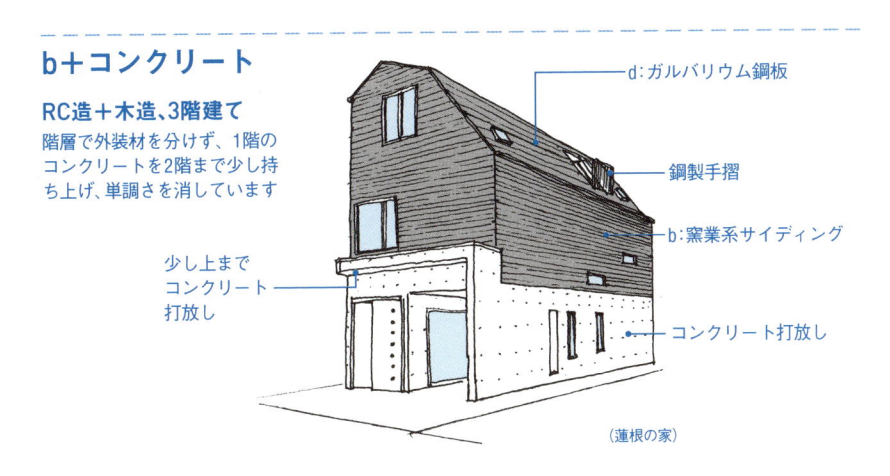

(蓮根の家)

a＋e

木造3階建て

3階建て狭小住宅のか細いイメージを打ち消すため、屋根の石綿スレートを壁まで降ろし、重心を低くして、ヴォリューム感を与えます

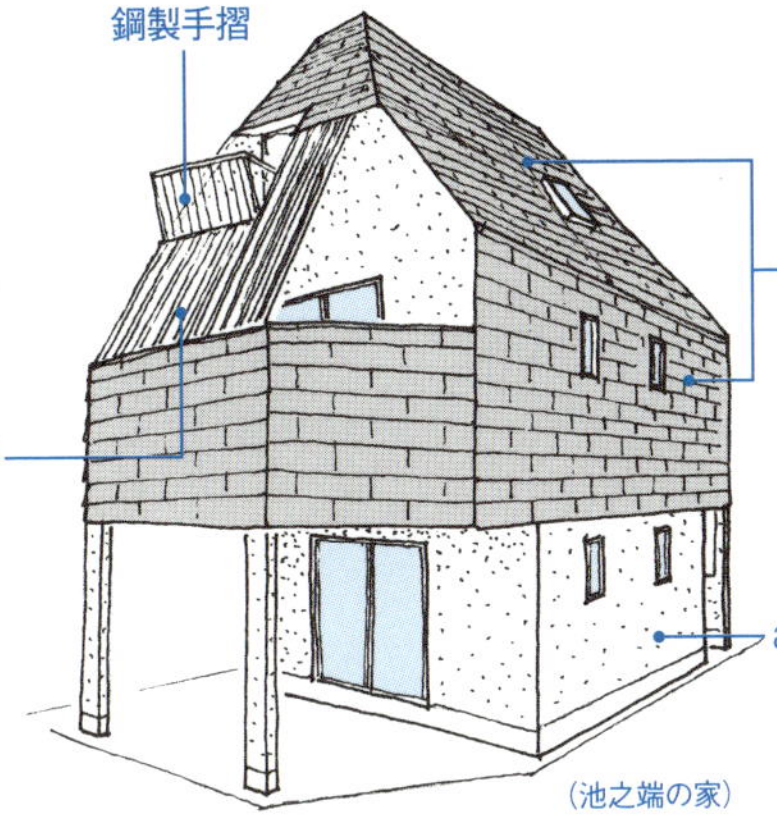

鋼製手摺
e：スレート
木材混入樹脂格子
a：モルタル＋吹付け

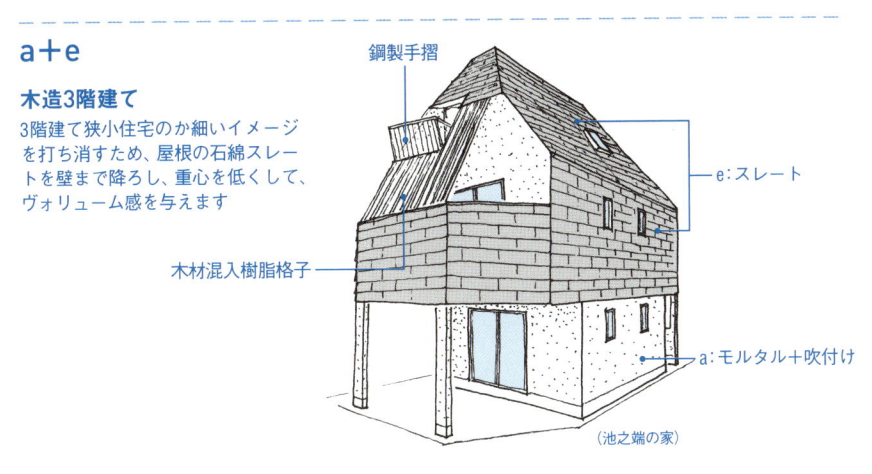

(池之端の家)

a＋c＋d

木造2階建て

人の寄りつくところは木材張りとし、その他の部分は耐候性の高い鋼板や、リシン吹付け仕上げとします。左右で分ける外装材の組み合わせ

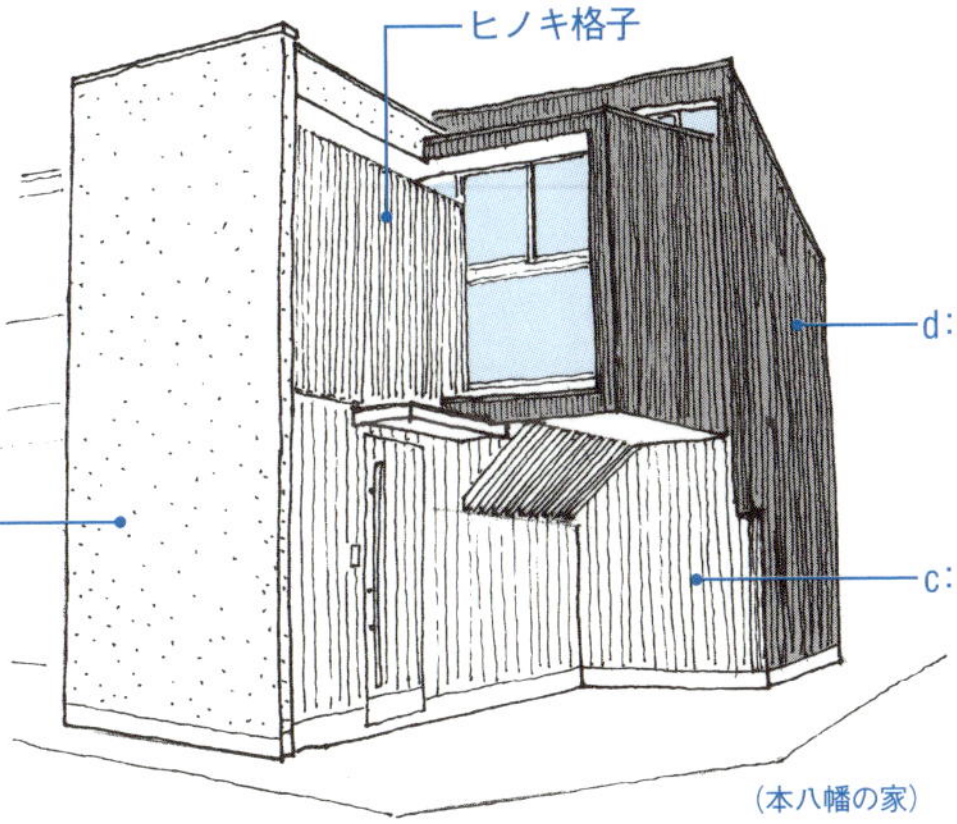

ヒノキ格子
d：角波鋼板
a：モルタル
リシン吹付け
c：ヒバ材張り

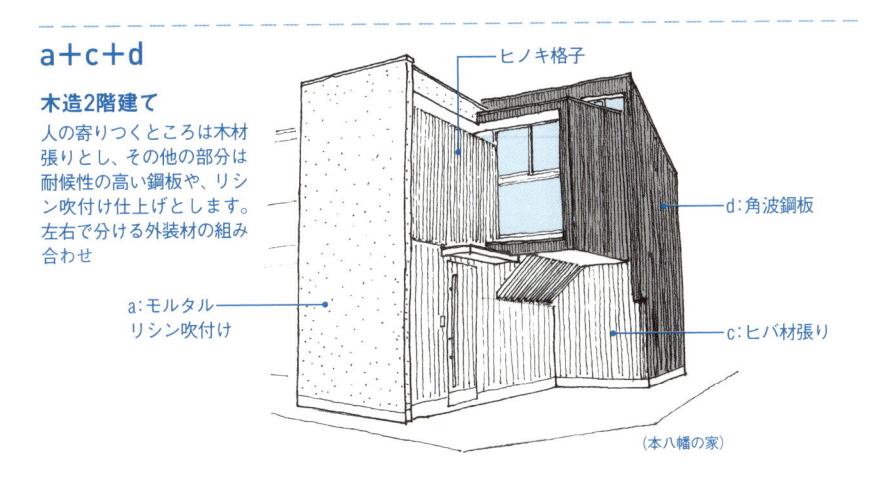

(本八幡の家)

引違い戸の玄関

低く、しっとりと迎え入れるしつらえ

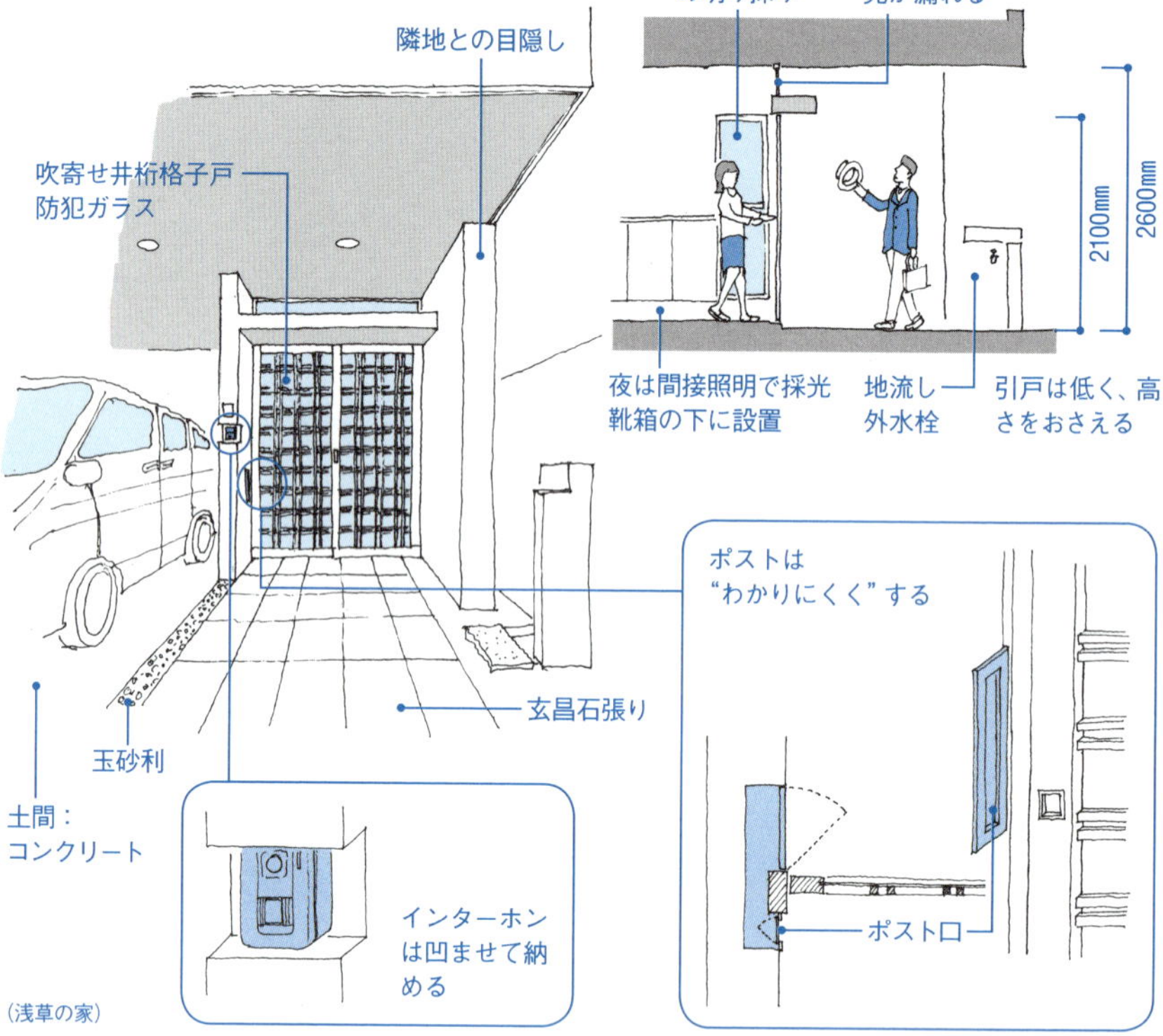
側窓：昼間
の明り採り
欄間：
光が漏れる
隣地との目隠し
吹寄せ井桁格子戸
防犯ガラス
2100mm
2600mm
夜は間接照明で採光
靴箱の下に設置
地流し
外水栓
引戸は低く、高
さをおさえる
ポストは
“わかりにくく”する
ポスト口
玄昌石張り
玉砂利
土間：
コンクリート
インターホン
は凹ませて納
める

(浅草の家)

少し引いて奥ゆかしい和の玄関

道路から玄関へ至る長いアプローチを京都では露地と呼びそこに品格を表現します。

そんな広い敷地がないと諦めているなら、建てものをえぐってでも〝一歩引いた〟位置に玄関をつくりましょう。「さ、どうぞ、どうぞ」と人を招き入れるときの姿、立ち振る舞いを玄関で表現するというわけです。軒庇だけでなく壁にも囲われた玄関先には、外でも内でもない不思議な落ち着きが生まれます。

両開き扉の玄関

全開すれば広い土間とひとつづきの空間が生まれる

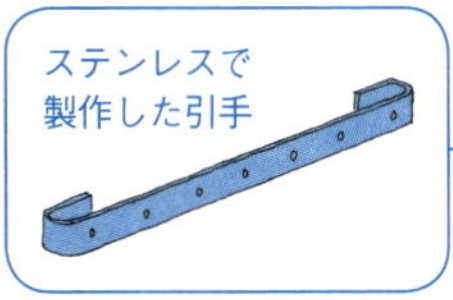
ステンレスで
製作した引手

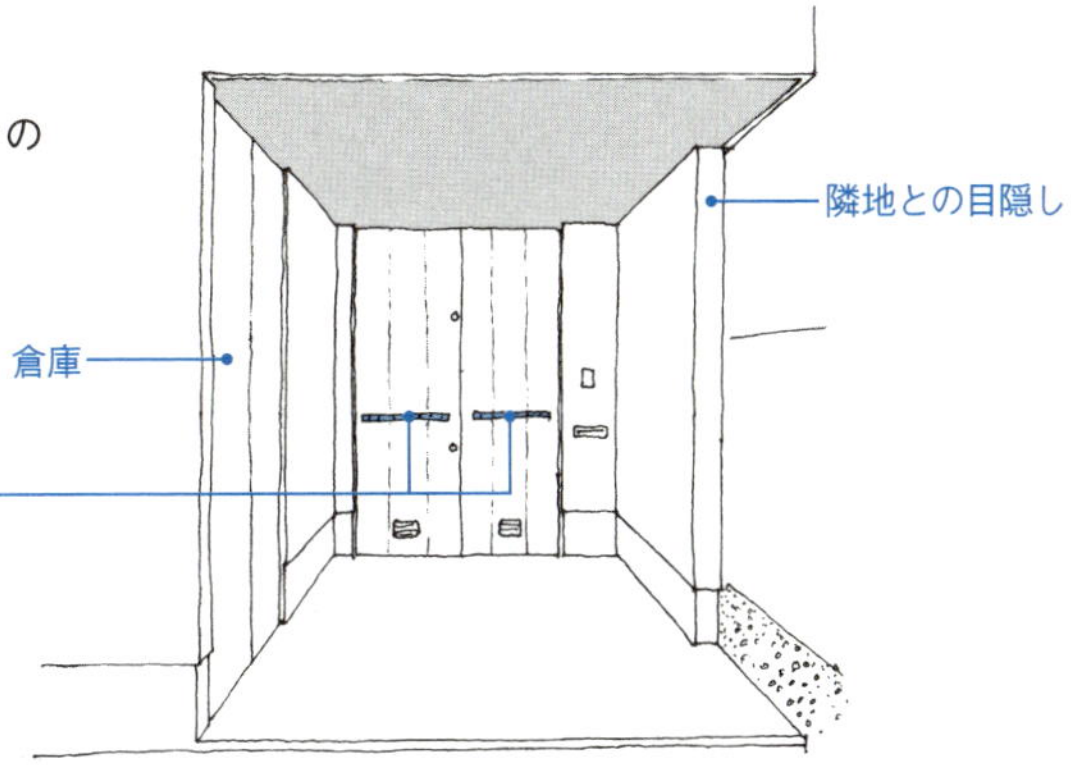
隣地との目隠し
倉庫

(鵠沼海岸の家)

片開き扉の玄関

大きく細長く、縦方向を強調したデザインを心がける

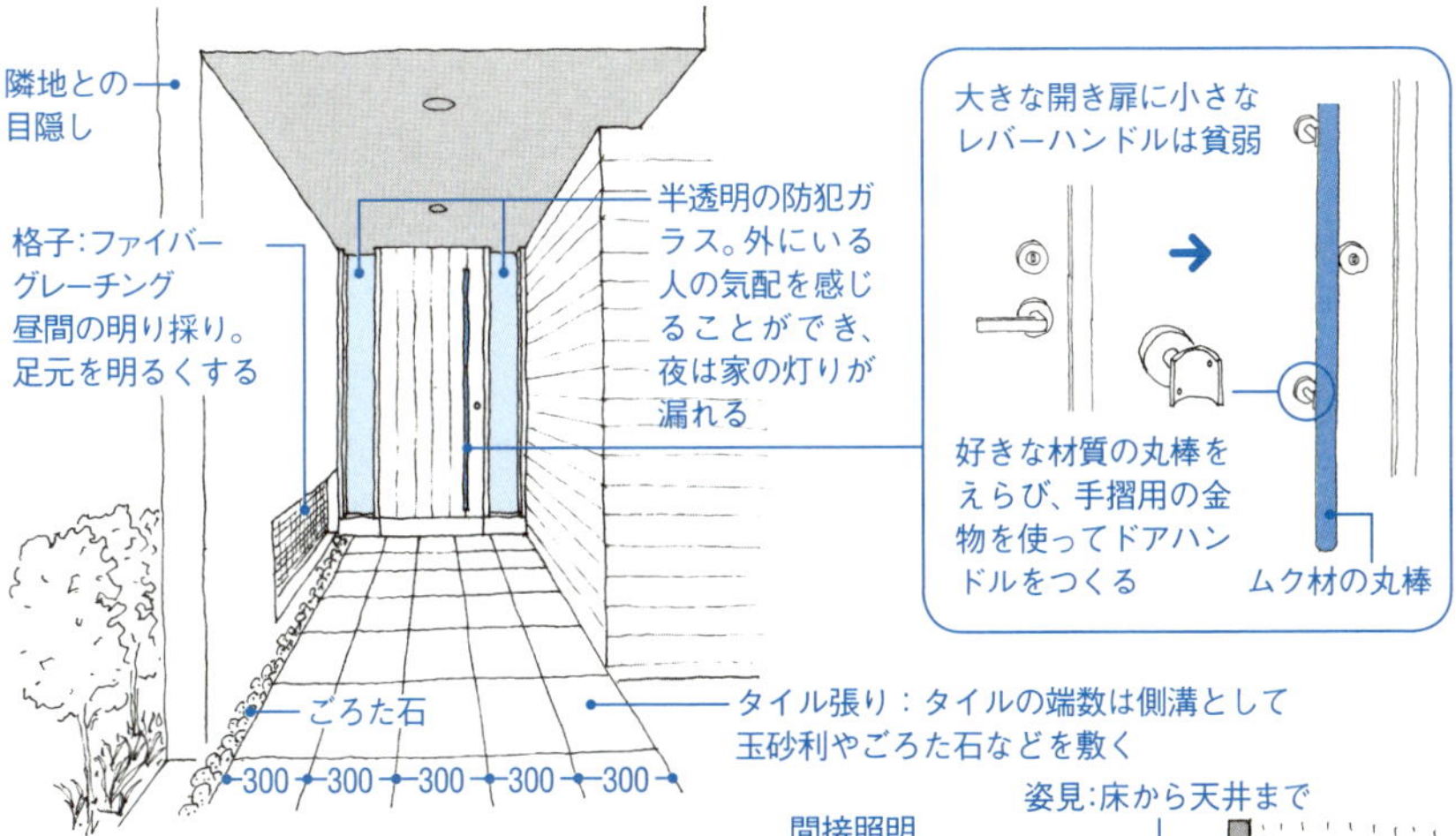
隣地との
目隠し
格子:ファイバー
グレーチング
昼間の明り採り。
足元を明るくする
半透明の防犯ガ
ラス。外にいる
人の気配を感じ
ることができ、
夜は家の灯りが
漏れる
大きな開き扉に小さな
レバーハンドルは貧弱
好きな材質の丸棒を
えらび、手摺用の金
物を使ってドアハン
ドルをつくる
ムク材の丸棒
ごろた石
タイル張り:タイルの端数は側溝として
玉砂利やごろた石などを敷く
300
300
300
300
300

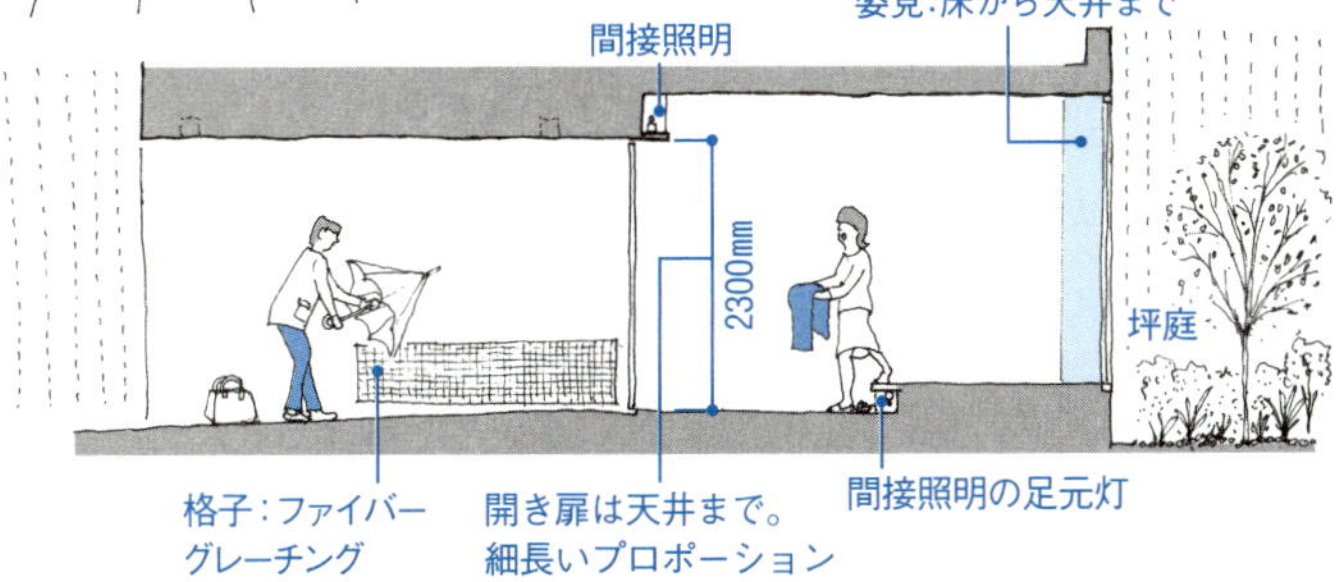
間接照明
姿見:床から天井まで
2300mm
坪庭
格子:ファイバー
グレーチング
開き扉は天井まで。
細長いプロポーション
間接照明の足元灯

(鶴ヶ島の家)

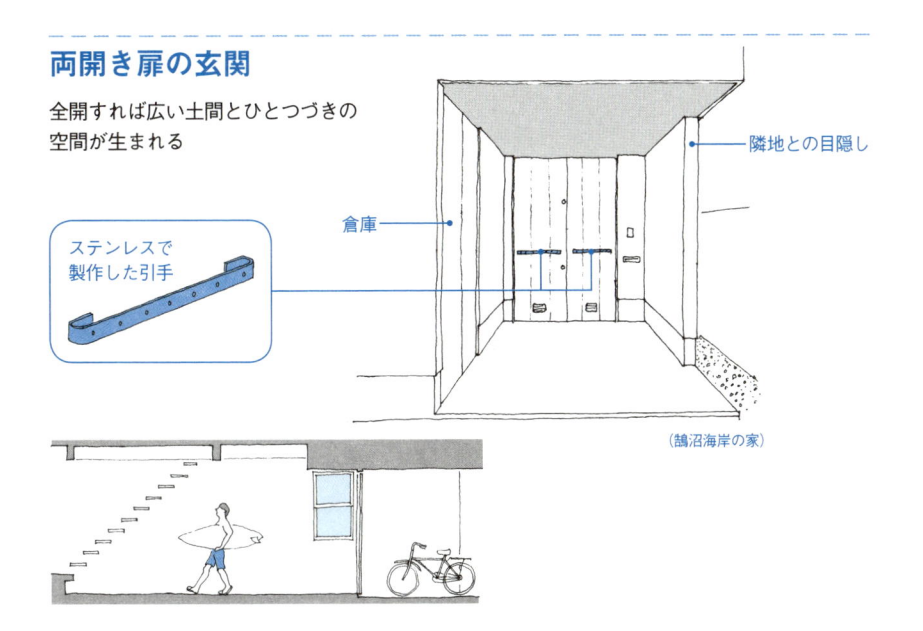

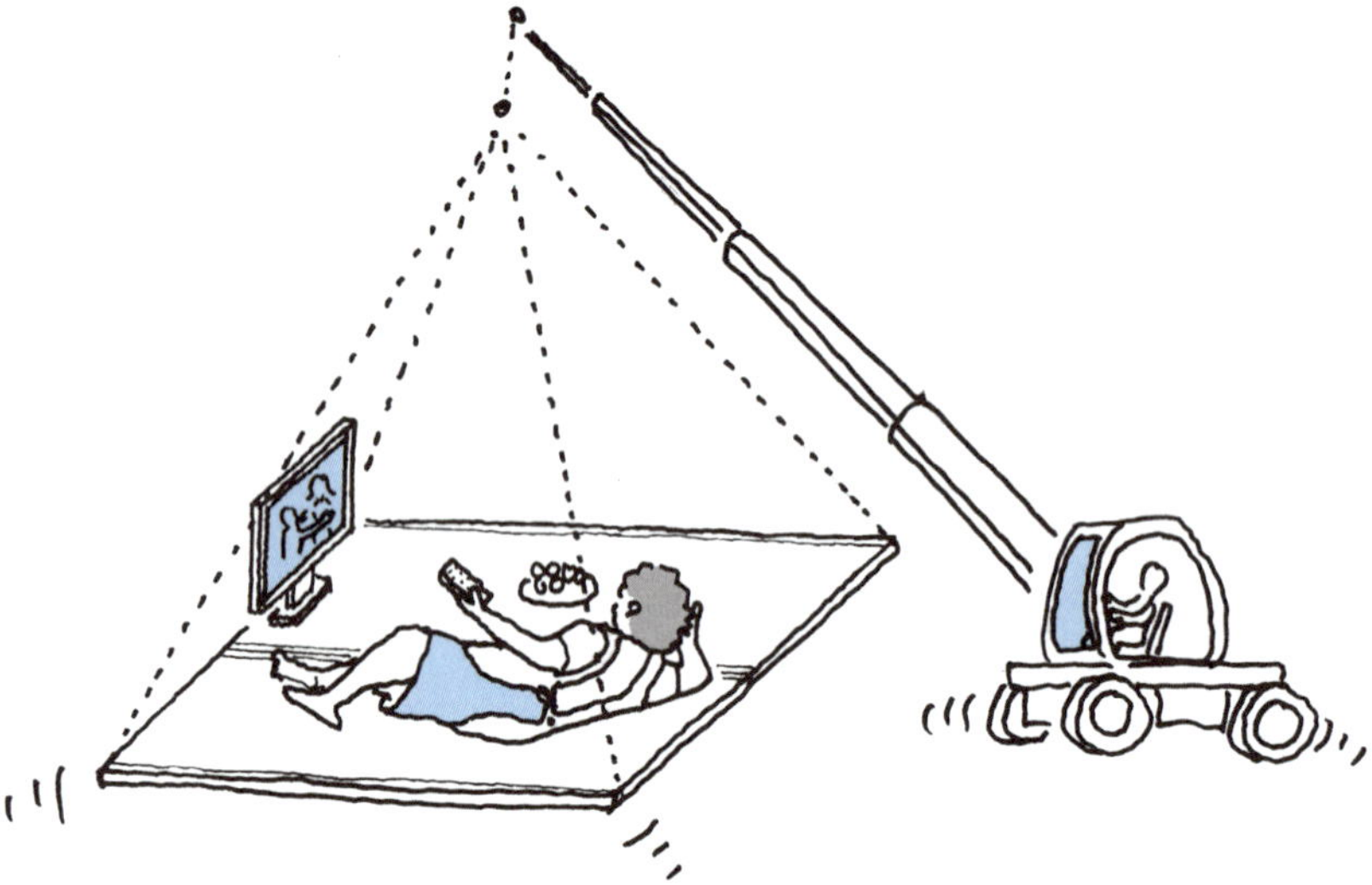

バルコニー 考慮したい メンテナンス

住まいは、何年か後のメンテナンスや設備機器の更新までも考えてつくる必要があります。特にバルコニーなど外部に露出する木材等は、いくら防腐処理をしても半永久ではありません。主体構造にできるだけ触れることなく分解し、再生できるような仕組みでつくっておく必要があります。さらに外壁との接点を限りなく少なくすることによって雨漏りなどのリスクも減らすことができます。

再生可能なバルコニーの仕組み

外壁との接点はこれだけ

くさってもいい、また安価な材料で
再生できるようなつくり方をします

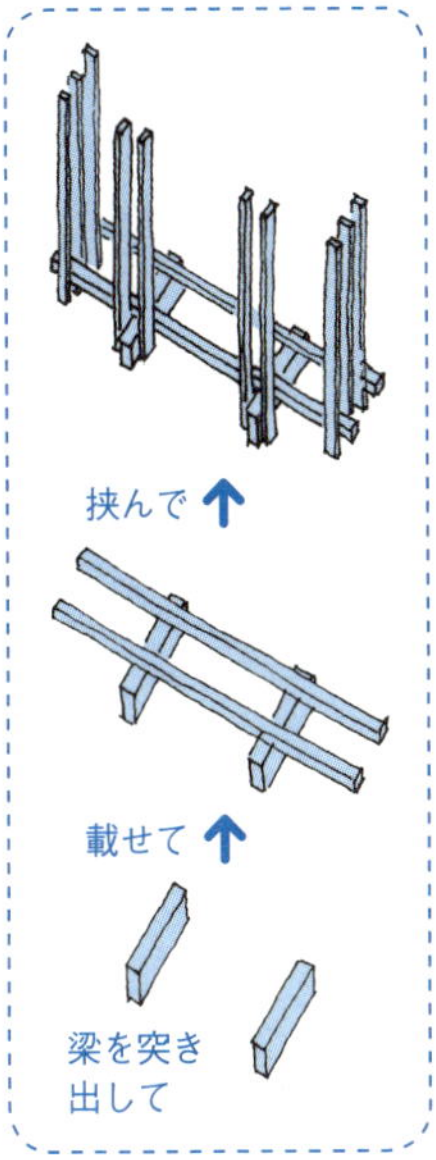
挟んで
載せて
梁を突き出して

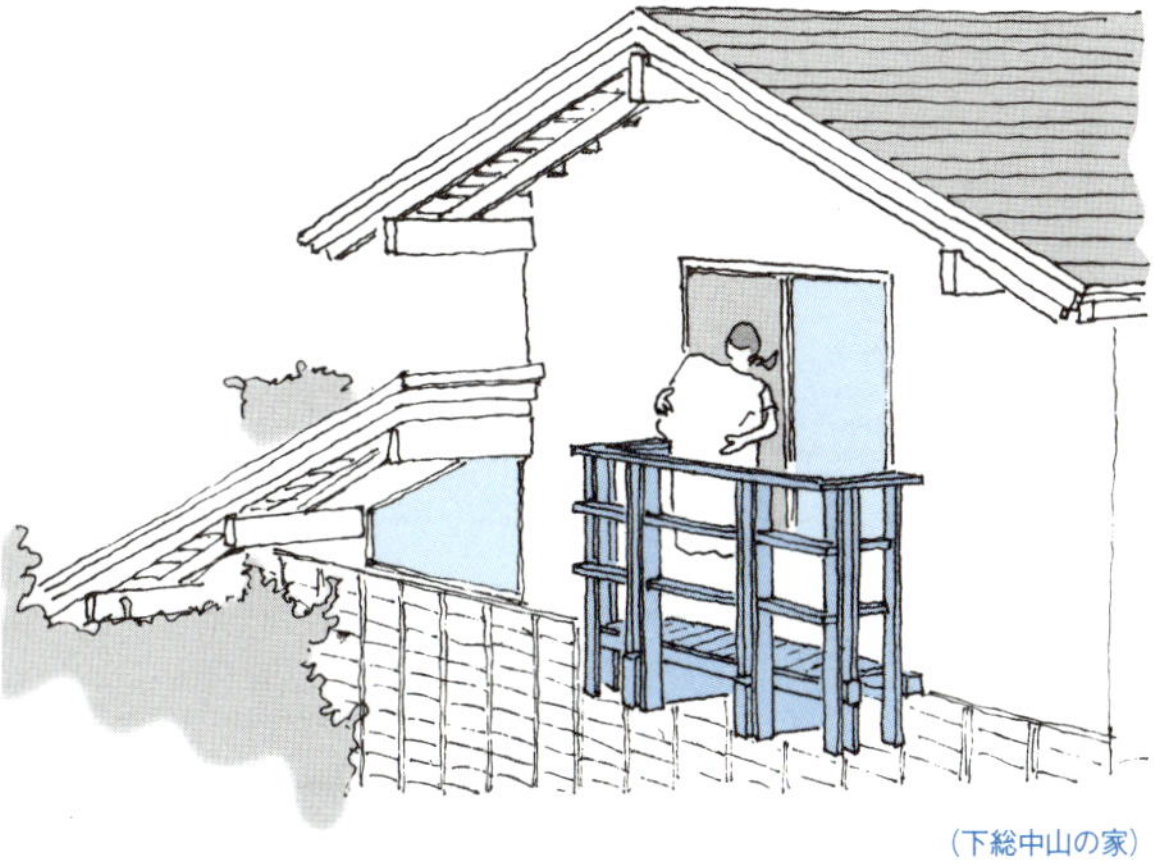

（下総中山の家）

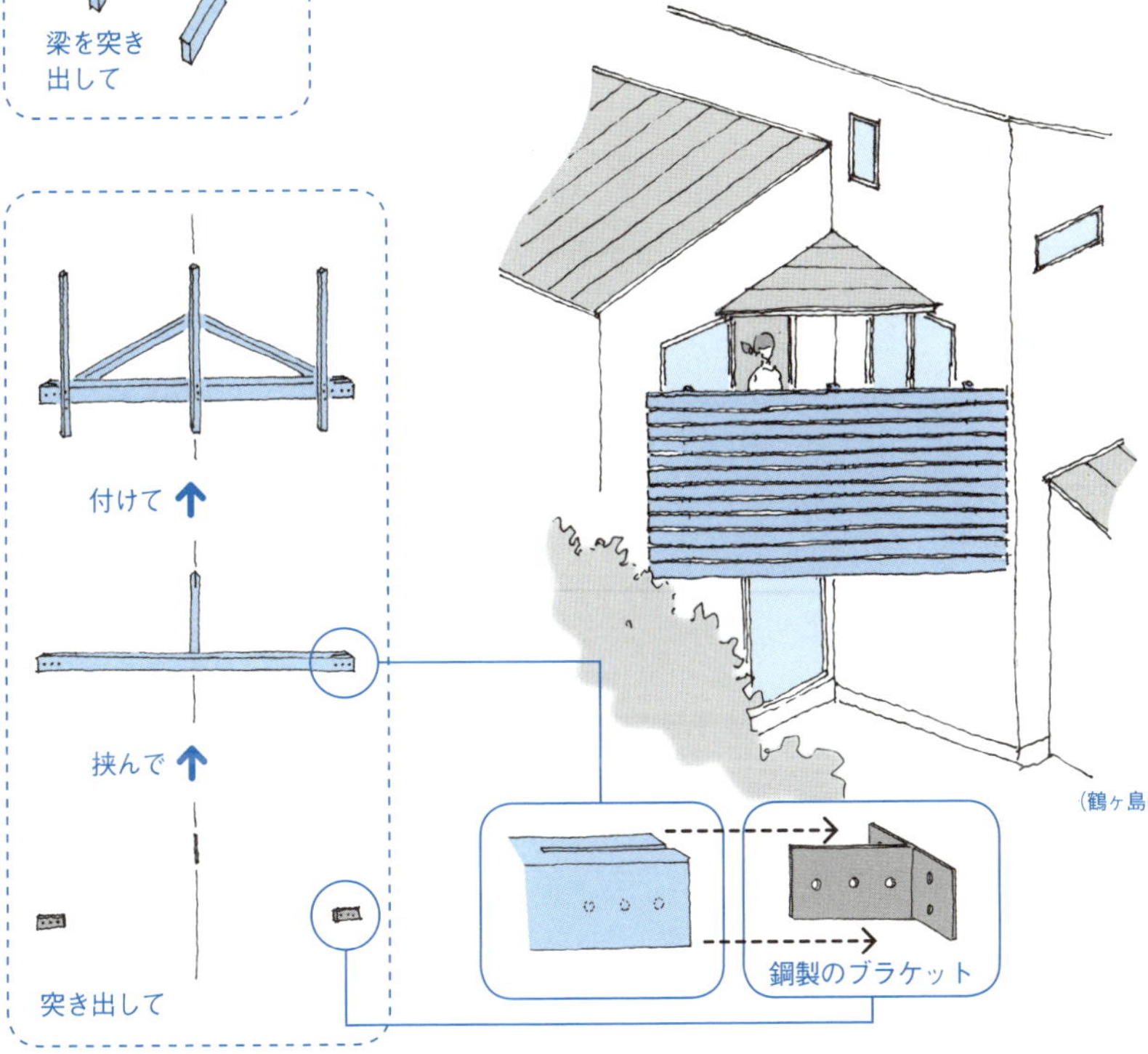
付けて
挟んで
突き出して
鋼製のブラケット

（鶴ヶ島の家）

ガレージは車のためならず

かつては、趣味の対象であった愛車を大切にするためのガレージが主流でした

今では車は家族に奉仕するための優秀な道具。ガレージもそんな風につくります

ガレージも通風採光が欲しい

自動車は性能やデザインを競う趣味の対象から、子育てや高齢者の介護に欠かせない生活の道具に変わってきました。そこでガレージも車を収納するだけの空間から、日常動線の延長上にある生活の場へと変わる必要があります。シャッターで閉ざされた真っ暗なガレージではなく、光を採り込み、排気ガスを抜き、雨に濡れないような玄関からの動線を大切にする必要があります。

光と風を通す広いガレージ

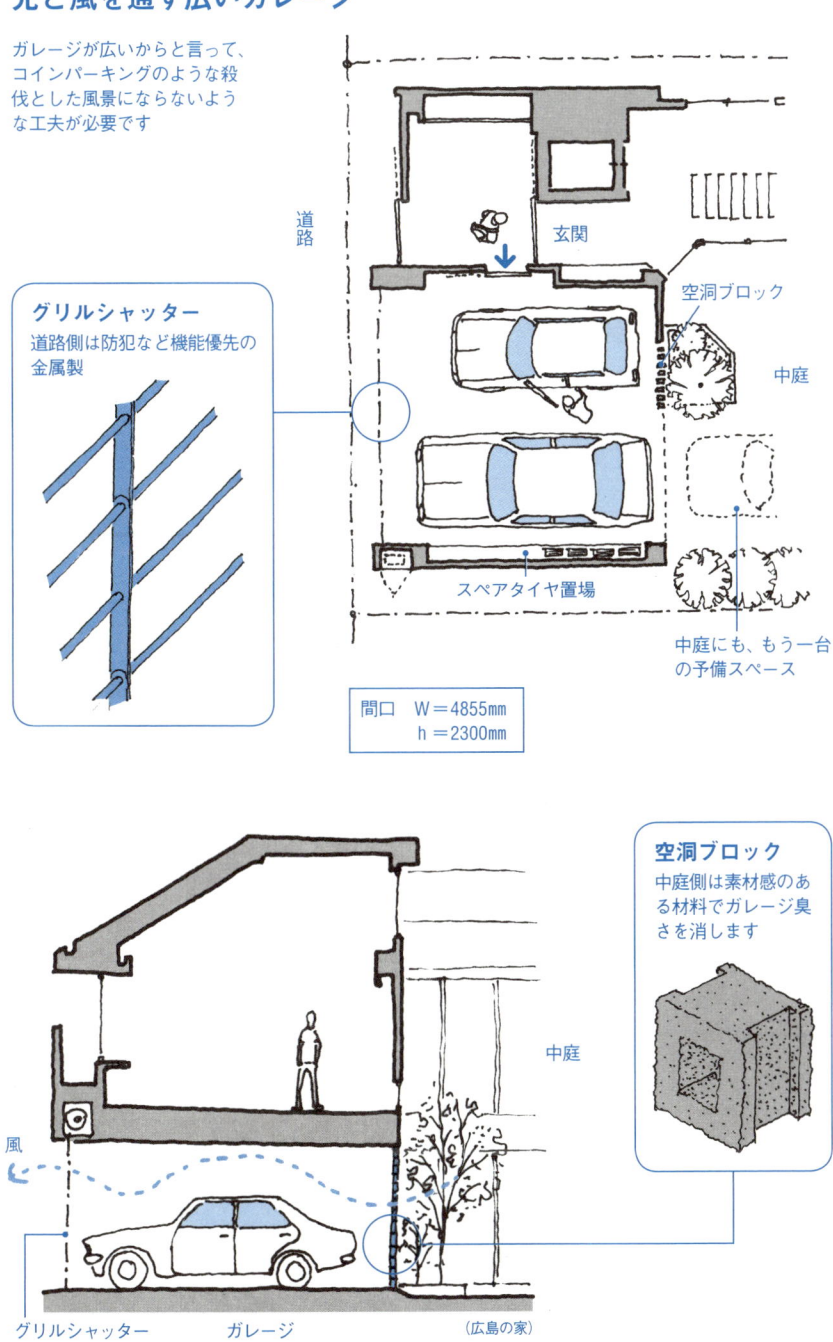

ガレージが広いからと言って、コインパーキングのような殺伐とした風景にならないような工夫が必要です

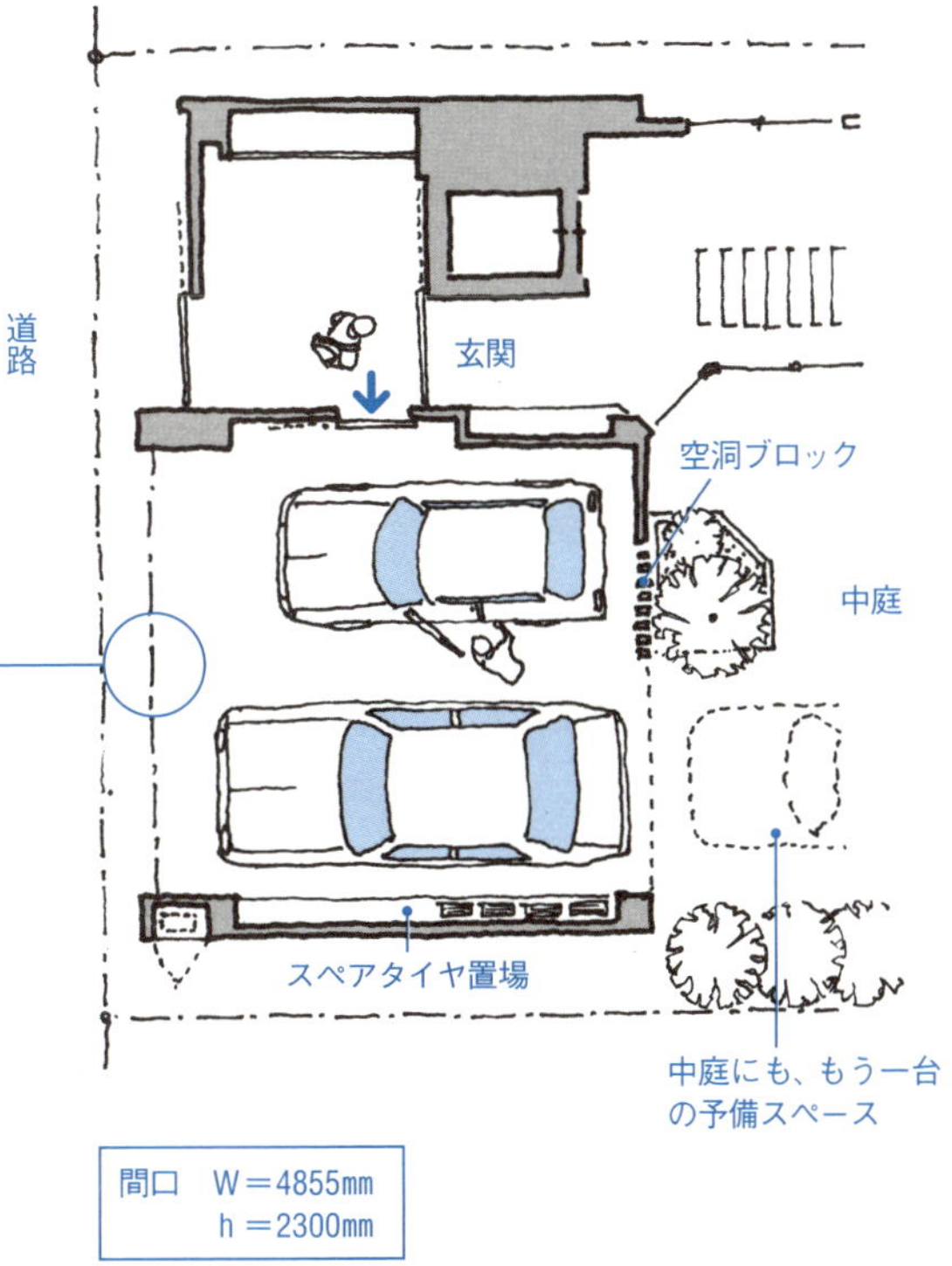

道路
玄関
空洞ブロック
中庭
スペアタイヤ置場
中庭にも、もう一台の予備スペース
間口　W＝4855mm
h＝2300mm

グリルシャッター

道路側は防犯など機能優先の金属製

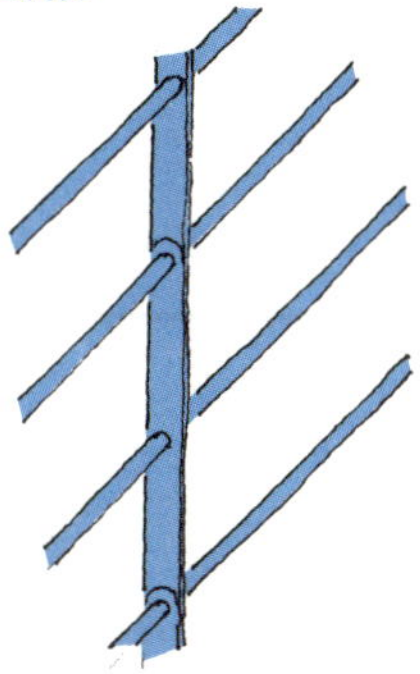

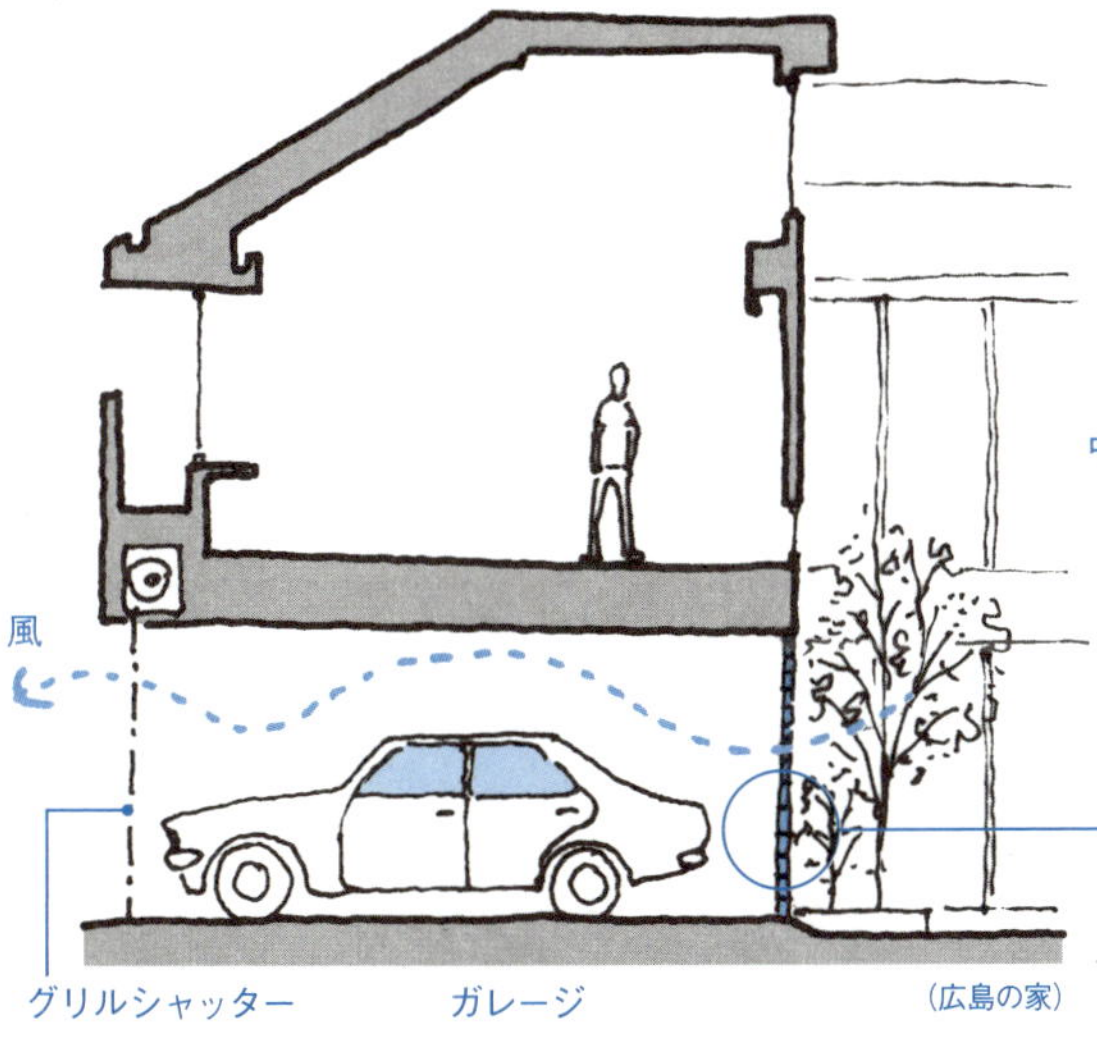

中庭
風
グリルシャッター
ガレージ
(広島の家)

空洞ブロック

中庭側は素材感のある材料でガレージ臭さを消します

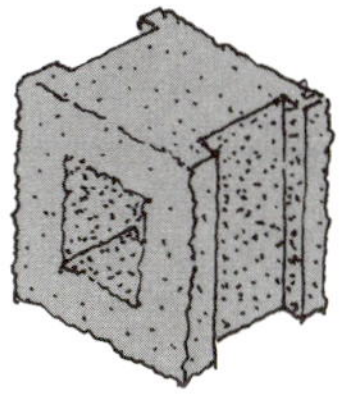

狭くても、工夫しだいでガレージは生きる

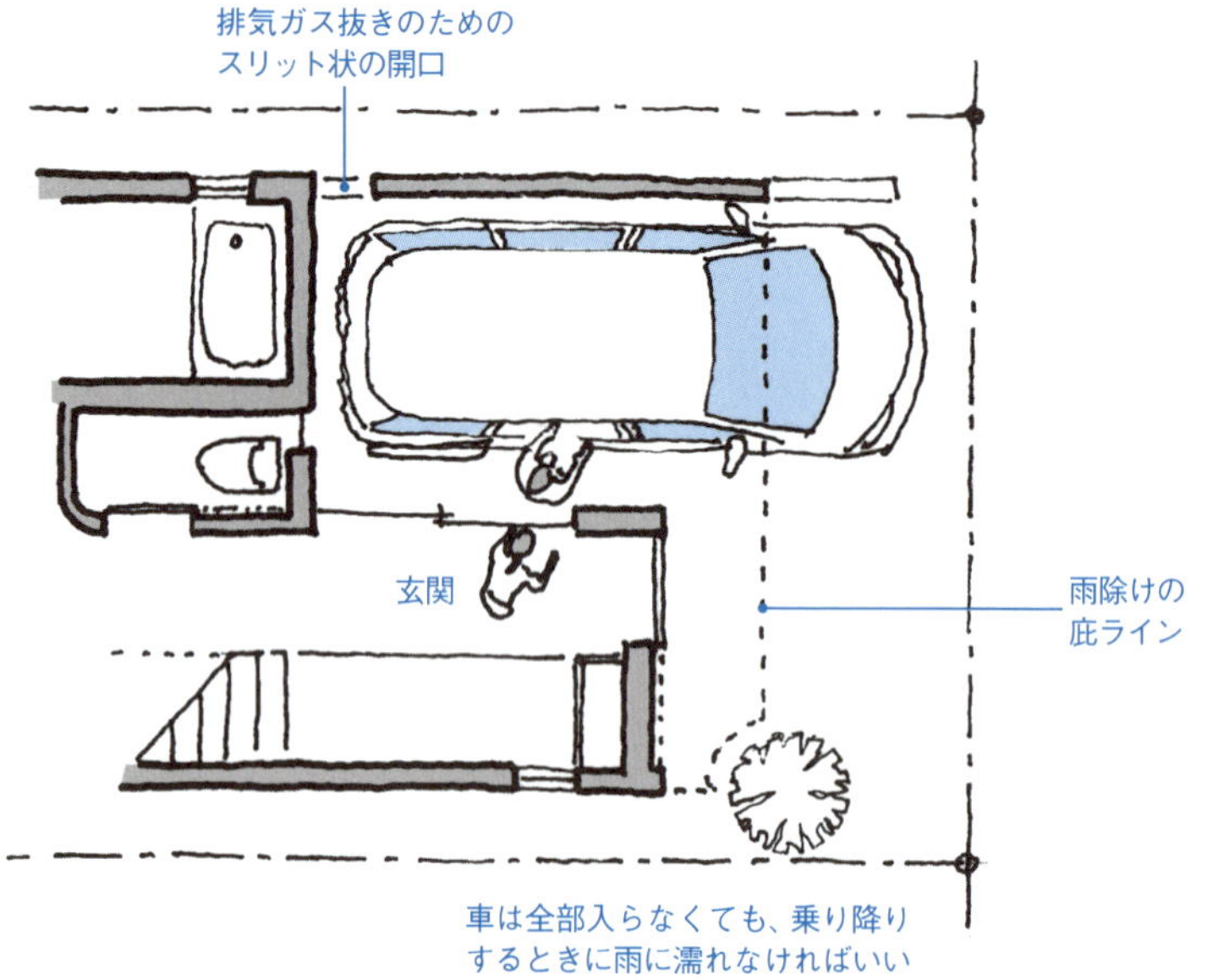
排気ガス抜きのための
スリット状の開口
玄関
雨除けの
庇ライン
車は全部入らなくても、乗り降り
するときに雨に濡れなければいい

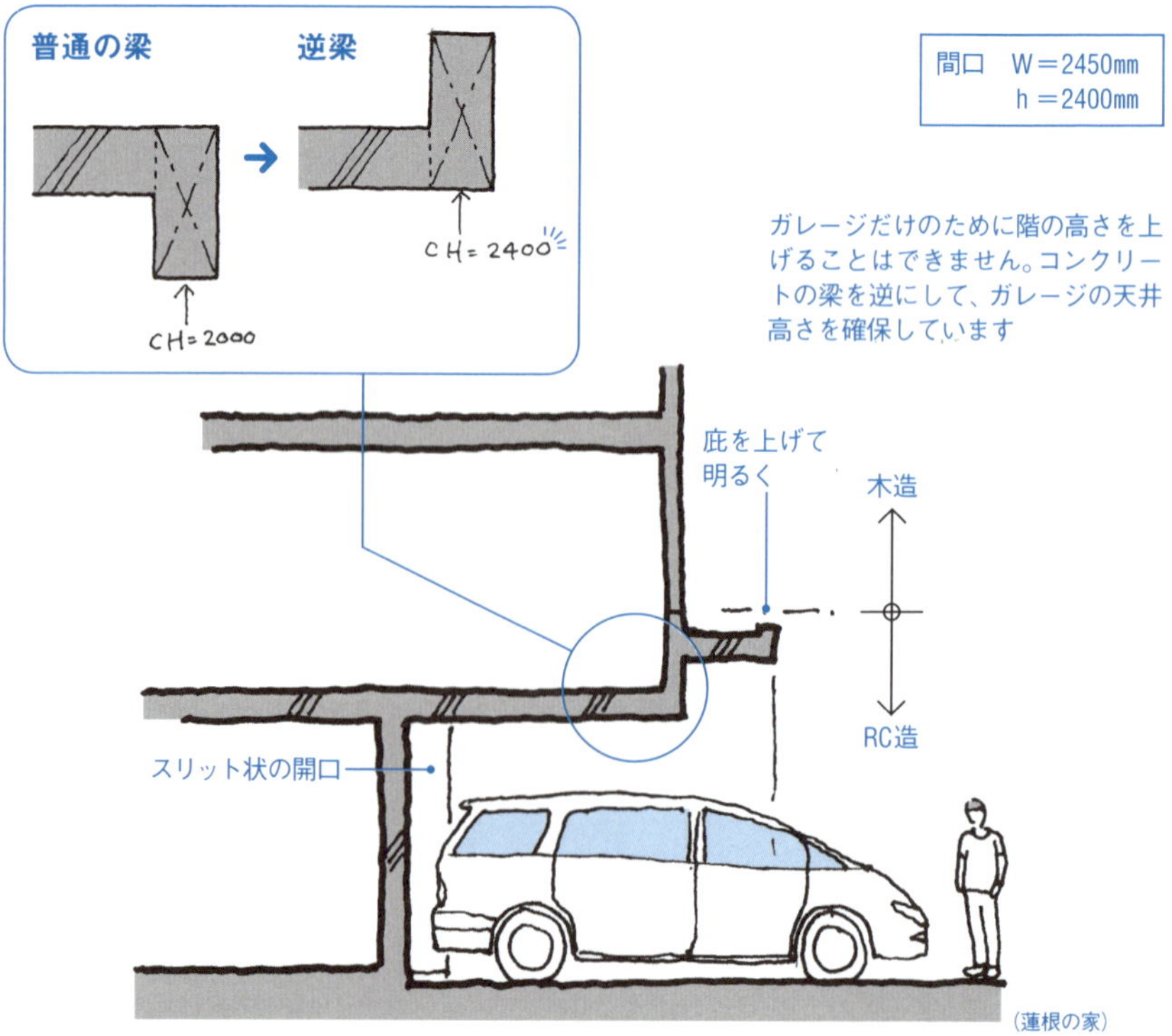
普通の梁
逆梁
CH=2000
CH=2400
間口 W＝2450mm
h ＝2400mm
ガレージだけのために階の高さを上げることはできません。コンクリートの梁を逆にして、ガレージの天井高さを確保しています
庇を上げて
明るく
木造
RC造
スリット状の開口

（蓮根の家）

4章

片付く家のヒミツ

玄関の収納はクロークのように

奥行き65cmでクロークとしても活用

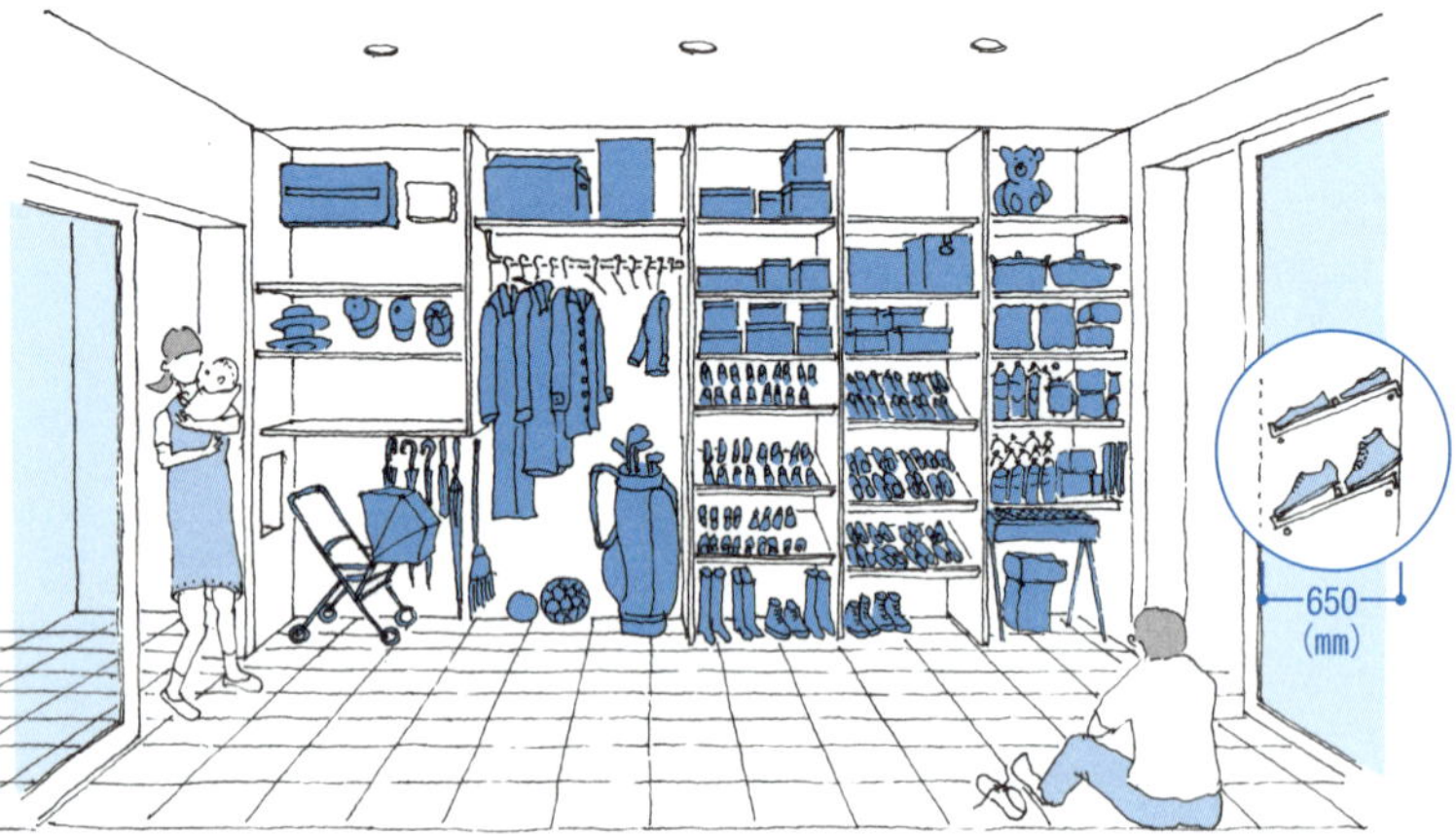
650
(mm)

種類の多さ×家族の人数＝……
数は多いし大きさもさまざま

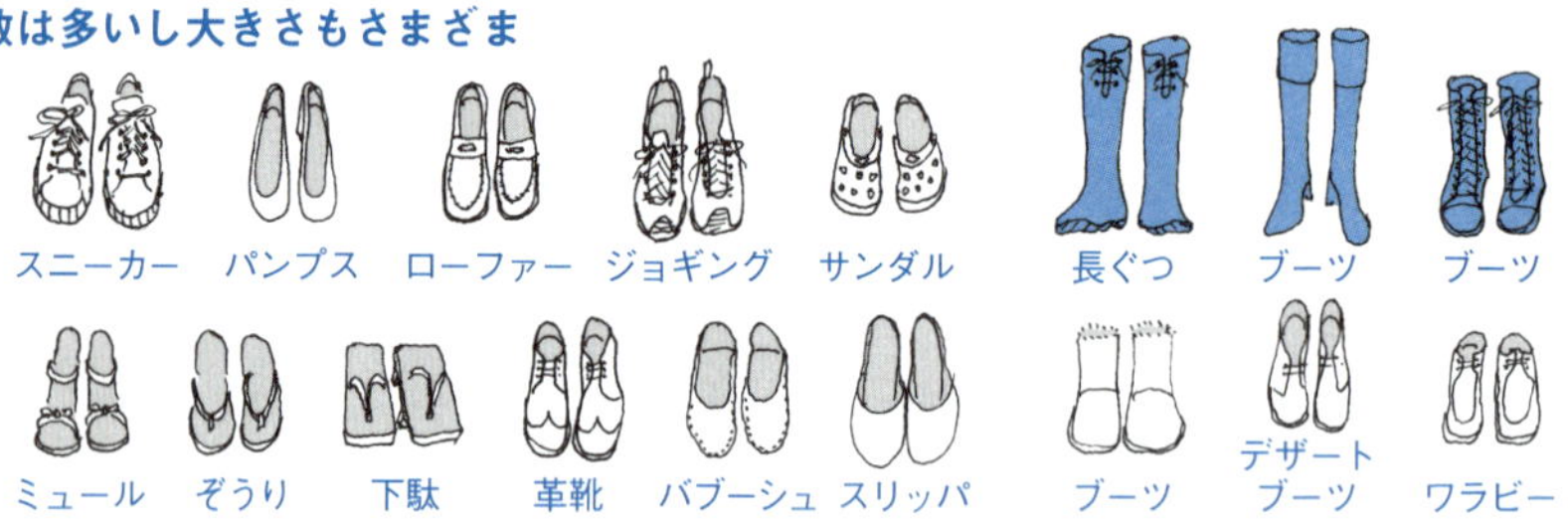
スニーカー
パンプス
ローファー
ジョギング
サンダル
長ぐつ
ブーツ
ブーツ
ミュール
ぞうり
下駄
革靴
バブーシュ
スリッパ
ブーツ
デザート
ブーツ
ワラビー

下駄箱とは呼ばないで玄関収納

調理器具や食器の多さで知られる日本人。しかし履物も、その種類の多さたるや半端ではありません。そんな日常の家族の履物に加えて、雨に濡れたコートやベビーカー、ゴルフバックなどは床の上に上げたくありません。

基本は下足入れでありながらも、クロークルームのような機能も併せ持った収納を充実させることが、今後、必要かつ不可欠になってくるでしょう。

[MEMO] エントランスクローク、シューズインクローゼット、シューズクローゼット、シューズクローク、土間収納など……。呼び方もさまざま

玄関土間とつながるエントランスクローク

ある程度の玄関土間の広さを確保しつつ、その脇に設ける玄関収納。2方向の出入りが確保できればさらに良し

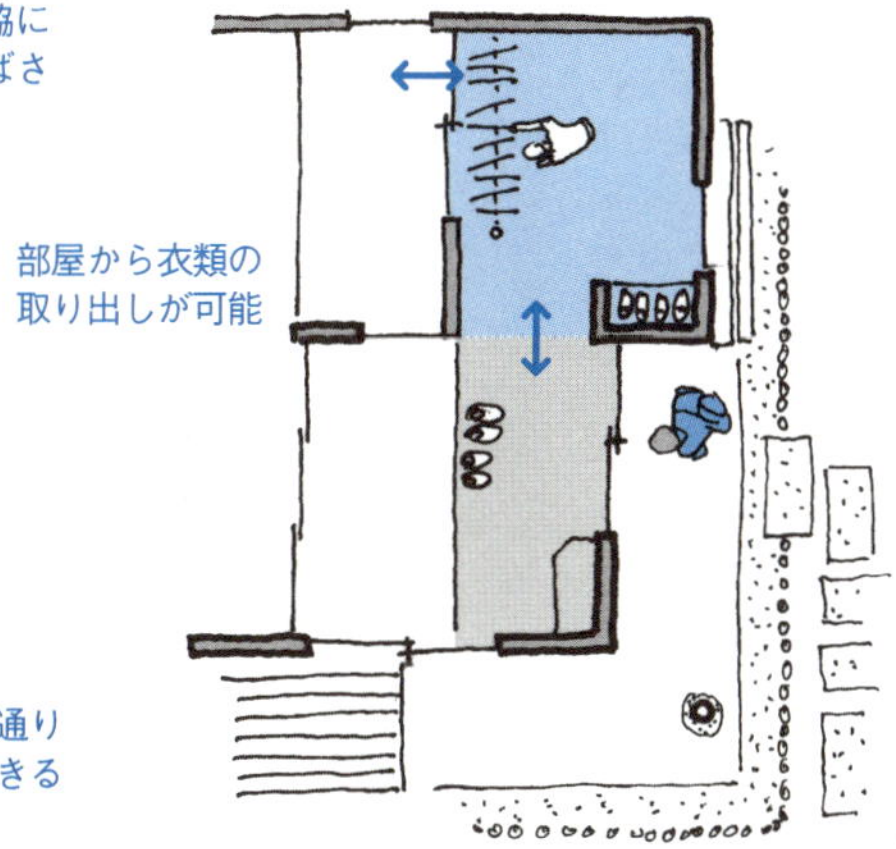

部屋から衣類の
取り出しが可能

（上尾の家）

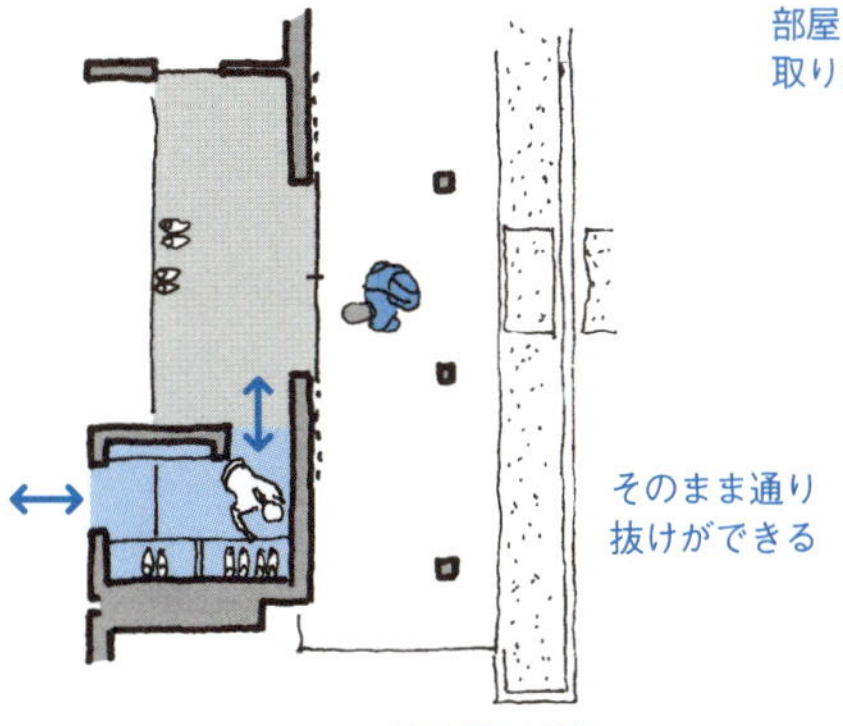

そのまま通り
抜けができる

（大井松田の家）

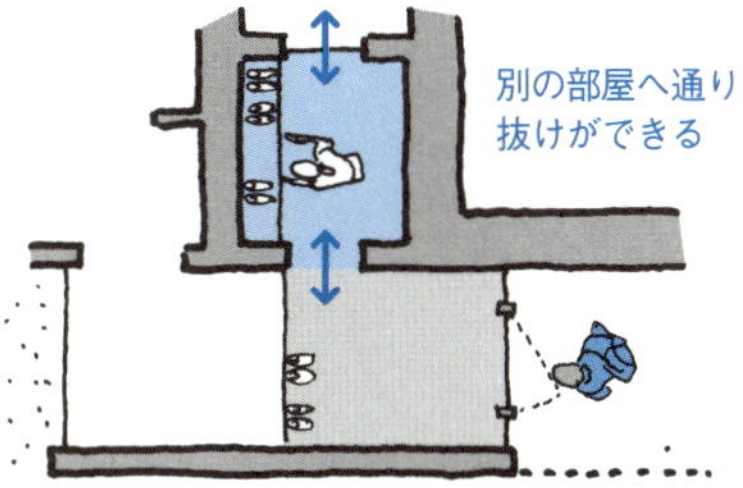

別の部屋へ通り
抜けができる

（鶴ヶ島の家）

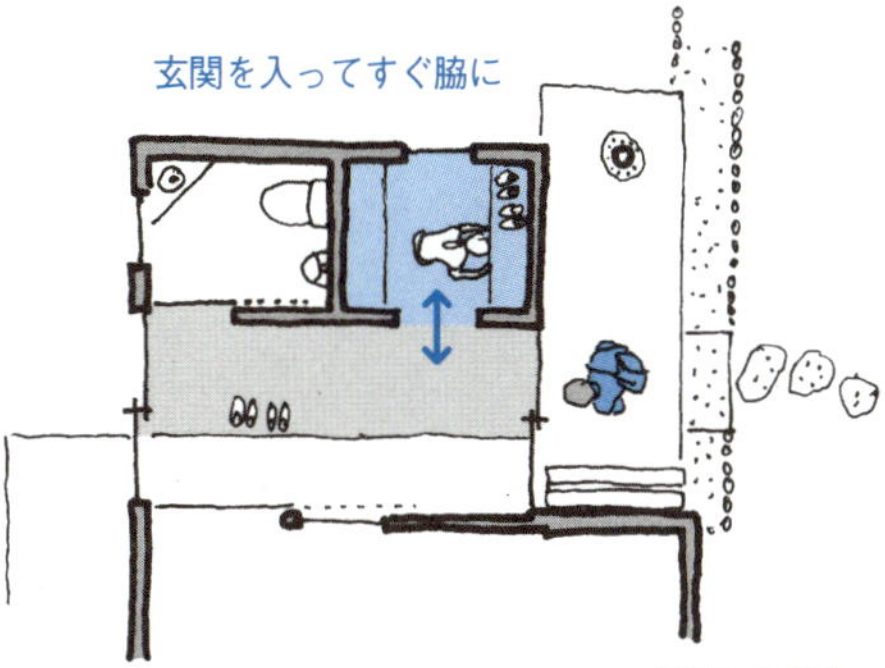

玄関を入ってすぐ脇に

（下総中山の家）

保管の収納は上がった先に

下足中心ではなく、より衣服収納などクローク的に考えるなら、床の延長上に玄関収納を設けることもあります

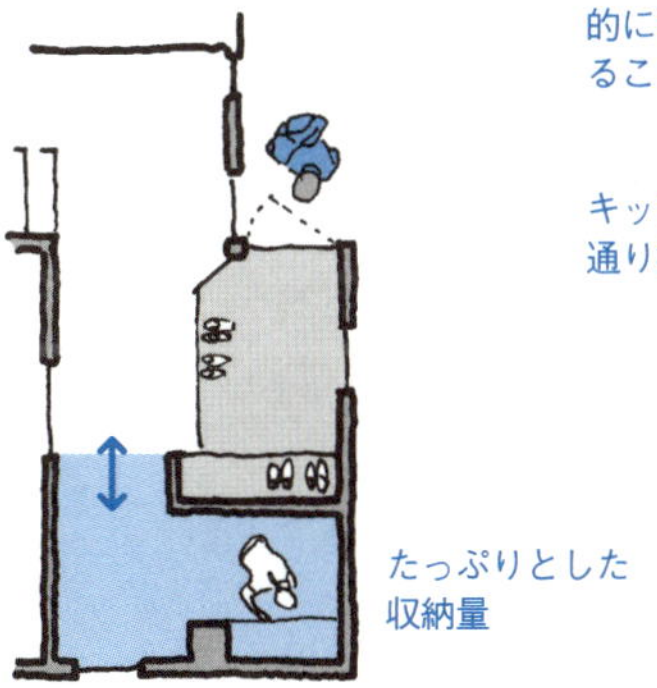

たっぷりとした
収納量

（六角橋の家）

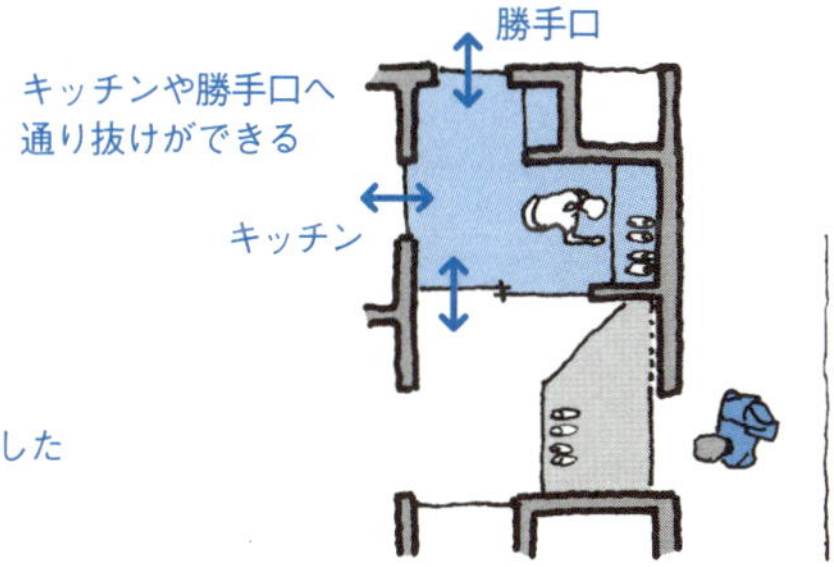

勝手口
キッチンや勝手口へ
通り抜けができる
キッチン

（聖蹟桜ヶ丘の家）

重要なのは食品庫のみえる化だ

防災意識の高まりとともに、平和と飽食の象徴であった食品庫も、天災の際には重要な役割を担わなければならないことがわかりました。備蓄食品はしまい込むのではなく、常に目にみえるようにし消費期限を意識しながらローテーションさせていく必要があります。そのために食品庫はできるだけ行き止まり（ふきだまり）にならないような動線に設け、通風や採光も意識する必要があります。

食品＋防災グッズ＝備蓄倉庫

備蓄用の食品にも消費期限があります。
使って使って買い足してが基本です

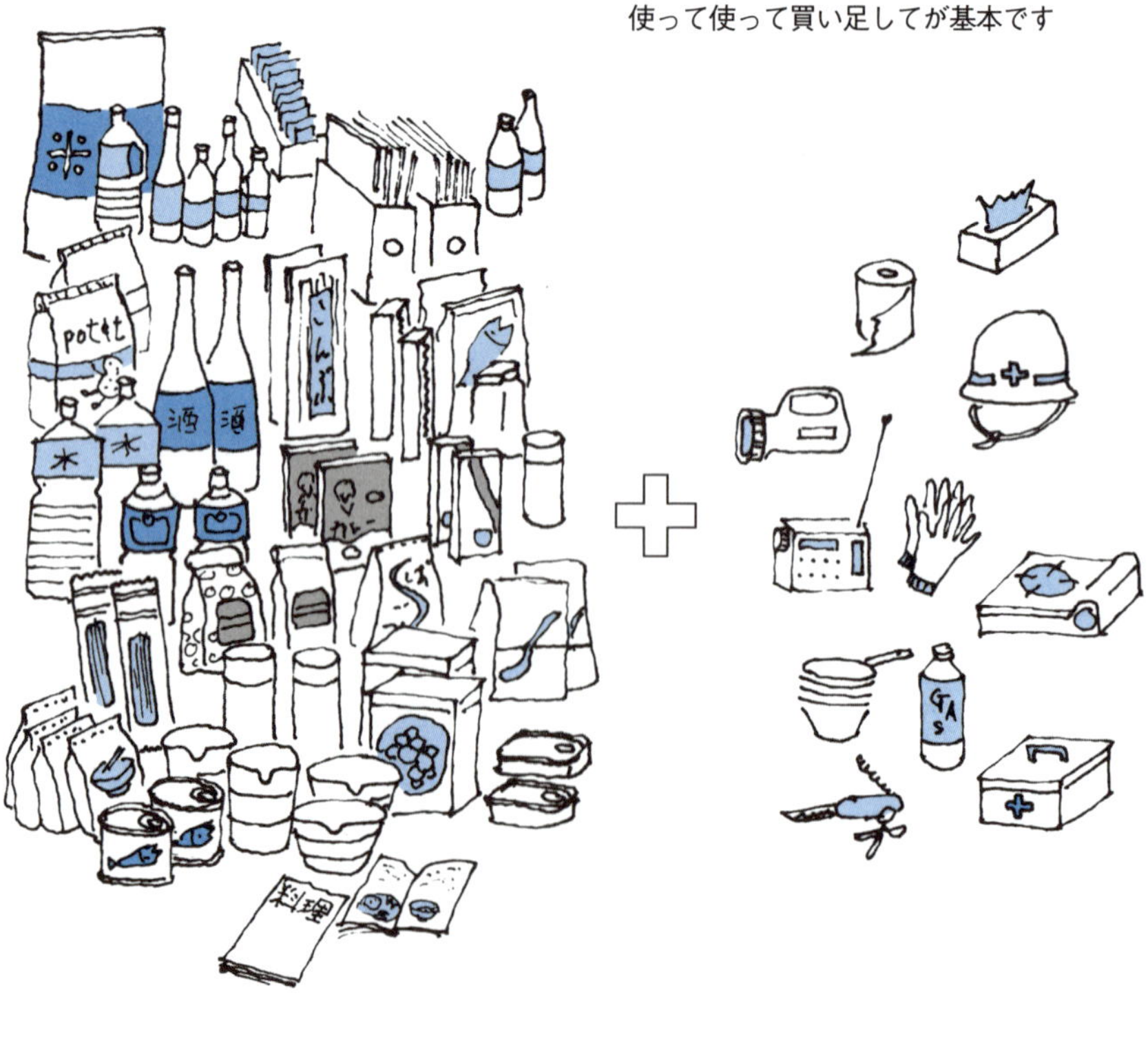

階段下を使う食品庫

階段下を有効に使い、勝手口から外への抜けを設けます

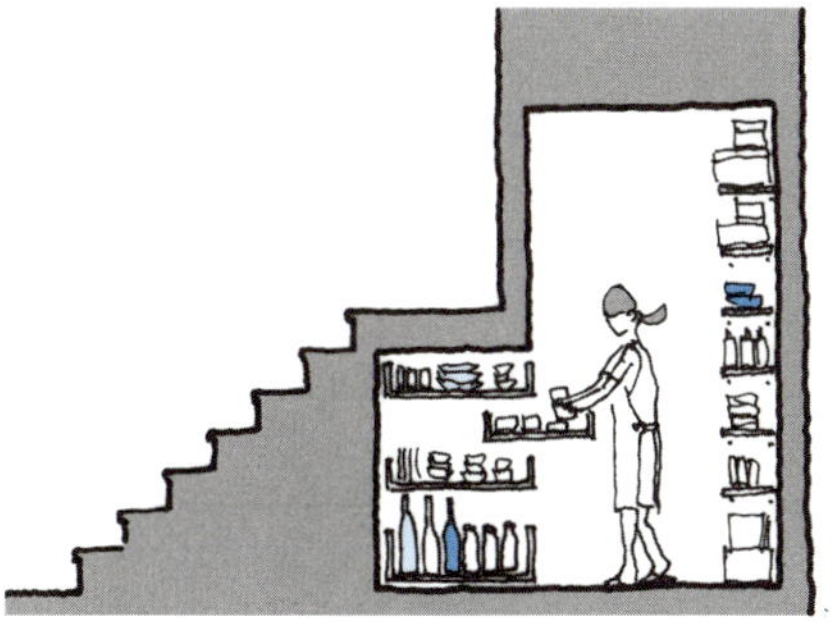
階段の踊り場下は引出しに

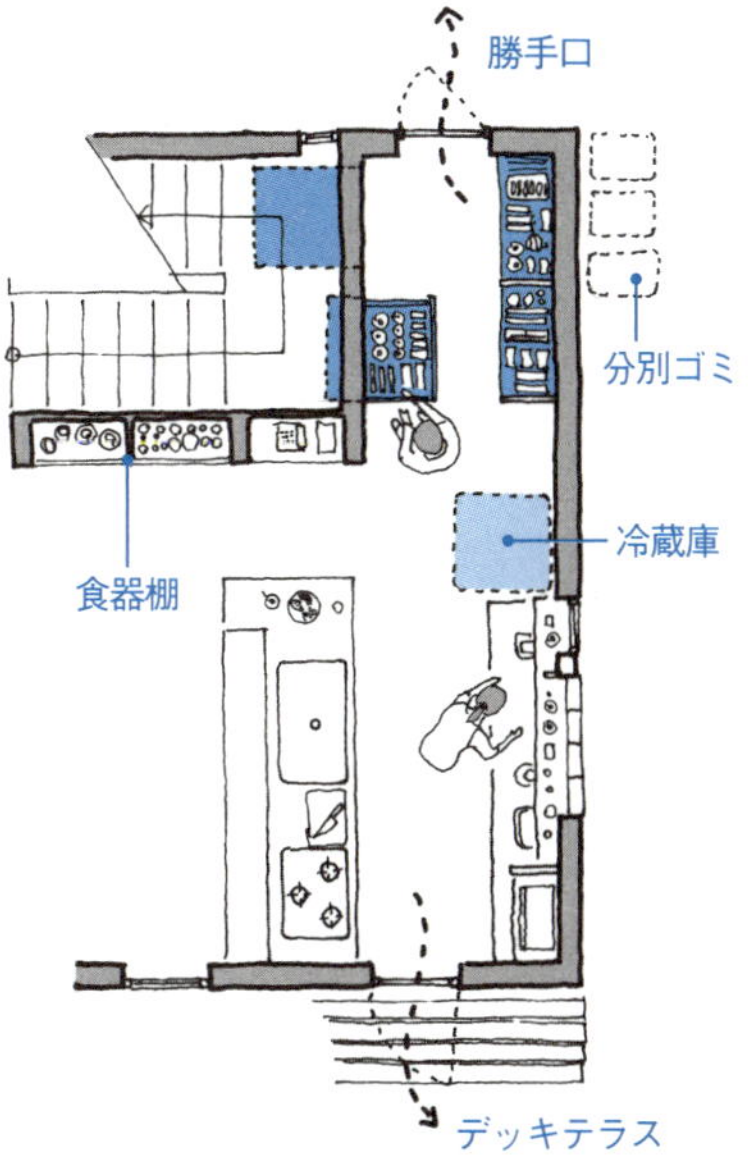

（鶴ヶ島の家）

両面から使える食品庫

ダイニングとキッチン両面から使えるようにし、食品棚としても機能させ、上部を開放して通風採光を確保します

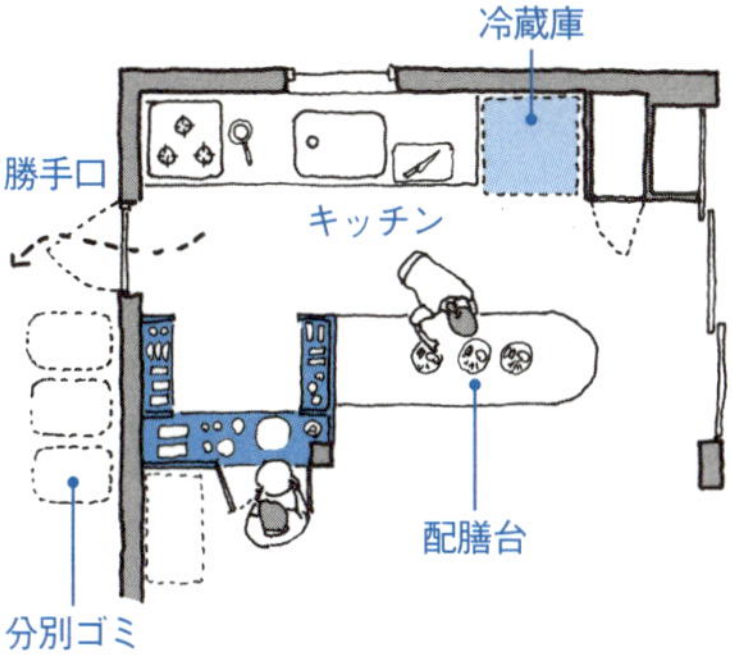

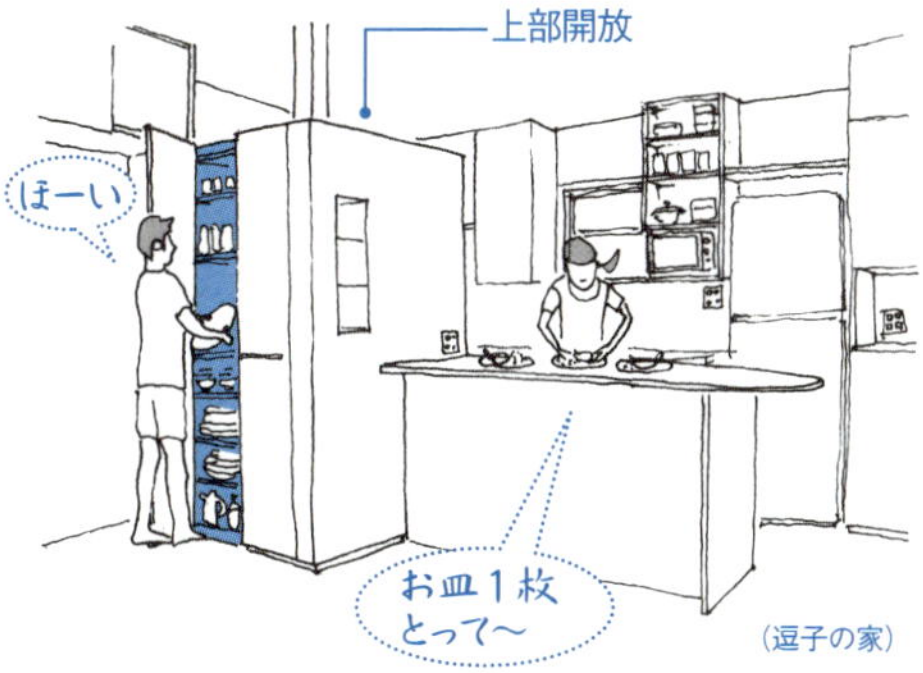

（逗子の家）

廊下的な食品庫

納戸や勝手口への動線の途中、つまり廊下的な位置に設ける食品庫

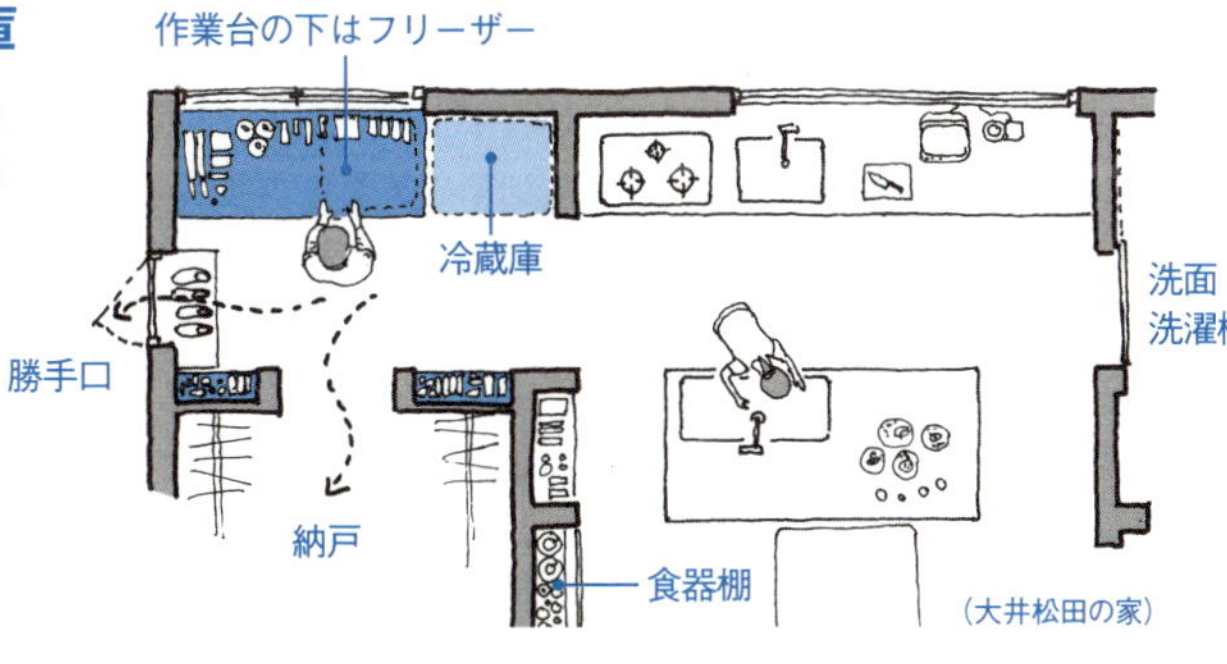
洗濯機

（大井松田の家）

クローゼットにも通風採光を

すっかり一般的になってきたウォークインクローゼット。しかし、つくり方を間違えると真っ暗で奥のものが取れないことになります。衣類の防虫効果などを考えても、できるだけ通風を良くし、最低限の採光を確保する必要があります。

さらにその位置は、寝室の奥か手前か、暮らし方や間取りの特徴を考慮して、ウォークインクローゼットにもう一役担わせることをしてみましょう。

難攻不落の"服塚"をつくらない……

オーイ　どこだー!
今、発掘してやるぞ!

前室タイプ

寝室に入る前の前室として、ウォーク“スルー”クローゼットを設けます。プライベート空間への緩衝帯としての役割も

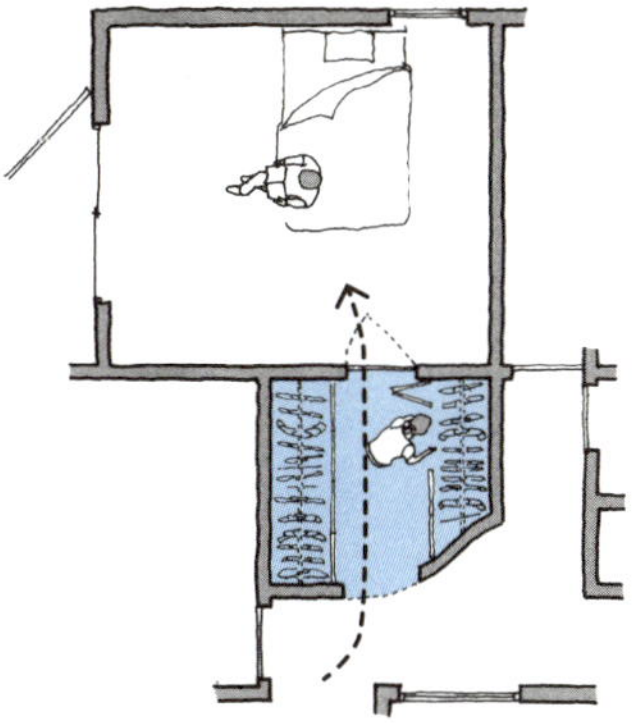

（鶴ヶ島の家）

上部を開放し
通風と採光を

行灯タイプ

木材の格子と半透明素材によって構成し、落ち着いた寝室の行灯的な照明として機能する

上部開放

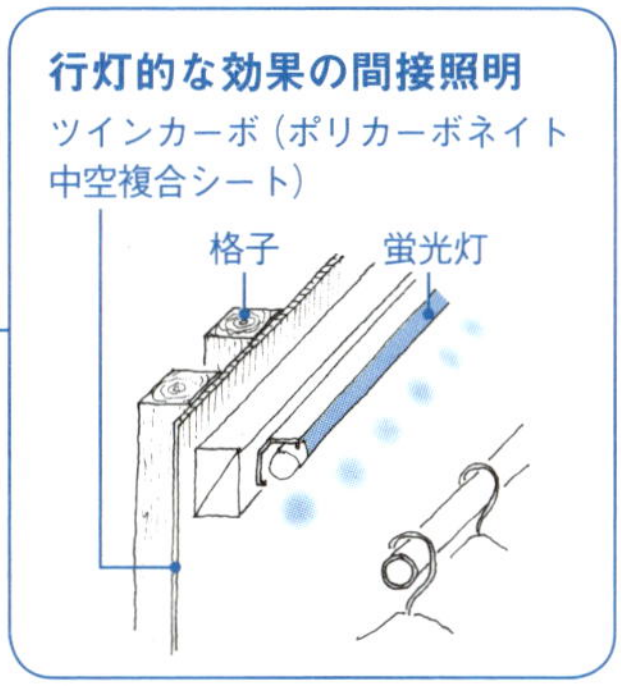
行灯的な効果の間接照明
ツインカーボ（ポリカーボネイト中空複合シート）
格子
蛍光灯

（久我山の家）

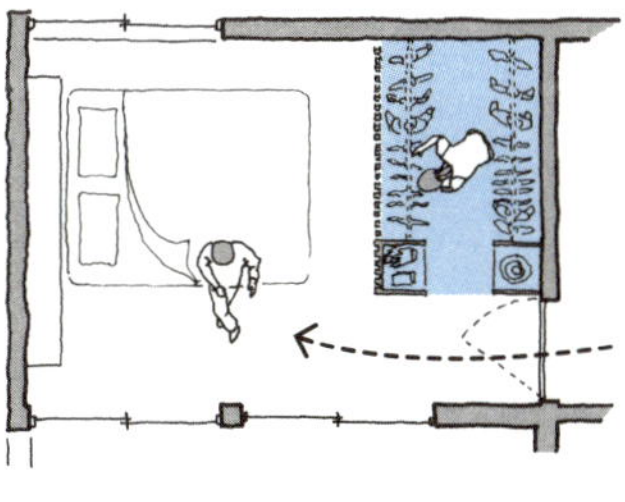

長さで勝負の壁面収納

収納を宙に浮かし、下に通風・採光の窓を設けます。扉を開ければ何がどこにあるか一目瞭然、入れたことを忘れることもありません

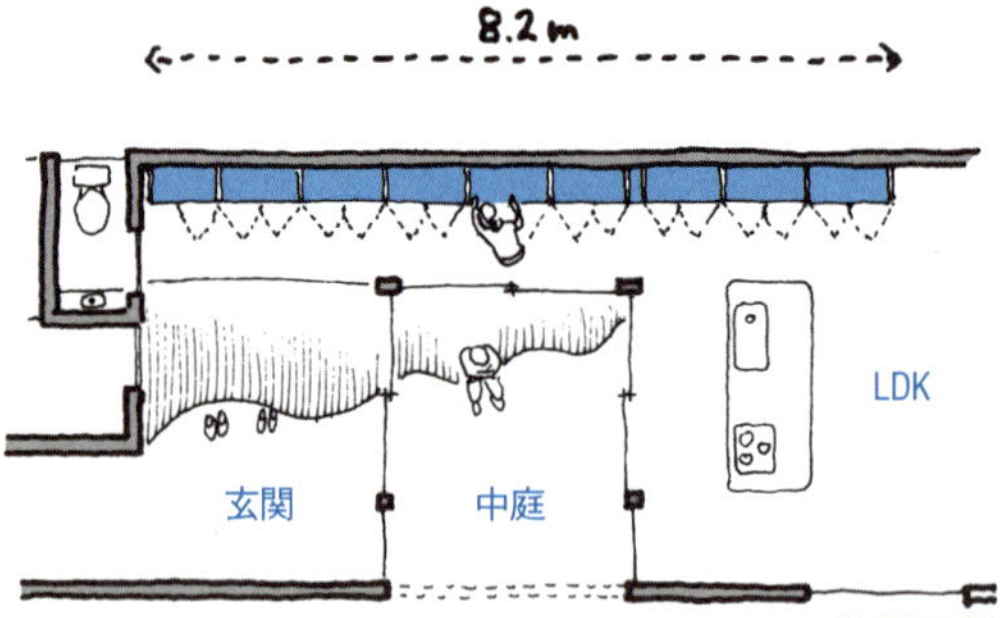
8.2 m
LDK
玄関
中庭

（検見川の家）

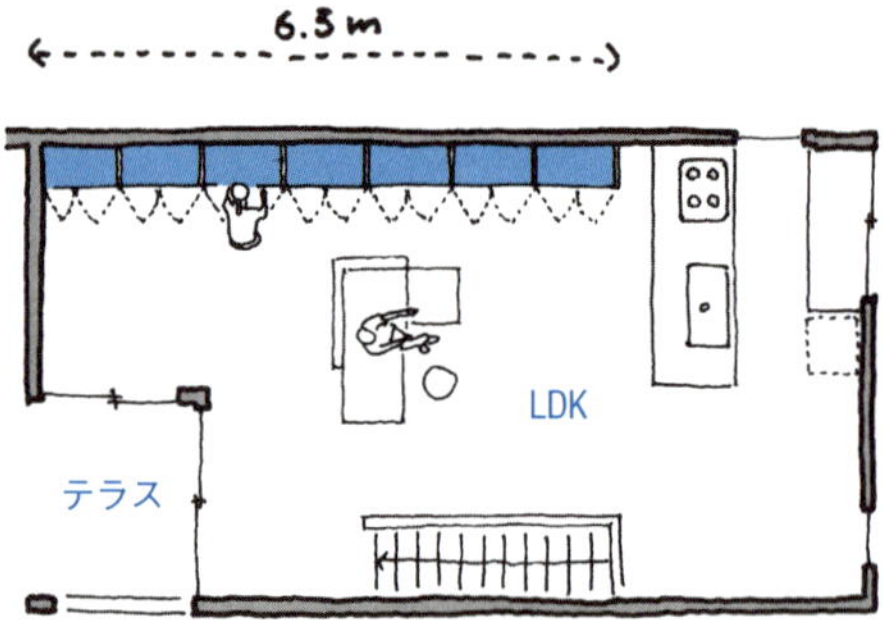
6.5 m
LDK
テラス

（鵠沼海岸の家）

壁面収納 大容量をスマートに

住まいには、奥行き45㎝程度で収納できるものがけっこうあり、それらをすべて、壁面全体に収納してしまう方法があります。しかし、その収納面の多さに威圧感を与えないためには、収納を床から浮かし、床の広がりを部屋の広さとして感じさせることも重要です。また扉の仕上げを平滑なものにして〝壁のごとく〟連続させて、圧倒的な存在感を消し去ることができます。

玄関からLDKへ続く8.2m

玄関からLDKに至る廊下的な場所。中庭にも面しているので収納の整理をしていても気持ちが良い

（検見川の家）

LDKの6.3m

寝室にはクローゼットや押入れを設けますがLDKの収納も必須。日常生活の中で、ふと思いついて手にしたいものはけっこう多い

（鵠沼海岸の家）

1枚の引戸、洗面所

1枚の引戸の移動で外ヅラを良くみせます。お客様用というよりも、毎日の生活の中での気持ちの切り替えのためでもあります

分電盤
はぶらし
はみがき
クリーム
化粧水
ティッシュ
洗剤
せっけん…

日常のみせたくないものは左

観葉植物
イルカの置物
きれいなビンの化粧品
きれいなタオル

ちょっとした置きものなど、みせる収納は右

（鵠沼海岸の家）

サニタリー収納は1枚の引戸

毎日使うものは、しまわずに出しっぱなしにしておいたほうが便利です。しかし、隠したいときには隠したいのが人情です。人が来たときや、ちょっと気分転換したいときはみえない方がいい。特にサニタリーなど確実に生活感のあふれてしまう収納は、1枚の引戸で生活感を一瞬にして隠すことができます。さらに飾り棚などにすることにより、暮らしに余裕を感じさせることができます。

1枚の引戸、トイレ

みせたくないもの用の収納もたっぷりあるのに、あえてマガジンラックで余裕をみせます

みせてもいいもの

マガジンラック
手洗い
タオル
観葉植物
紙巻器

みせたくないもの

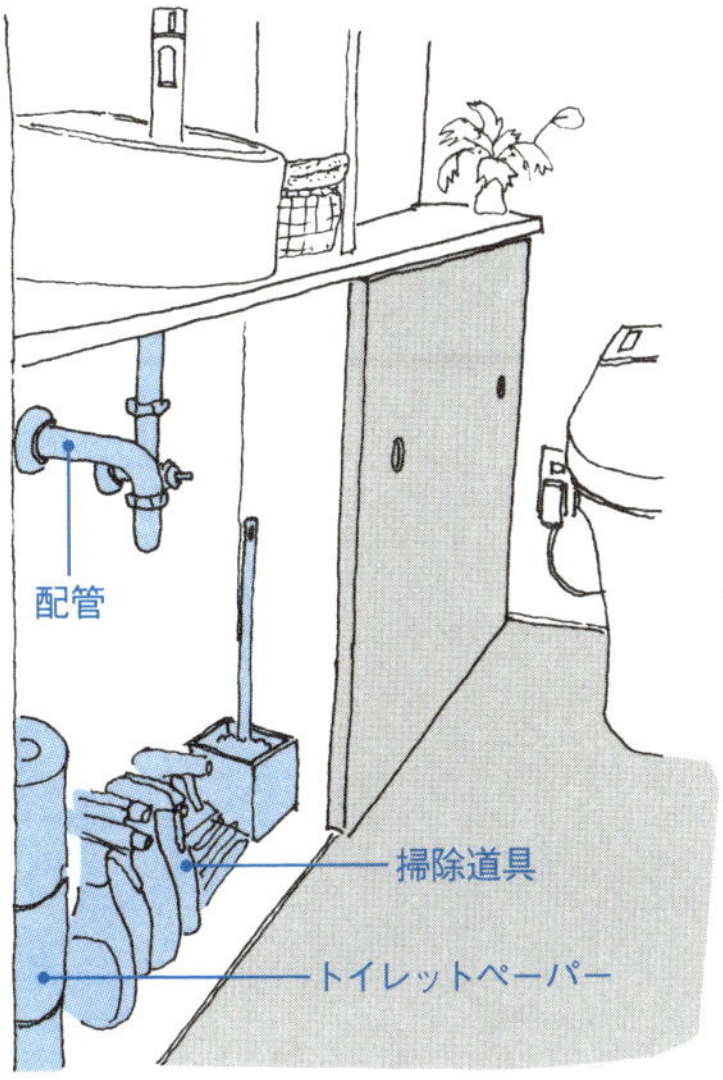
配管
掃除道具
トイレットペーパー

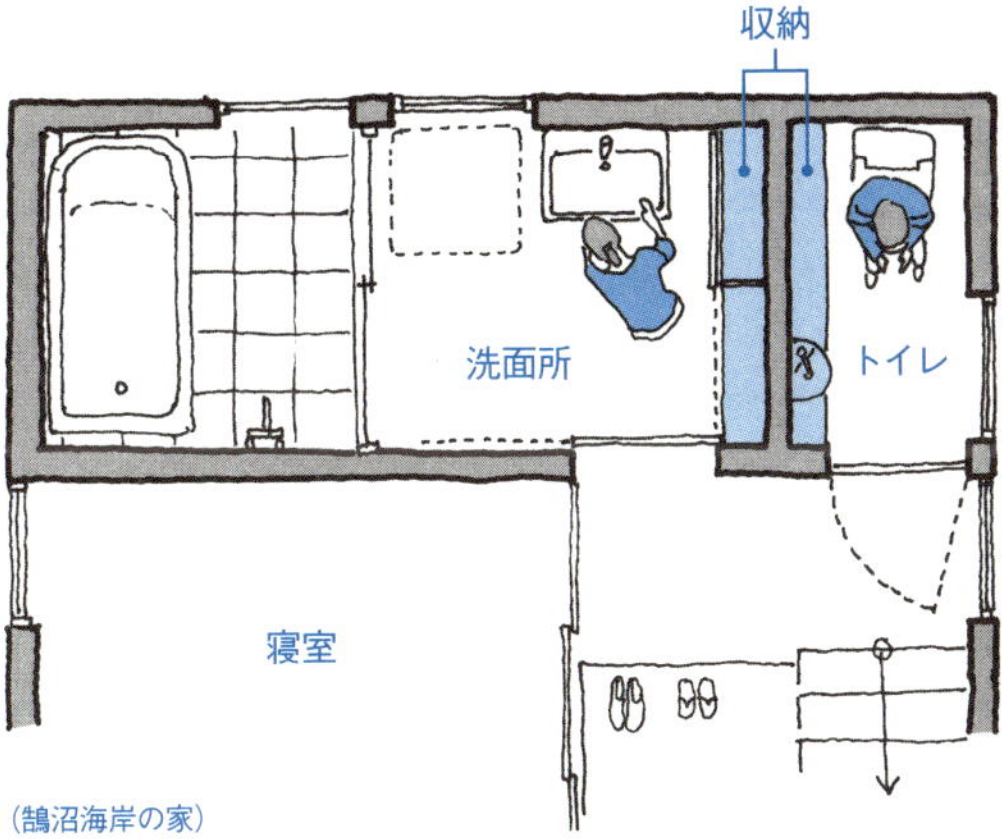
収納
洗面所
トイレ
寝室

家中にまんべんなく、その場で使うものはその場に収納できることがベスト

（鵠沼海岸の家）

1階LDK脇の6畳

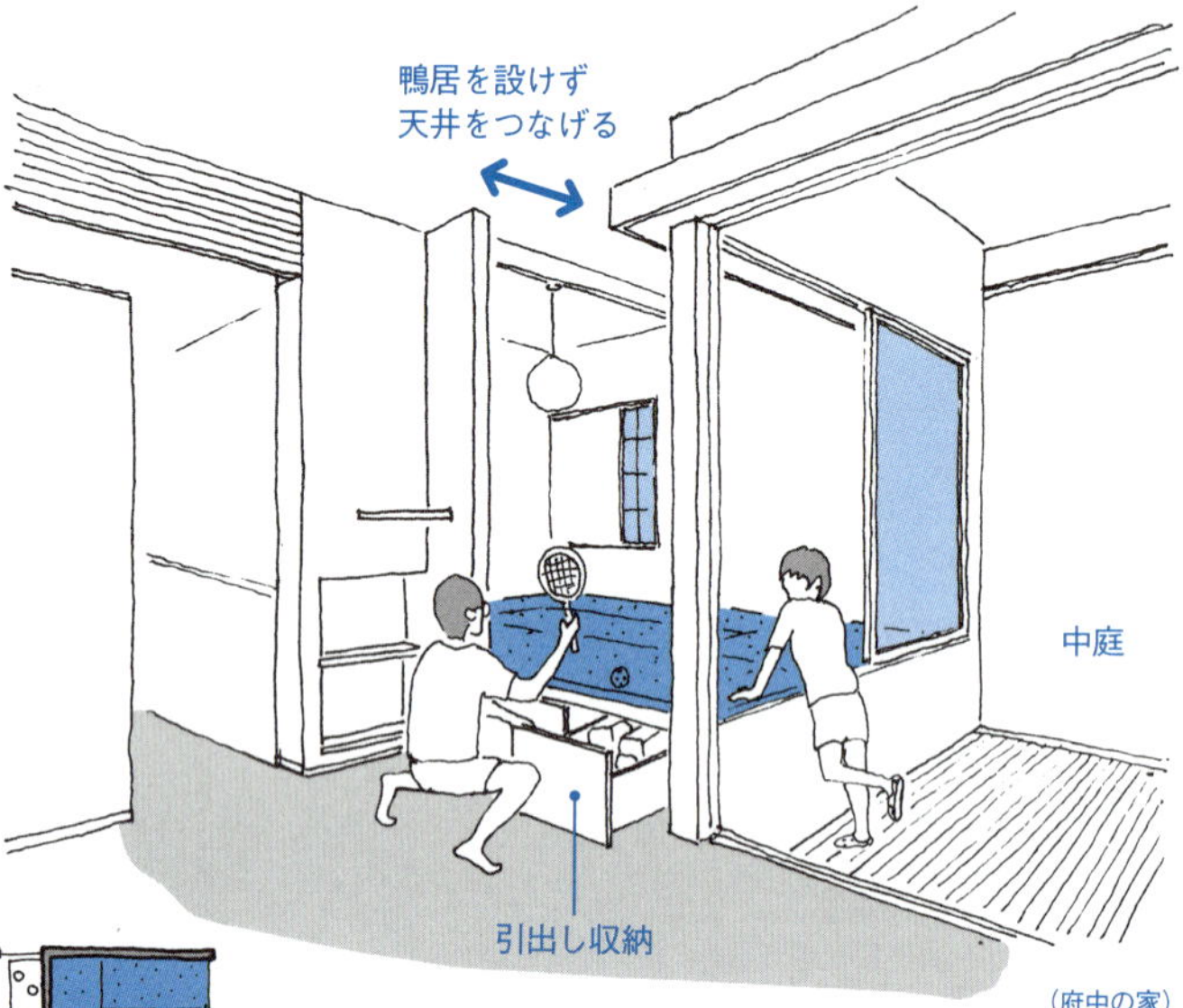
鴨居を設けず
天井をつなげる
中庭
引出し収納

（府中の家）

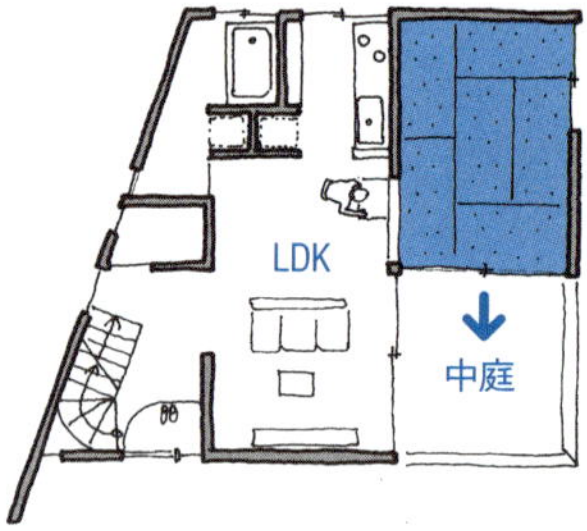
LDK
中庭

中庭に面した小上がり。中庭に対しては、少し敷居の高い感じになります

小上がりについてくる引出し収納

2畳でも3畳でもいいから畳の間が欲しい。ちょっと腰をかけたり、昼寝をしたり。しかし、その場合は、小上がり（段差）を設けて、少し偉そうにしてあげないと、〝タコ部屋〟のようになってしまいます。さらに小上がりの下部にはもれなく引出し収納を設けること。その収納力は意外に大きく、全体もみわたせ取り出しも楽。収納が少なくなりがちなLDKには欠かせないものになります。

2階LDK脇の2.75畳

小上がりは行き止まりにせず、デッキテラスへの回遊性を設けることも重要です

デッキ
テラス
LDK

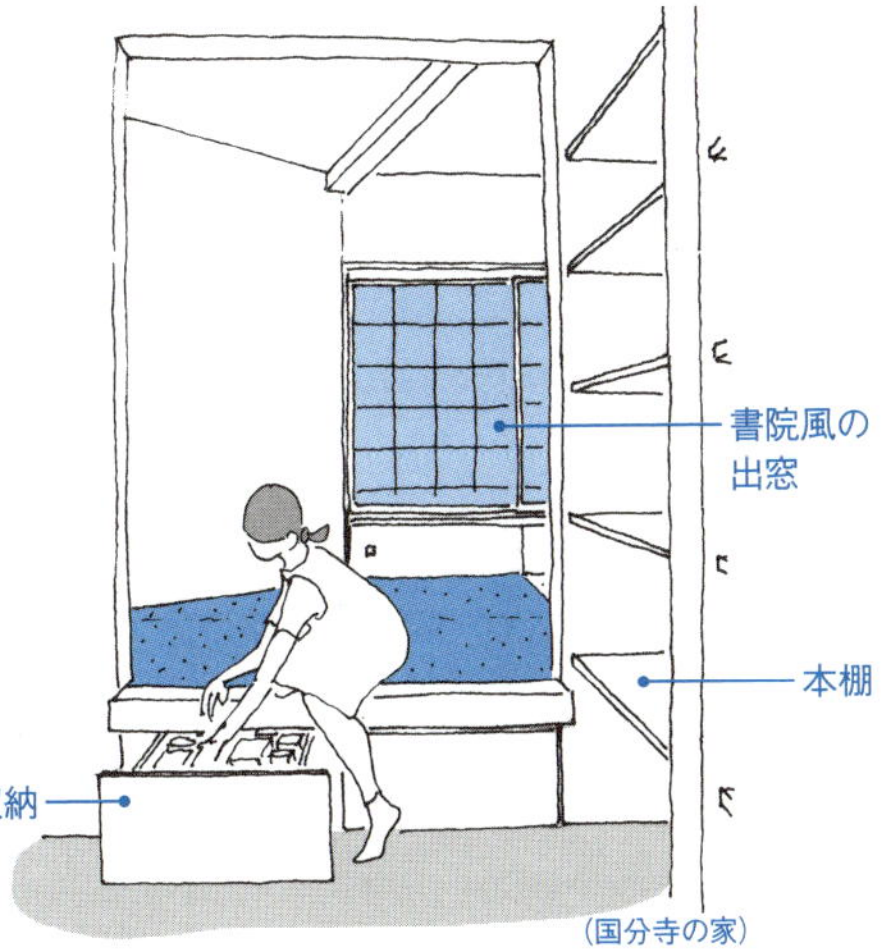
書院風の
出窓
本棚
引出し収納
(国分寺の家)

1階LDK脇の2畳

畳は2畳ですが、まわりは板敷きで自由に大きさを調整できる。部屋ではなく、コーナー的な小上がり

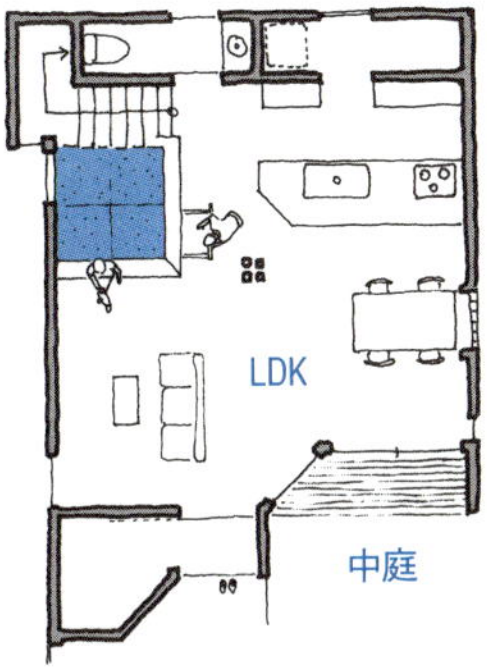
LDK
中庭

引出し収納
板敷きのはね出し
(久我山の家)

2階LDK脇の3畳

おしめを替えたり、お昼寝をさせたり、子育てにも効く小上がり

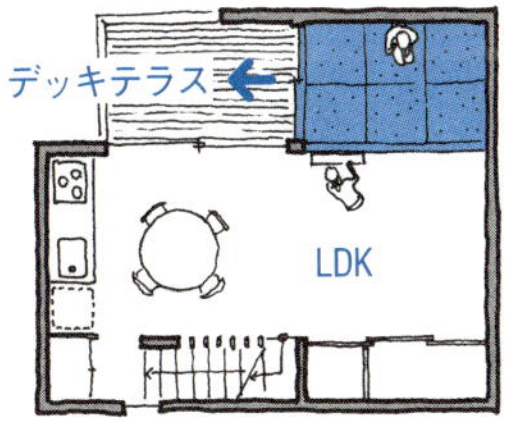
デッキテラス
LDK

壁厚程度の
うすい飾り棚
デッキテラス
はね上げ式の収納扉
(小岩の家)

つくり手都合の本棚（箱）はいらない

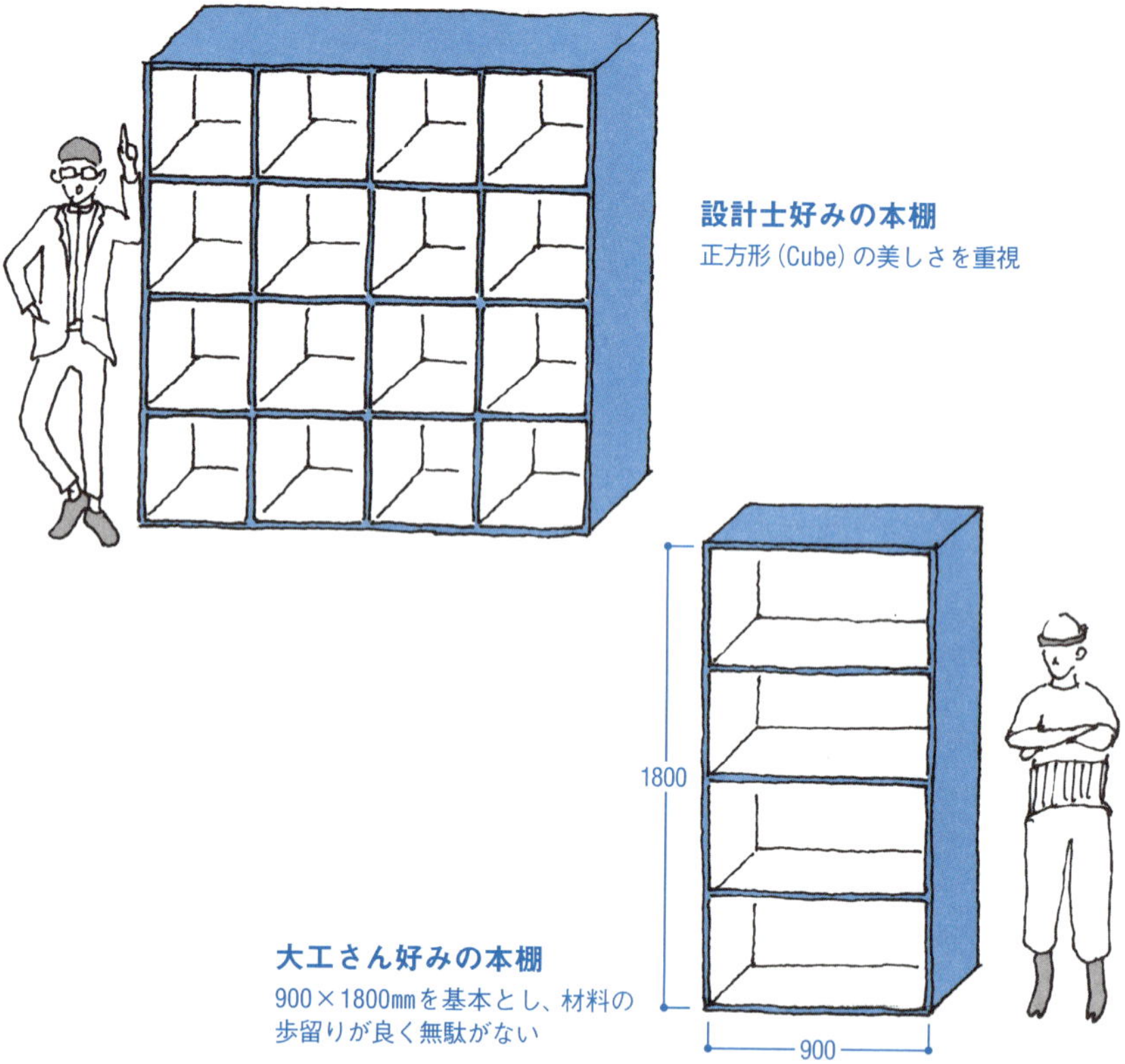
設計士好みの本棚
正方形（Cube）の美しさを重視
1800
大工さん好みの本棚
900×1800㎜を基本とし、材料の
歩留りが良く無駄がない
900

本棚は阿弥陀くじのごとく

本棚を図書館や本屋さんのようにかっちりとつくってしまうと、家の中が硬直した感じになります。せっかく本棚を造り付けるのであれば、〝箱〟という考えを忘れ、もっとやわらかく、そう、阿弥陀くじのような動きを与えてみましょう。本や収集品など、納めるべきものの多彩さを考慮し、棚の高さや深さをうまく混在させて、美しくて実用的な、生きた本棚にしてあげましょう。

本棚のカタチは中身が決める！

（単位：mm）

横に伸びる本棚

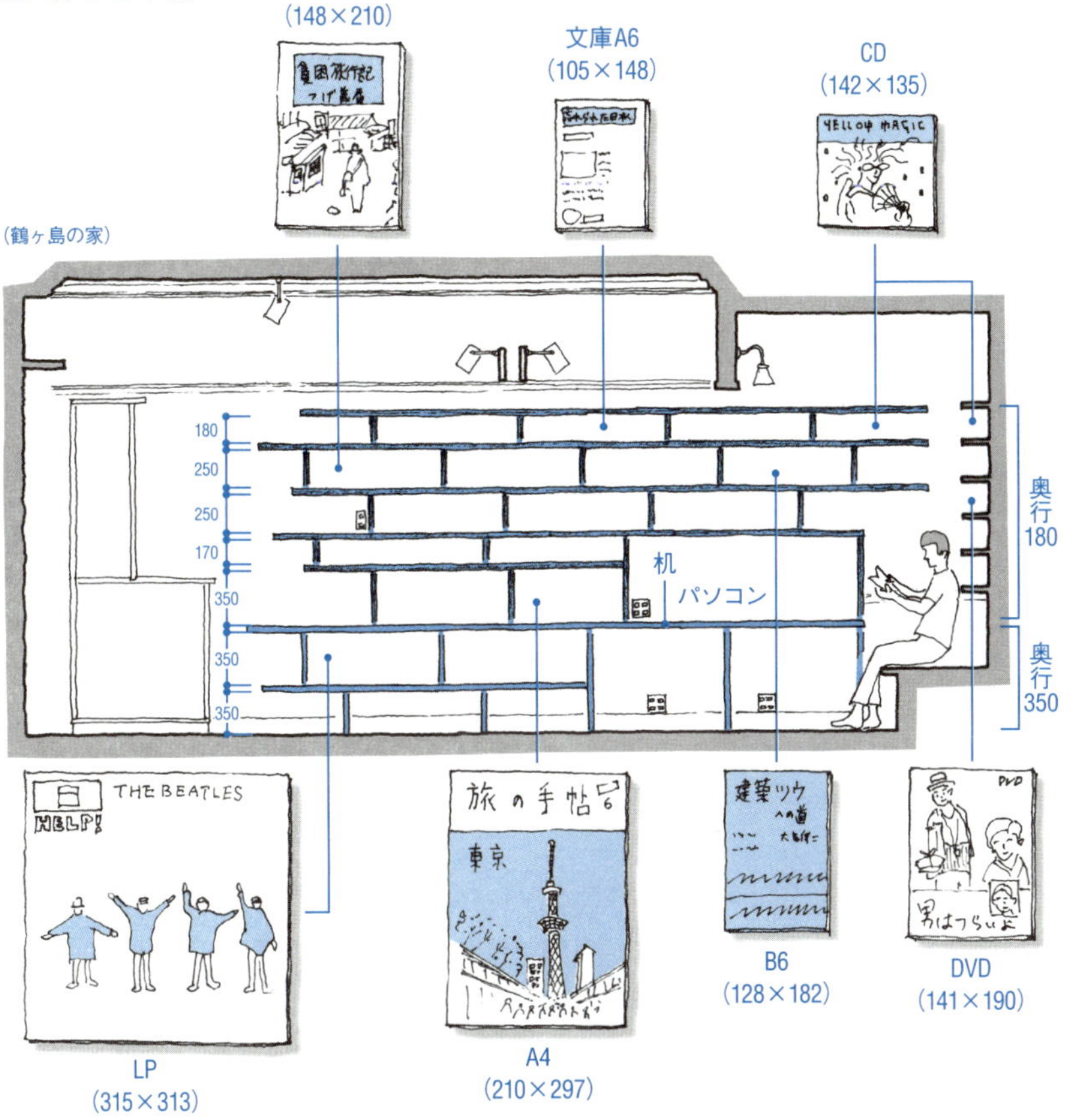
A5
（148×210）
文庫A6
（105×148）
CD
（142×135）
YELLOW MAGIC
（鶴ヶ島の家）
180
250
250
170
350
350
350
机
パソコン
奥行
180
奥行
350
THE BEATLES
HELP!
LP
（315×313）
旅の手帖
東京
A4
（210×297）
建築ツウへの道
B6
（128×182）
DVD
男はつらいよ
DVD
（141×190）

縦に伸びる本棚

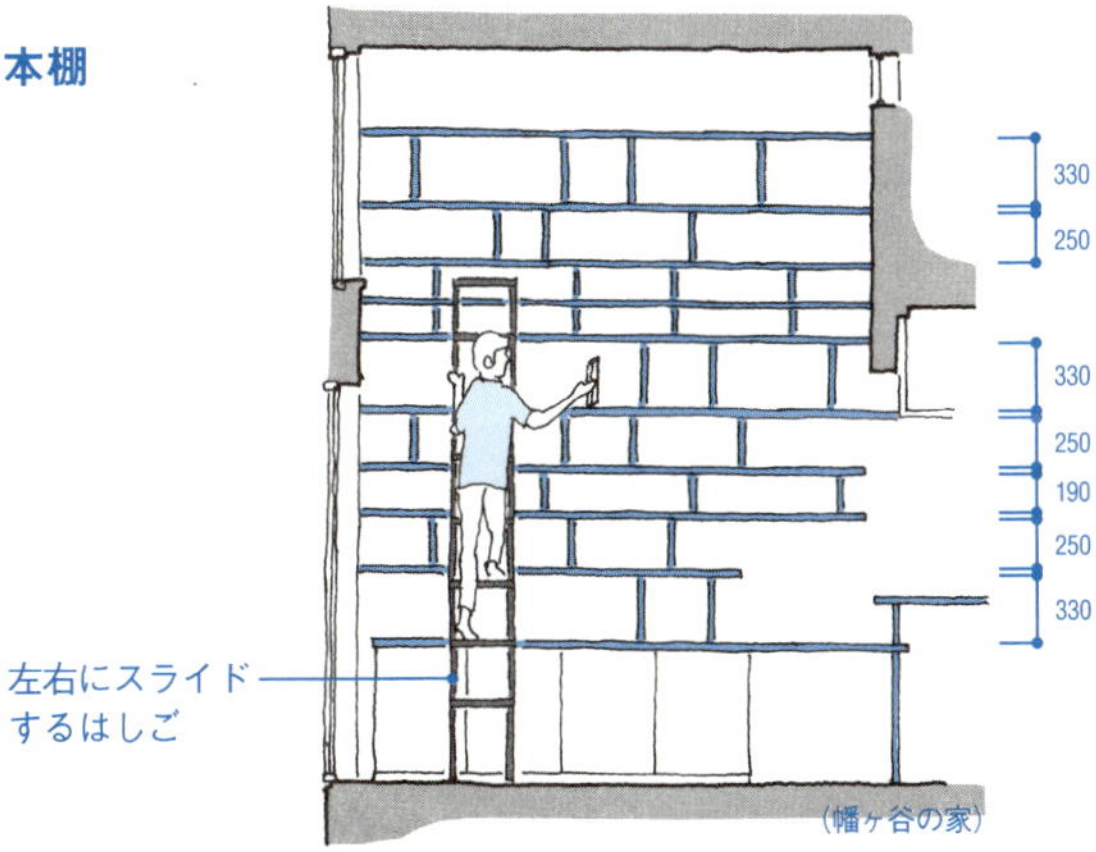
330
250
330
250
190
250
330
左右にスライド
するはしご
（幡ヶ谷の家）

小さな本は階段脇をねらえ!

（単位：mm）

階段の踏み板を延長した本棚

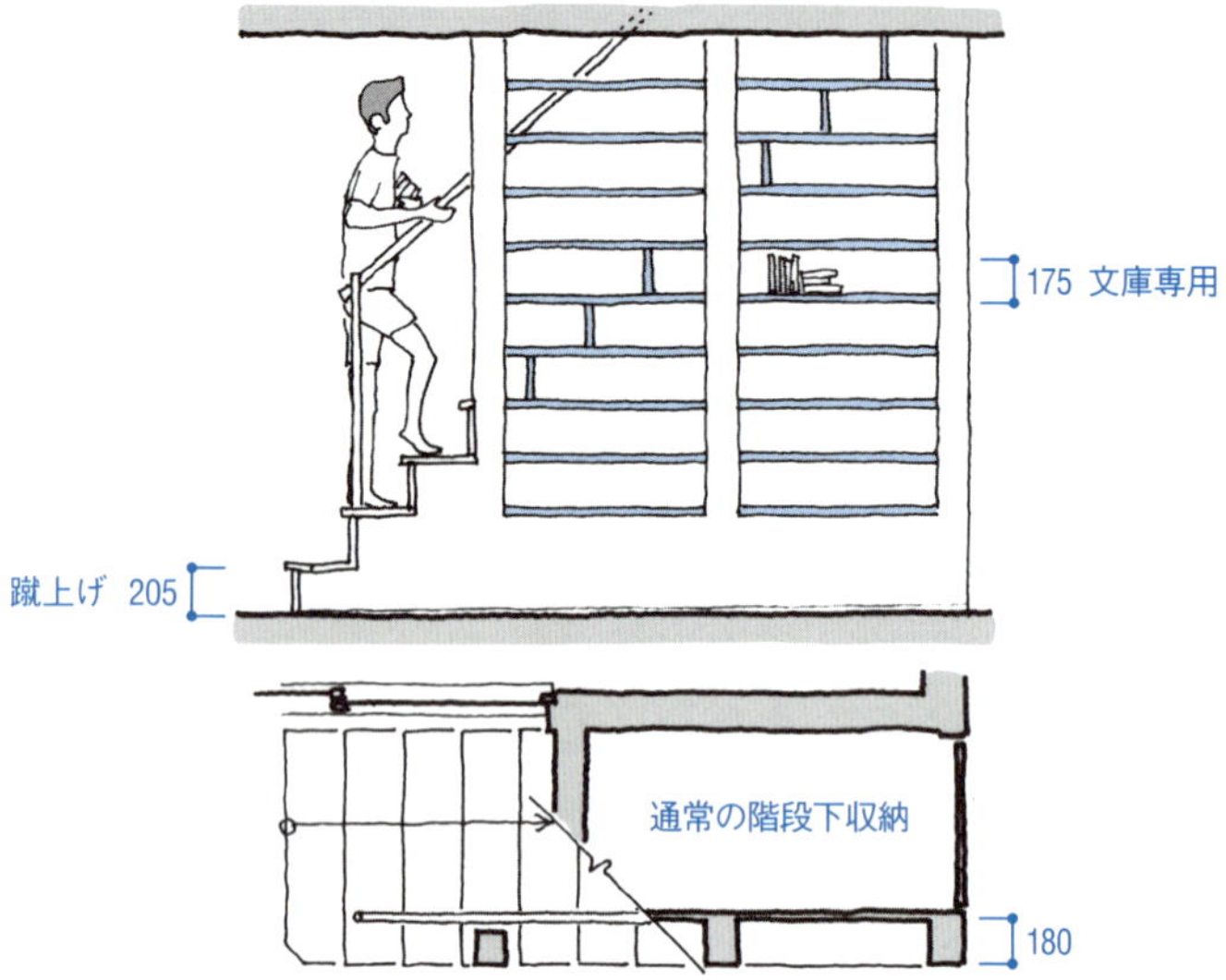
175 文庫専用
蹴上げ 205
通常の階段下収納
180

（国分寺の家）

A5判まで入る鉄骨造の本棚

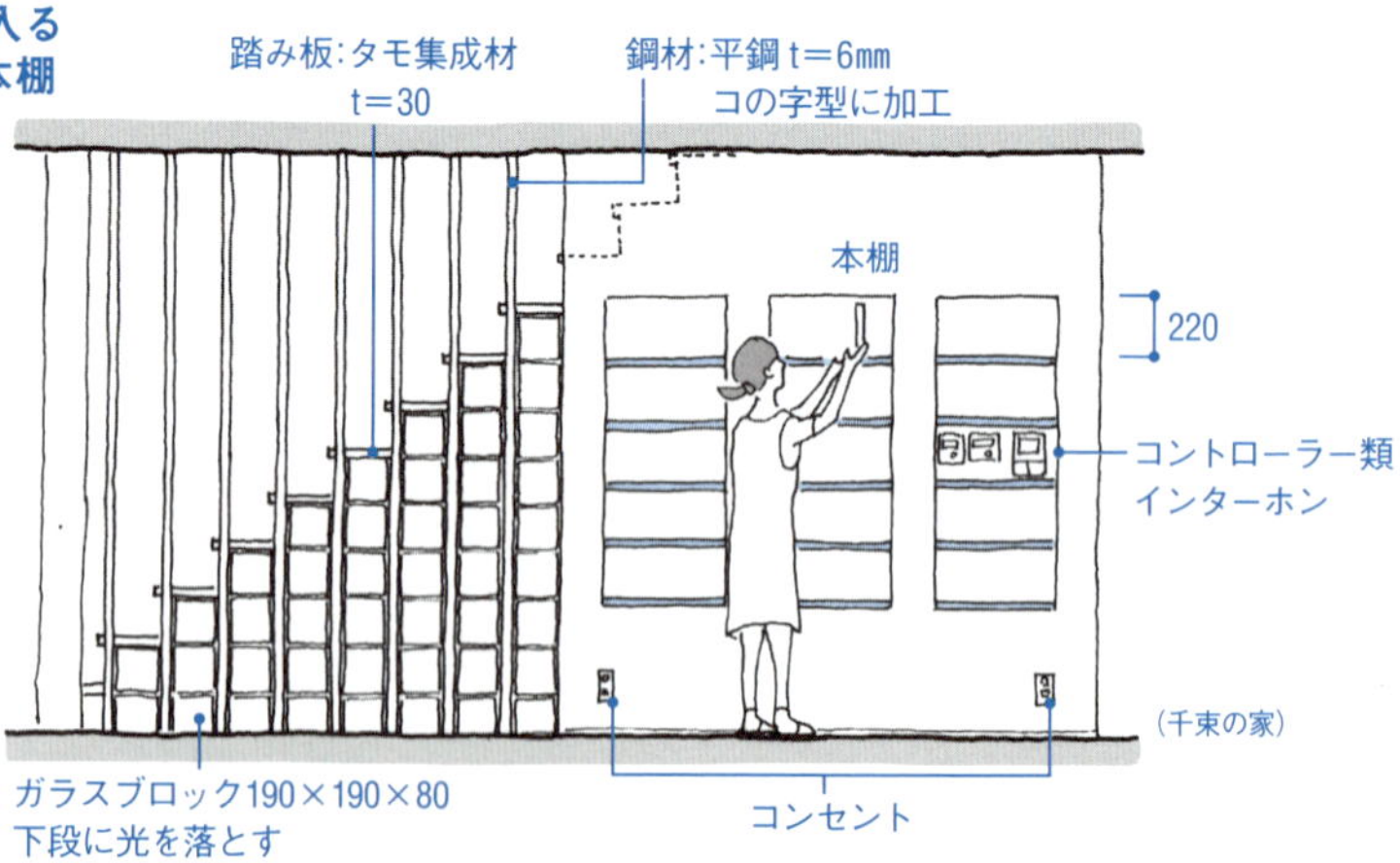
踏み板：タモ集成材
t=30
鋼材：平鋼 t=6mm
コの字型に加工
本棚
220
コントローラー類
インターホン
ガラスブロック190×190×80
下段に光を落とす
コンセント

（千束の家）

文庫本の奥行き

木造105角の柱

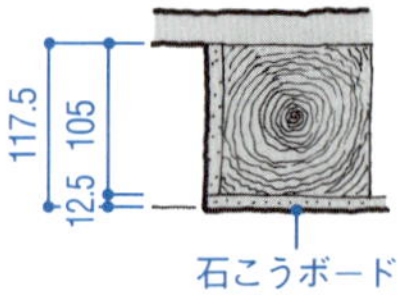
117.5
105
12.5
石こうボード

B6判単行本の奥行き

木造120角の柱

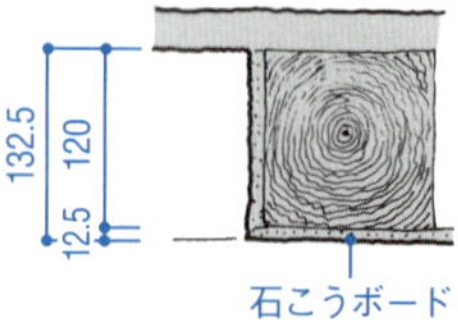
132.5
120
12.5
石こうボード

A5判単行本の奥行き

鉄骨造150角の柱

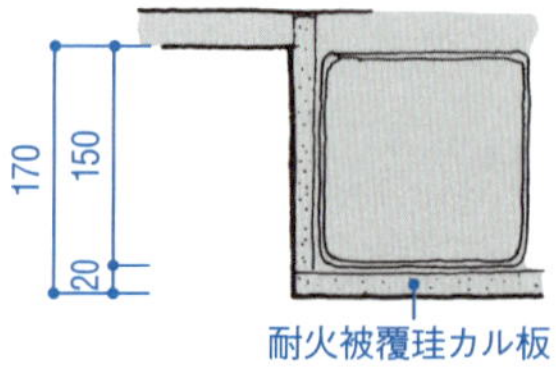
170
150
20
耐火被覆珪カル板

5章

細部のこだわり方

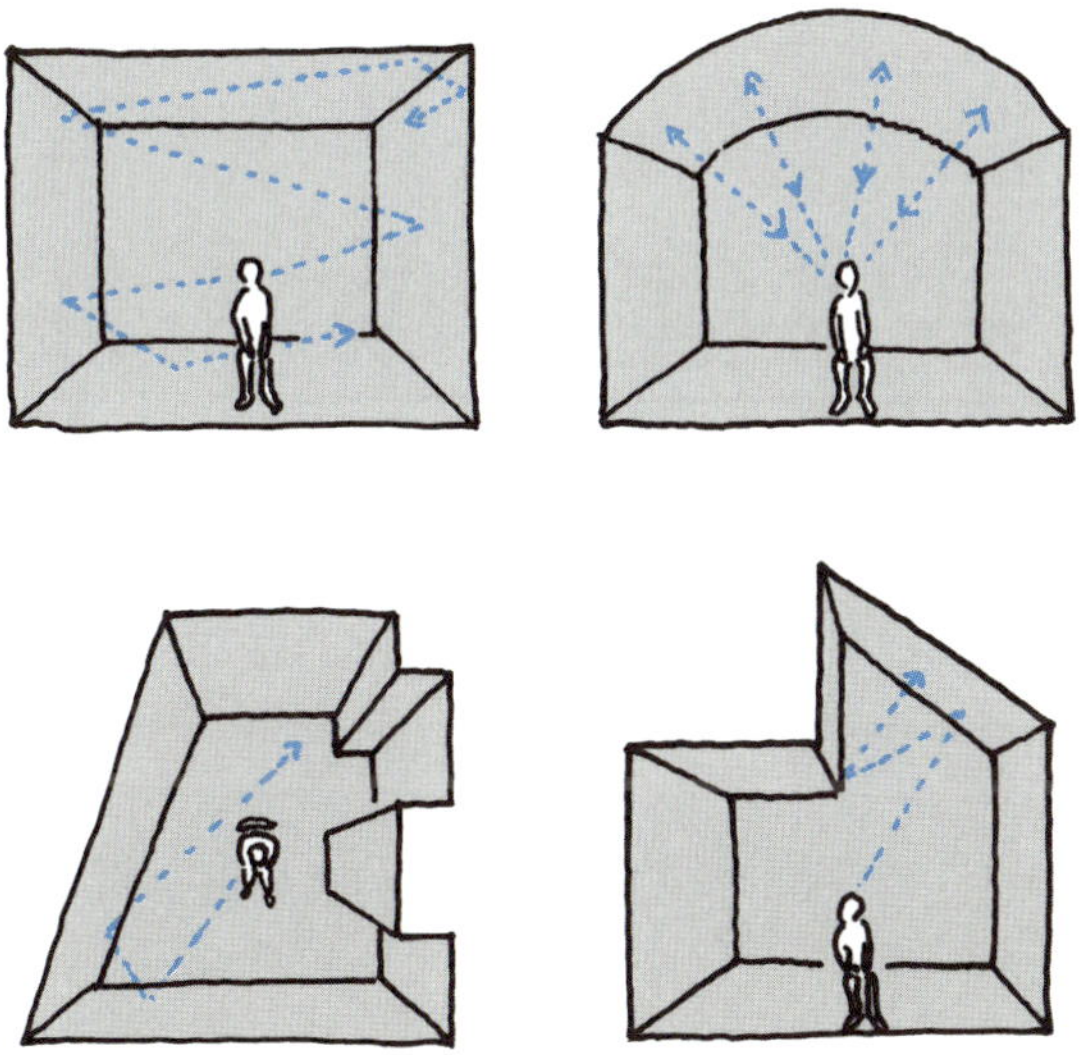

上がり框 その高低は 家の格式

ただ、格式の選択は自由

フォーマル　Formal
座って来客との目線が合う高さ

コンニチワ
式台・靴脱石

カジュアル　Casual
階段の蹴上げと同じ高さ

エッサホイサ

機能的　Functional
車椅子が上げやすい高さ

ヨッコイショ

上がり框がつくる住まいの顔

日本では床下の換気を良くするために、床と玄関の上がり框を高くしてきました。しかし床下にコンクリートが敷かれ、床下全周換気なども施され、さらに、アプローチにも余裕があれば、玄関の上がり框の高さは自由になってきました。上がり框はそれぞれの住まいのコンセプトが如実に現れる部分といえます。格式を重視するか、それともより機能的にまとめるかの判断が必要となります。

フォーマル　Formal

（単位：mm）

昔ながらの腰掛けられる高さ

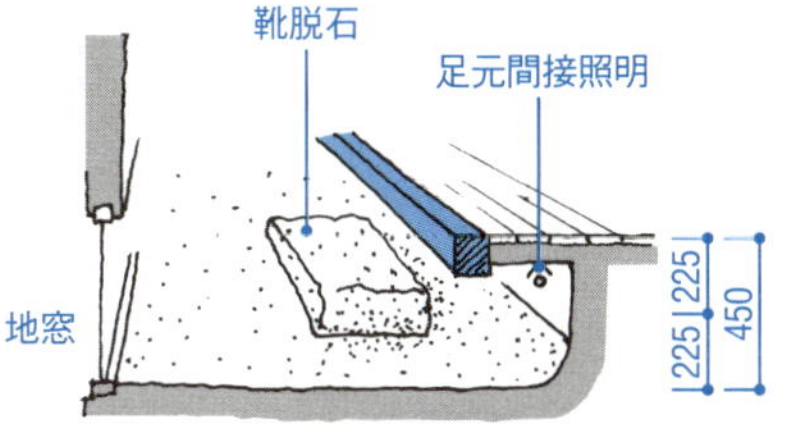
靴脱石
足元間接照明
地窓
225
225
450

（加古川の家）

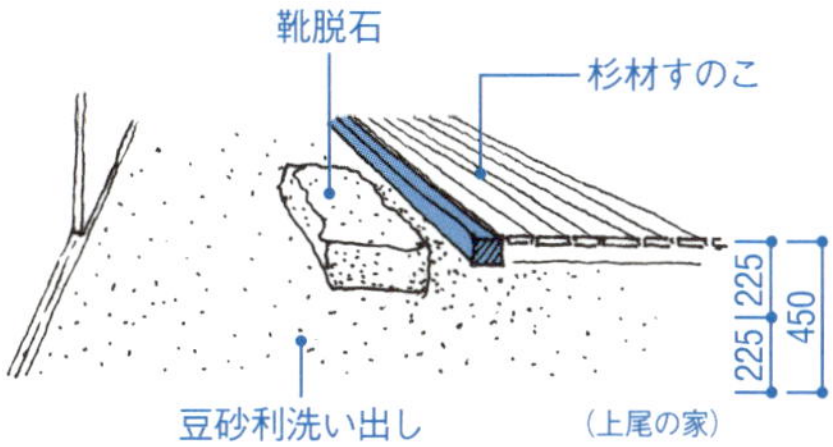
靴脱石
杉材すのこ
豆砂利洗い出し
225
225
450

（上尾の家）

靴脱石や式台の設け方がポイント

カジュアル　Casual

土間と親密な高さ

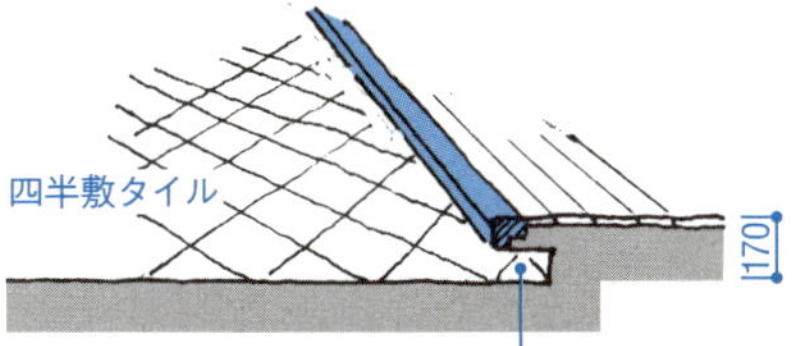
四半敷タイル
170

（大井松田の家）

階段の蹴上げと同じ高さ

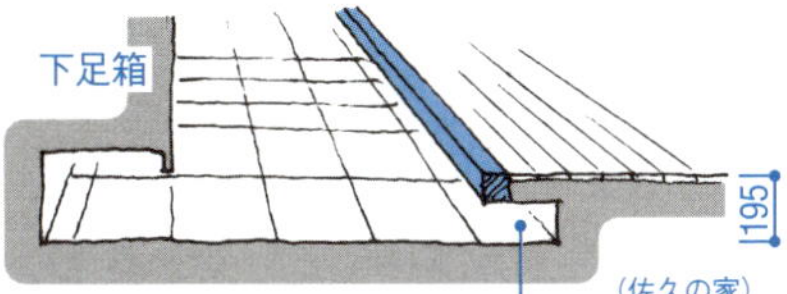
下足箱
195

（佐久の家）

框の下を少し凹ませて浮遊感を出す

機能的　Functional

車椅子も越えられる高さ

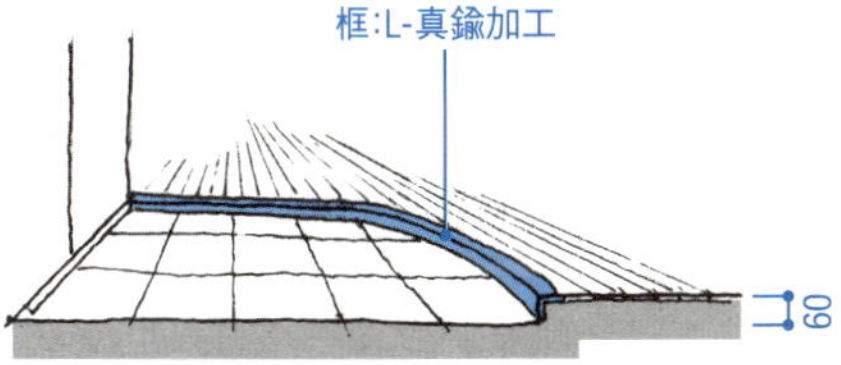
框:L-真鍮加工
60

鉄骨造の2F

（広島の家）

狭小地と建物高さの影響で框も低く

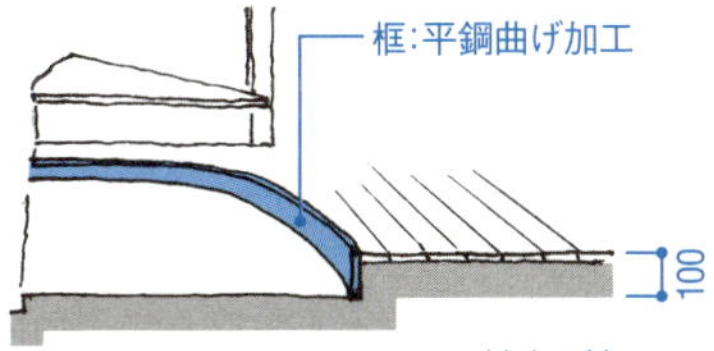
框:平鋼曲げ加工
100

地下がコンクリートの1F

（府中の家）

タフな金属製の框なので曲線の遊びも可能

引戸、その存在の耐えられない軽さ

デザインとは何か？　空間の本質とは何か？　商業建築ではなく、ここは住まい。かつての装飾過剰な扉はそろそろ引退してもらいましょう……

引戸は開いた時に真価を発揮

古くさいと一度は嫌われた引戸。対する洋風の開き扉の人気にも陰りが。そして再び見直されはじめた引戸。おそらくその遠慮がちな動きと自身の気配を消すことに長けている点が評価されているのでしょう。つまり、引戸は〝開いているとき〟にこその真価が問われるのです。床の敷居も消えバリアフリーは当たり前、鴨居も消し、徐々に1枚の動く壁へと進化しつづけています。

引戸もいろいろ

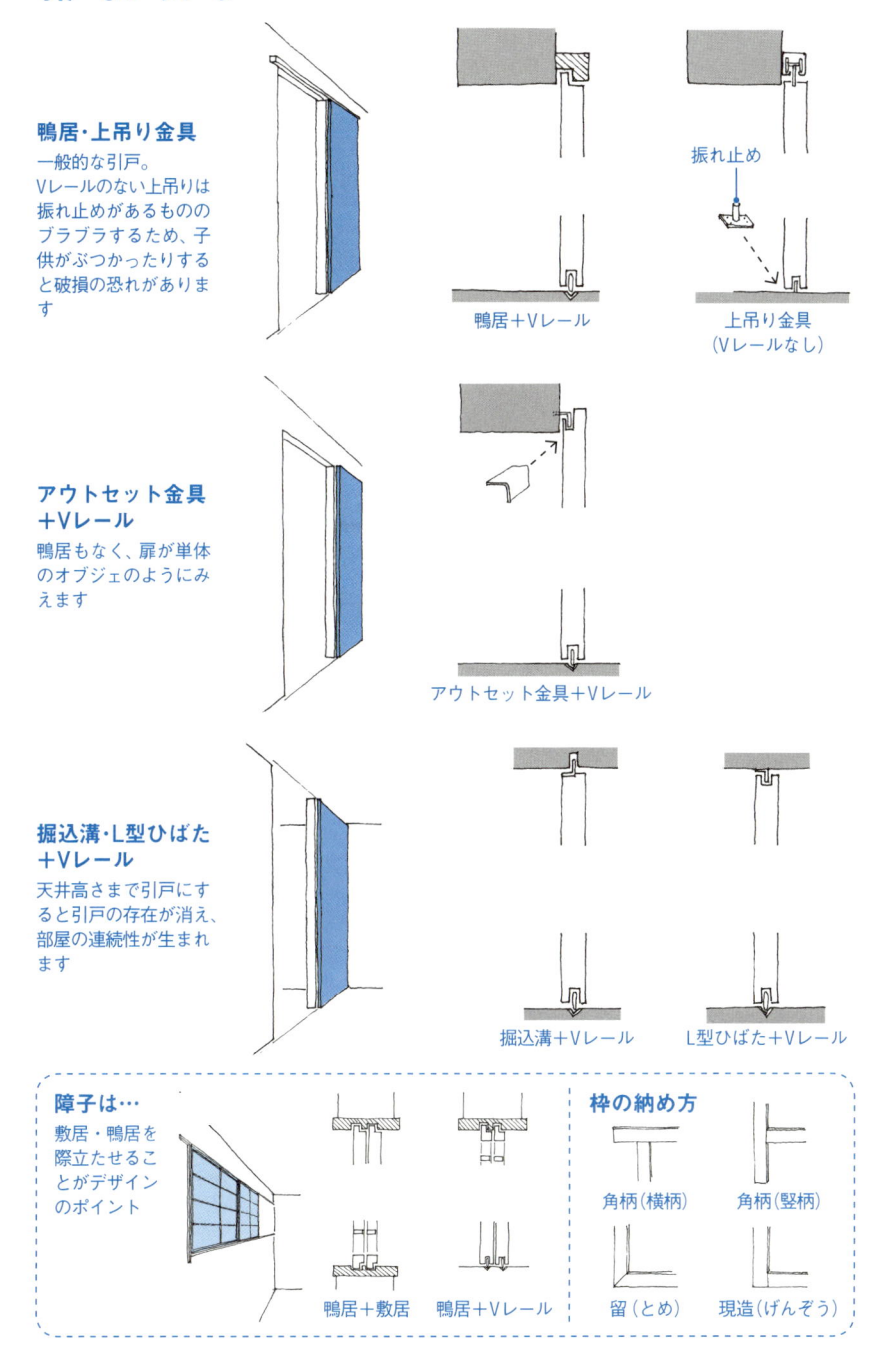

鴨居・上吊り金具

一般的な引戸。

Vレールのない上吊りは振れ止めがあるもののブラブラするため、子供がぶつかったりすると破損の恐れがあります

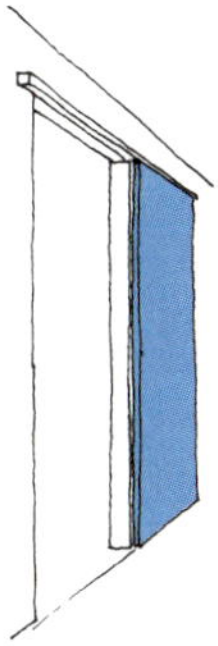

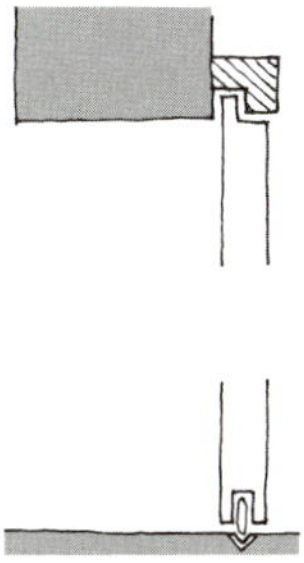

鴨居＋Vレール

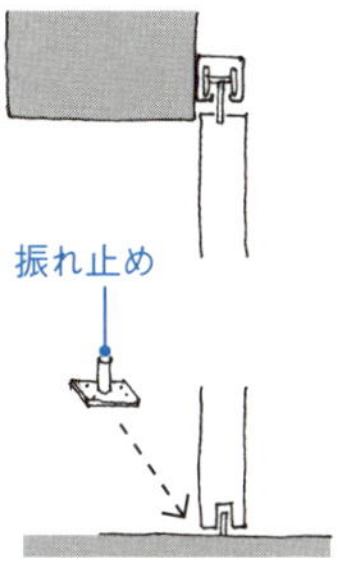

上吊り金具
(Vレールなし)

アウトセット金具＋Vレール

鴨居もなく、扉が単体のオブジェのようにみえます

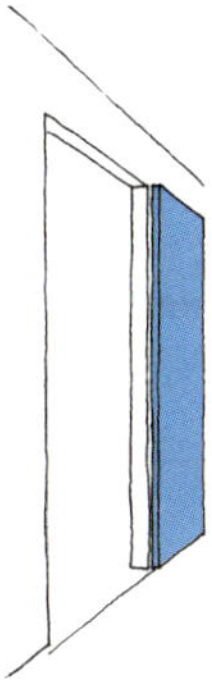

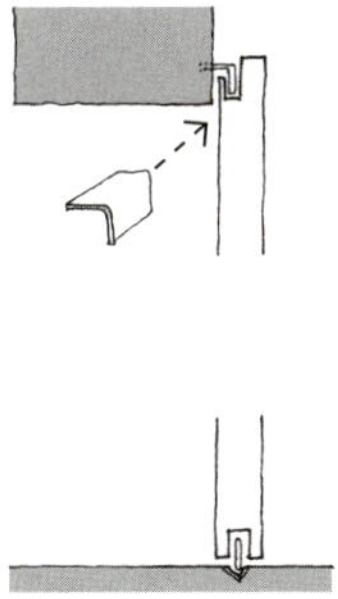

アウトセット金具＋Vレール

掘込溝・L型ひばた＋Vレール

天井高さまで引戸にすると引戸の存在が消え、部屋の連続性が生まれます

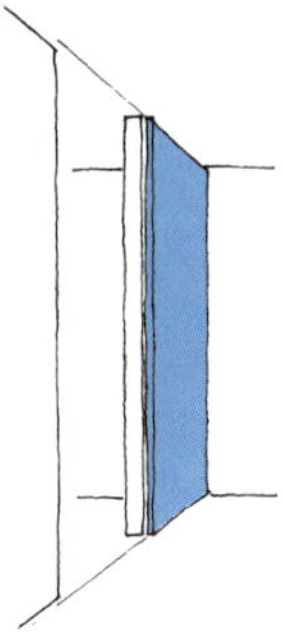

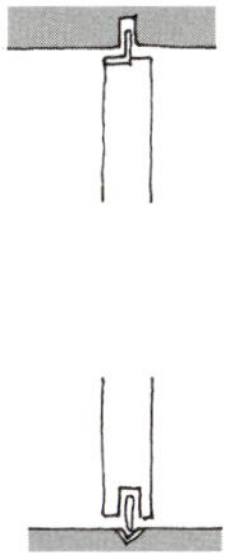

掘込溝＋Vレール

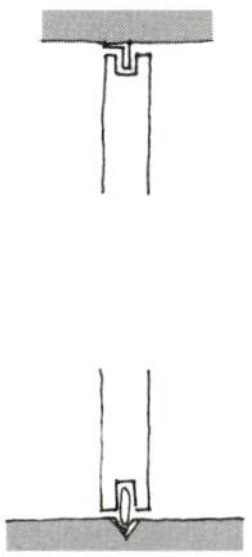

L型ひばた＋Vレール

障子は…

敷居・鴨居を際立たせることがデザインのポイント

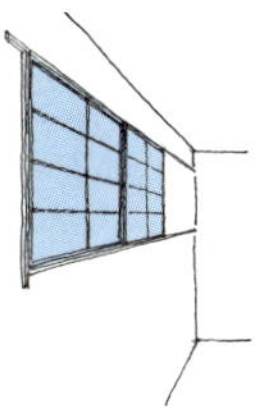

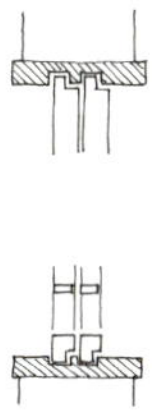

鴨居＋敷居

鴨居＋Vレール

枠の納め方

角柄(横柄)

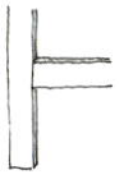

角柄(竪柄)

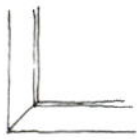

留(とめ)

現造(げんぞう)

5

こだわり――障子

大きな窓は障子が似合う

大きな開口部には「日射の遮蔽・断熱」に加えてプライバシーの確保が必要です。いわゆる〝ウィンドートリートメント〟が重要で不可欠です。カーテン、ロールスクリーン、ブラインドなどがありますが、その選択肢の中に障子も入れてみましょう。障子＝和風・畳の間という考え方を捨てれば、その機能性やデザインの自由度によって暮らしの雰囲気をずいぶんと変化させることができます。

ウィンドートリートメントとして、障子も参加

それぞれにメリット、デメリットがあり、部屋の印象を大きく左右する存在でもあります

サッシだけ

何かが必要……

カーテン

断熱性は高いが、存在感が大きい

ロールスクリーン

すっきりと壁のようになるが、上からの光を採り込みにくい

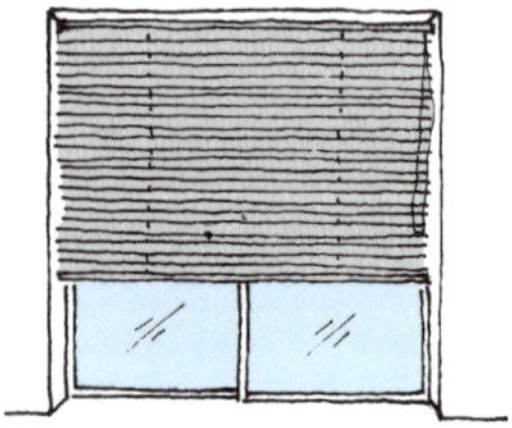

ブラインド

光の調整には長けているが子供のイタズラでボロボロになる

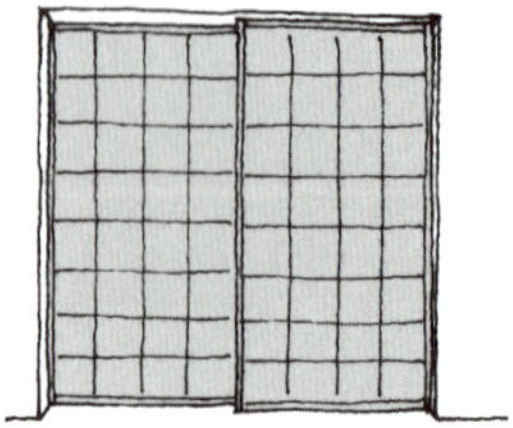

障子

障子はある程度密閉させるため、高い断熱効果もあります。強化障子紙というものもあり、子供のいる家庭でも使えるようになりました

モダンなデザインにも似合う障子

腰付き障子

縦繁

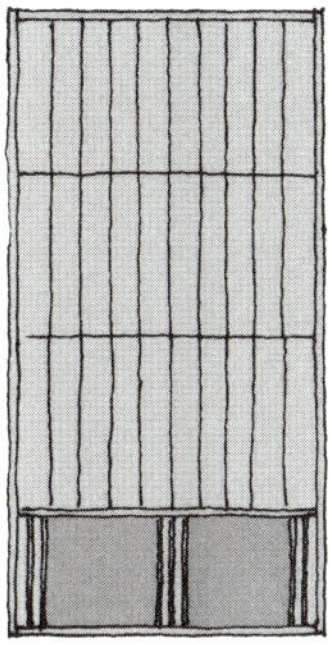

（東京旅館）

雪見障子

荒間／下部はガラス入り

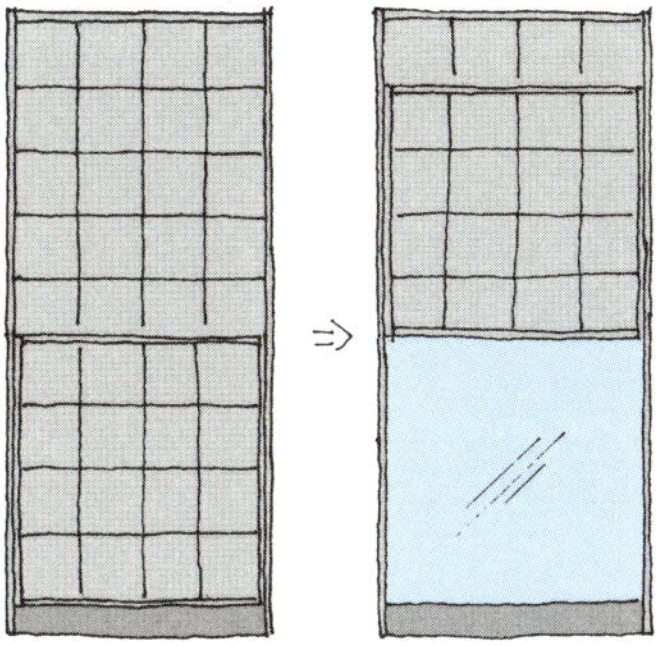

（聖蹟桜ヶ丘の家）

太鼓張り

荒間／組子をみせない

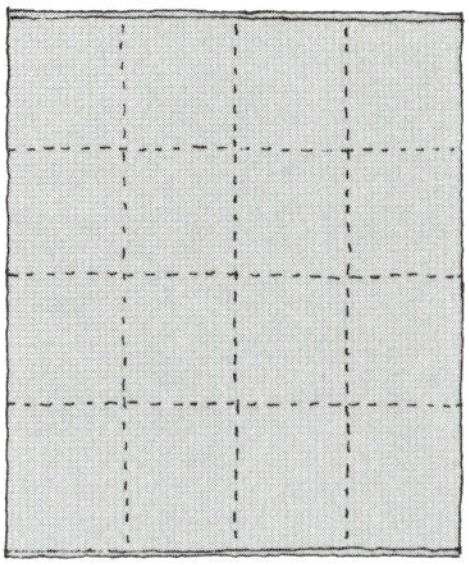

（鶴ヶ島の家）

吹き寄せ障子

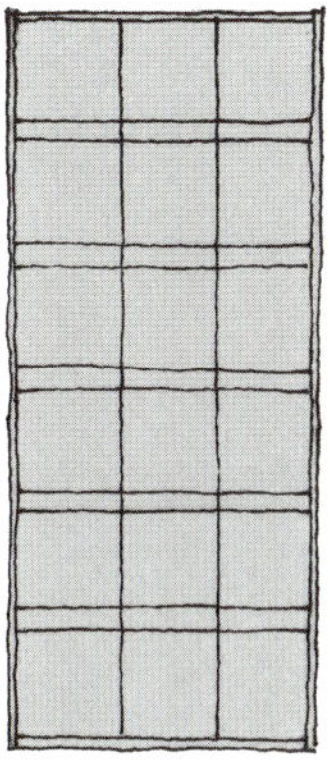

（木曽呂の家）

荒間障子

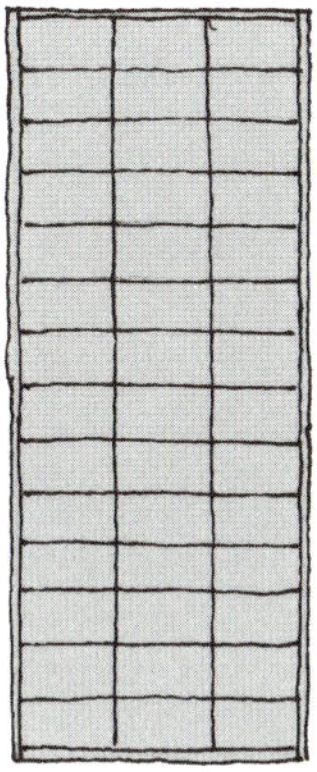

（国立の家）

Σ窓

カメラの絞り羽根のような

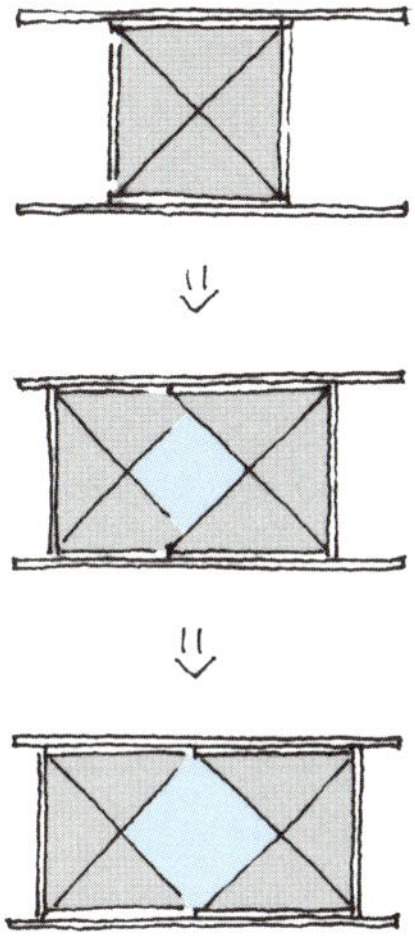

（国立の家）

飾り障子

自由な意匠

散り

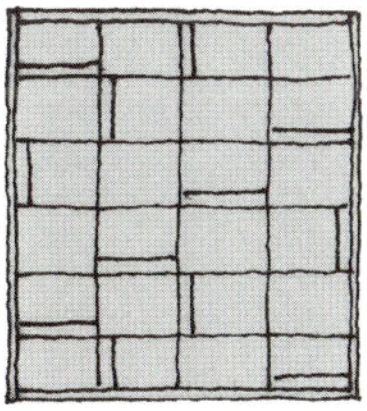

（東京旅館）

富士山

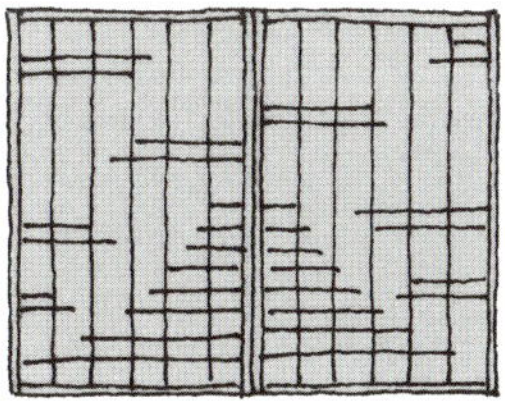

（東京旅館）

氷裂組障子

（国立の家）

仮説、床の間の起源

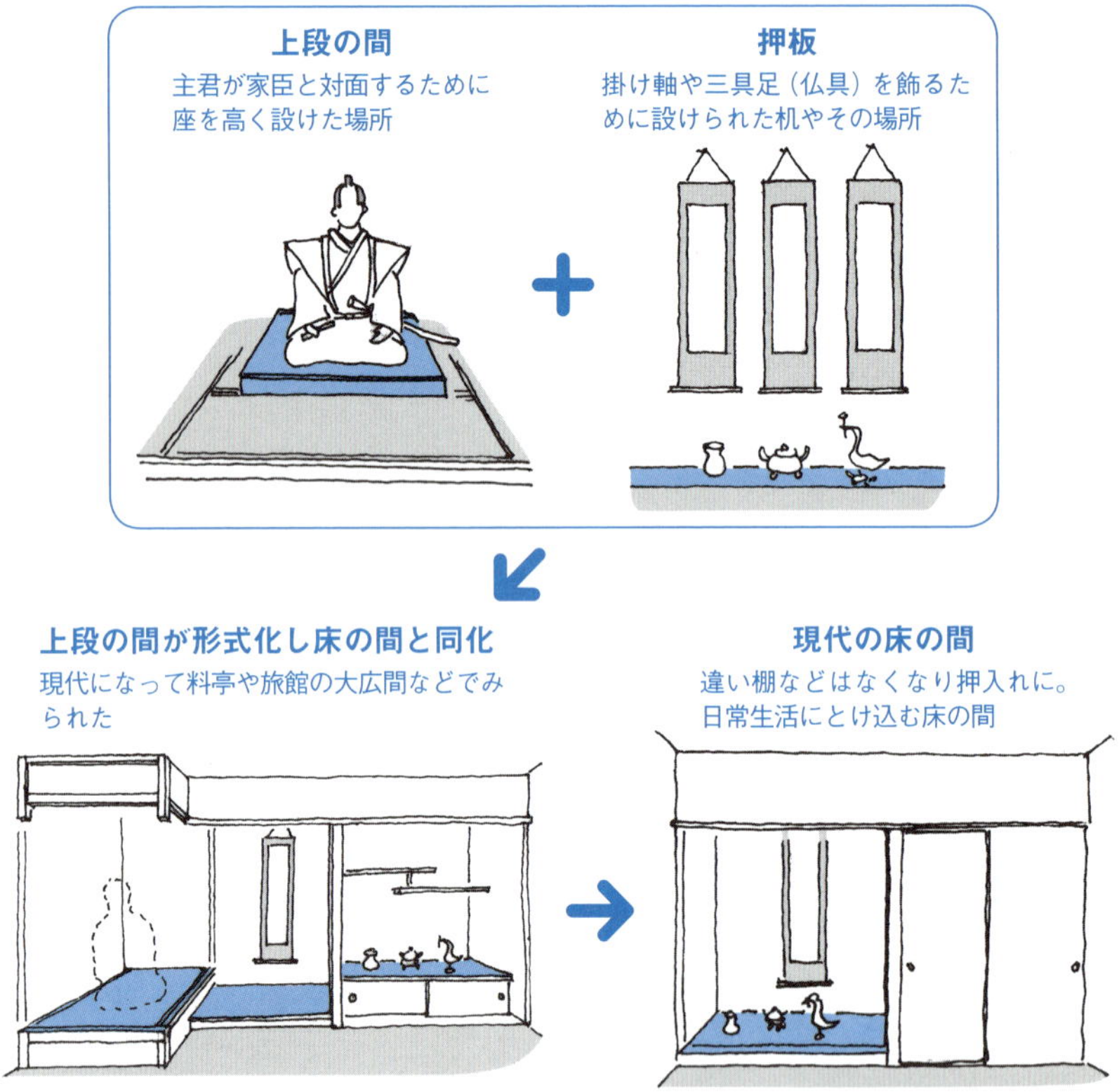
上段の間
主君が家臣と対面するために座を高く設けた場所
押板
掛け軸や三具足（仏具）を飾るために設けられた机やその場所
上段の間が形式化し床の間と同化
現代になって料亭や旅館の大広間などでみられた
現代の床の間
違い棚などはなくなり押入れに。日常生活にとけ込む床の間

奥行きある格調高い床の間

上段の間とは主君が座る位置を、家臣より一段高くしてつくられた座敷のことです。これが床の間の起源の1つであるとされ、現在でも格式の高い床の間には畳が敷かれています。

奥行きがあるので、そこに1つの世界をつくり出すことができます。日中は障子のはまった墨跡窓[※]から明りを採り、夜はささやかな間接照明で、床の間全体を行灯のように浮かび上がらせることもできます。

[※] ぼくせきまど　床の間の脇壁に設ける窓で、掛軸などへの明り採りの役目をする

格式高い数寄屋風からモダンな床の間まで

京間8畳

伝統的な納まりを重んじた、格式高い床の間

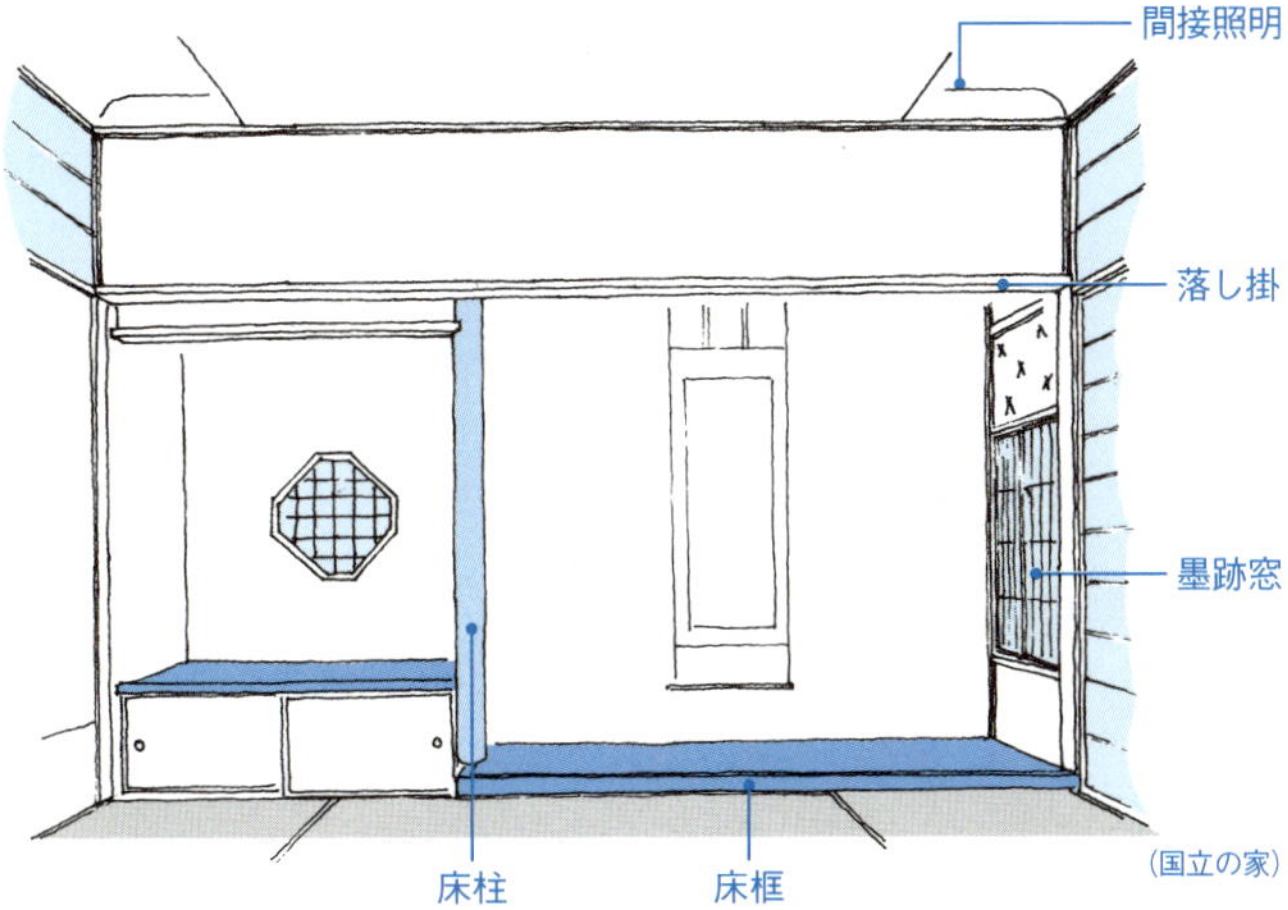

間接照明
落し掛
墨跡窓
床柱
床框
(国立の家)

江戸間8畳

日常生活の居間にある床の間。エアコンや押入れなどの生活感あるものを取り込んでいる

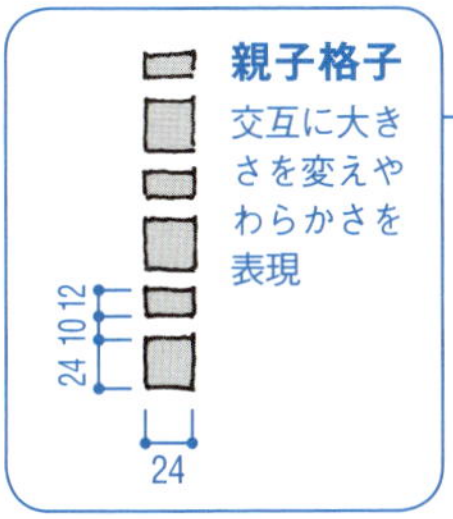

親子格子
交互に大きさを変えやわらかさを表現
24
10
12
24

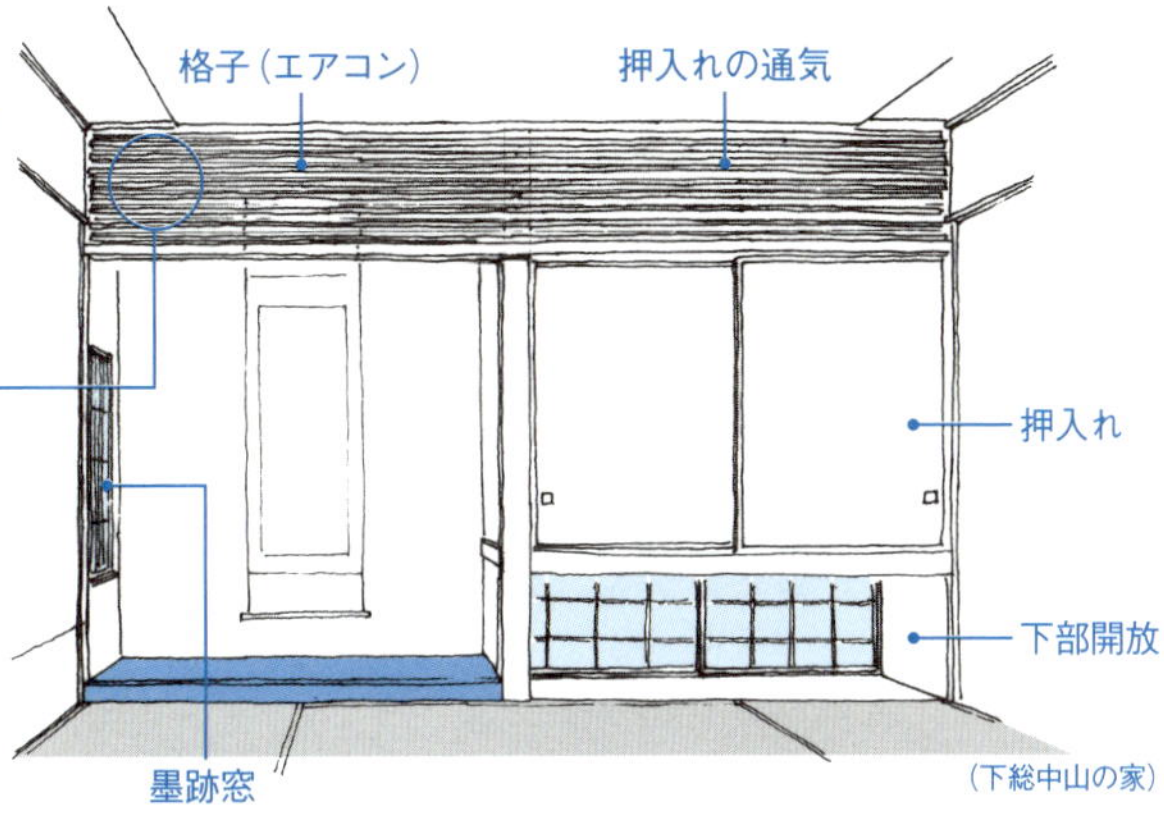

格子(エアコン)
押入れの通気
押入れ
下部開放
墨跡窓
(下総中山の家)

江戸間4畳半

ポリカーボネイト・間接照明など現代的な素材・手法を用いたモダンな床の間

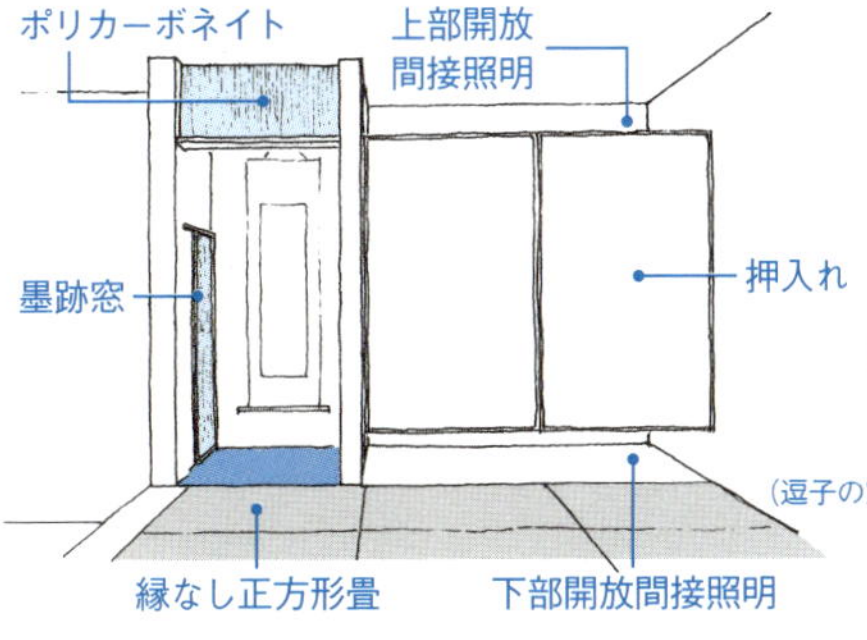

ポリカーボネイト
上部開放
間接照明
墨跡窓
押入れ
(逗子の家)
縁なし正方形畳
下部開放間接照明

江戸間4畳半

重心を低くおさえた落ち着きのある床の間

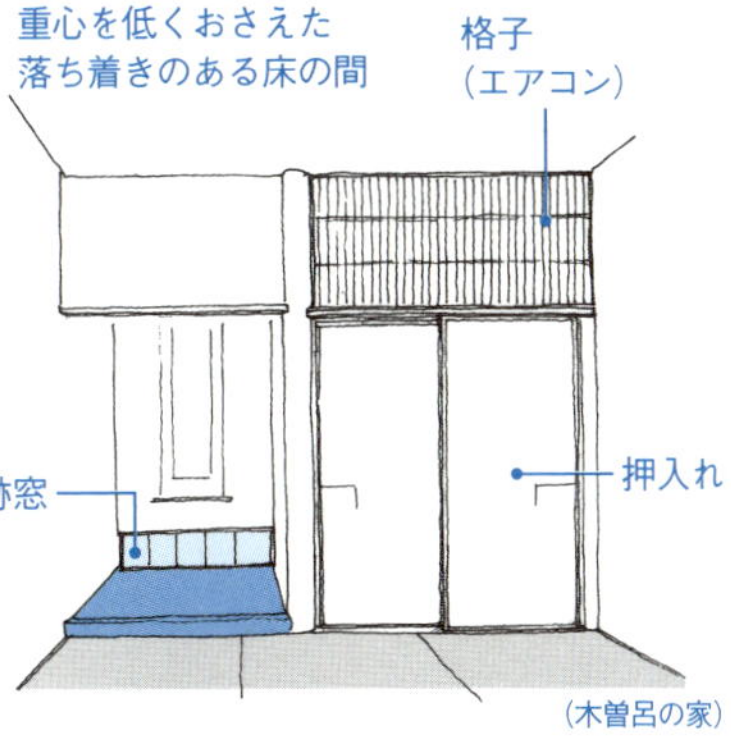

格子
(エアコン)
墨跡窓
押入れ
(木曽呂の家)

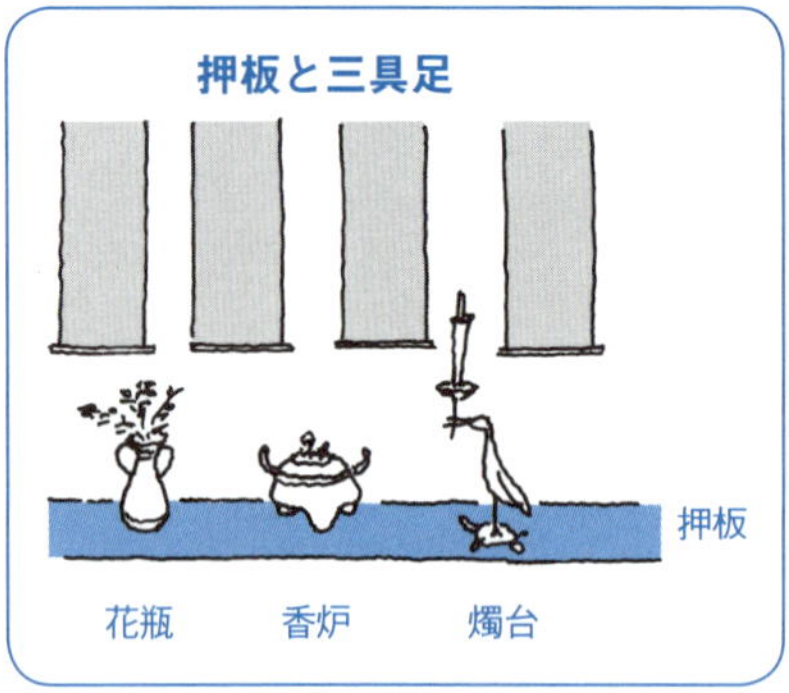

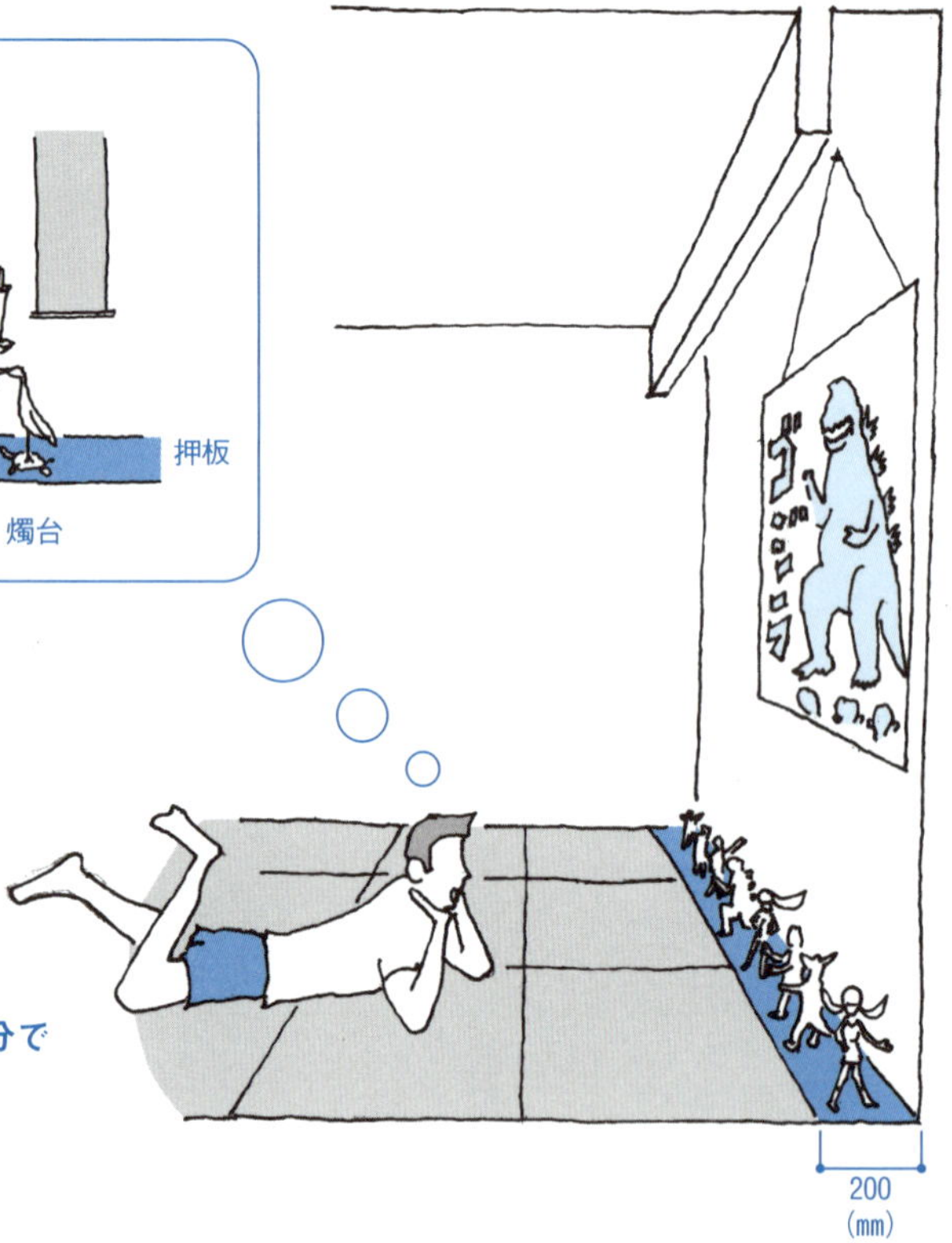

その季節やその日の気分で
自慢のコレクションを
飾ってみる…

身近な浅くて広い床の間

押板とは室町時代に三具足（香炉、花瓶、燭台）や掛け軸を飾る場所として、違い棚とともに発展した板の机のことです。三具足だけでなく銘品の文房具や琵琶なども飾られていたようです。言ってみれば床の間とは、お気に入りの品々を飾るスペースなのです。掛け軸にこだわらなくても、季節の植物や写真・絵などを飾って、床の間を、住む人が身近に感じる空間になるよう計画しましょう。

その浅さ……48cmから0cmまで

奥行き33cm、幅3.7m

モダンな素材と構成による
やわらかい床の間

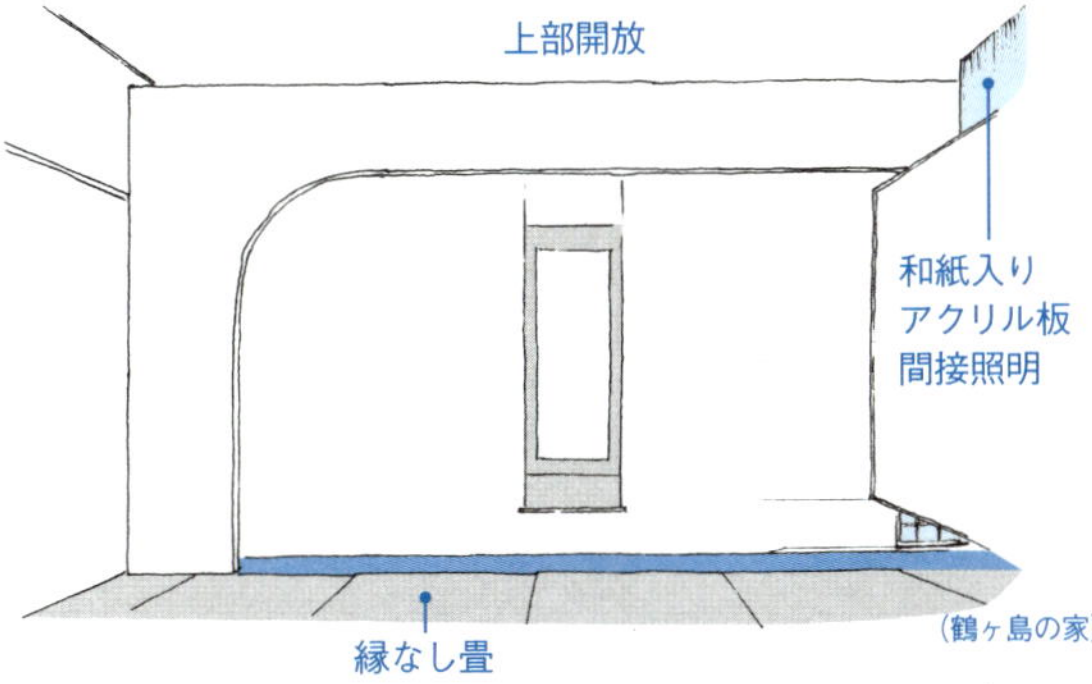

上部開放
和紙入り
アクリル板
間接照明
縁なし畳

（鶴ヶ島の家）

奥行き28cm、幅3.5m

三幅対の掛け軸が映える大
広間に面した床の間

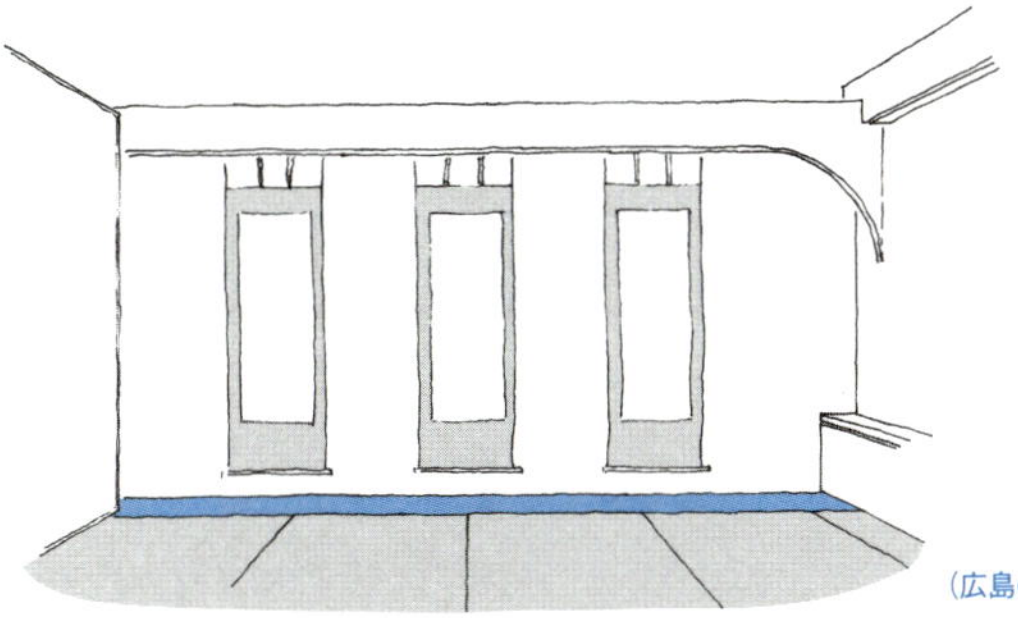

（広島の家）

奥行き48cm、幅1.85m

銀閣寺の東求堂「同仁斎」
を写した床の間。正確には
床の間ではなくむしろ書院
に近い

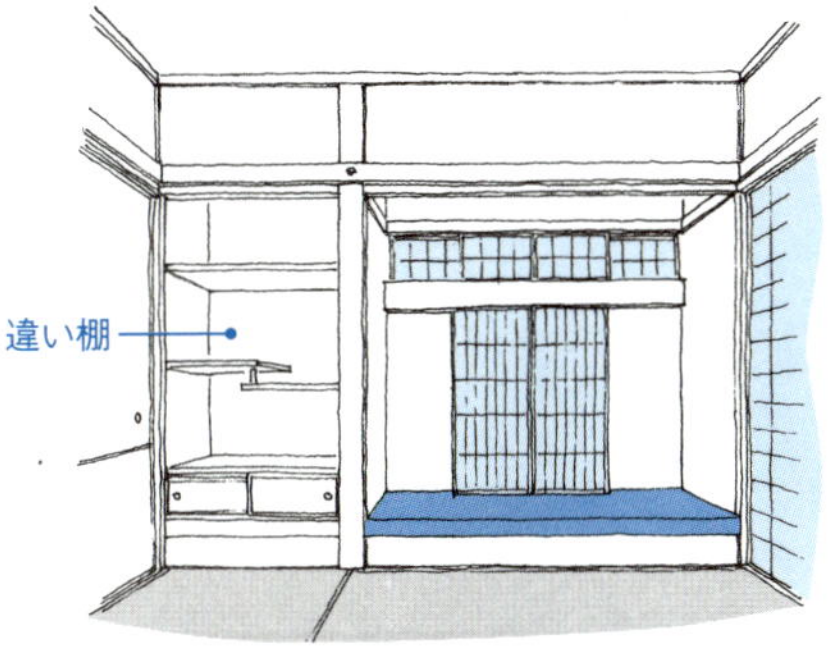

違い棚

（国立の家）

奥行き0cm、幅あいまい

奥行き0でも壁に幕板を付け
ればそこは床の間。織部床と
呼ばれるタイプ

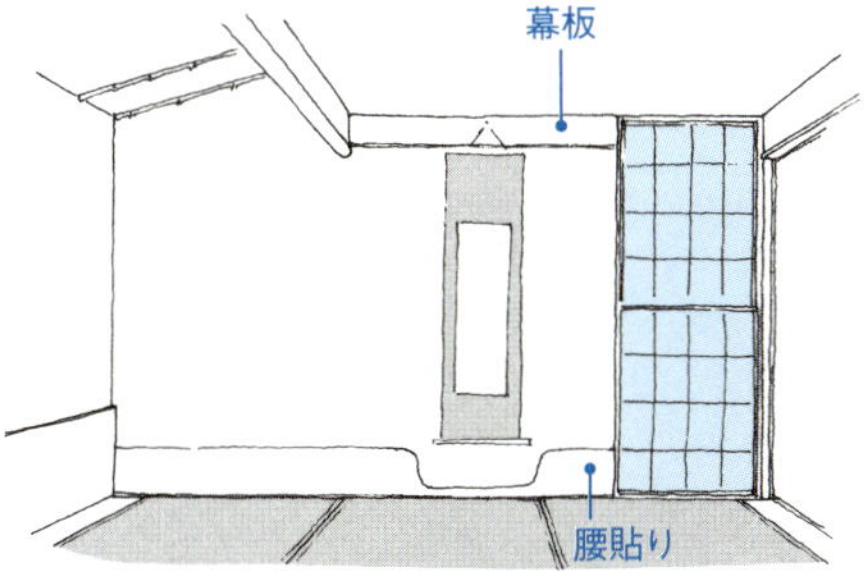

幕板
腰貼り

（浅草の家）

梁や根太をみせてもいいじゃないか

切妻屋根の登り梁

骨組みを美しくみせるためのハイサイドライトは必須。教会のように崇高な空間が得られます

（夙川の家）

あえて仕上げない天井の魅力

天井には「仕上げ材料を張らない」という選択肢があります。住まいの骨組みそのもののダイナミックさやリズム感をそのままみせる、潔い考え方です。本来は隠れてしまう部分なので、大工さんの腕のみせどころです。天井を少しでも高くしたり、コストダウンにつながったりというメリットもあります。その骨組みを生かした照明方法を考えるのもデザインの腕のみせどころになります。

[MEMO] 準耐火構造の場合は、構造材を現すことはできません

HPシェル[※]屋根の登り梁

南に向かってめくり上げたような形状の屋根。冬至のときにはハイサイドライトから、部屋の奥まで陽が入ります

ハイサイドライト

（鵠沼海岸の家）

はさみ梁

はさみ梁の連続性とリズム感が力強さを表現している

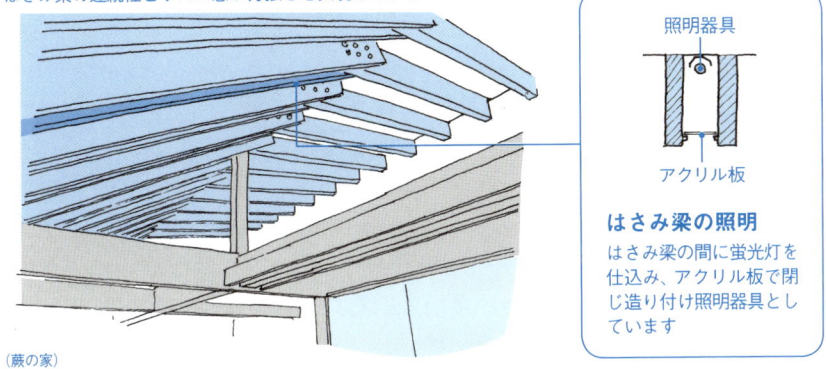

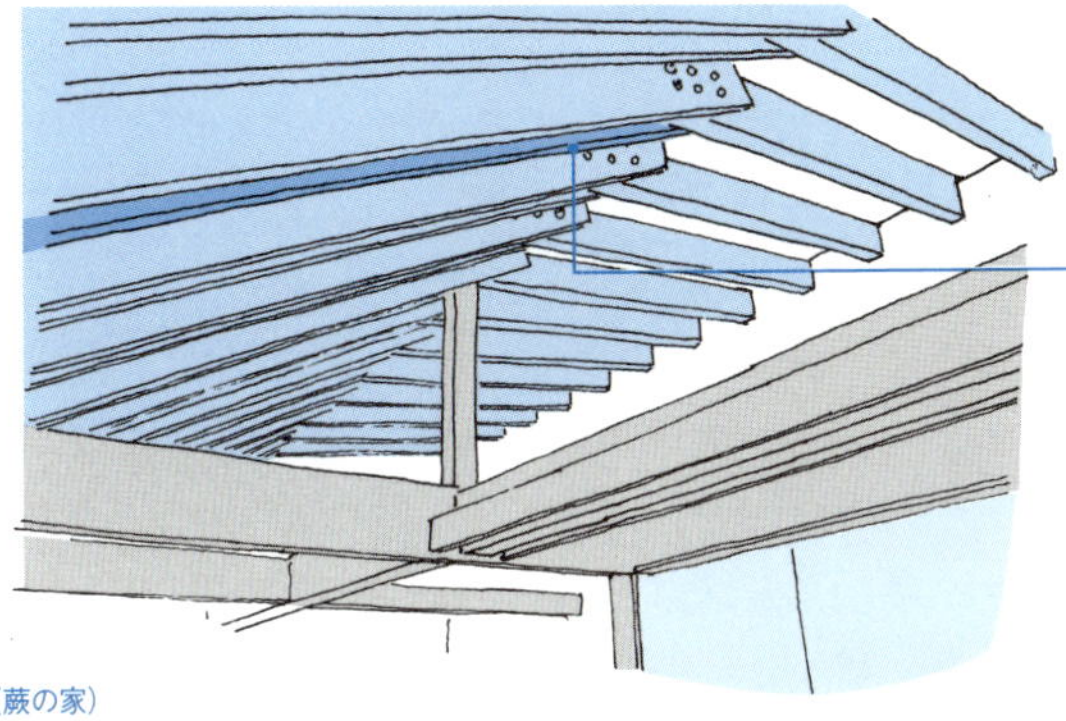

（蕨の家）

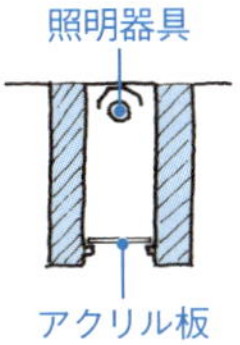
照明器具
アクリル板

はさみ梁の照明

はさみ梁の間に蛍光灯を仕込み、アクリル板で閉じ造り付け照明器具としています

2階床の梁と根太

屋根だけではなく2階の床も現すことができる

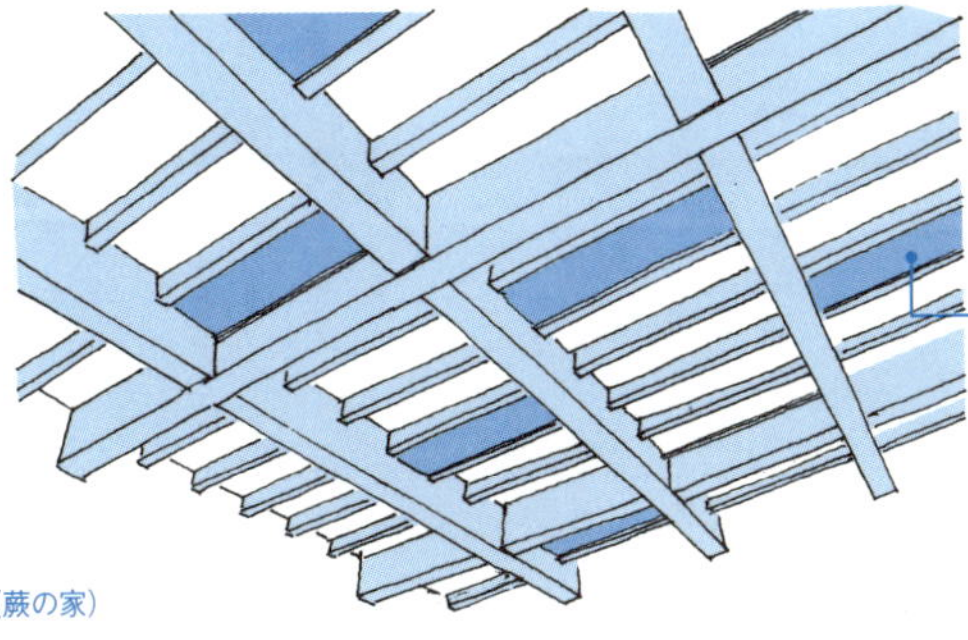

（蕨の家）

根太間の照明

力強い梁と根太にランダムな光の面をつくり出します

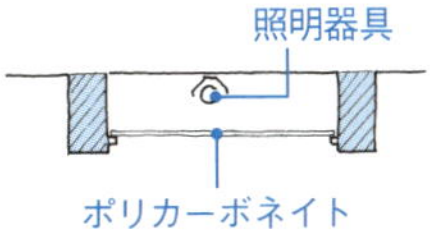
照明器具
ポリカーボネイト

[※] Hyperbolic Paraboloid Shell：双曲線外殻構造

古材を生かして、その生命力を感じよう

角古材

家の中心であるLDKに、角古材を柱と梁に使っています。
天井を張らないのびのびとした空間で使うと、より効果的です

（上尾の家）

新築でも古材が醸す経年の美

古材は風情を愛でる装飾としてだけでなく、長い時間をかけて自然乾燥され強度が増しているので、住まいの重要な構造材として使用することができます。それは、新築ピカピカの住まいの中でずっしりとした風合いを醸し出し、住まいに見せ場をつくり出します。また新材でも丸太に近い材料をチョウナで削ったりしたものを使用すると、古材と同様の風合いを出すことができます。

丸太古材

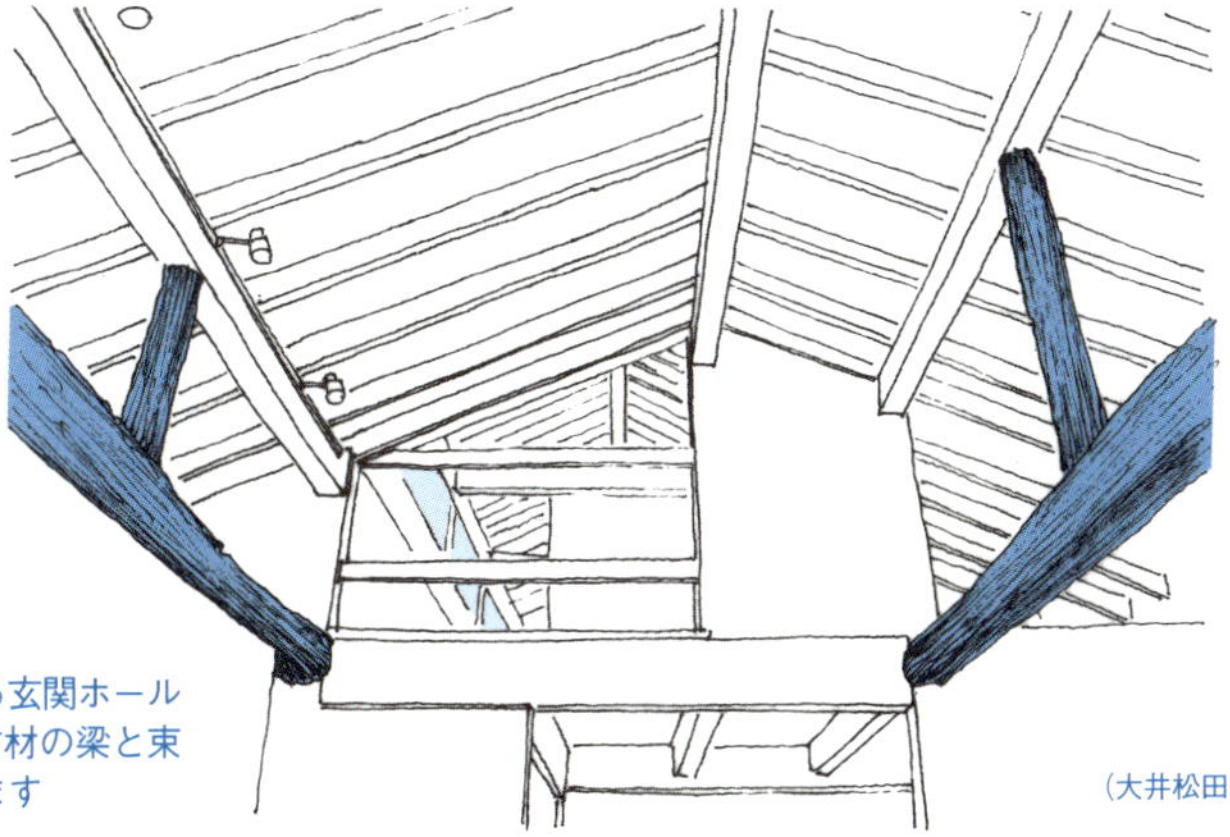

家の顔である玄関ホールに、丸太の古材の梁と束を使っています

（大井松田の家）

太鼓摺り新材

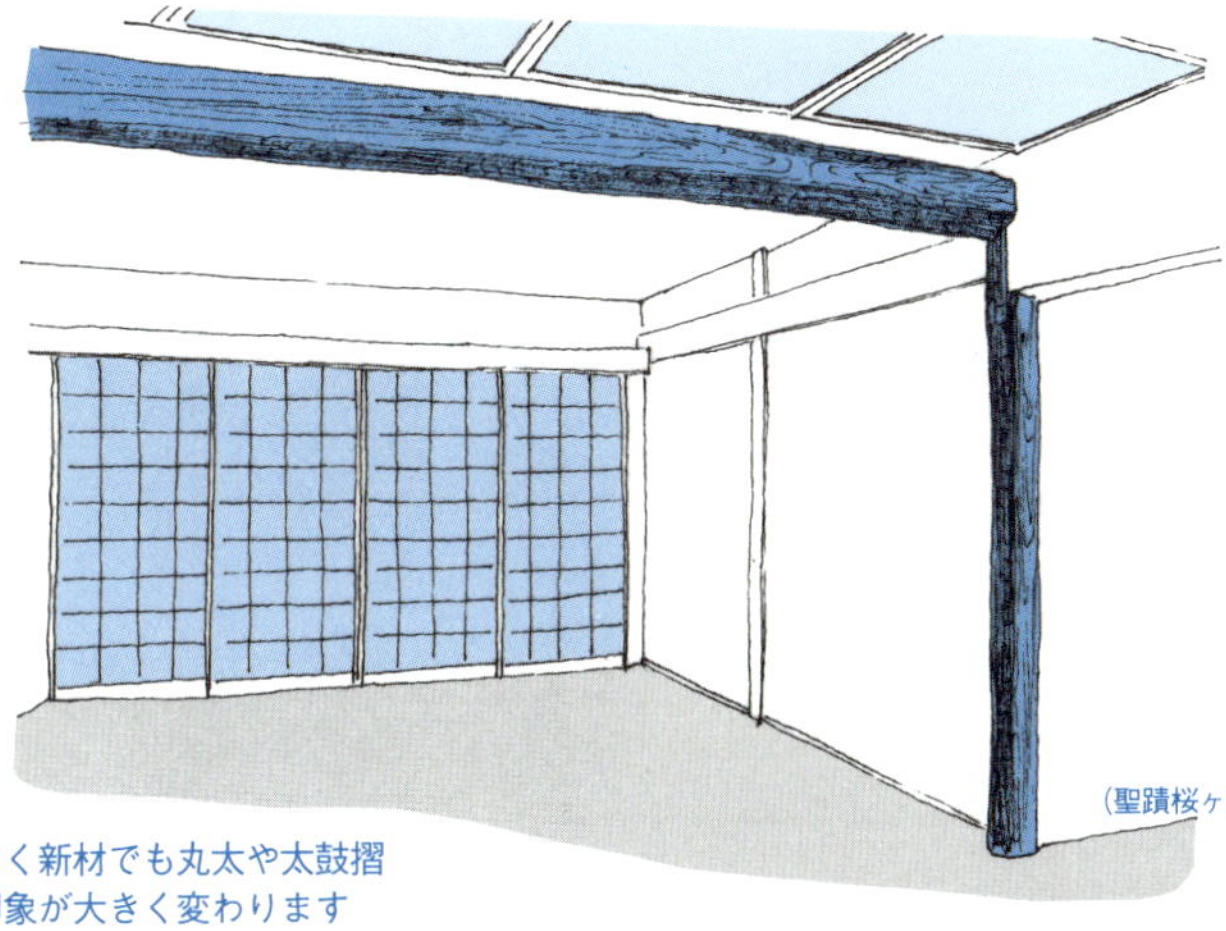

（聖蹟桜ヶ丘の家）

古材だけでなく新材でも丸太や太鼓摺りにすれば印象が大きく変わります

丸太
断面積が大きいので強度は増すがその分自重も増える

太鼓摺り
上下が決まるので丸太よりも大工さんが加工しやすい

角材
工場で加工できるので安価に流通している

古材
古材ならではの煤けた感じや、欠けなどが重厚さを表す

ベンチはだらだらと過ごす装置

公共の場では、ベンチに人が寝そべることができないように配慮されるようになりました。しかし考えてみればベンチには思わず寝そべりたくなるヒミツがあるようです。椅子に座ってモジモジしないで食事をする、子供の教育にとっては大事なことですが、食事が終わるとすぐに椅子を離れる。椅子というものは案外窮屈で、逆にベンチの〝ゆるさ〟が人を呼ぶヒミツなのかもしれません。

ベンチ、そのゆる〜い束縛

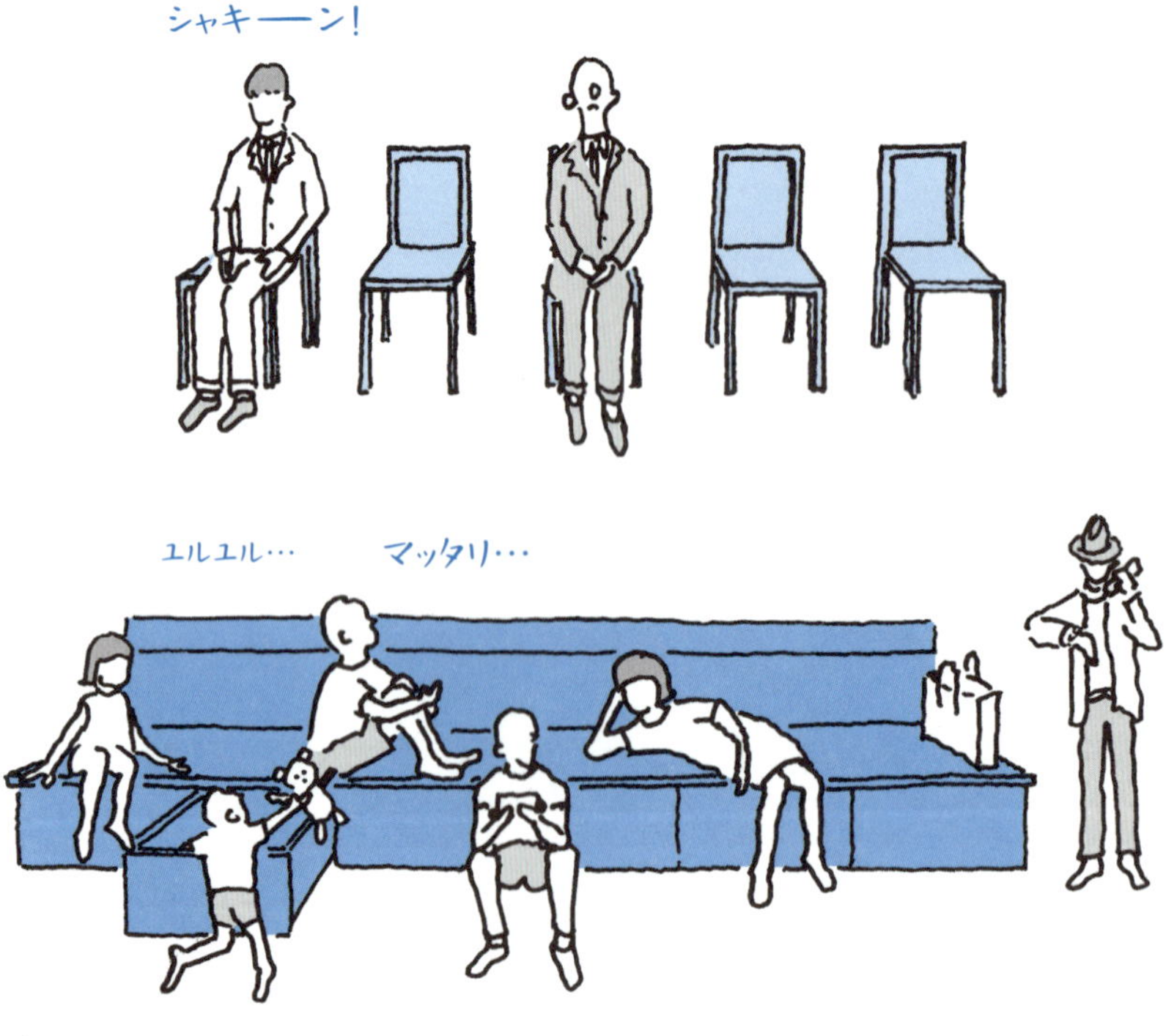
シャキーーン!
ユルユル…
マッタリ…

ベンチは人を呼び寄せる

腰掛け

茶室の露地庭には必ず待合という腰掛けのあるスペースがあり、和風住宅にはそんな良き伝統の名残として、玄関脇に腰掛けを設けます

（上尾の家）

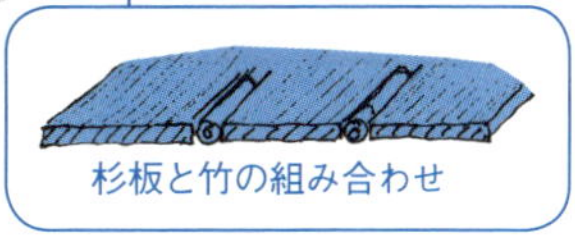

（下総中山の家）

格式だけではなく、ちょっと荷物を置いたり、子供を座らせたり、生活に根ざした“ベンチ”です

引出し収納付きベンチ

座るだけでなく、床座の背もたれとしても

（上尾の家）

収納付きベンチ

LDKまわりに必要な収納スペースとして

（逗子の家）

人も住居も輝かせる鏡の魅力

外に出て人前で鏡をみることは何となく躊躇されますが、家の中ではしっかりと自分の姿と対峙することができます。姿見などはクローゼットや玄関廻りにさりげなく壁に同化させて造り付け、洗面所の三面鏡などは市販で容易に手に入ります。また鏡は空間をより広くみせる効果として用いたり、さりげなく背後の雰囲気を感じさせる〝もう一つの窓〟としての効果も期待することができます。

男の鏡は、ロックに決める

荒くれロック男から鏡を守るために、鋼管のバーや
Lアングルで防御のデザイン

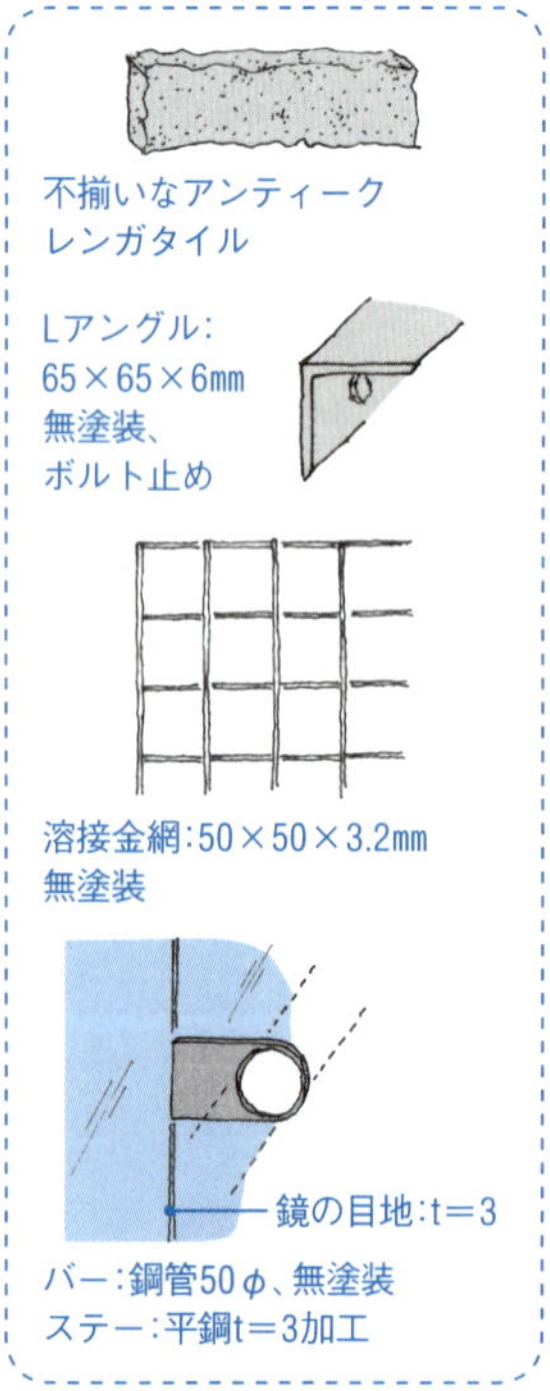
不揃いなアンティーク
レンガタイル
Lアングル:
65×65×6mm
無塗装、
ボルト止め
溶接金網:50×50×3.2mm
無塗装
鏡の目地:t＝3
バー:鋼管50φ、無塗装
ステー:平鋼t＝3加工

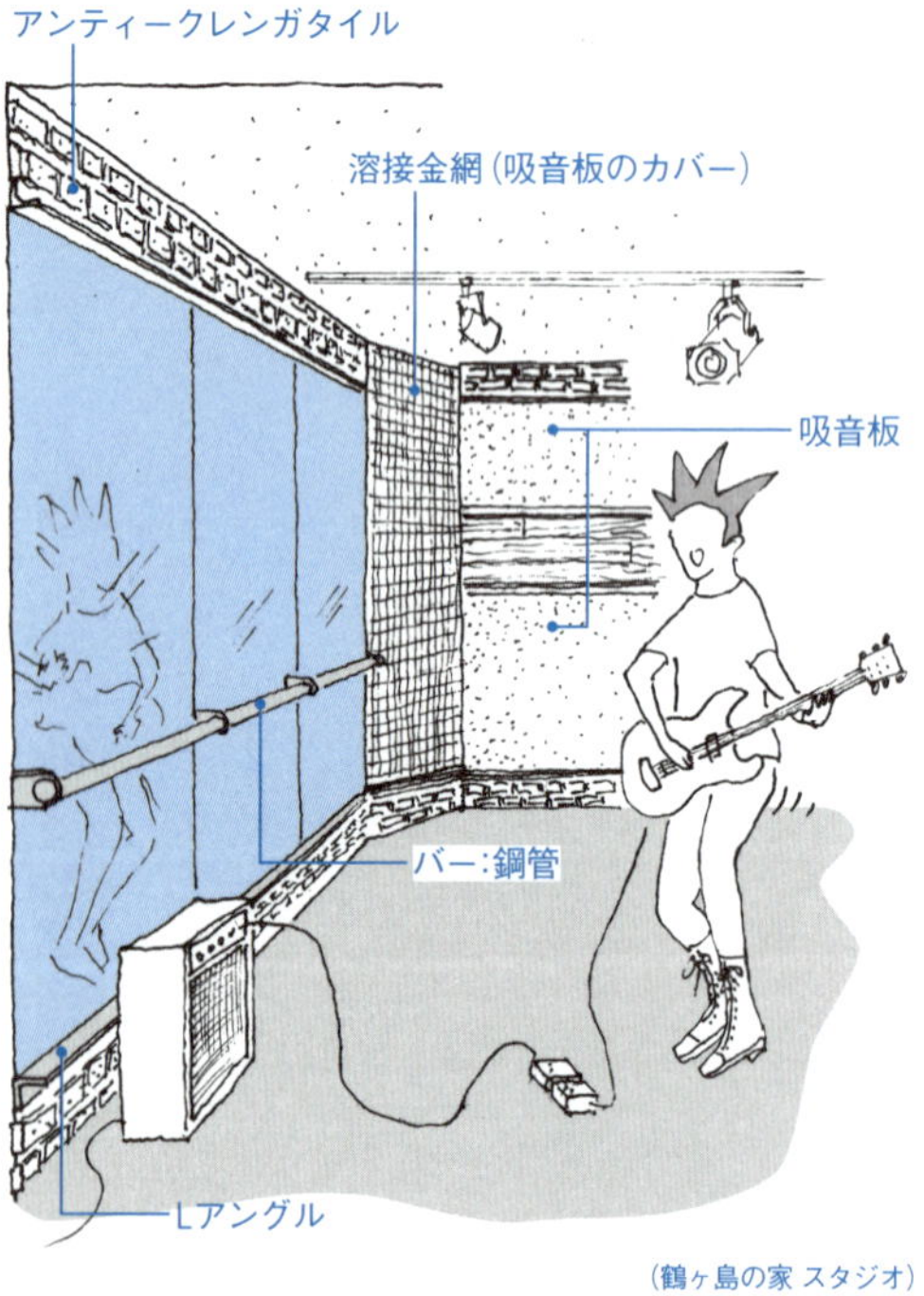
アンティークレンガタイル
溶接金網(吸音板のカバー)
吸音板
バー:鋼管
Lアングル

(鶴ヶ島の家 スタジオ)

鏡はもう1つの壁仕上材

壁仕上げとしての鏡

床から天井までの姿見。中庭に面した明るい場所に造り付けると、映り込みにより室内が広く感じる
W＝500㎜
h＝2400㎜

スライドする鏡収納

バタバタする三面鏡の扉もけっこうわずらわしい……。横にスライドするだけで自分の使いたいものを

（鶴ヶ島の家）

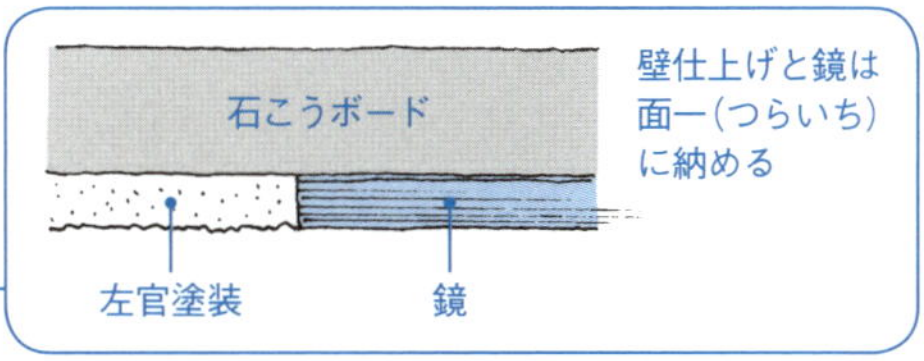
石こうボード
左官塗装
鏡
壁仕上げと鏡は面一（つらいち）に納める

既製品も活用しよう

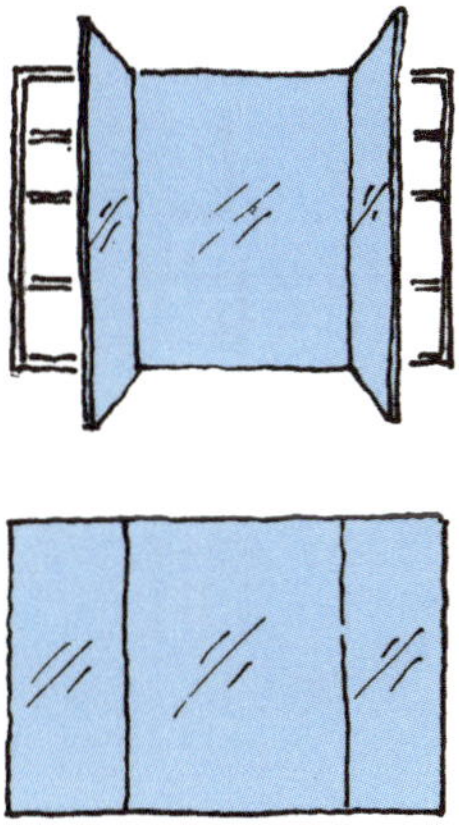

市販の三面鏡収納

造り付けずにアート作品のような鏡を掛ける（櫻井由美子作）

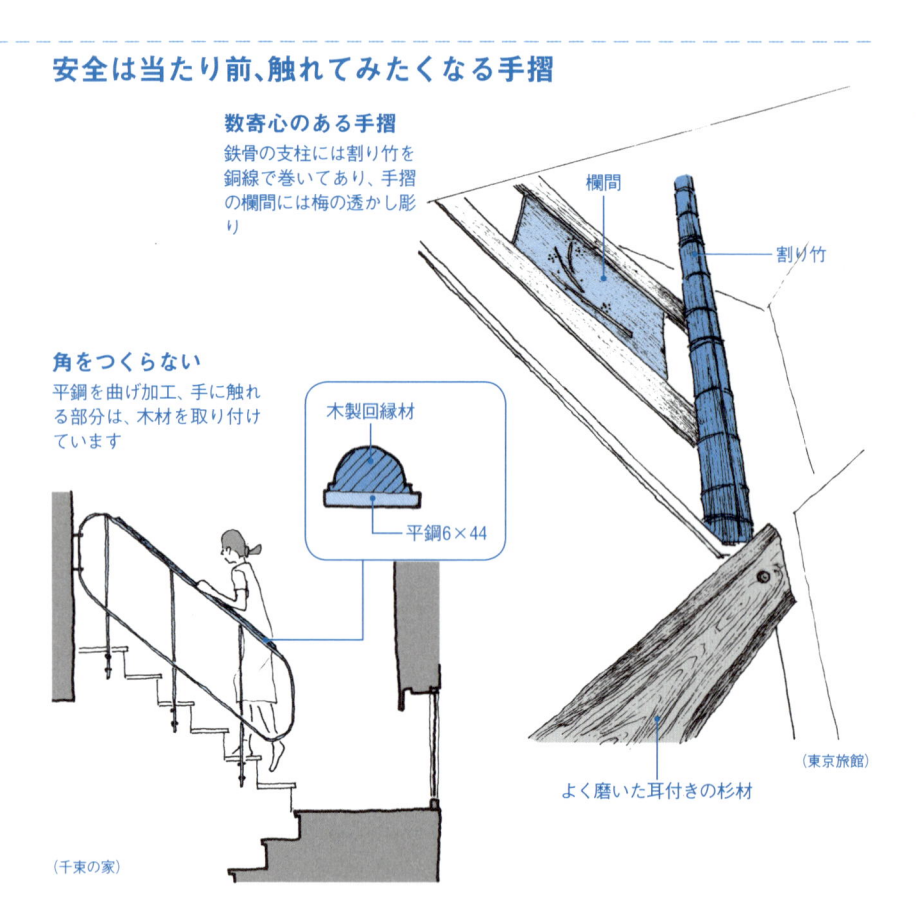

安全は当たり前、触れてみたくなる手摺

数寄心のある手摺

鉄骨の支柱には割り竹を銅線で巻いてあり、手摺の欄間には梅の透かし彫り

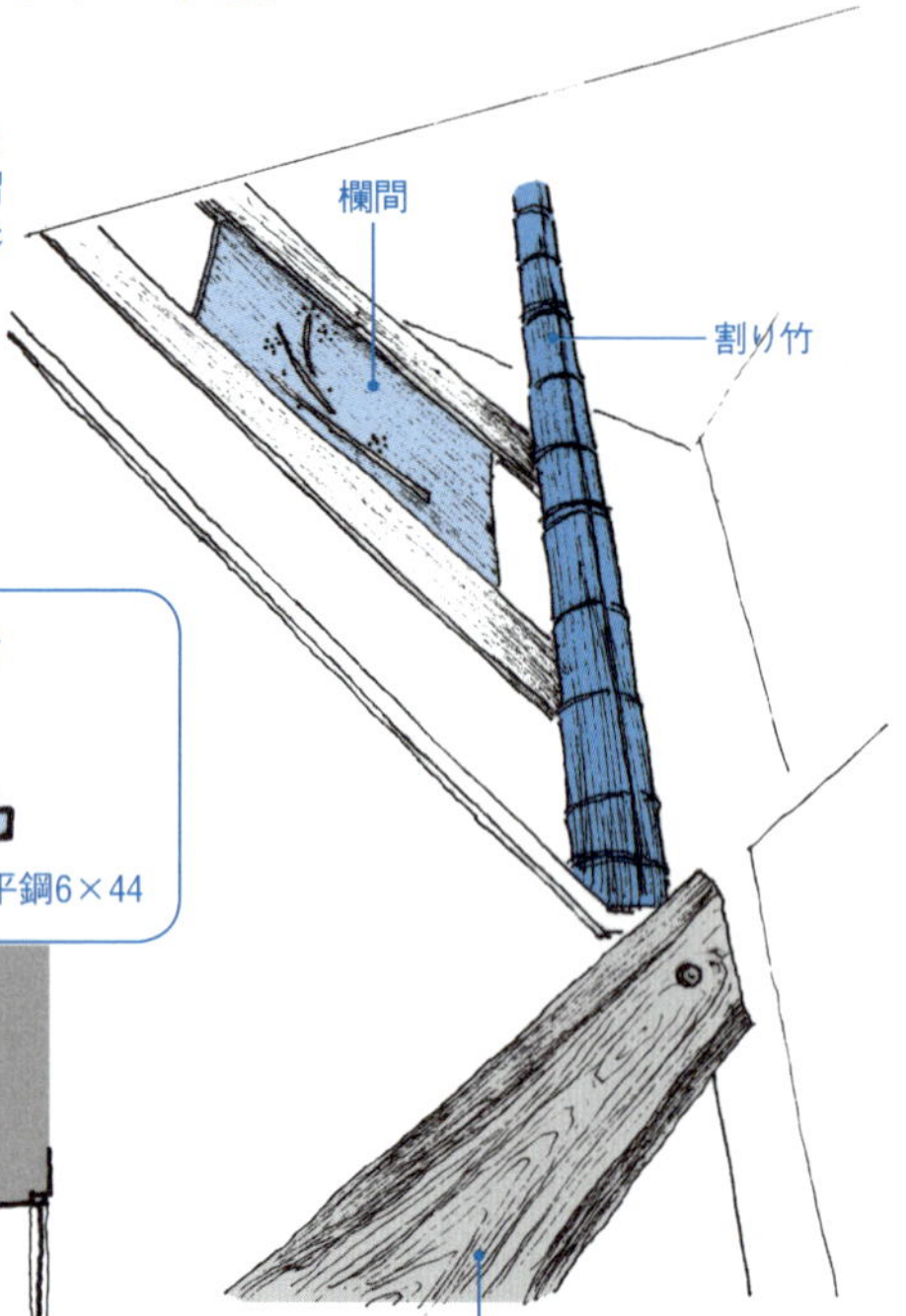
欄間
割り竹
よく磨いた耳付きの杉材

（東京旅館）

角をつくらない

平鋼を曲げ加工、手に触れる部分は、木材を取り付けています

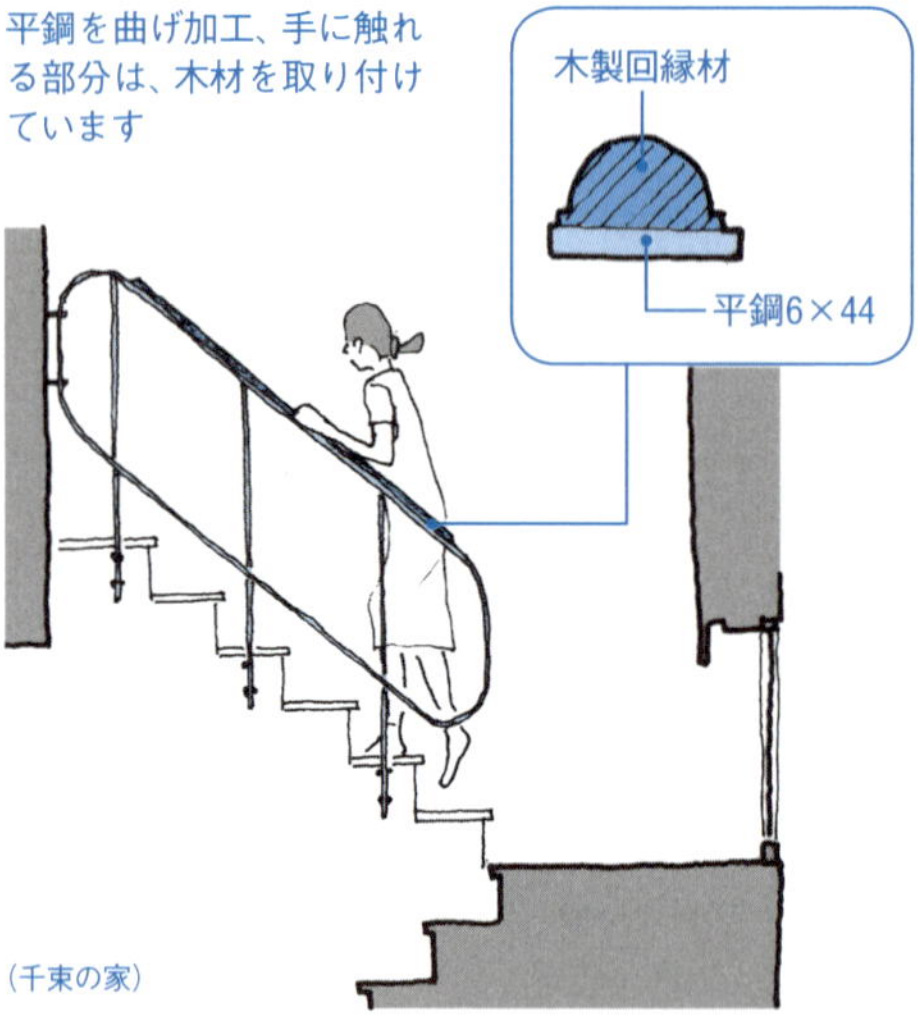
木製回縁材
平鋼6×44

（千束の家）

半歩進んだ賢く楽しい手摺

一番安全な手摺は「普通の手摺」です。グリップ性の良いゴムのような素材で、色は視認性の高い赤など。しかし概ね水平垂直で成り立っている住まいの中で、手摺の斜めのラインほど空間に違和感を与えるものはありません。

不特定多数の人が対象ではない住まいでは、その住まいに合った最低限の安全性を確保しつつ、少しでも違和感を取り除くデザインが求められます。

“三本の矢”を表した手摺

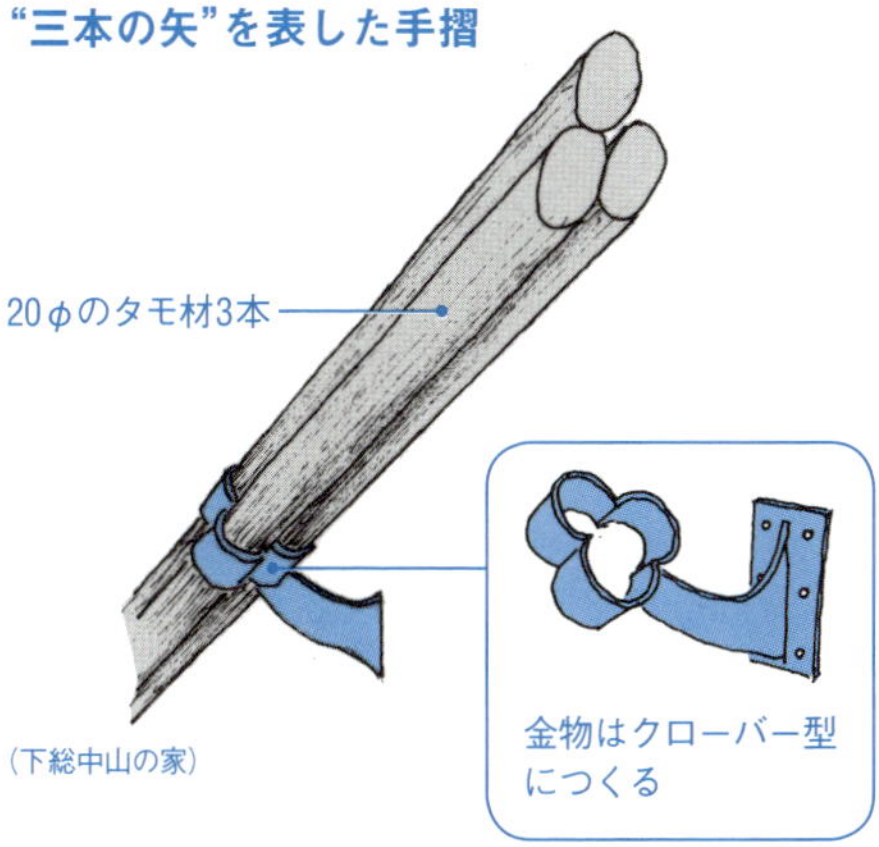
20φのタモ材3本
金物はクローバー型
につくる

（下総中山の家）

天井から生えて床に消える

ひとふで描きの手摺。そで口などが引っかからないという機能面も併せ持っています

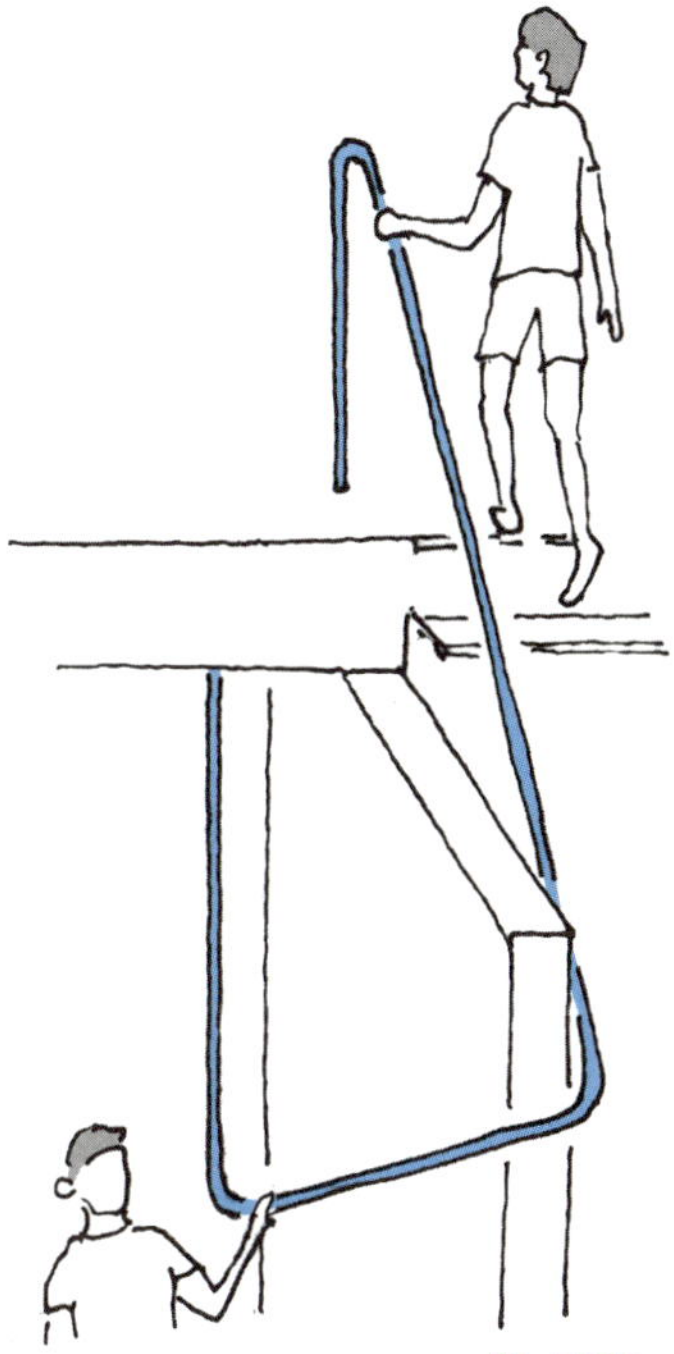

（鶴ヶ島の家）

既製品の木製回り縁材の組み合わせ手摺

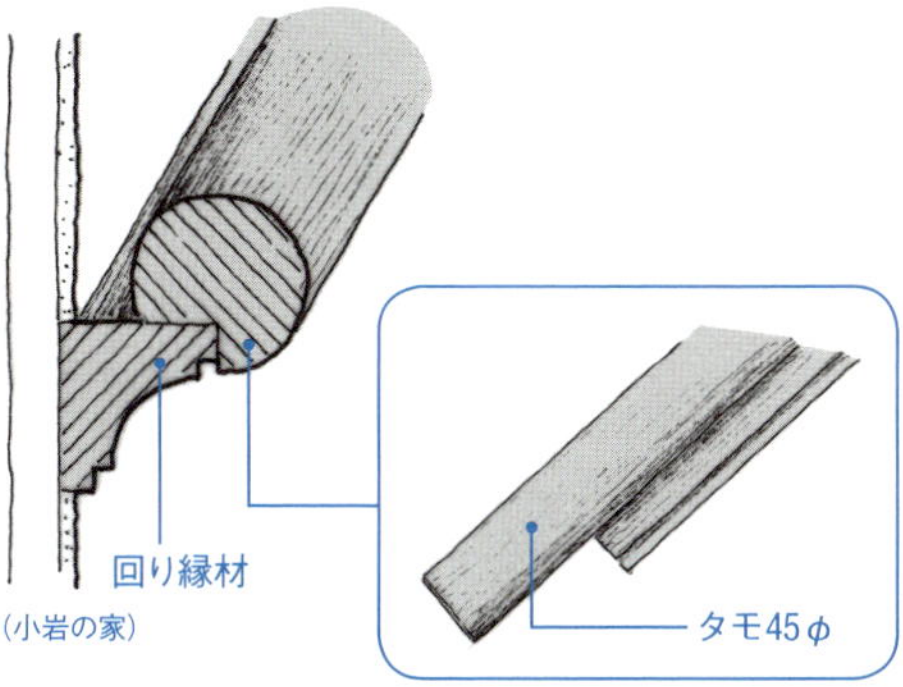
回り縁材
タモ45φ

（小岩の家）

鉄と木の手摺

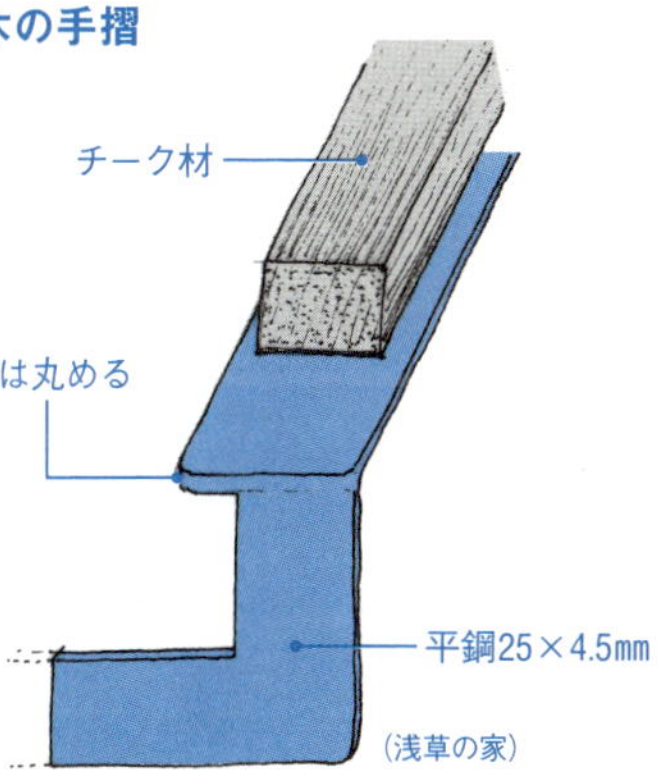
チーク材
角は丸める
平鋼25×4.5mm

（浅草の家）

先端が丸まった手摺

鋼管の曲げ加工

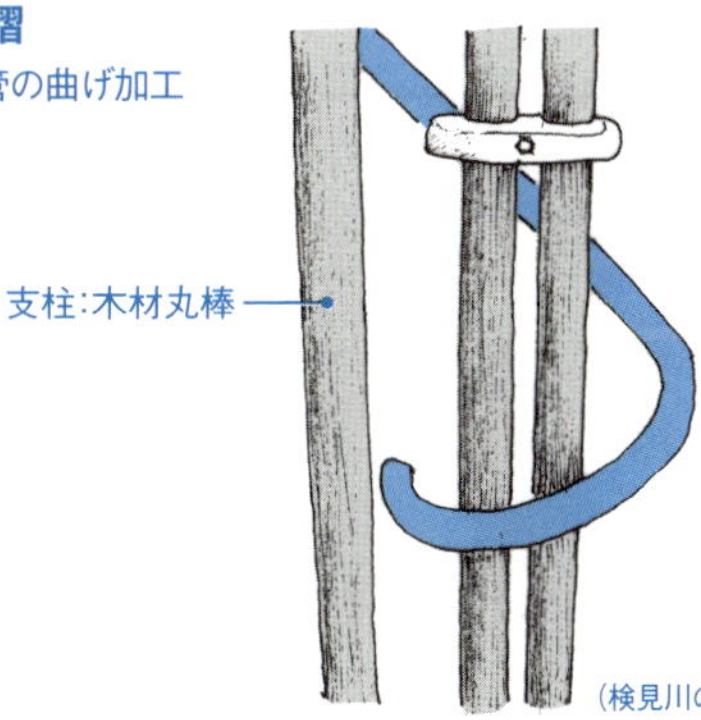
支柱:木材丸棒

（検見川の家）

鍛冶屋さんと自由につくる金物

知恵の輪型物干金具

鉄筋を曲げてつくる
やわらかいカタチが和風に合います

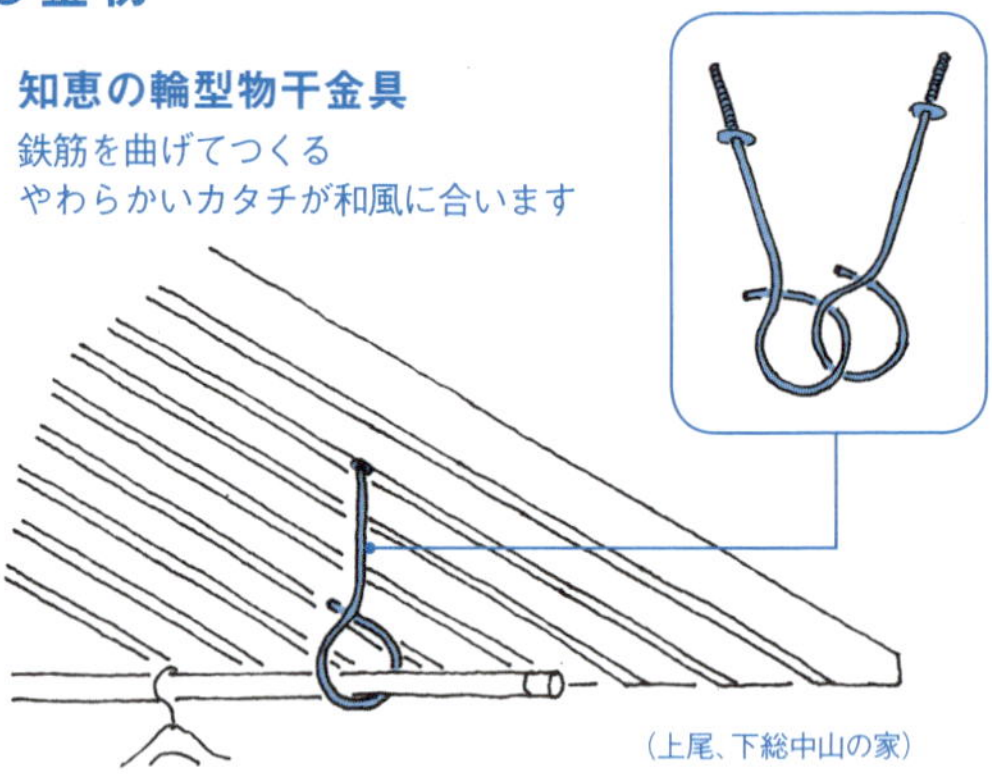

（上尾、下総中山の家）

カメラ付ドアホン

カメラ部分に“みてるぞ”カバー

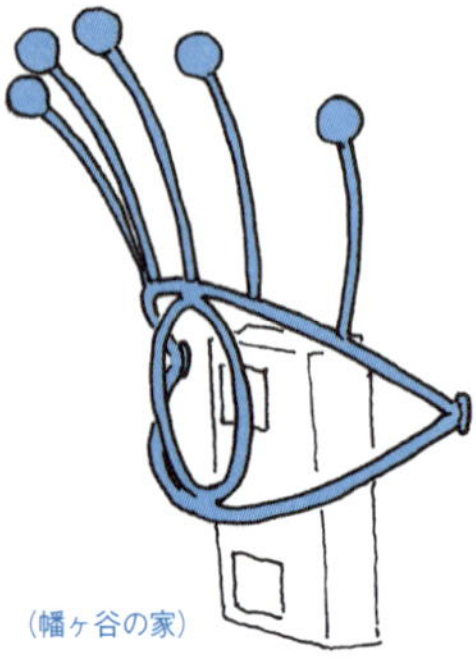

（幡ヶ谷の家）

音符型物干金物

音楽好きな家族のための
リズム感のある物干金物

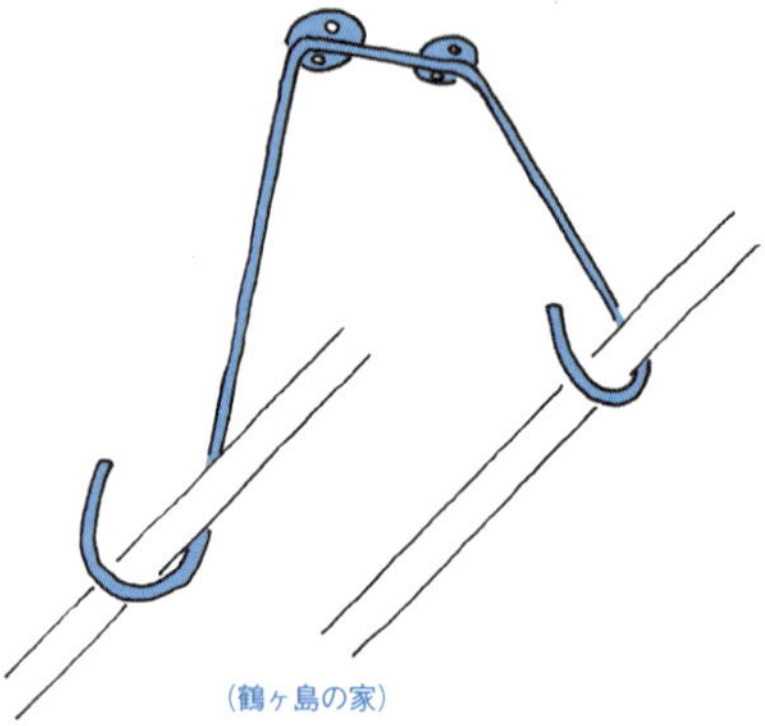

（鶴ヶ島の家）

実は簡単 世界で1つの 創作金物

住まいに求められる厳しい法規制や性能の高さにより、どの家もどんどん画一化していく中で、どうやって自分らしさを出していくかがポイントになってきます。たとえば住まいの中に必ずある引手やつまみなど、優れた既製品が多数ありますが、少しこだわって、そんな金物を町の鍛冶屋さんに素朴なオリジナルデザインでつくってもらうのも、決してむずかしい話ではありません。

二重螺旋構造?!

異形鉄筋でつくられた自由曲線を引手にします

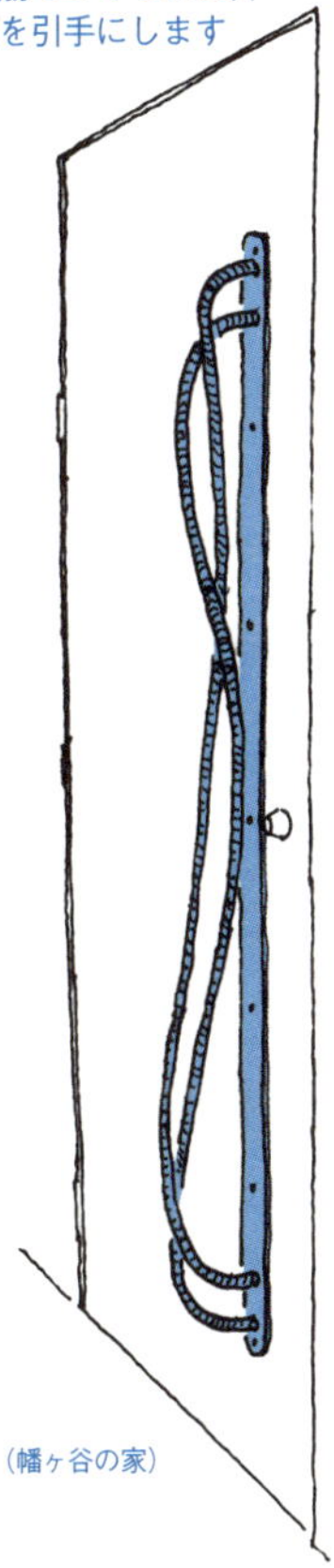

（幡ヶ谷の家）

引手

家のモチーフである“四本の柱”を鋼材で引手にします

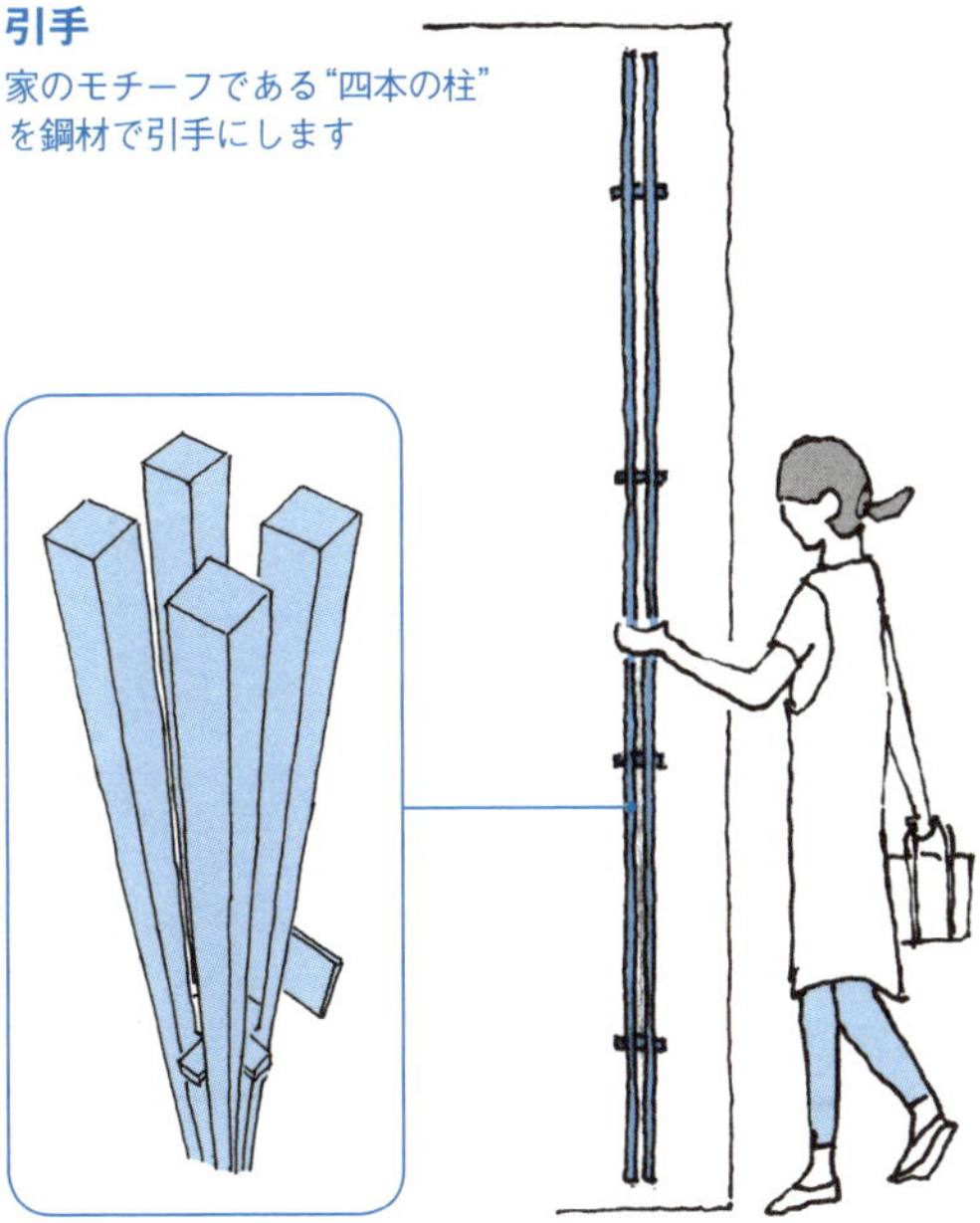

（久我山の家）

つまみ

真ちゅうでつくった素朴なつまみ

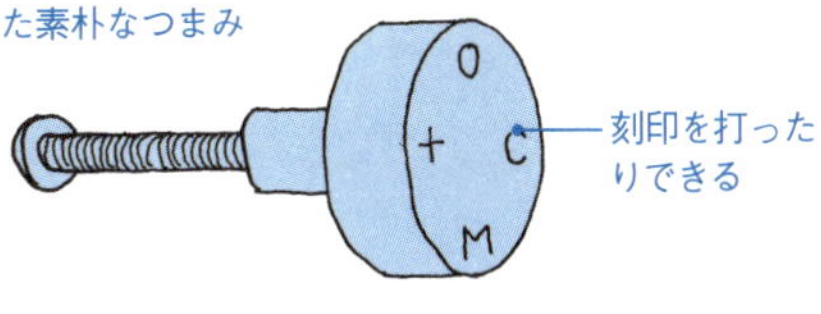
O
+
C
M
刻印を打ったりできる

取手

既成の型材で素朴につくるL型アングル

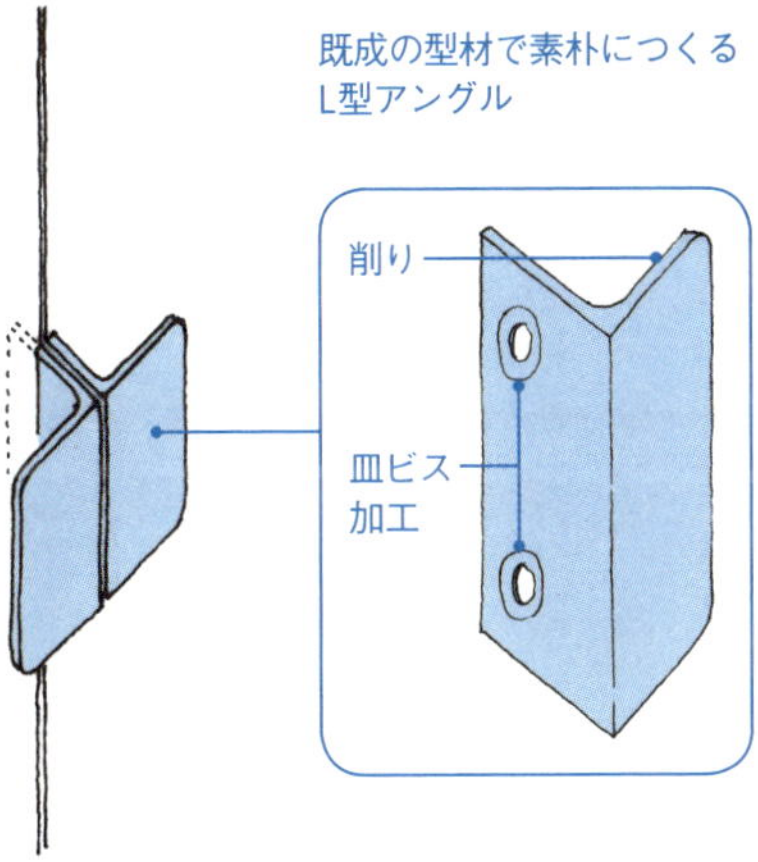
削り
皿ビス加工

（浅草の家）

折り紙のように鋼材を曲げる

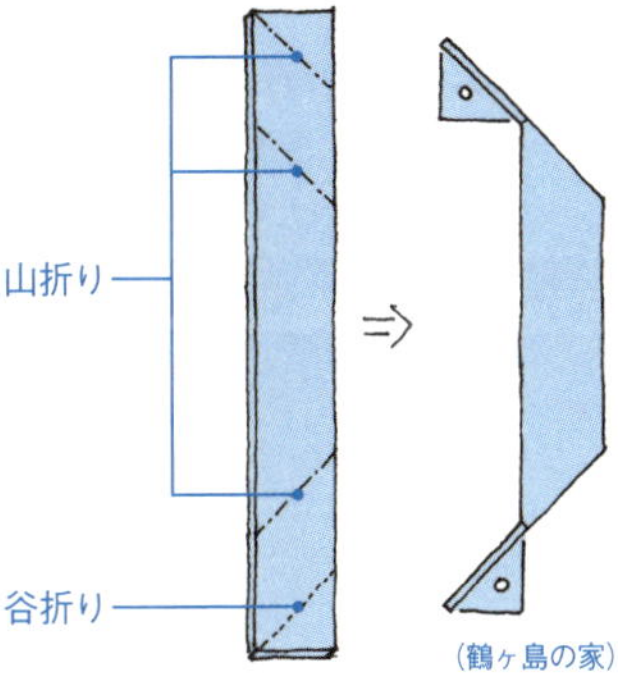
山折り
谷折り
⇒

（鶴ヶ島の家）

竹型枠打放しコンクリート

本物の竹を半切にし、型枠に取り付けコンクリートを流し込む。型枠をはずすと、竹の部分だけ凹んでレリーフ状になります

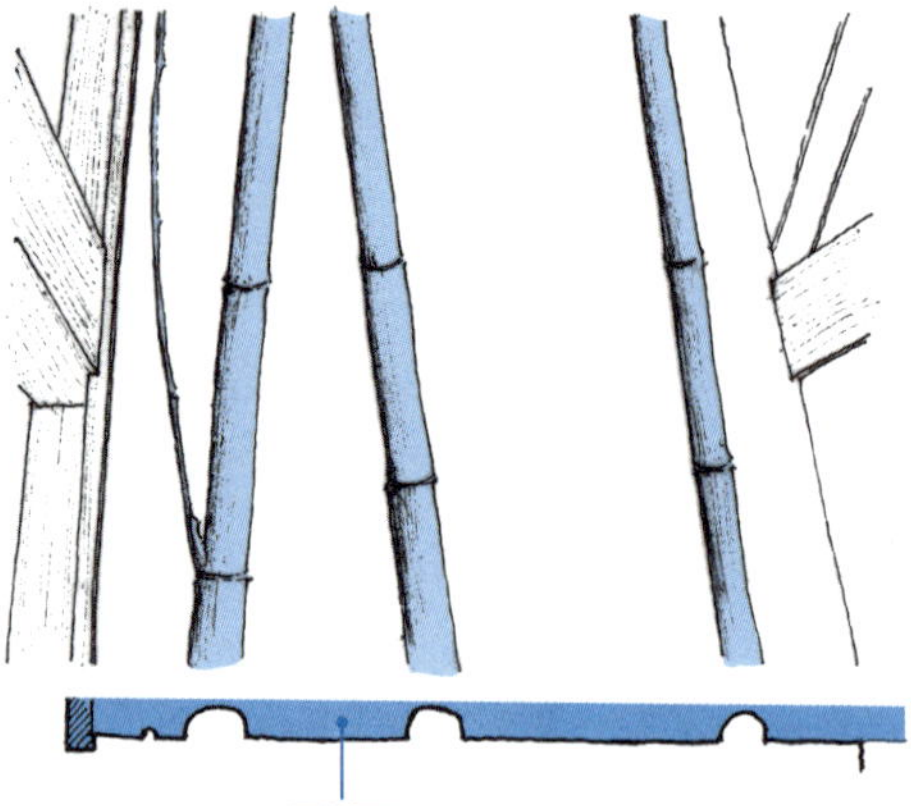
平断面

(国立の家)

壁に手形を付ける

子供たちの成長を思い出に

TAKAAKI
RYUUJI
KENYA
足形も！

(梶ヶ谷の家)

モルタルは固まる前に遊べ

木造住宅でも、コンクリートやモルタル仕上げの部分は必ずあります。型に流し込んで、またはコテで塗り上げて、固まるのを待つ湿式工法と呼ばれる部分です。その特性をうまく利用すれば、さまざまなデザイン・遊びを試みることができます。コンクリートの部分は工事会社の協力を得て試作をする必要がありますが、モルタルの部分はやり直しが利くので、気楽にチャレンジしてみましょう。

土間に一二三《ひふみ》石埋め込み

修学院離宮などでみられる伝統的な
遊び心を参考にしています

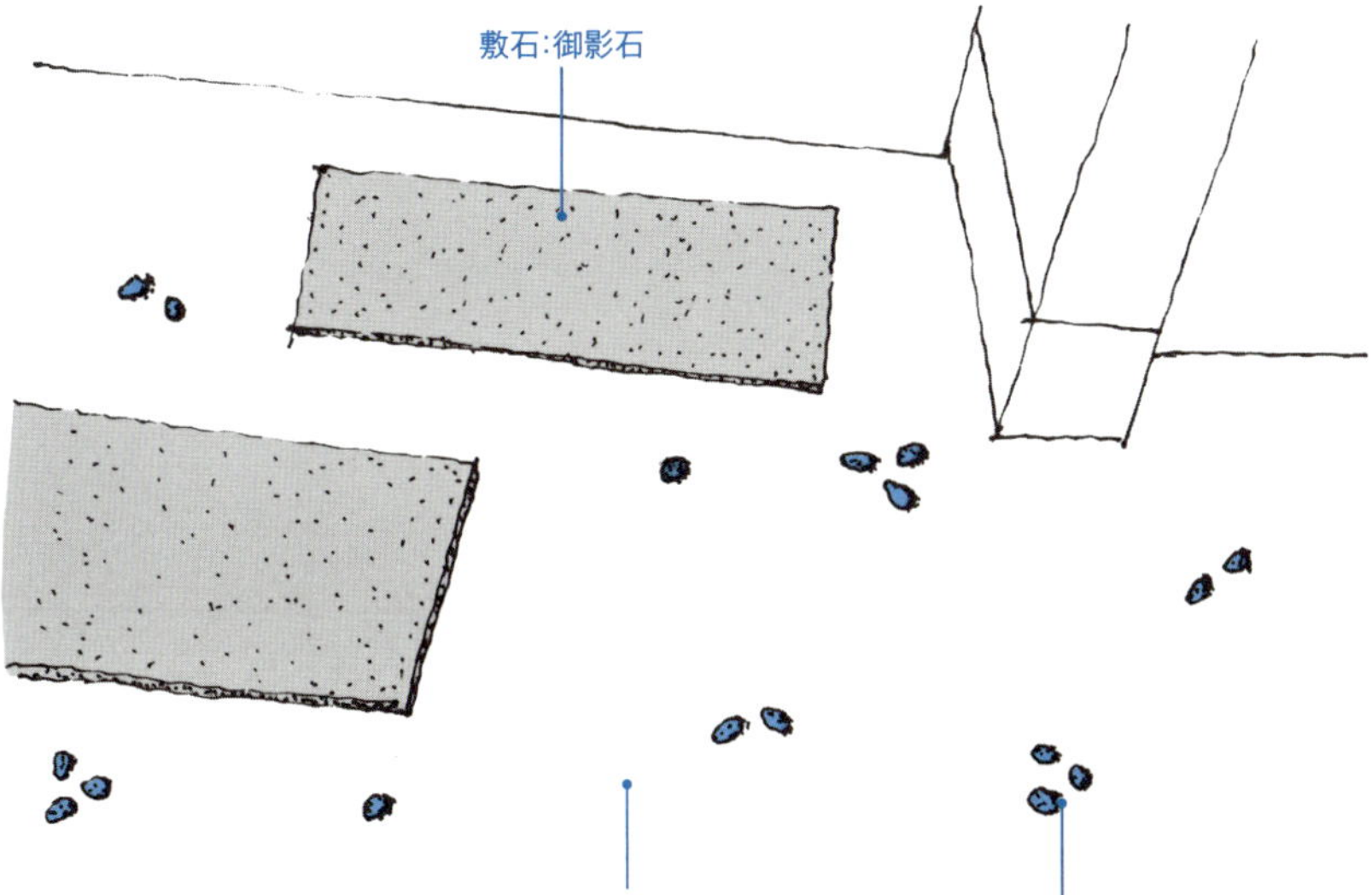
敷石:御影石
土間:松煙入りモルタル

(東京旅館)

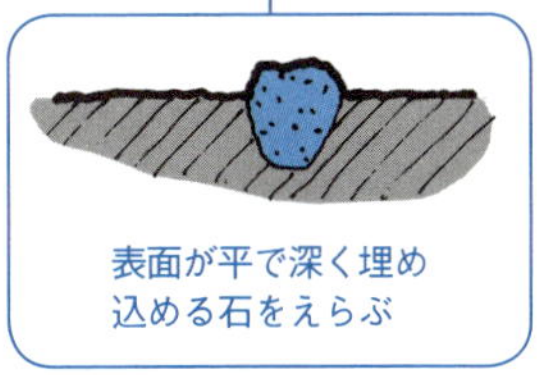
表面が平で深く埋め
込める石をえらぶ

杉型枠打放しコンクリート

リアルな木目が露れて、コンクリート
打放しの冷たいイメージをなくすこと
ができます

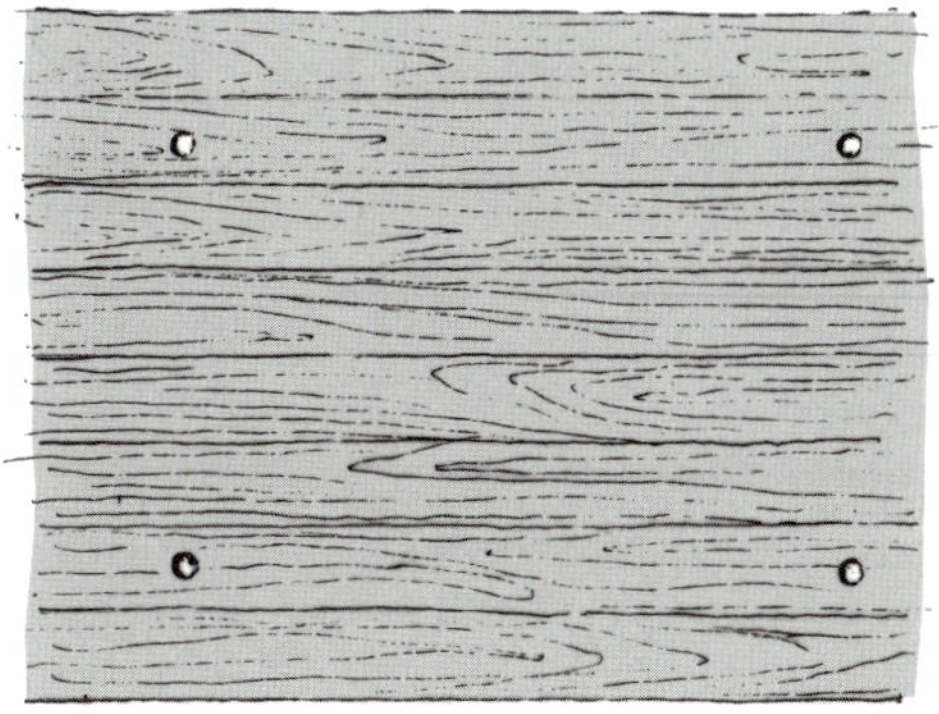

(浅草の家)(鶴ヶ島の家)

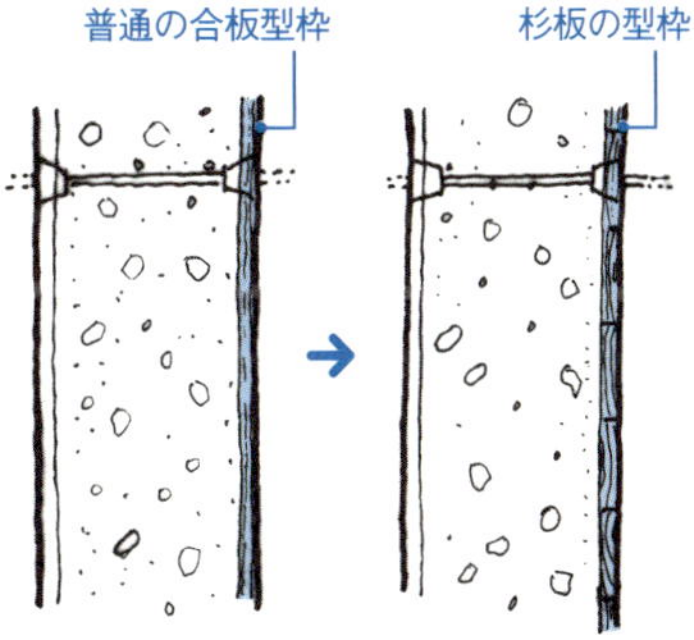
普通の合板型枠
杉板の型枠

星のようにちりばめ、月のように円《まる》く

隅丸《すみまる》

壁と天井の境界をなくし、丸く納めます

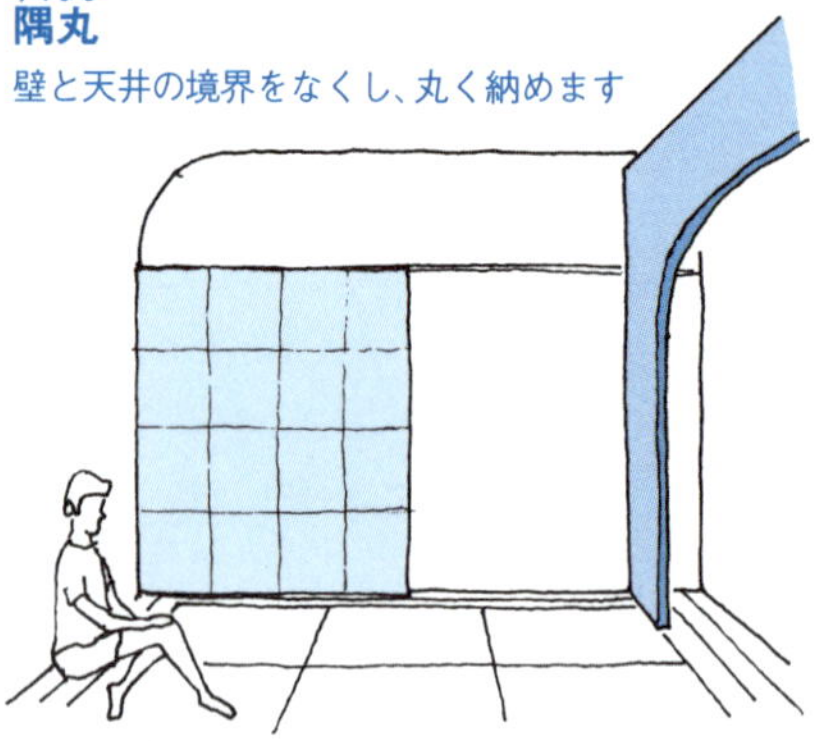

（鶴ヶ島の家）

浮き鏡

透明ガラスの一部を
円形に鏡加工しています

（上野原の家）

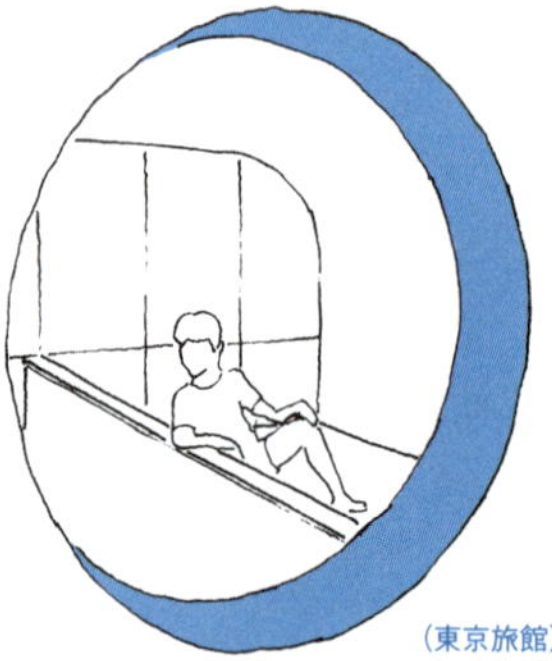

円《まる》窓

丸みのある隠れがを
丸く切り取ります

（東京旅館）

やわらかい円、丸、孔のある住まい

住まい全体が直線で力強く構成されていても、やわらかくて有機的な雰囲気をワンポイントでつくり出すことができます。引手やガラスブロック、明かり窓など丸いカタチをした既製品を星のようにランダムにちりばめたり、どこか1カ所にお月様のような円いモチーフをつくり出したり。日本人は花鳥風月、自然のうつろいに対する感性に優れています。住まいにも取り込みましょう。

目玉ガラスブロック

閉鎖的な浴室空間に、丸いガラスブロックで目玉のように楽しく

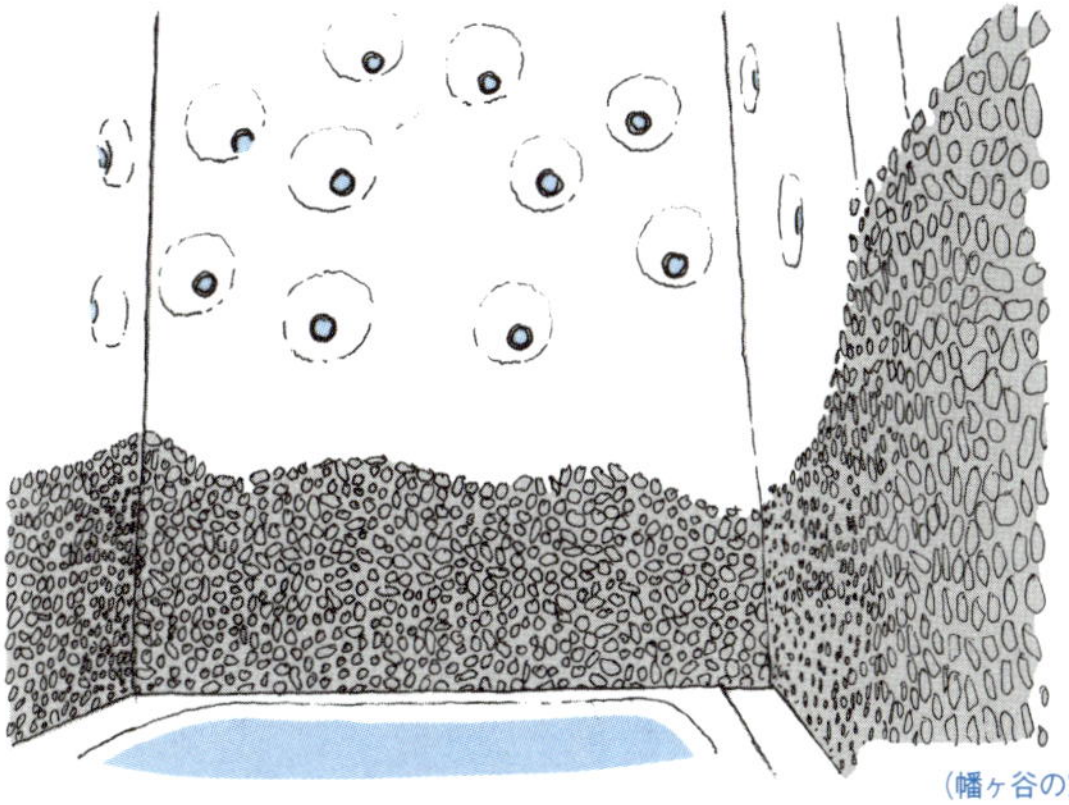

（幡ヶ谷の家）

光盆

四角い畳の間の隅に、円弧状の飾り棚を設け丸く孔を開け、内部に照明を仕込み、半透明アクリル板でふたをします。

ガラスの器などを載せて内部の照明をつけると優雅に浮かび上がります

（おゆみ野の家）

昴窓《すばる》

本来はトイレなどで入っているかどうかを知らせるため、もしくは照明のつけっぱなしをふせぐための小さな明り採りを、トイレではなくお父さんの部屋に

トイレ用明り採りをたくさん付けて星座のようにちりばめる

（蓮根の家）

丸々親子引手

子供は低い位置で小さい引手、大人は高い位置で大きな引手。
一種のユニバーサルデザイン

（検見川の家）

ともしびが感じられる照明計画

空襲を受けたことのある国の照明は明るい、という話があり、その真偽のほどは定かではありませんが、それにしても日本の住まいの照明は明るすぎます。作業空間は別にして、リラックスできる空間や、就寝前は、昼の陽光を模した照明ではなく、ぽっと灯った火をイメージして計画する必要があります。さらにまぶしさをおさえ、光源が直接目に入らないよう間接照明も適所に配置しましょう。

用途に応じた器具による照明

照明器具のいろいろ

それぞれの特長を生かし、つけたり消したり、移動させたりして必要な光を得ます

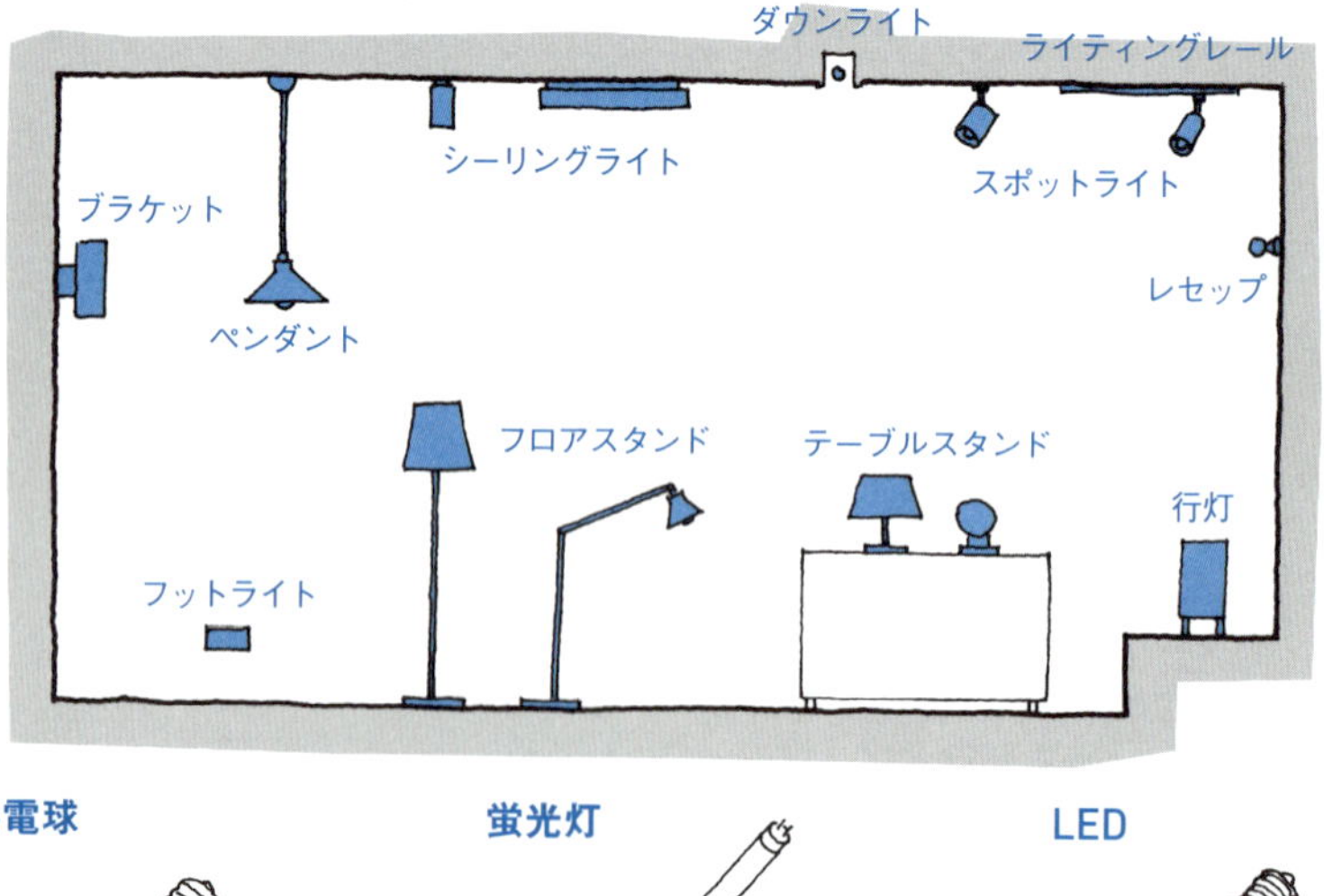
ダウンライト
ライティングレール
シーリングライト
スポットライト
ブラケット
レセップ
ペンダント
フロアスタンド
テーブルスタンド
行灯
フットライト

白熱電球

集光、散光、調光などが可能で、あたたかみのある光を発します。安価だが、短寿命、発熱などの理由により大手メーカーは製造をやめています

蛍光灯

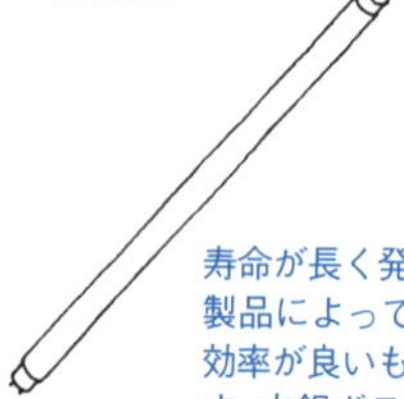

寿命が長く発熱も少ない。製品によってはLEDより効率が良いものもあります。水銀ガスの問題で白熱電球同様になくなる可能性があります

LED

効率が良く長寿命なので、高価だが普及しはじめています。冷たくまぶしい光でしたが、住まいに合うよう改良されてきています

“ぽっと灯った火”をつくる間接照明

光源をみせずに、どこに反射させ、どこを照らすかがポイント

反射光による照明

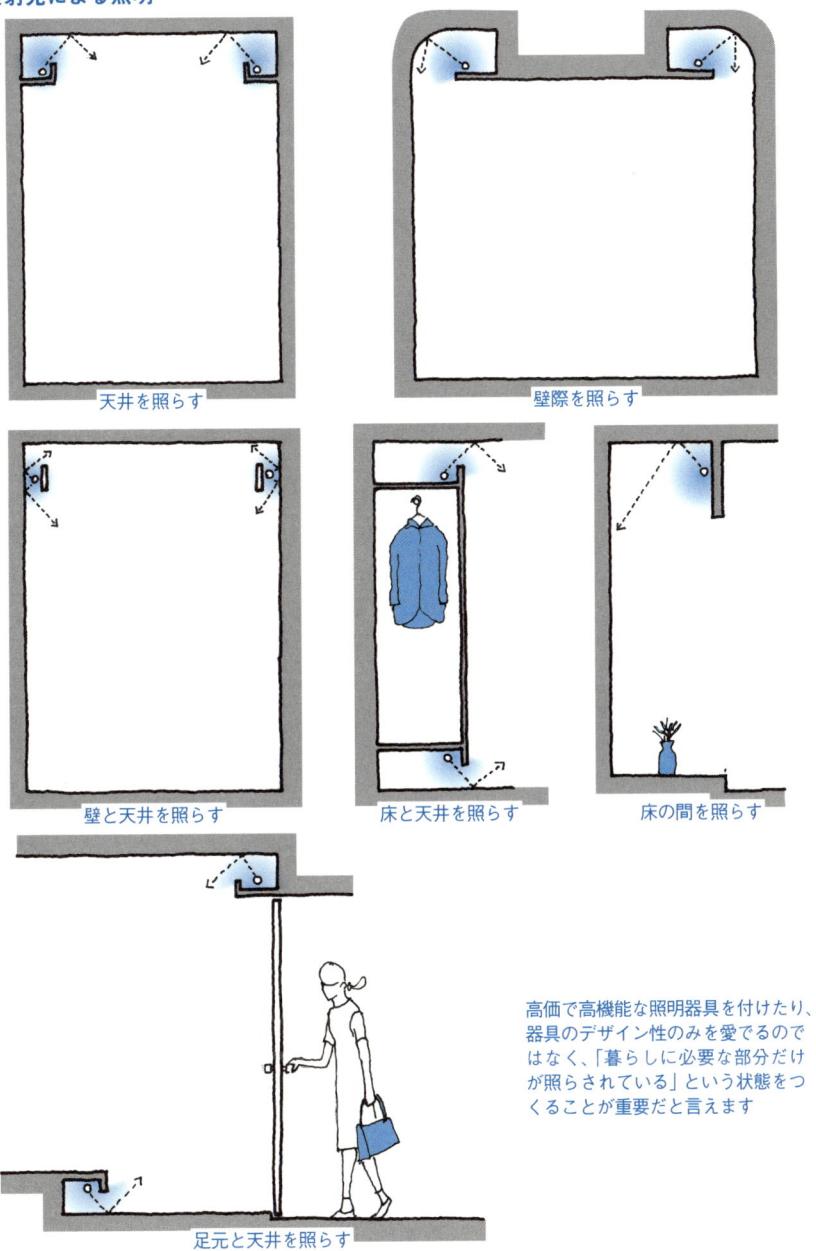

天井を照らす

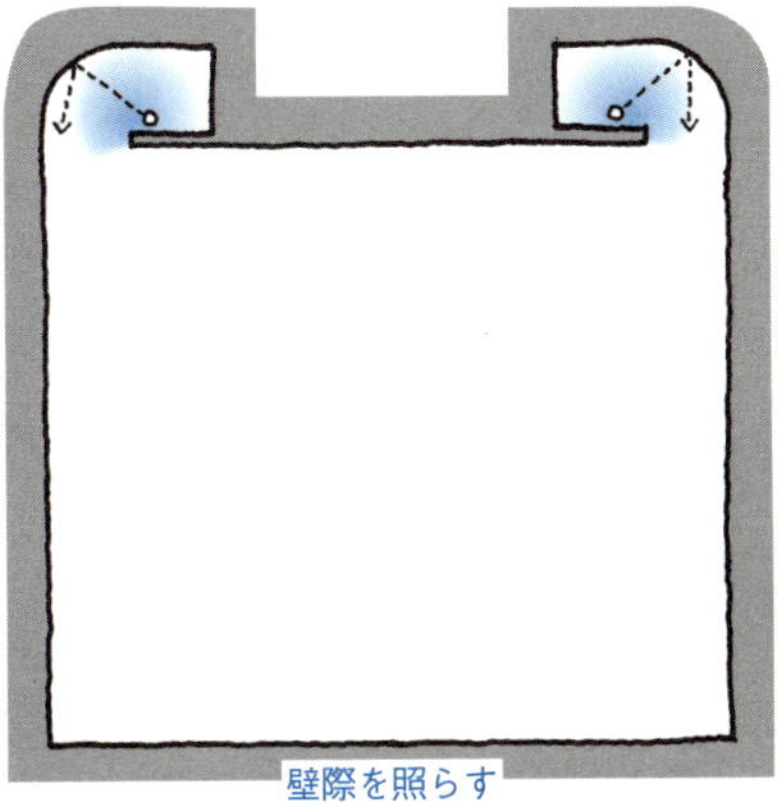

壁際を照らす

壁と天井を照らす

床と天井を照らす

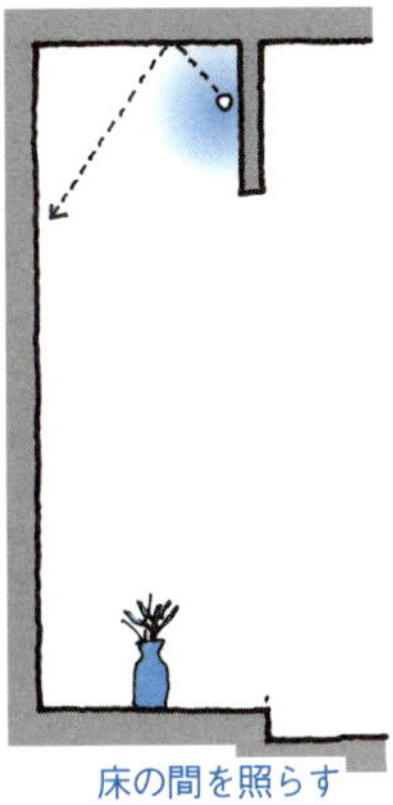

床の間を照らす

足元と天井を照らす

高価で高機能な照明器具を付けたり、器具のデザイン性のみを愛でるのではなく、「暮らしに必要な部分だけが照らされている」という状態をつくることが重要だと言えます

人にも生きものにも、やさしい涼を求めて

涼のとり方、先人の知恵、できればエアコンは使いたくないが、そうもいかない

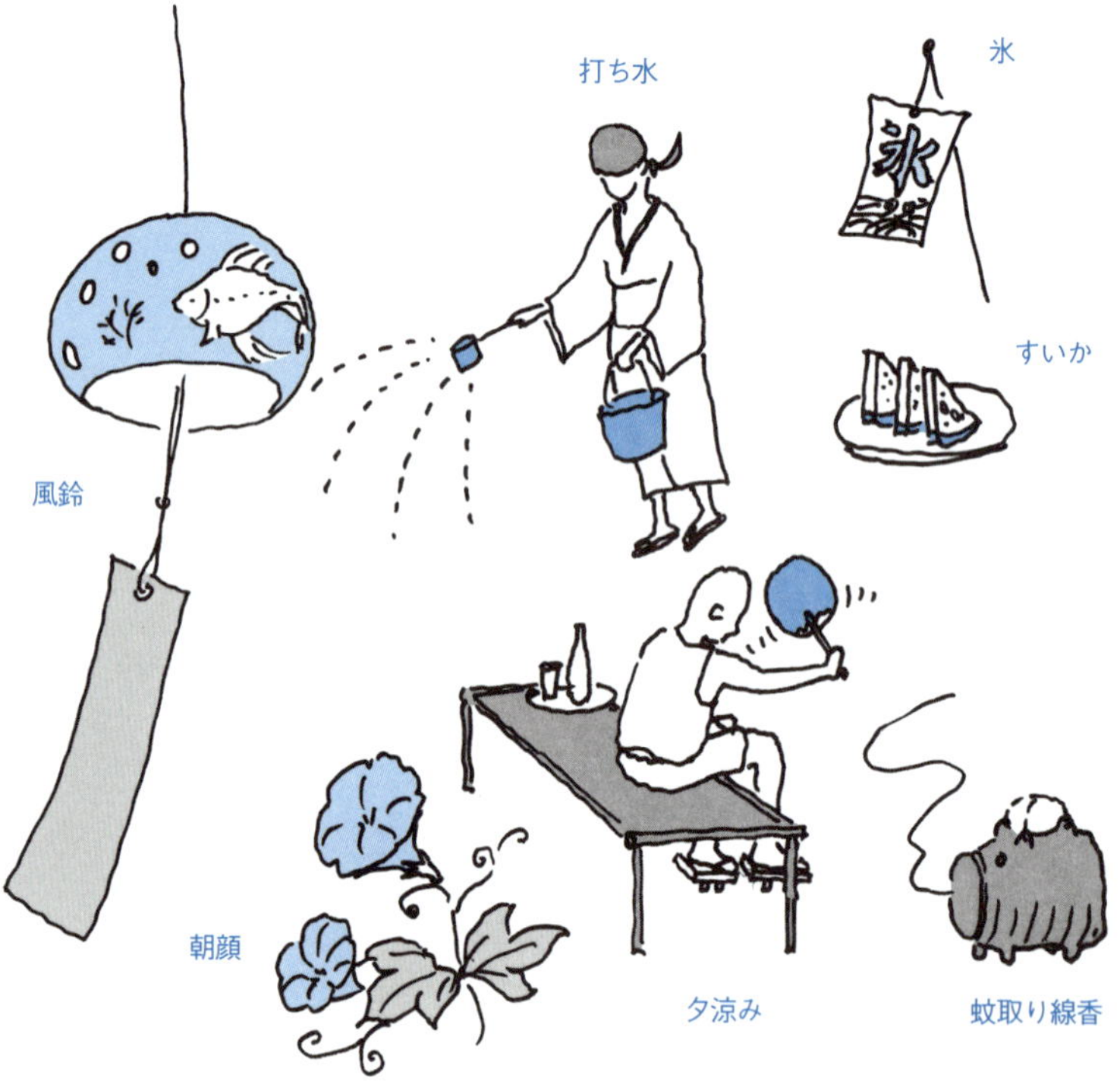
打ち水
氷
氷
風鈴
すいか
朝顔
夕涼み
蚊取り線香

隠れて仕事をするエアコン

日射をさえぎり通風を確保し、断熱性能を上げたとしても、日本は夏も冬も空調設備なしには過ごせません。

エアコンを付ける位置や室外機の置き場所など、その設計には十分な配慮が必要です。また、居間だけは少しお金をかけてビルトイン［※］タイプにし、ほかは潔く壁掛けタイプにするなど〝エアコン負け〟しないためには、しっかりと作戦を立てる必要があります。

［※］建築時にあらかじめ設備機器や家具などを、組み込んで造り付けにすること（built-in）

エアコン負けしないために、エアコンとうまくつきあう

壁掛けの隠し方　特に和室ではエアコンをみせたくありません

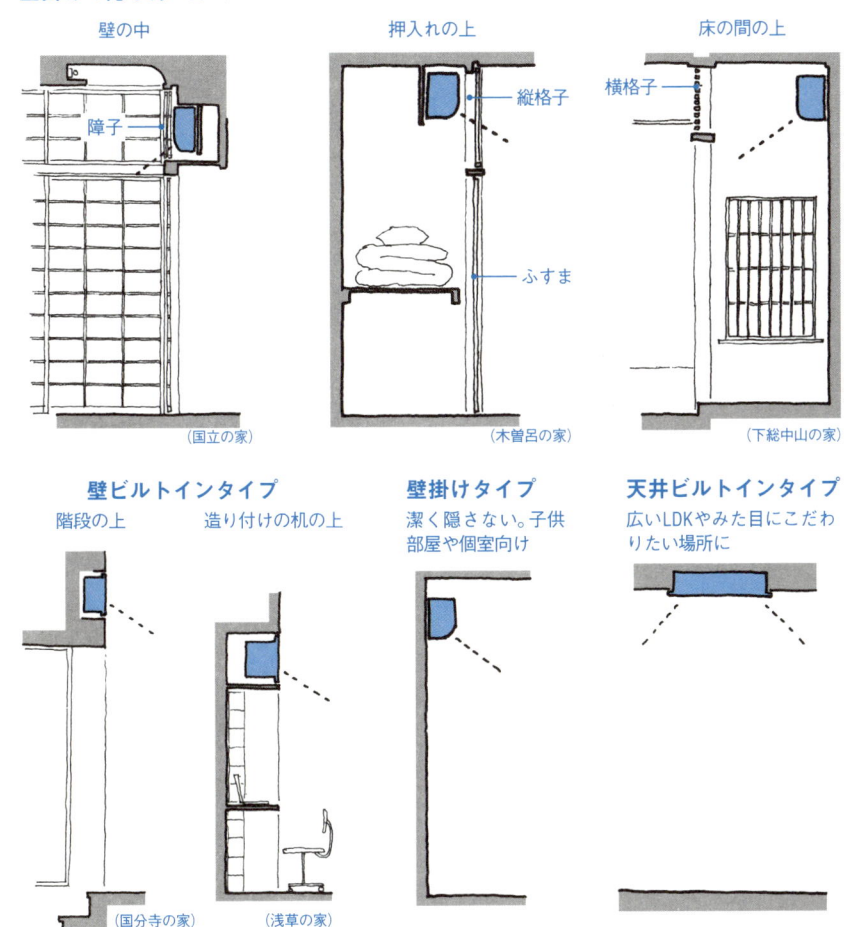

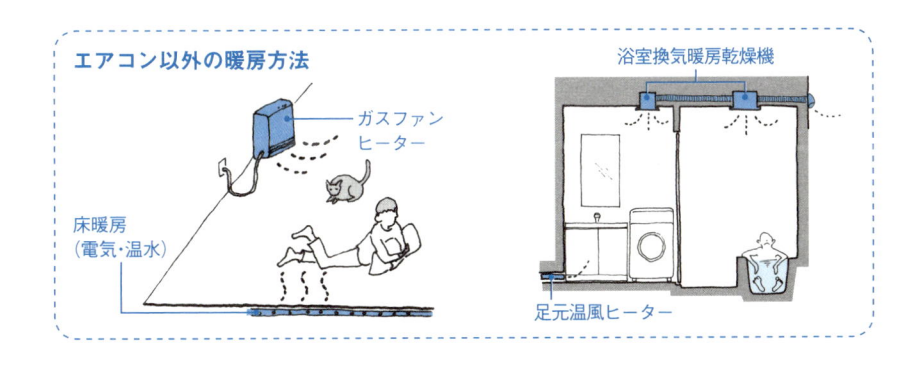

壁の中

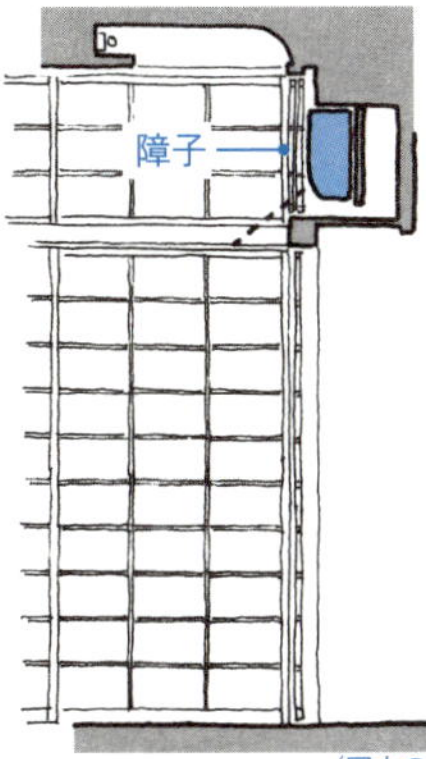

障子

（国立の家）

押入れの上

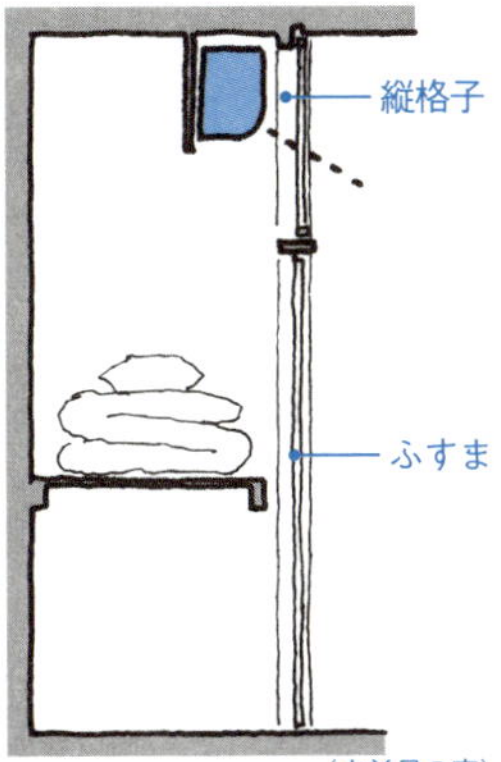

縦格子
ふすま

（木曽呂の家）

床の間の上

横格子

（下総中山の家）

壁ビルトインタイプ

階段の上

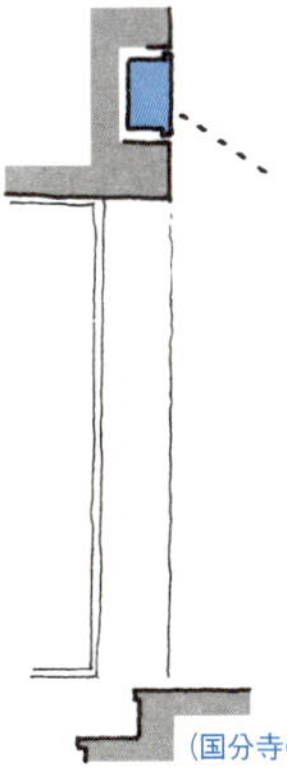

（国分寺の家）

造り付けの机の上

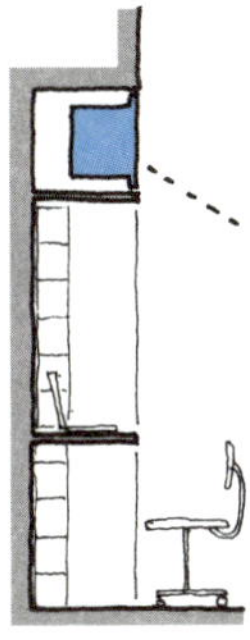

（浅草の家）

壁掛けタイプ

潔く隠さない。子供部屋や個室向け

天井ビルトインタイプ

広いLDKやみた目にこだわりたい場所に

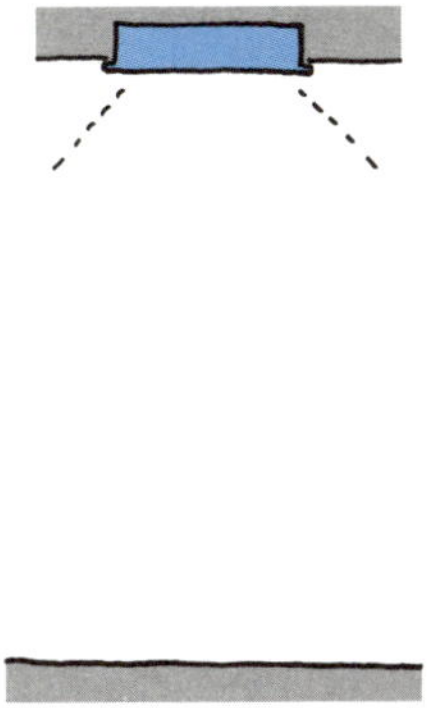

エアコン以外の暖房方法

ガスファンヒーター
床暖房
（電気・温水）

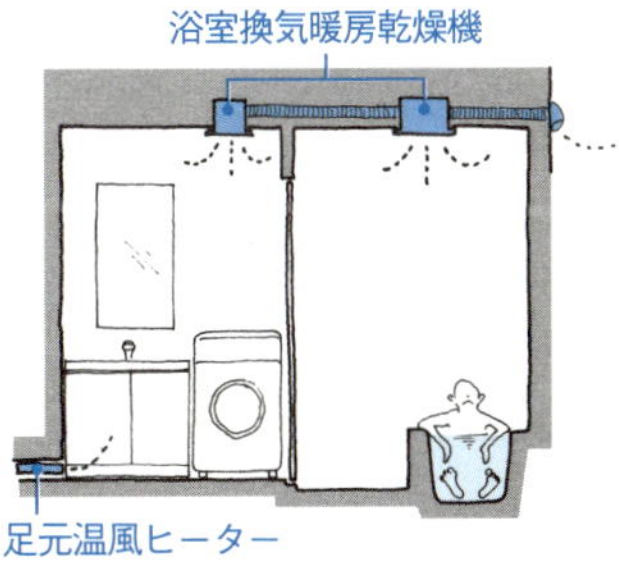

浴室換気暖房乾燥機
足元温風ヒーター

まだまだ増えるコントローラーの種類

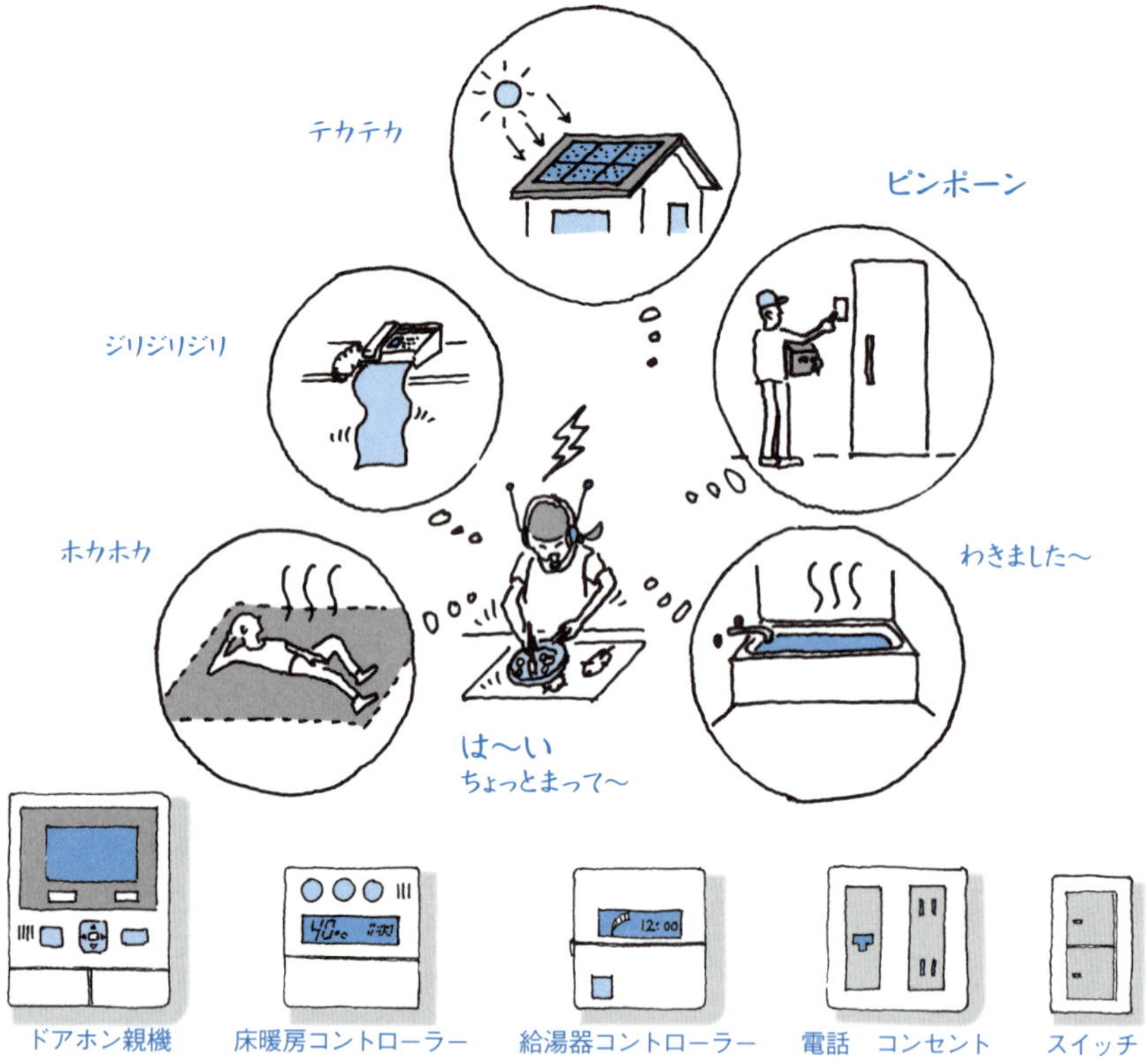

我が家の司令塔はどこだ？

設備機器のほとんどは電気によって制御されており、ガス給湯器でさえ電気がなければ使えません。とても便利になりましたが、その反面コントローラー類が増える一方です。また手書きのメモや請求書等も一時的に目に付くところに置いておきたい。それら住まいの設備機器や家族に重要な司令を送る機能を、一元管理できるように、あらかじめしっかりと居場所をつくる必要があります。

いわば住まいの中枢神経ゾーン

コントローラー類の管理だけでなく、家族内での連絡事項やメモ張りなどもできるといい

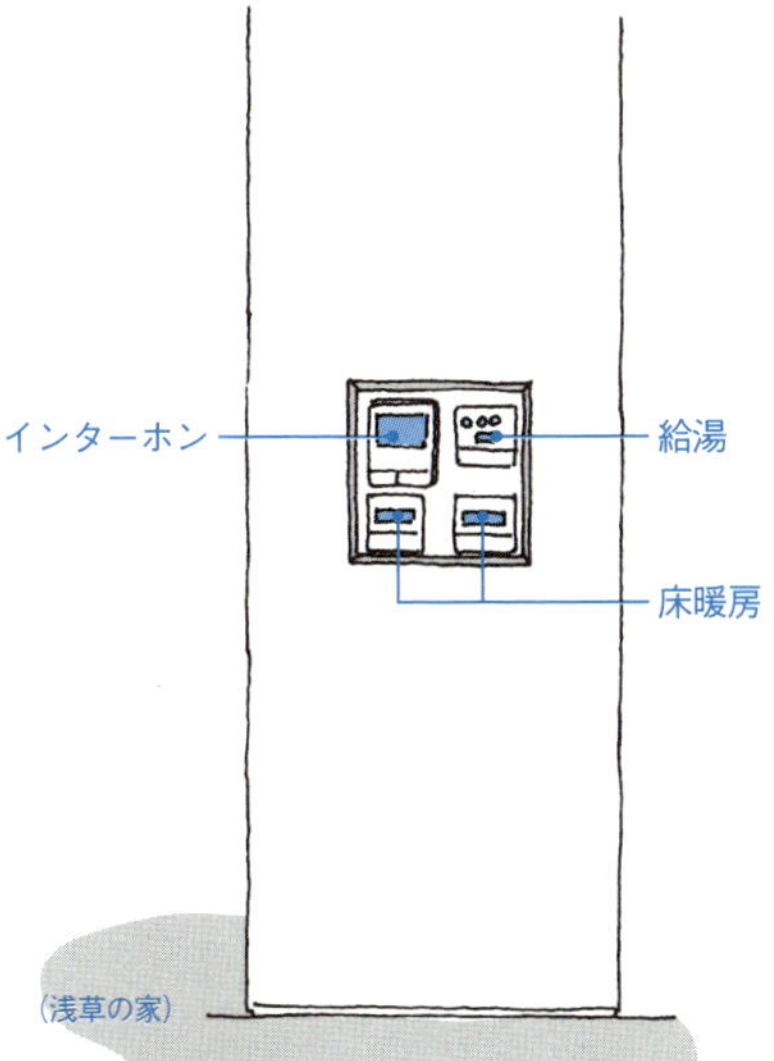

（浅草の家）

40mmだけ凹ませただけで、正方形にまとめる

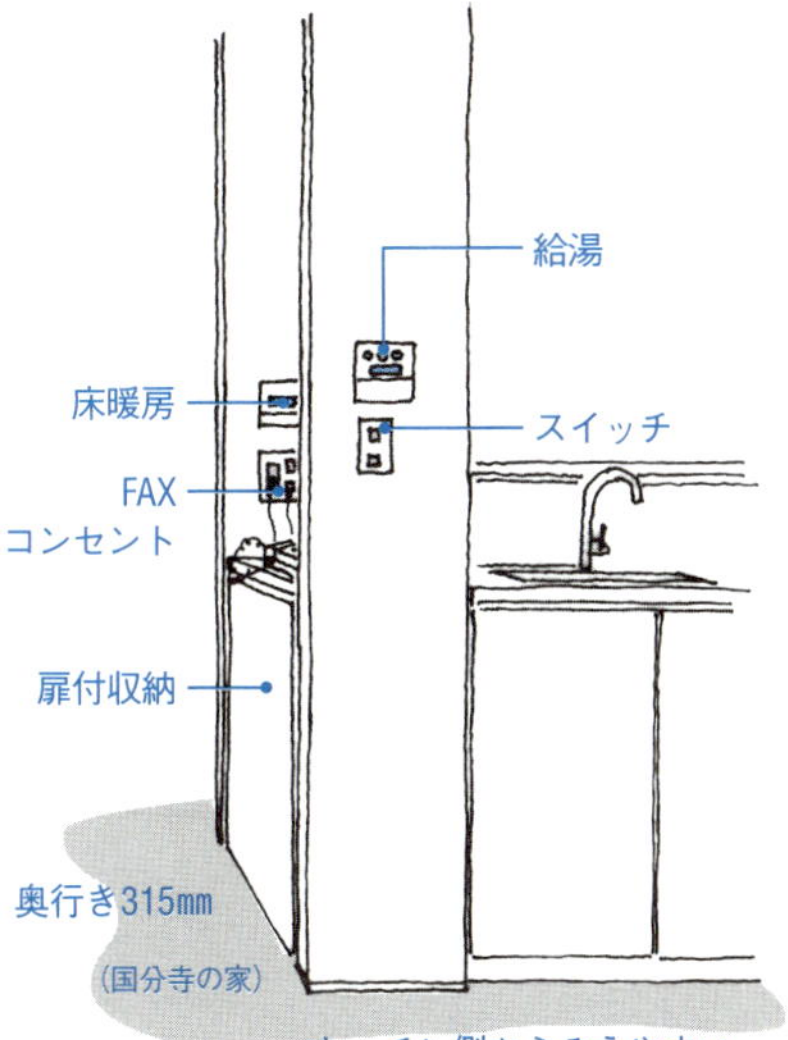

（国分寺の家）

キッチン側からみえやすい向きに

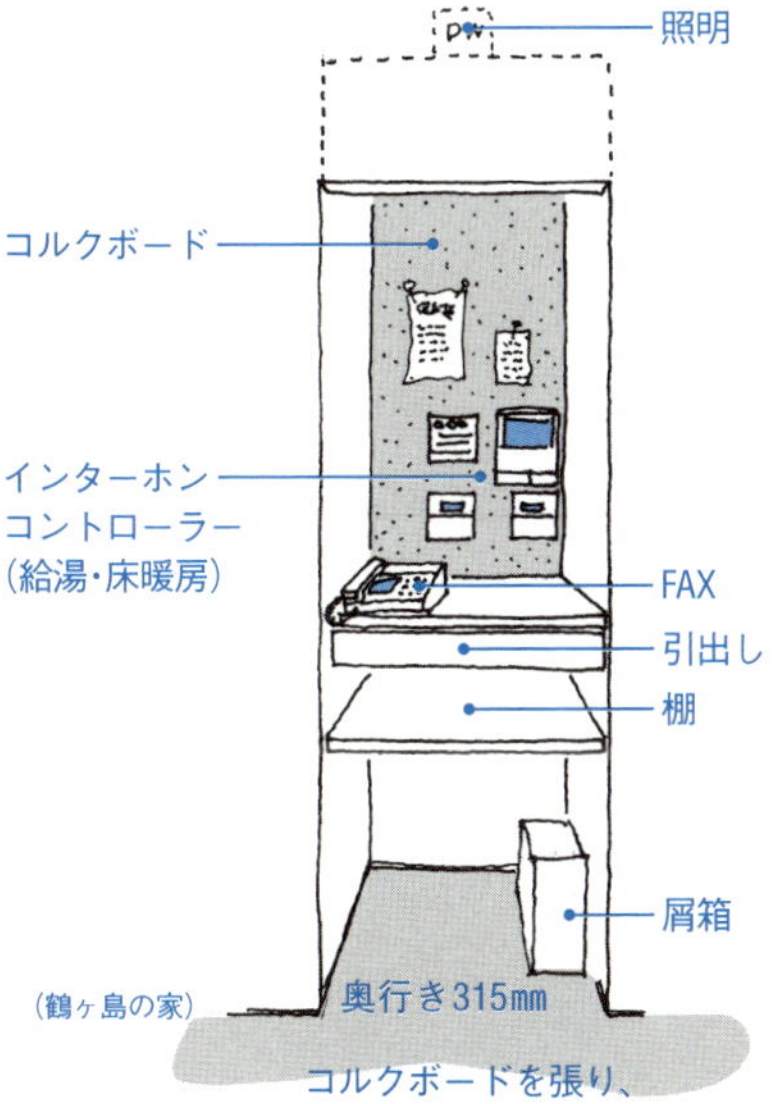

（鶴ヶ島の家）

コルクボードを張り、メモ張りも可能

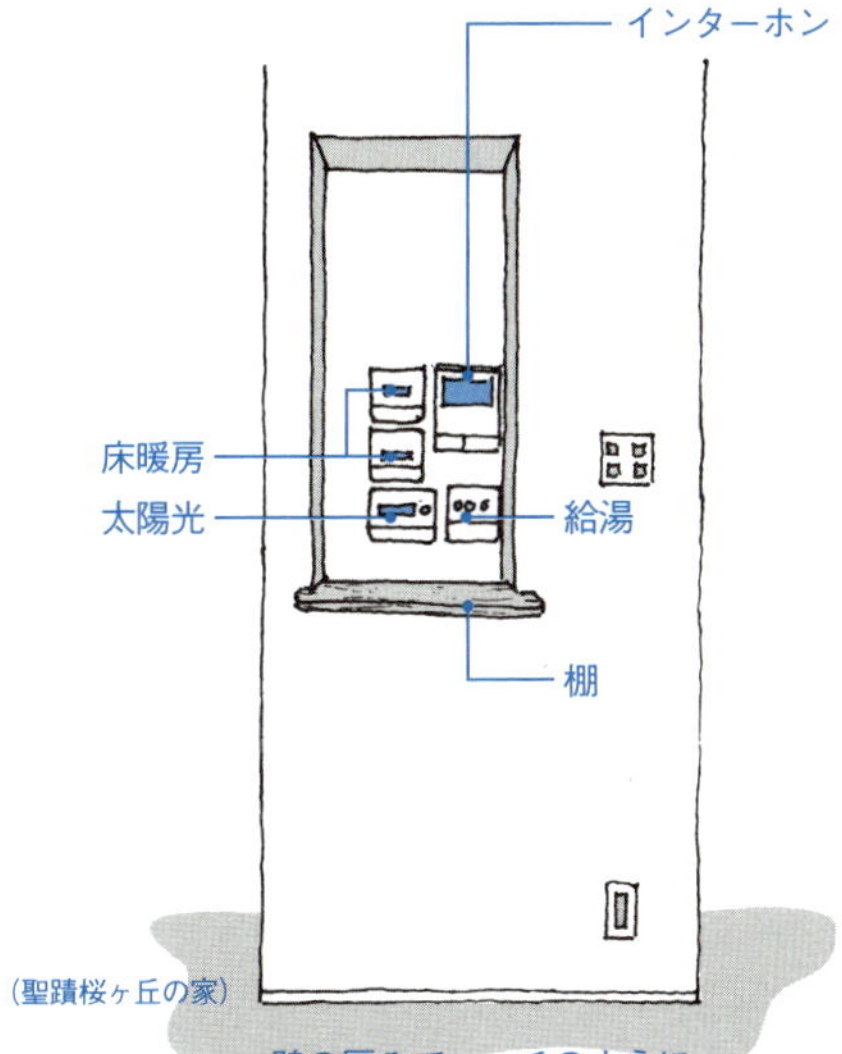

（聖蹟桜ヶ丘の家）

壁の厚みでニッチのように

住まいに満ちあふれるさまざまな音

良い家は生活の音もデザイン

まったく音のない無響室に長く居ると、心身ともに不安定になるらしい。人間が生きるためにはある程度の音が必要なようです。お湯が沸く音に生活感を感じたり、かすかに流れる音楽に癒されたり。しかし虫の居所が悪かったりするとそんな生活音も騒音でしかありません。そうならないためには音を和らげる空間、つまり少しずつ拡散させたり吸音させたりする工夫が必要になってきます。

生活の音、心地良さは吸音と拡散

吸音・拡散がないと…

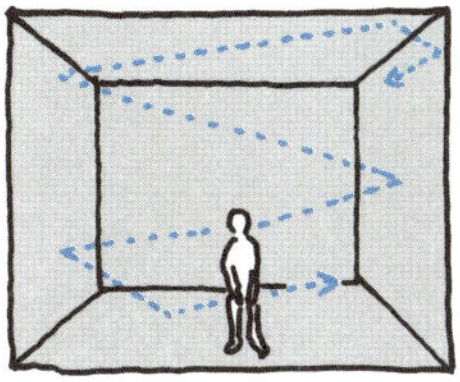

音は反射しつづけます

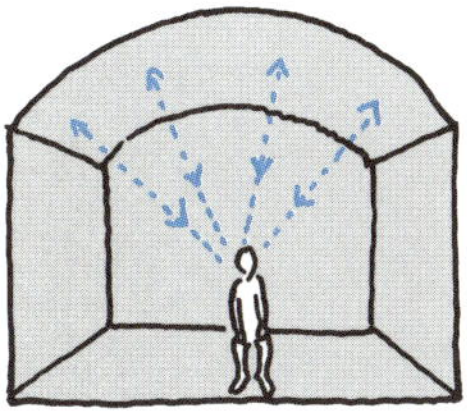

特に曲面は音が一点に集まり、反響します

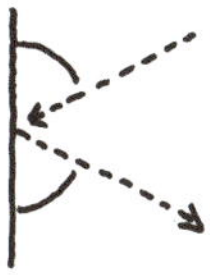

入射角＝反射角

部屋の形状で拡散・乱反射させる

そこそこ室内に凸凹があることは、音の環境にとって良いことです

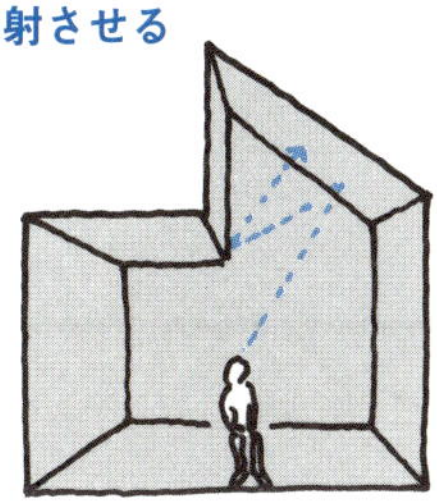

断面的に

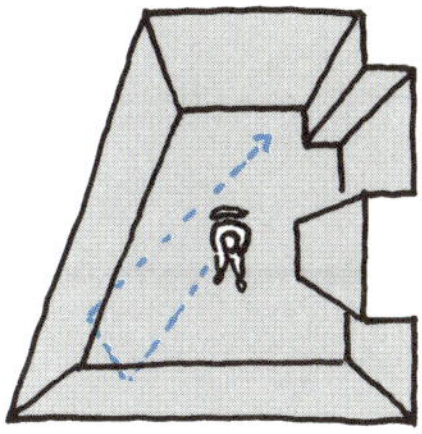

平面的に

壁の素材で吸音・拡散

表面がざらざらした素材などは良く拡散する

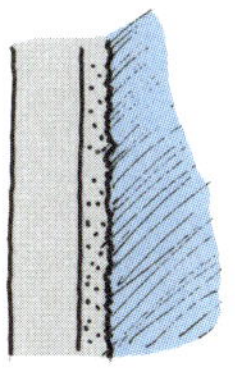

左官塗り壁（刷毛引き）

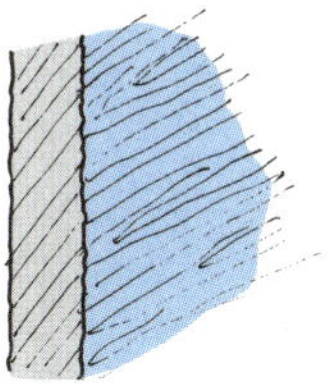

ラフな木材

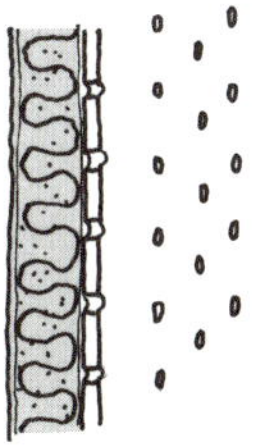

有孔板とグラスウール

天井の素材で吸音

台所や便所の天井に使うといい

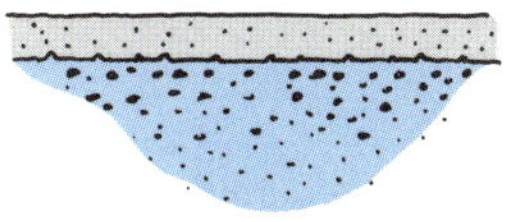

岩綿吸音版

インテリアでの解決方法

ソファ、カーテン、ラグマット、本棚なども、吸音したり拡散したりします

加湿器を消して、すぐに換気を！

室内干し
結露
湿度
80%!!
浴室
カビ
加湿器
カビ
赤ちゃん
炊事
ムシムシ…

その加湿器本当に必要ですか

高温多湿な日本の夏、しかし住まいにおける湿気はむしろ冬に注意しなければなりません。ウィルスは湿気に弱いと言われ加湿器を使う家が増えましたが、窓ガラスに結露が……笑えない話です。温湿度計で管理し、こまめに換気することが必要。高気密住宅になればなるほど室内の湿気は抜けにくくなっています。また衣類や布団の収納部分にも空気の流れをつくるように心がけましょう。

湿気はためない快適ライフ

よどませない空気の流れをつくりましょう

吸放湿性の良い押入れ

押入れ内部を杉無垢材張りとして吸放湿性を確保

通気性の良い押入れ

上からも下からも通気ルートを設ける

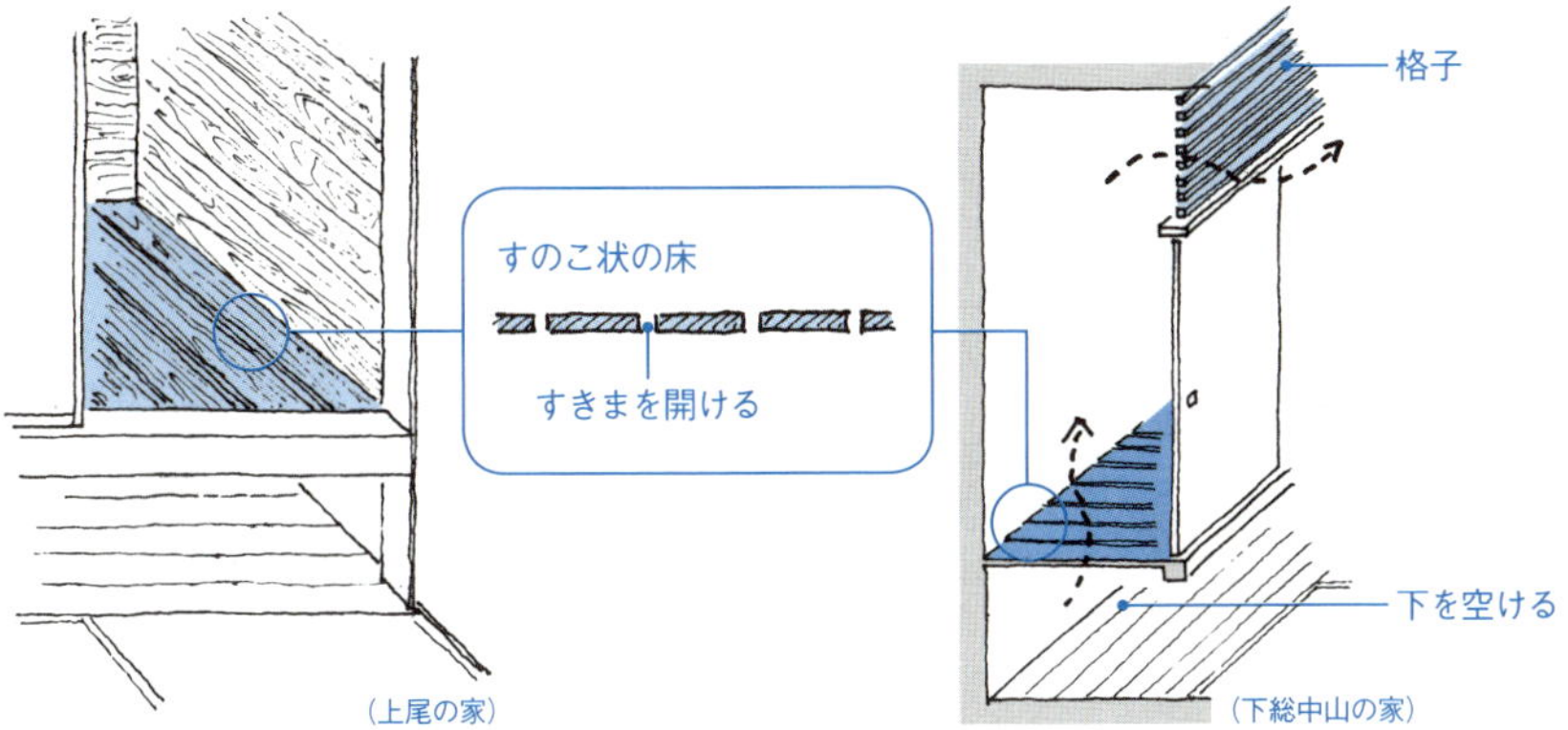
すのこ状の床
すきまを開ける
格子
下を空ける

（上尾の家）　（下総中山の家）

収納の上部から通気

上からだけでも通気の効果はあります

下足箱の下部から通気

靴の臭いを何とかしましょう

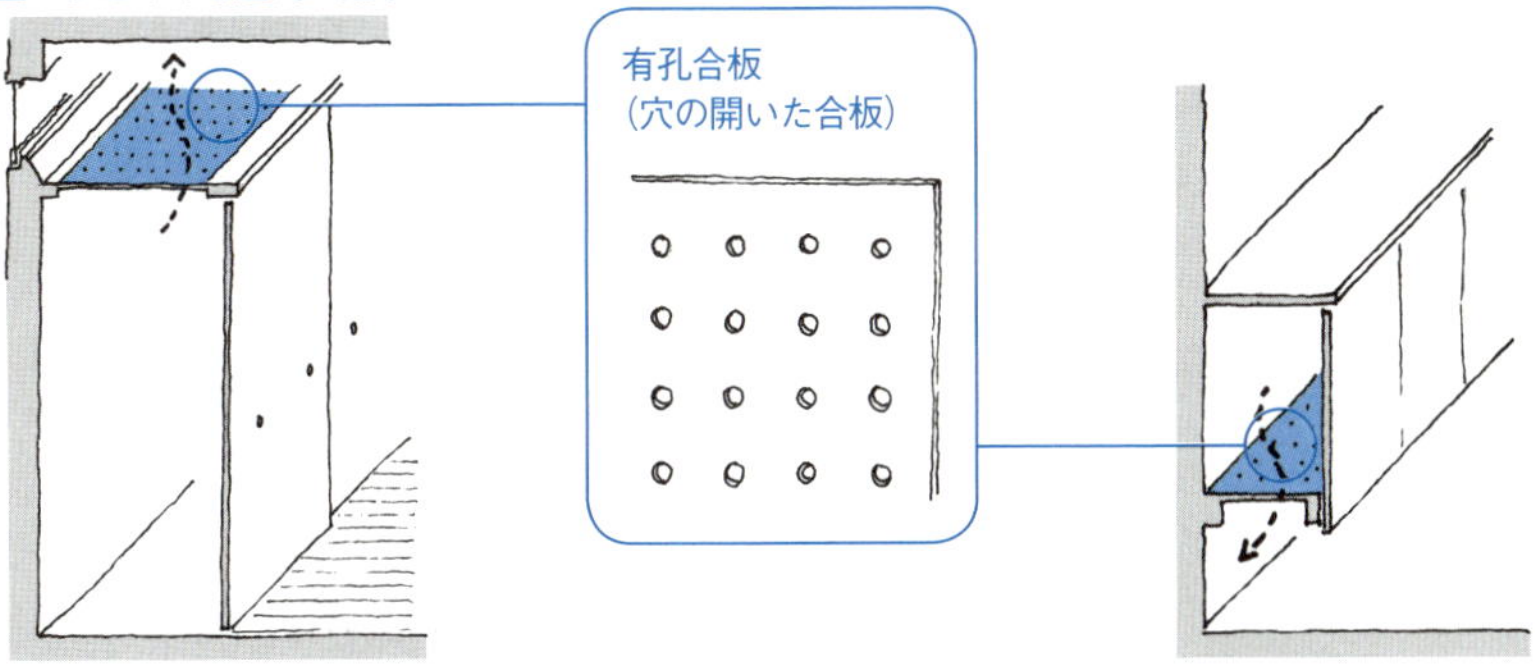
有孔合板
（穴の開いた合板）

（佐久の家）

建具の引手を穴にして通気

素朴なデザインが
機能と結び
つきます

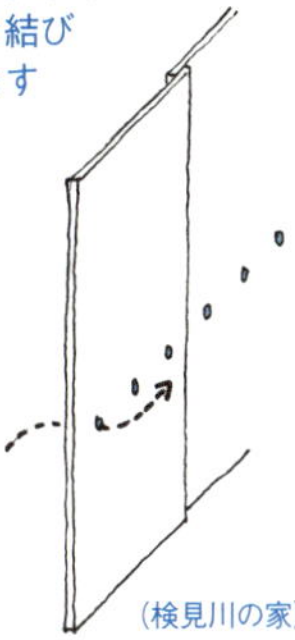

（検見川の家）

半地下の寝室

床下に炭を敷き、調湿します

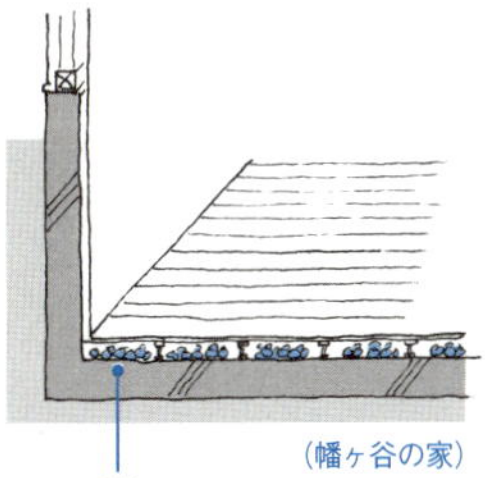
炭

（幡ヶ谷の家）

壁仕上げで吸放湿

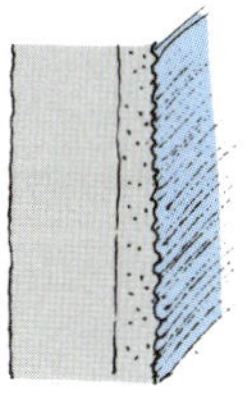

吸放湿性のある珪藻土などで壁を仕上げ、ザラザラの刷毛引きにして表面積を大きくします

防犯は完璧だ、でも避難は？

たとえ空巣に入られて現金をとられたとしても、人の命は、何ものにもかえがたい…

防犯と避難同時に考える

マンションと違い一戸建ては開口部を多く設けることができる反面、防犯面では不安材料になります。かと言ってすべての窓に面格子を付けると、住み心地が半減どころか災害時の避難が不利です。「玄関が火災、どこから逃げる？」まずはそこから考える必要があります。また防犯は窓廻りだけでなく、外構のデザイン、さらには外出時の不在感を消すなど住まい方自体でできることもあります。

想定外まで考える、防犯・避難対策

もし玄関で火が出たら…

すべての窓が面格子付きだと逃げられない

玄関以外に逃げ道をつくる

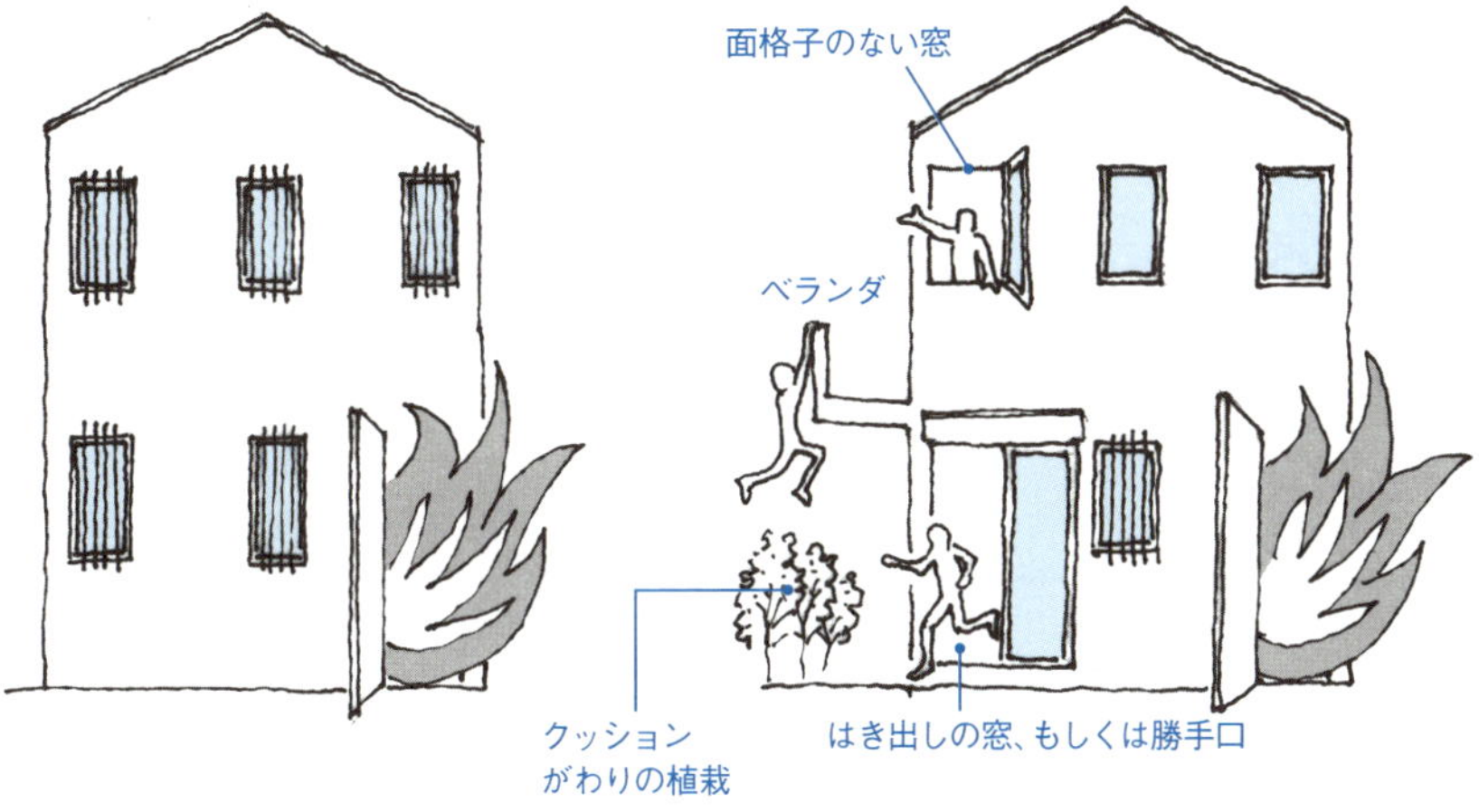
面格子のない窓
ベランダ
クッション
がわりの植栽
はき出しの窓、もしくは勝手口

大きな窓の防犯対策

防犯ガラスや網入りガラスを入れる。防犯ガラスとはCPマークがついているポリカーボネイトのフィルムが挟まれているガラスのこと

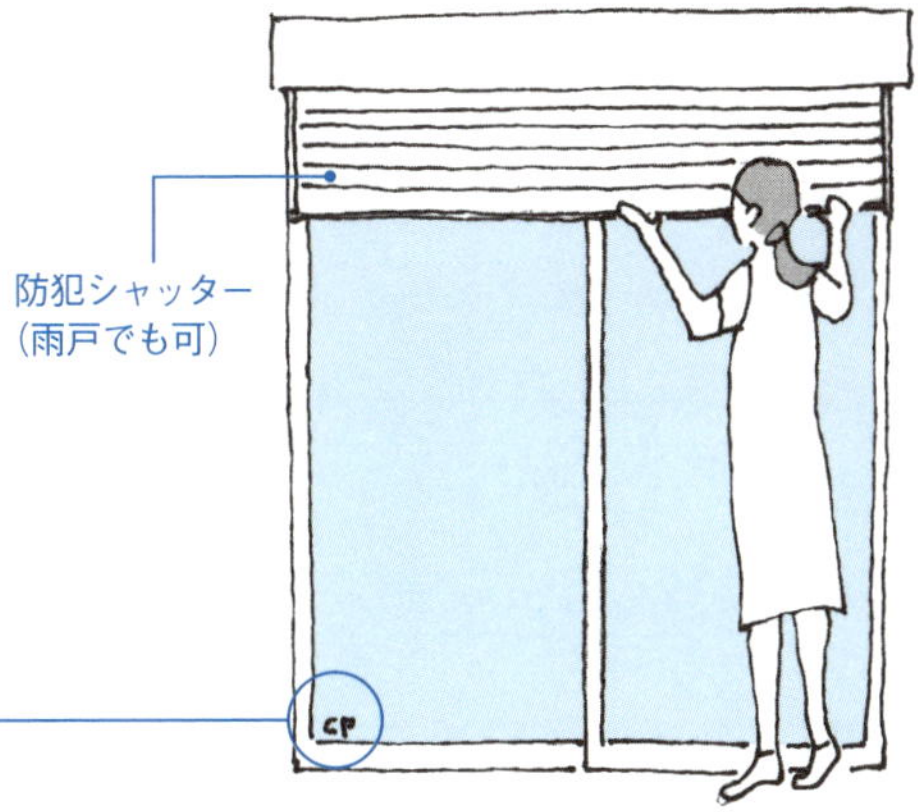
防犯シャッター
(雨戸でも可)
CP

CPマーク

防犯建物部品
CP＝Crime Prevention

小さな窓の防犯対策

面格子や防犯ガラス、網入りガラスを入れる。大きなガラスよりは割られにくい

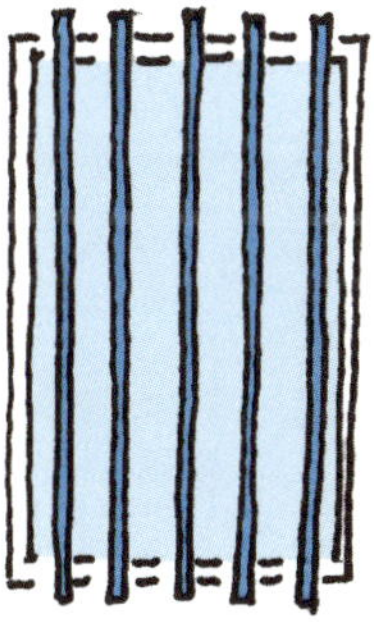

防犯対策のあの手この手

建物の設計だけでなく、後から取り付けたり、生活習慣によってもできることはあります

センサー式防犯ライト

あまり道路に向けすぎると、毎日通る近所の人々にいやがられるので注意が必要です

タイマー式ライト

夕方不在でも暗くなれば点灯。節電のため深夜には消えるようにセットできます

人の気配をさせる

夜や外出時に、台所など電気やテレビをつけっぱなしにした部屋をつくります

砂利敷き

家のまわりに砂利を敷き、歩けば音の出るようにします。ただし、野良猫の多い地域では、排泄場所になってしまうので、注意が必要です

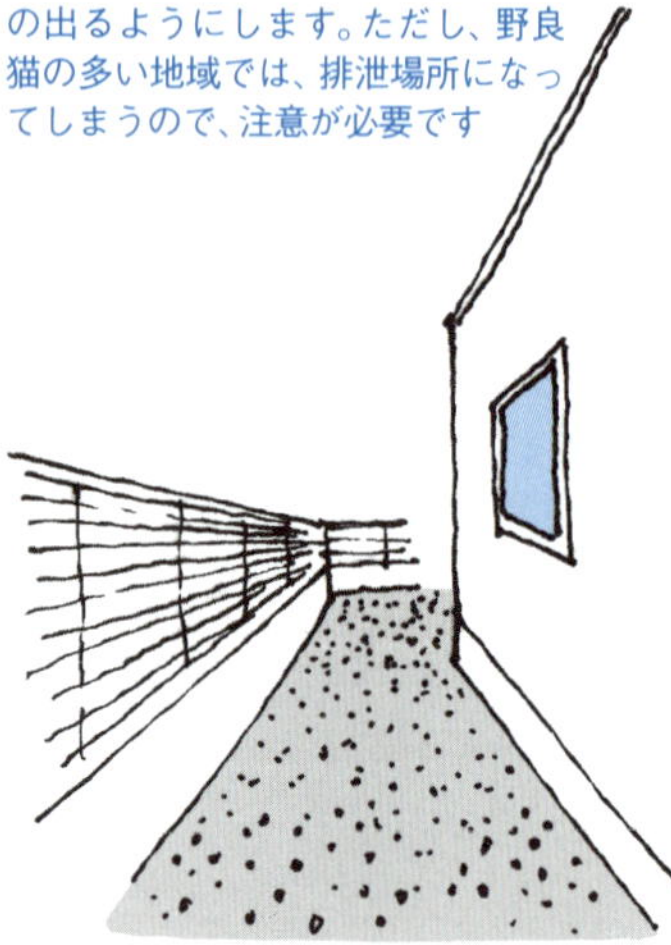

ポストは大きめに

不在時、郵便物が溜まらないようにします

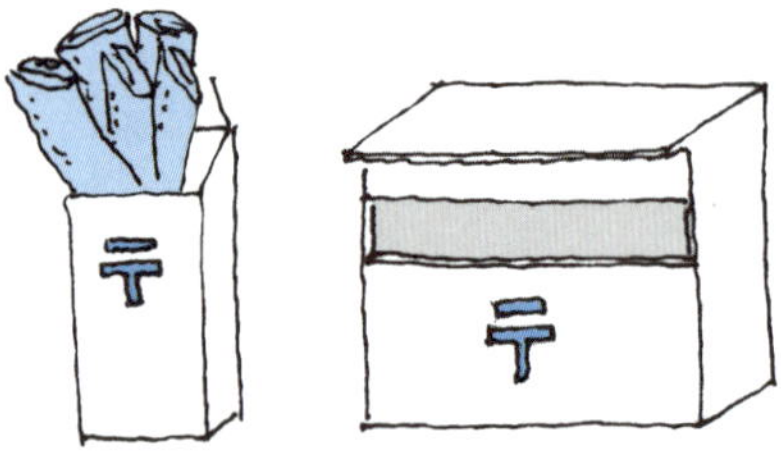

ブックデザイン　米倉英弘（細山田デザイン事務所）

編集協力・DTP　タクトシステム

印刷・製本　大日本印刷

あとがき

本書は１９９５年から２０１４年までの足掛け20年近く住宅設計にたずさわってきた、その実録、ドキュメンタリーのようなものでもあると考えています。当時、生意気盛りの29才が建築家と称して独立し、最初は「建築雑誌の表紙をかざるような〝作品〟を……」などとやましいことを考えながらスタートしましたが、さまざまな個性をもった建て主さんとの対話を重ねるうちに、いつしかそんなことはどこかへ消えていきました。建て主さんの夢や要望をたっぷりと受け入れながら、それをツギハギにならないように美しく織りあげていく……その能力が住宅を設計する建築家には求められているのだということに気づかされたからです。

しかし他の建築家さんのホームページやポートフォリオをこっそりみると、きれいなグラビア風の写真で同じような作風の住宅がずらりとならんでいて、うらやましいなと思うことがあります。「この人はこういう作風、こんな感じでお願いします」と建て主さんもきっと安心して依頼することができるでしょう。一方わたしがこれまで手がけてきた住宅たちは、一見バラバラでスタイルがなくわかりにくい。個性豊かな建て主さんの数だけスタイルはある、と言ってはみるものの単に建て主さんの言いなりになっているだけではないのかと気持ちがブレることもありました。自分の中ではモダンであれ和風であれその奥底にながれている血は同じだと思っていたのですが、なかなかそれを自分の力だけで類型化するタイミングを見いだせませんでした。そんな時に長年おつきあいのあったエクスナレッジ社の三輪浩之氏より家づくり本のお話をいただきお力添えいただきました。

　それ以来、ほこりをかぶった十数年前の古い図面などをひっぱりだし、ある意味〝自分解剖〟がはじまりました。一回きりで終わってしまったアイデアや、なんども繰り返し登場している間取りや空間のつくり方のクセなどを整理しているうちに、徐々に家づくりのレシピのようなものが浮かび上がってきました。そして本当に大切にしたいことや伝えたいことは最初から何も変わっていなかったし、これからもきっとかわらないと感じ少しほっとしました。

　本書を手にして家づくりの楽しさを感じ、そして「わたしだったらこうする」といったアイデアがどんどんわいてくるようであれば、著者としてこれほどうれしいことはありません。

２０１４年６月　大島健二

逗子の家
所在地　神奈川県逗子市
竣工　2005年4月
敷地面積　149.44㎡
延床面積　104.19㎡
構造・規模　木造・地上2階

聖蹟桜ヶ丘の家
所在地　東京都多摩市
竣工　2012年5月
敷地面積　267.81㎡
延床面積　92.74㎡
構造・規模　木造・地上1階

千束の家
所在地　東京都台東区
竣工　2014年7月
敷地面積　129.13㎡
延床面積　196.94㎡
構造・規模　鉄骨造・地上3階

鶴ヶ島の家
所在地　埼玉県鶴ヶ島市
竣工　2009年5月
敷地面積　538.38㎡
延床面積　238.49㎡
構造・規模　RC造+木造・地上2階

東京旅館
所在地　東京都台東区
竣工　2005年12月
敷地面積　48.31㎡
延床面積　128.16㎡
構造・規模　鉄骨造・地上4階

人形町の家　※改修
所在地　東京都中央区
竣工　2011年9月
敷地面積　24.26㎡
延床面積　43.63㎡
構造・規模　木造・地上2階

蓮根の家
所在地　東京都板橋区
竣工　2010年2月
敷地面積　77.31㎡
延床面積　121.57㎡
構造・規模　RC造＋木造・地上3階

幡ケ谷の家
所在地　東京都渋谷区
竣工　2004年11月
敷地面積　50.47㎡
延床面積　76.91㎡
構造・規模　RC造＋木造・地上2階

広尾の家
所在地　東京都渋谷区
竣工　2000年12月
敷地面積　61.42㎡
延床面積　81.84㎡
構造・規模　RC造＋木造・
地下1階 地上2階

広島の家
所在地　広島県広島市
竣工　1999年12月
敷地面積　198.96㎡
延床面積　263.41㎡
構造・規模　鉄骨造・地上3階

藤が丘の家
所在地　神奈川県横浜市
竣工　1998年4月
敷地面積　125.52㎡
延床面積　100.22㎡
構造・規模　木造・地上2階

府中の家
所在地　東京都府中市
竣工　1996年9月
敷地面積　94.55㎡
延床面積　111.60㎡
構造・規模　RC造＋木造・
地下1階 地上2階

本八幡の家
所在地　千葉県市川市
竣工　2003年8月
敷地面積　155.83㎡
延床面積　104.11㎡
構造・規模　木造・地上2階

六角橋の家
所在地　神奈川県横浜市
竣工　2003年12月
敷地面積　216.36㎡
延床面積　181.96㎡
構造・規模　鉄骨造・地上3階

蕨の家
所在地　埼玉県蕨市
竣工　2005年3月
敷地面積　99.23㎡
延床面積　104.52㎡
構造・規模　木造・地上2階

掲載建物INDEX［五十音順］

上尾の家
所在地 埼玉県上尾市
竣工 2007年6月
敷地面積 236.42㎡
延床面積 107.02㎡
構造・規模 木造・地上1階

浅草の家
所在地 東京都台東区
竣工 2012年4月
敷地面積 99.89㎡
延床面積 139.62㎡
構造・規模 RC造・地上3階

池之端の家
所在地 東京都台東区
竣工 2014年5月
敷地面積 44.43㎡
延床面積 70.82㎡
構造・規模 木造・地上3階

上野原の家
所在地 山梨県上野原市
竣工 1995年12月
敷地面積 483.89㎡
延床面積 175㎡
構造・規模 木造・地上2階

大井松田の家
所在地 神奈川県足柄上郡
竣工 2009年11月
敷地面積 332.43㎡
延床面積 135.99㎡
構造・規模 木造・地上2階

おゆみ野の家
所在地 千葉県千葉市
竣工 2000年12月
敷地面積 149.99㎡
延床面積 93.15㎡
構造・規模 木造・地上2階

加古川の家
所在地 兵庫県加古川市
竣工 1998年4月
敷地面積 207.33㎡
延床面積 131.04㎡
構造・規模 木造・地上2階

梶ヶ谷の家
所在地 神奈川県川崎市
竣工 2003年3月
敷地面積 88.20㎡
延床面積 136.76㎡
構造・規模 鉄骨造・地上3階

木曽呂の家
所在地 埼玉県川口市
竣工 2003年4月
敷地面積 164.58㎡
延床面積 98.11㎡
構造・規模 木造・地上2階

久我山の家
所在地 東京都杉並区
竣工 2005年8月
敷地面積 142.62㎡
延床面積 112.51㎡
構造・規模 木造・地上2階

鵠沼海岸の家
所在地 神奈川県藤沢市
竣工 2005年11月
敷地面積 115.70㎡
延床面積 92.02㎡
構造・規模 木造・地上2階

国立の家
所在地 東京都国立市
竣工 2002年7月
敷地面積 739.28㎡
延床面積 316.21㎡
構造・規模 RC造＋木造・
地下1階 地上2階

検見川の家
所在地 千葉県千葉市
竣工 2000年7月
敷地面積 194.72㎡
延床面積 110.05㎡
構造・規模 木造・地上2階

小岩の家
所在地 東京都江戸川区
竣工 2004年3月
敷地面積 61.29㎡
延床面積 55.65㎡
構造・規模 木造・地上2階

国分寺の家
所在地 東京都国分寺市
竣工 2009年10月
敷地面積 66.93㎡
延床面積 83.57㎡
構造・規模 木造・地上2階

佐久の家
所在地 長野県佐久市
竣工 平成24(2012)年10月
敷地面積 591.68㎡
延床面積 148.30㎡
構造・規模 木造・地上2階

下総中山の家
所在地 千葉県市川市
竣工 2007年9月
敷地面積 283.17㎡
延床面積 115.55㎡
構造・規模 木造・地上2階

夙川の家
所在地 兵庫県西宮市
竣工 2001年6月
敷地面積 134.00㎡
延床面積 107.00㎡
構造・規模 木造・地上2階

大島健二（おおしま・けんじ）
1965年神戸市生まれ。一級建築士。1991年神戸大学大学院修士課程（多淵敏樹研究室・建築史）修了。同年より1994年まで日建設計（東京）に勤務し、超高層ビルや官庁、研究所などの設計にたずさわる。1995年に独立し、2000年OCM一級建築士事務所を設立。モダンから和風まで幅広いスタイルの住宅設計を手がける一方、執筆活動にも力を入れ、雑誌への連載や著書も多数ある。

家づくり解剖図鑑

2014年6月30日　初版第１刷発行
2021年2月25日　　　第５刷発行

著者　大島健二

発行者　澤井聖一

発行所　株式会社エクスナレッジ
〒106-0032
東京都港区六本木7-2-26
https://www.xknowledge.co.jp/

問合せ先　編集　Tel：03-3403-1381
Fax：03-3403-1345
info@xknowledge.co.jp
販売　Tel：03-3403-1321
Fax：03-3403-1829